OBRAS *escogidas*
de los
PADRES
APOSTÓLICOS

· DIDACHÉ · CARTAS DE CLEMENTE ·
· CARTAS DE IGNACIO MÁRTIR ·
· CARTA Y MARTIRIO DE POLICARPO ·
· CARTA DE BERNABÉ · CARTA A DIOGNETO ·
· FRAGMENTOS DE PAPÍAS ·
· PASTOR DE HERMAS ·

EDITOR:

Alfonso Ropero

editorial clie

EDITORIAL CLIE
Ferrocarril, 8
08232 VILADECAVALLS
(Barcelona) ESPAÑA
E-mail: clie@clie.es
www.clie.es

Editado por: Alfonso Ropero Berzosa

© 2018 por Editorial CLIE

OBRAS ESCOGIDAS DE LOS PADRES APOSTÓLICOS
ISBN: 978-84-945561-8-0
Depósito Legal: B 16833-2016
Teología cristiana
Historia
Referencia: 225007

Impreso en USA / *Printed in USA*

Índice

10

14

Prólogo
a la Colección
PATRÍSTICA

A la Iglesia del siglo XXI se le plantea un reto complejo y difícil: compaginar la inmutabilidad de su mensaje, sus raíces históricas y su proyección de futuro con las tendencias contemporáneas, las nuevas tecnologías y el relativismo del pensamiento actual. El hombre postmoderno presenta unas carencias morales y espirituales concretas que a la Iglesia corresponde llenar. No es casualidad que, en los inicios del tercer milenio, uno de los mayores *best-sellers* a nivel mundial, escrito por el filósofo neoyorquino Lou Marinoff, tenga un título tan significativo como *Más Platón y menos Prozac*; esto debería decirnos algo...

Si queremos que nuestro mensaje cristiano impacte en el entorno social del siglo XXI, necesitamos construir un puente entre los dos milenios que la turbulenta historia del pensamiento cristiano abarca. Urge recuperar las raíces históricas de nuestra fe y exponerlas en el entorno actual como garantía de un futuro esperanzador.

"La Iglesia cristiana –afirma el teólogo José Grau en su prólogo al libro *Historia, fe y Dios*– siempre ha fomentado y protegido su herencia histórica; porque ha encontrado en ella su más importante aliado, el apoyo científico a la autenticidad de su mensaje". Un solo documento del siglo II que haga referencia a los orígenes del cristianismo tiene más valor que cien mil páginas de apologética escritas en el siglo XXI. Un fragmento del Evangelio de Mateo garabateado sobre un pedacito de papiro da más credibilidad a la Escritura que todos los comentarios publicados a lo largo de los últimos cien años. Nuestra herencia histórica es fundamental a la hora de apoyar la credibilidad de la fe que predicamos y demostrar su impacto positivo en la sociedad.

Sucede, sin embargo –y es muy de lamentar– que en algunos círculos evangélicos parece como si el valioso patrimonio que la Iglesia cristiana tiene en su historia haya quedado en el olvido o incluso sea visto con cierto rechazo. Y con este falso concepto en mente, algunos tienden a prescindir de la herencia histórica común y, dando un «salto acrobático», se obstinan en querer demostrar un vínculo directo entre su grupo, iglesia o denominación y la Iglesia de los apóstoles...

¡Como si la actividad de Dios en este mundo, la obra del Espíritu Santo, se hubiera paralizado tras la muerte del último apóstol, hubiera permanecido inactiva durante casi dos mil años y regresara ahora con su grupo! Al contrario, el Espíritu de Dios, que obró poderosamente en el nacimiento de la Iglesia, ha continuado haciéndolo desde entonces, ininterrumpidamente, a través de grandes hombres de fe que mantuvieron siempre en alto, encendida y activa, la antorcha de la Luz verdadera.

Quienes deliberadamente hacen caso omiso a todo lo acaecido en la comunidad cristiana a lo largo de casi veinte siglos pasan por alto un hecho lógico y de sentido común: que si la Iglesia parte de Jesucristo como personaje histórico, ha de ser forzosamente, en sí misma, un organismo histórico. *Iglesia* e *Historia* van, pues, juntas y son inseparables por su propio carácter.

En definitiva, cualquier grupo religioso que se aferra a la idea de que entronca directamente con la Iglesia apostólica y no forma parte de la historia de la Iglesia, en vez de favorecer la imagen de su iglesia en particular ante la sociedad secular, y la imagen de la verdadera Iglesia en general, lo que hace es perjudicarla, pues toda colectividad que pierde sus raíces está en trance de perder su identidad y de ser considerada como una secta.

Nuestro deber como cristianos es, por tanto, asumir nuestra identidad histórica consciente y responsablemente. Sólo en la medida en que seamos capaces de asumir y establecer nuestra identidad histórica común, seremos capaces de progresar en el camino de una mayor unidad y cooperación entre las distintas iglesias, denominaciones y grupos de creyentes. Es preciso evitar la mutua descalificación de unos para con otros que tanto perjudica a la cohesión del Cuerpo de Cristo y el testimonio del Evangelio ante el mundo. Para ello, necesitamos conocer y valorar lo que fueron, hicieron y escribieron nuestros antepasados en la fe; descubrir la riqueza de nuestras fuentes comunes y beber en ellas, tanto en lo que respecta a doctrina cristiana como en el seguimiento práctico de Cristo.

La colección PATRÍSTICA nace como un intento para suplir esta necesidad. Pone al alcance de los cristianos del siglo XXI, lo mejor de la herencia histórica escrita del pensamiento cristiano desde mediados del siglo I.

La tarea no ha sido sencilla. Una de las dificultades que hemos enfrentado al poner en marcha el proyecto es que la mayor parte de las obras escritas por los grandes autores cristianos son obras extensas y densas, poco digeribles en el entorno actual del hombre postmoderno, corto de tiempo, poco dado a la reflexión filosófica y acostumbrado a la asimilación de conocimientos con un mínimo esfuerzo. Conscientes de esta realidad, hemos dispuesto los textos de manera innovadora para que, además de resultar asequibles, cumplan tres funciones prácticas:

1. Lectura rápida. Dos columnas paralelas al texto completo hacen posible que todos aquellos que no disponen de tiempo suficiente puedan, cuanto menos, conocer al autor, hacerse una idea clara de su línea de pensamiento y leer un resumen de sus mejores frases en pocos minutos.

2. Textos completos. El cuerpo central del libro incluye una versión del texto completo de cada autor, en un lenguaje actualizado, pero con absoluta fidelidad al original. Ello da acceso a la lectura seria y a la investigación profunda.

3. Índice de conceptos teológicos. Un completo índice temático de conceptos teológicos permite consultar con facilidad lo que cada autor opinaba sobre las principales cuestiones de la fe.

Nuestra oración es que el arduo esfuerzo realizado en la recopilación y publicación de estos tesoros de nuestra herencia histórica, teológica y espiritual se transforme, por la acción del Espíritu Santo, en un alimento sólido que contribuya a la madurez del discípulo de Cristo; que esta colección constituya un instrumento útil para la formación teológica, la pastoral y el crecimiento de la Iglesia.

Editorial CLIE

Eliseo Vila
Presidente

INTRODUCCIÓN:
LOS PADRES APOSTÓLICOS,
UN PRIMER ESLABÓN EN LA GRAN CADENA ESPIRITUAL DE LA IGLESIA

El uso del título "Padre"

El título honorífico de "Padre" obedece a ideas tomadas de la vida común y de la cultura religiosa de la época. El padre es el progenitor de la familia, el cabeza a quien compete la preocupación por ella, y su dirección. Durante un tiempo, perceptible en el Antiguo Testamento, el padre hizo de sacerdote del culto doméstico, representante de Dios en la familia. Los patriarcas, por su parte, son los padres de la nación y los depositarios de la promesa, garantes del pacto con Dios. "Socorrió a Israel su siervo, acordándose de la misericordia, de la cual habló a nuestros padres, para con Abraham y su descendencia para siempre" (Lc. 1:54, 55).

Del uso familiar, el nombre padre pasó a significar, por analogía, padre en sentido figurado, "padre espiritual" (*pater pneumatikos*). Así vemos a Pablo llamarse padre de los corintios, a quienes engendró por el evangelio (1ª Co. 4:14-15). Padre espiritual viene a identificar al que educa, enseña y proclama el evangelio, así como al que preside la comunidad. Hasta el siglo IV el título de padre se aplica exclusivamente a los obispos. A partir del siglo V se confiere también a los presbíteros o sacerdotes y a los diáconos. También los superiores de los monasterios son llamados padres, en acepción directa del título arameo, utilizado por Cristo para referirse a Dios: *Abba*, *abad*.

Pero aquí surge un conflicto de conciencia a los que han aprendido de labios de Cristo aquello que dice: "No llaméis padre a nadie en la tierra, porque uno es vuestro Padre, que está en el cielo" (Mt. 23:9).

Ya Jerónimo advirtió que era una contradicción irreverente utilizar un título divino aplicado a un ser humano. "Siendo así que *abba* en lengua hebrea y siríaco significa

> Vemos a Pablo llamarse padre de los corintios. Pero aquí surge un conflicto de conciencia. Cristo dice: "No llaméis padre a nadie en la tierra".

Se da una perfecta simbiosis entre la imitación de Cristo y la imitación de aquellos que lo representan con fe y buena conciencia.

'padre', y nuestro Señor en el Evangelio ordena que a nadie debe llamarse 'padre' más que a Dios, no sé con qué licencia en los monasterios llamamos a otros o nos dejamos llamar nosotros mismos con este nombre" (San Jerónimo, *In Ep. ad Galatas* 2). Pacomio, por su parte, dice: "Jamás pensé que yo era el padre de los hermanos, pues sólo Dios es padre" (*Vita Graeca prima* 105). Sin embargo, el título siguió utilizándose, justificando su uso como una manera de rendir homenaje a la única y ejemplar paternidad de Dios, de quien deriva toda paternidad humana. El apóstol Pablo se considera a sí mismo un padre espiritual, no sólo respecto a los corintios, sino a individuos concretos como Onésimo y Timoteo: "Te ruego por mi hijo Onésimo, que he engendrado en mis prisiones" (Fil. 1:10). "Timoteo, verdadero hijo en la fe" (1ª Ti. 1:2). Y ocurre que así como hay que ser "imitadores de Dios" (Ef. 5:1), modelo ejemplar en última instancia, esta imitación se concreta de un modo visible en aquellos que siguen a Dios con fidelidad y buena conducta, de quien reciben el carácter ejemplarizante: "Hermanos, sed imitadores de mí, y mirad a los que así anduvieren como nos tenéis por ejemplo" (Fil. 3:17). "Que no os hagáis perezosos, sino imitadores de aquellos que por la fe y la paciencia heredan las promesas" (He. 6:12). De modo que se da una perfecta simbiosis entre la imitación de Cristo y la imitación de aquellos que lo representan con fe y buena conciencia, según el mensaje evangélico: "Vosotros fuisteis hechos imitadores de nosotros, y del Señor, recibiendo la palabra con mucha tribulación, con gozo del Espíritu Santo" (1ª Ts. 1:6).

Así, Padres de la Iglesia es un concepto tradicional aplicado a aquellos escritores eclesiásticos garantes de la enseñanza de los apóstoles, no infalibles, pues en todo momento se refieren, y han de atenerse a la autoridad superior y última de la Sagrada Escritura, la *regula fidei* del cristianismo. Cuando un determinado Padre de la Iglesia está de acuerdo plenamente con la Escritura, es testigo auténtico de la fe y de la doctrina de la Iglesia. Por eso, a partir del siglo IV, los obispos que se habían significado de manera especial en la transmisión, explicación y defensa de la fe, recibieron el título de Padres de la Iglesia o de Santos Padres (cf. H. R. Drobner, *Manual de Patrología*, p. 18. Herder, Barcelona 1999).

Por otra parte, la importancia concedida a la dimensión histórica del ser humano en la filosofía de los últimos siglos, ha llevado a los teólogos a darse cuenta de la tremenda importancia de esta para su trabajo teológico. Por eso la atención se ha dirigido a la Biblia como revelación histórica y, a la vez, se ha retomado con nuevo vigor el estudio de los Padres de la Iglesia, testigos privilegiados del cristianismo temprano. Esto ha hecho posible un mayor conocimiento de los orígenes cristianos, de la génesis y de la evolución histórica de las diversas cuestiones y doctrinas contenidas en la Escritura. Y no sólo se ha accedido a las fuentes históricas del pasado como una mera labor científica, sino que el progresivo estudio de las mismas está influyendo en las orientaciones espirituales y pastorales de la Iglesia actual, indicando nuevos camino hacia el futuro. Es natural, pues, que el creyente interesado en su fe se aproveche grandemente de ellos.

La atención se ha dirigido a la Biblia como revelación histórica y, a la vez, se ha retomado con nuevo vigor el estudio de los Padres de la Iglesia.

Porque si bien el estudio de los Padres, la Patrística, de la historia de la teología en general, es una labor científica, la edición de los textos mismos pone en manos del lector moderno unos escritos que transpiran la vida de sus autores originales, que contagian con su entusiasmo y candidez. Sea para confirmar o para discrepar de ellos, su lectura es siempre provechosa para el alma. Hay poca especulación en ellos y sí mucha emoción viva.

Los Padres, la Biblia y su interpretación

Respecto al estudio de la Biblia, los Padres son primero y esencialmente comentadores de la Escritura, a la que defienden siempre como divina, inspirada, y normativa en doctrina y práctica. La exégesis que practican es por lo general la que obedece al método alegórico o espiritual, que complementa la interpretación gramatical o histórica, enriqueciéndola con intuiciones profundamente teológicas. "Habéis escudriñado las Escrituras, que son verdaderas, las cuales os fueron dadas por el Espíritu Santo" (Clemente, *1 Cor.* 45). De Policarpo sabemos que era un consumado lector de las Sagradas Escrituras desde su niñez, lectura que aconsejaba a los demás, "diciendo que la lectura de la ley y los profetas es la precursora de la gracia, enderezando los caminos del Señor, los corazones de los oyentes, semejantes estos a las tablas en las que ciertos dogmas y sentencias difíciles, escritos antes de ser bien conocidos, se van primero puliendo y alisando por medio de la asiduidad del Antiguo Testamento y su recta interpretación, a fin de que, viniendo luego el Espíritu Santo, como una especie de punzón, pueda inscribirse la gracia y júbilo de la voz del Evangelio y de la inmortal y celeste doctrina de Cristo" (*Vida de Policarpo* 19).

La interpretación alegórica, muy utilizada por los escritores del N.T., fue un método puesto en práctica por los judíos alejandrinos, Filón el más representativo, adoptado por cristianos y judíos por igual. El aprecio de los cristianos por este método interpretativo, se pone de manifiesto en Jerónimo, un biblista a todas luces erudito y responsable, que no duda en inscribir a Filón entre los "escritores eclesiásticos" (*Vidas ilustres*, 11). Precisamente la estima de Filón entre los judíos fue la causante de ser casi ignorado por estos después de su muerte, pese al gran número de libros que escribió (véase Alfonso Ropero, *Introducción a la filosofía*, cap. 2. CLIE, Terrassa 1999).

Los Padres de la Iglesia, en general, en su modo de encarar la Biblia introducen un impulso de libertad en el pensamiento cristiano y un sentido de seguridad gracias a su decidido cristocentrismo y su orientación constante hacia lo fundamental, lo que es esencial, lo que permanece y no cambia en virtud de su filiación con el Verbo divino, que es preciso rescatar.

Los Padres Apostólicos, profecía y carisma

Los primeros escritos patrísticos se conocen por Padres Apostólicos, debido a su estrecha relación con los apóstoles, de quienes se cree fueron discípulos directos. Si bien es cierto que, en algunos casos, las modernas investigaciones presentan serias dificultades en afirmar que todos ellos tuvieron contacto directo con los apóstoles, de lo que no hay duda alguna es de que sus escritos son un verdadero tesoro que nos transmite de forma directa el pensamiento y las costumbres de la Iglesia primitiva en su interpretación de las enseñanzas del Señor.

La mayoría de estas obras se escribieron en griego *koiné*, la lengua común de la época. Tertuliano, en el siguiente siglo, es uno de los primeros en escribir en latín, que llegará a ser la lengua oficial de la Iglesia occidental. Son escritos sencillos en lo que se refiere a fondo y forma. Su importancia deriva del hecho de que sus autores estuvieron directamente vinculados a los apóstoles de Cristo o su entorno inmediato y representan un eslabón imprescindible en la gran cadena espiritual que une la Iglesia primitiva con las generaciones siguientes. Aunque pocos en número, los escritos de los llamados Padres Apostólicos cubren todo el siglo II y nos orientan sobre la dirección que estaba tomando la doctrina y práctica cristianas.

Aunque pocos en número, los Padres Apostólicos cubren todo el siglo II y nos orientan sobre la dirección que estaba tomando la doctrina y práctica cristianas.

Por su relación inmediata con los apóstoles de Cristo, estas obras nos informan en la medida de lo posible de la vida de la Iglesia cuando dejó de existir el último de los apóstoles. ¿Cómo actuaron los creyentes cuando faltaron los testigos oculares de Cristo? ¿Cómo vivieron su relación con Cristo y el Espíritu Santo estas generaciones posteriores? ¿Cómo se entendieron a sí mismos en espera de la Segunda Venida de Cristo? Si es verdad que el Espíritu Santo de la promesa nunca ha faltado en la Iglesia, entonces estos textos nos muestran cómo ese mismo Espíritu siempre guía a los suyos en toda verdad y fidelidad al mensaje de Cristo.

Los apóstoles, Pablo en concreto, tuvieron un interés particular en formar hombres fieles que a su vez fueran capaces de enseñar a otros (2ª Ti. 2:2). Y los Padres Apostólicos son sus primeros frutos conocidos. O Pedro: "También yo procuraré con diligencia, que después de mi fallecimiento, vosotros podáis siempre tener memoria de estas cosas" (2ª P. 1:15). ¿Cómo se cumplieron estos anhelos apostólicos? ¿Cómo se guardó la memoria de los apóstoles? ¿Cómo se formaron los maestros de la Iglesia?

Por el testimonio de los Padres Apostólicos que hoy tenemos –seguro que nos faltan más– somos capaces hoy día de detectar lo que es espurio en el canon de la Escritura de lo que es verdadero, tan constante es su referencia a los libros bíblicos. Reflejan la preocupación por mantener y transmitir la enseñanza apostólica que han recibido de labios de los mismos apóstoles.

Su misma dependencia respecto a los escritores del primer siglo, nos muestra la superioridad de éstos y la alta estima en que fueron tenidos por la Iglesia desde el principio. Son inferiores a los escritos del Nuevo Testamento

Los Padres Apostólicos sirven como puente entre los escritores neotestamentarios y los grandes apologistas del siglo III.

en cuanto son conscientes de estar viviendo de la tradición apostólica y bajo la autoridad de las verdades proclamadas al principio, "en el cumplimiento del tiempo". De algún modo enseñan que la época apostólica no consiste en recibir nuevas revelaciones del Espíritu, sino en entender y transmitir fielmente la "fe dada una vez a los santos" (Jud. 1:3).

La gran estima de que gozaron estos escritos en el cristianismo antiguo se refleja sobre todo en el hecho de que casi todos ellos fueron contados entre los libros inspirados o sagrada Escritura y puestos en la lista de libros canónicos o tenidos por normativos en muchas comunidades cristianas. La *Primera Carta de Clemente* fue temporalmente una parte integrante del canon neotestamentario en las iglesias egipcia y siria. El *Pastor* de Hermas estuvo durante siglos en el canon de muchas iglesias. Clemente de Alejandría no se cansa de citarlo como libro inspirado. Otro tanto hacen Ireneo y Orígenes, aunque ésta ya constata que "el pequeño libro del *Pastor* parece ser despreciado por algunos" (*De principiis*, IV, 1,11).

Por otra parte, los Padres Apostólicos sirven como puente entre los escritores neotestamentarios y los grandes apologistas del siglo III; constituido por mártires que tienen que enfrentar una persecución tras otra. Época de actos heroicos sin tiempo ni posibilidad de elaborar grandes sistemas doctrinales, debido a la precariedad de su existencia amenazada. Como ha escrito A. A. Cox, el siglo segundo no es una era de escritores, sino de soldados; no de predicadores, sino de mártires, de testigos que pagan con su propia sangre su confesión de fe en Cristo.

Históricamente, la época de los Padres es el período en el que se dan los primeros pasos en el planteamiento del gobierno de la Iglesia y la fijación de ciertas doctrinas, contra las herejías nacientes como el docetismo y el gnosticismo. Sobre todo, se observa en ellos una preocupación por mantener la unidad de la Iglesia y la pureza de la vida cristiana. Se trata, por tanto, de testimonios de alto valor humano y doctrinal.

La *Didaché* o el *Pastor* de Hermas enlazan las primeras comunidades carismáticas, tipo Corinto, con el cristianismo posterior, cada vez más centrado en el ministerio jerárquico de los obispos. Dotados del carisma profético se nos presentan los grandes obispos Ignacio y Policarpo.

En la *Didaché* o el *Pastor* los profetas gozan de más prestigio que los obispos, presbíteros o ancianos. En su polémica con el judío Trifón, Justino apela al carisma profético presente en la Iglesia para demostrar que ésta es la sucesora de Israel: "Entre nosotros, aun hasta el presente, se dan los carismas proféticos. Por donde hasta vosotros tenéis que daros cuenta de que los que en otros tiempos se daban en vuestro pueblo han pasado a nosotros" (*Dial.*, 82). Hacia el año 180, Ireneo atestigua este mismo hecho: "Con frecuencia oímos hablar de hermanos que tienen en la iglesia el carisma profético, y que, por la virtud del Espíritu Santo, hablan en todo género de lenguas y, con miras a la utilidad, manifiestan los secretos de los hombres e interpretan los misterios de Dios" (*Contra las herejías*, V, 6,1).

> Los profetas gozan de más prestigio que los obispos, presbíteros o ancianos.

La decadencia del profeta se debe sin duda al peligro que ya se apunta en el Nuevo Testamento en cuanto a los falsos profetas que proliferan en todas partes (1ª Jn. 4:1), y el abuso de la profecía por parte de Montano, con sus sueños sobre el Paráclito y la Jerusalén celestial. Sin embargo, como señala Daniel Ruiz Bueno, ni "aun en la crisis montanista se niega en principio la autoridad profética, sino los desvaríos que pudieran ampararse de supuestas profecías".

Pobreza doctrinal del siglo II

Para los teólogos y estudiosos de la historia del dogma este es un período que contrasta, por su simplicidad y pobreza teológica, con los escritos apostólicos. Es, dicen, como bajar del pináculo de la montaña a la que Pablo se ha elevado al valle que vive de los riachuelos que bajan de la cumbres. Los escritos de los Padres Apostólicos son sencillos comparados con los del Nuevo Testamento.

Esto es cierto, pero hay que entenderlo en su justa perspectiva. En los escritos del Nuevo Testamento habla la experiencia directa de Cristo y sus inmediatos discípulos, en los otros los creyentes que abiertamente confiesan su rango de discípulos frente a los superiores maestros apostólicos, a quienes no pretenden enmendar, sino emular, en cuanto testigos privilegiados de la manifestación de la Verdad encarnada, principio y fundamento normativo de la fe cristiana para todas las épocas.

Por un proceso natural de las primeras comunidades cristianas, urgía enfrentar un tema tan paulino como el de la santificación y unidad de la Iglesia.

"En ellos –escribe G. P. Fisher– perdemos, falta la profundidad y poder de los escritores canónicos" (*History of Christian Doctrine*. T&T Clark, Londres 1901). "Al pasar del estudio del Nuevo Testamento a los Padres Apostólicos, uno es consciente del cambio tremendo. No hay la misma frescura ni originalidad, profundidad ni claridad" (L. Berkhof, *History of Christian Doctrines*, p. 38, BT, Edimburgo 1985). "Con la excepción de Ignacio de Antioquía, sus escritos son de una gran pobreza teológica, caracterizados por un moralismo que los distingue tanto de los libros del Nuevo Testamento como de las obras de los padres posteriores" (Oscar Cullmann, *El diálogo está abierto*, p. 150, Marova, Barcelona 1972). El historiador católico Henry Rondet comparte esta misma valoración protestante de los Padres Apostólicos. Escribe que aunque estos "profesan la misma fe y la misma práctica sacramental, su teología, comparada con la riqueza de las epístolas de Pablo, es todavía rudimentario" (*Historia del Dogma*, p. 31. Herder, Barcelona 1972).

Creo que estos y otros autores se han dejado llevar por un concepto intelectualista del dogma, sin prestar demasiada atención a los factores históricos que intervienen en el desarrollo de las ideas y las doctrinas. Es cierto que en los Padres Apostólicos no aparecen los grandes temas teológicos de la elección y justificación de los pecadores tal como se presentan en Pablo, siempre estudiado y siempre por estudiar, pero es que, por un proceso natural de las primeras comunidades cristianas, urgía enfrentar un tema tan paulino como el de la santificación y unidad de la Iglesia, amenazada una y otra vez por quienes convertían su doctrina de la gracia en una excusa para el rechazo de toda norma y modelo de buena conducta; amenazando incluso la integridad social de las comunidades mediante la formación de partidos y subsiguientes cismas. "¿Pecaremos, porque no estamos bajo de la ley, sino bajo de la gracia? –se pregunta Pablo– En ninguna manera" (Ro. 6:15). "Y os ruego hermanos –escribe Pablo a renglón seguido–, que miréis los que causan dissensiones y escándalos contra la doctrina que vosotros habéis aprendido; y apartaos de ellos" (Ro. 16:17).

A estos dos graves problemas responden prioritariamente los escritos de los llamados Padres Apostólicos, con el riesgo, naturalmente, de ir al otro extremo de enfatizar la santidad y buenas obras de los creyentes por encima de la gratuidad de la salvación mediante la fe en Cristo. Pero resulta muy difícil juzgar unos autores, y todo un siglo, por los escasos escritos que no han llegado, y la mayoría de ellos, escritos tan circunstanciales como las cartas de Clemente o Ignacio.

La fe y no las obras, dice Clemente con clara conciencia del mensaje evangélico, es el único elemento que justifica en ambas dispensaciones, en el Antiguo y el N.T. Todos los judíos "fueron glorificados y engrandecidos, no por causa de ellos mismos o de sus obras, o sus actos de justicia que hicieron, sino por medio de la voluntad de Dios. Y así nosotros, habiendo sido llamados por su voluntad en Cristo Jesús, no nos justificamos a nosotros mismos, o por medio de nuestra propia sabiduría o entendimiento o piedad u obras que hayamos hecho en santidad de corazón, sino por medio de la fe, por la cual el Dios Todopoderoso justifica a todos los hombres que han sido desde el principio" (*1 Cle.* 32). Policarpo escribe a su vez: "Vosotros sabéis que es por gracia que somos salvos, no por obras, sino por la voluntad de Dios por medio de Jesucristo" (*Pol.* 1). "¿Qué otra cosa aparte de su justicia podía cubrir nuestros pecados? –se pregunta Hermas– ¿En quién era posible que nosotros, impíos y libertinos, fuéramos justificados, salvo en el Hijo de Dios? ¡Oh dulce intercambio, oh creación inescrutable, oh beneficios inesperados; que la iniquidad de muchos fuera escondida en un Justo, y la justicia de uno justificara a muchos inicuos!" (*Pastor*, 9).

Desde estos presupuestos de la salvación por gracia, mediante la fe y no las obras, es como debemos entender sus llamamientos al arrepentimiento y a las buenas obras, o frutos por los que se conoce el cristiano. Frente al judaísmo del que cada vez están más despegados y cara al mundo que les ve como criminales, los cristianos del segundo siglo estaban en la imperiosa necesidad de "mostrar la fe por sus obras" (Stg. 2:18).

En las cartas neotestamentarias de Juan y Pablo ya observamos la creciente amenazada de la unidad interna de las iglesias, preocupación y peligro que iría creciendo a medida que nuevas personas, de diferentes trasfondos religiosos y culturales, iban aceptando la fe. A mantener la unidad de la Iglesia, cualquiera que fuera su localización geográfica, política y religiosa, se dedican las cartas

La fe y no las obras, dice Clemente con clara conciencia del mensaje evangélico, es el único elemento que justifica en ambas dispensaciones.

De algún modo nos indican que para hacer buena teología es preciso contar con el respaldo de una Iglesia unida que favorezca el desarrollo de la doctrina.

de Ignacio, Clemente, Hermas, Policarpo y, en realidad, todos los Padres Apostólicos, no por otro motivo gozaron de tan buena aceptación en el cristianismo antiguo, hasta el punto de figurar en el canon de algunas iglesias, por encontrar en ellas la respuesta a los problemas que les angustiaban entonces: la buena conducta de los creyentes y la unidad de la Iglesia en el vínculo de la paz, siempre amenazada por personas de dentro y de fuera, por herejes y cismáticos. En este sentido son documentos que es preciso leer una y otra vez para apreciar la alta estima en que era tenida la concordia de los hermanos cara al mundo y cara a la propia salud de las comunidades cristianas. De algún modo nos indican que para hacer buena teología, que pertenece a los siglos posteriores, es preciso contar con el respaldo de una Iglesia unida que favorezca el desarrollo de la doctrina evangélica en la armonía conjunta de su múltiple riqueza de matices, profundidad y variedad.

"Procura que haya unión –exhorta Ignacio a Policarpo–, pues no hay nada mejor que ella. Soporta a todos, como el Señor te soporta. 'Tóleralo todo con amor´ (Ef. 4:2), tal como haces. Entrégate a oraciones incesantes. Pide mayor sabiduría de la que ya tienes. Sé vigilante; y evita que tu espíritu se adormile. Habla a cada hombre según la manera de Dios. Sobrelleva las dolencias de todos, como un atleta perfecto. Allí donde hay más labor, hay mucha ganancia" (*Ig. a Pol.* 1).

El tema de la unión intereclesial en un cristianismo dividido y desgarrado por múltiples motivos e intereses, teológicos, históricos y políticos, sigue siendo una asignatura pendiente para los creyentes en la actualidad, tan angustiosa y apremiante como fue al principio. De algún modo, los Padres de la Iglesia no caen de la altura paulina, sino que preparan el terreno para que esta se pueda dar y no quedar obscurecida por grupos y partidos que obedecen siempre a los intereses de una persona y no a los de Cristo.

LA DIDACHÉ o ENSEÑANZA DE LOS APÓSTOLES

Como escribió Vielhauer, la publicación de la *Didaché* (pronunciada *Diadajé*) por su descubridor, Philotheos Bryennios, metropolita de Nicomedia, el año 1883, y por

Adolf Harnack en el 1884, causó una gran sensación sólo comparable a los hallazgos de Qumrán en nuestra época. Al fin se poseía el texto de una obra de la que sólo era conocido el título por testimonio de la iglesia antigua, una obra cuyo contenido obligaba a revisar la imagen tradicional del cristianismo primitivo, especialmente la historia de su constitución.

La *Didaché* es un manual de la iglesia del cristianismo primero, también llamada *Doctrina de los apóstoles* o *Doctrina del Señor a las naciones por medio de los doce apóstoles*. Esta última designación aparece en el manuscrito de Bryennios; pero la primera es la que han usado varios escritores antiguos para referirse a la misma.

El manual consiste en dos partes:

1) Un tratado moral conforme al modelo más antiguo de "Los dos caminos", que presenta los caminos de la justicia y la injusticia, de la vida y la muerte, respectivamente, conocidos a los judíos, sus primeros autores quizá, y, también a los griegos, aunque indudablemente se fue aumentando con añadidos según las ideas de quienes adoptaban este modelo.

2) La segunda parte da instrucciones referentes a ritos y ministerios de la iglesia. Trata del bautismo, de la oración y del ayuno, la eucaristía y el ágape, el tratamiento de los apóstoles y profetas itinerantes, de los obispos y diáconos, y el conjunto termina con una solemne advertencia a la vigilancia en vista de la segunda venida de Cristo.

La sección de los "dos caminos", también aparece de manera independiente en la *Carta de Bernabé*, lo que hace pensar que existía como fuente anterior a ambos. La *Didaché* define los dos caminos como caminos de vida y de muerte, mientras que Bernabé se refiere a ellos como luz y oscuridad.

La obra es, indudablemente, de fecha muy primitiva, como se ve por la evidencia interna del lenguaje y su enseñanza. Así por ejemplo, el orden profético itinerante no ha sido desplazado todavía por el ministerio localizado permanente, sino que existen el uno al lado del otro, como durante la vida de Pablo (Ef. 4:11; 1ª Co. 12:28).

En segundo lugar, el episcopado no ha pasado a ser todavía universal; la palabra "obispo" se usa como sinónimo de "presbítero", y el escritor, por tanto, une "obispos" con "diáconos" (*Did.* 15) como hace Pablo (1ª Ti. 3:1-

La publicación de la Didaché causó una gran sensación sólo comparable a los hallazgos de Qumrán, una obra cuyo contenido obligaba a revisar la imagen tradicional del cristianismo primitivo, especialmente la historia de su constitución.

El redactor habla con autoridad. Quizá se trata de un apóstol fundador de una iglesia, a la que deja este breve escrito como resumen de sus enseñanzas.

8; Fil. 1:1) bajo circunstancias similares. Ambos son elegidos por la comunidad mediante la ordenación.

En tercer lugar, por la expresión en *Did.* 10: "después de haberos saciado", se ve que el ágape sigue siendo parte de la Cena del Señor. Finalmente, la simplicidad arcaica de sus sugerencias prácticas sólo es compatible con la más tierna infancia de la Iglesia. Estas indicaciones señalan el primer siglo como la fecha de la obra en su forma presente.

a) *Autor y fecha de composición*

Por lo que se refiere al lugar en que fue escrita, la opinión, en principio, había sido fuertemente favorable a Egipto, debido a que la *Doctrina o Enseñanza de los apóstoles* es citada primero por escritores egipcios; pero por la alusión casual del cap. 9 al "trigo esparcido por las montañas" parece que fue escrita o bien en Siria o en Palestina.

Del autor no sabemos nada. Probablemente fue un maestro cristiano procedente del judaísmo, y ambientado en el círculo de Santiago, "el hermano del Señor", como parecen demostrar las semejanzas en la *Didaché* y la carta de éste. Toma sus enseñanzas del Antiguo y Nuevo Testamento, si bien apenas si recurre a citas literales, sólo alude a pasajes de ellos. El autor escribe en un tono de aseveración, sin reserva ni vacilación en lo que afirma, enseña y manda. Nadie, ni un apóstol o profeta puede quitar ni añadir a lo escrito. El redactor habla con autoridad, aunque no se presenta como depositario personal de una revelación. Quizá se trata de un apóstol fundador de una iglesia, a la que deja este breve escrito como resumen de sus enseñanzas, antes de partir hacia otro lugar, buscando fundar nuevas iglesias.

La fecha de composición va de alrededor del año 70 a los años 96-98, siempre anterior al siglo II, prolijo en herejías, no mencionadas en la *Didaché* y tan presente en los últimos escritos joánicos y en las cartas de Ignacio.

b) *Transmisión y manuscritos*

Como hemos apuntado, la *Didaché* fue descubierta por el metropolita Bryennios en el mismo manuscrito que tiene la copia completa de la Epístola de Clemente, y es llamado el manuscrito Constantinopolitano o Hierosolimitano, por haberse encontrado en la biblioteca del Hospital del Santo Sepulcro de Constantinopla y haber sido trasladado después, en 1887, a la biblioteca del patriarcado en Jerusalén. Además de la *Enseñanza* y las *Cartas* genuinas y espurias de Clemente completas, este documento contiene la *Sinopsis* de Crisóstomo del Antiguo y del Nuevo Testamento (incompleta), la *Carta de Bernabé*, y la *Gran recensión de las Epístolas* de Ignacio. El manuscrito tiene fecha de 1056. Pero, aunque Bryennios anunció una lista del contenido de este documento en 1875, pasaron ocho años antes de que fuera publicada la *Didaché*.

Entretanto, como Eusebio y otros mencionan una obra de este nombre entre los escritos apócrifos, cundió la esperanza entre los interesados en estos estudios de que éste podía ser el libro aludido, y que arrojaría algo de luz sobre la discutida cuestión del origen de las *Constituciones Apostólicas*. Cuando al fin, en 1883, fue ofrecido el texto al mundo, se demostró que su interés e importancia excedía a las más altas expectativas. Se ha admitido en general que es la obra mencionada por Eusebio y citada también por Clemente de Alejandría como "Escritura". Es la base del séptimo libro de las *Constituciones Apostólicas*.

En el lenguaje y en el contenido presenta íntima afinidad con muchos otros documentos primitivos, especialmente los *Cánones Eclesiásticos* y la *Carta de Bernabé*. Gebhardt descubrió también un fragmento de una traducción latina, que se contiene en el códice de Melk, perteneciente al siglo XI. Son muy importantes los restos de una traducción copta, conservados en el papiro Oxirrinco (n. 9.271) del Museo Británico, del siglo V, traducción que procede posiblemente de la primera mitad del siglo III. Así, aunque sólo hay un manuscrito existente de la *Didaché* en su forma presente, la incorporación de una gran parte del mismo en los escritos patrísticos y los manuales de la iglesia primitiva hace el problema de su origen y desarrollo peculiarmente interesante.

1 CARTA DE CLEMENTE A LOS CORINTIOS

El escrito llamado 1 Clemente es una carta de la iglesia de Roma a la de Corinto. Está motivada por la formación de un partido en la iglesia de Corinto, tan común desde su fundación en los tiempos apostólicos, que llenó de turbación a los creyentes romanos, ya suficientemente

1 Clemente es una carta de la iglesia de Roma a la de Corinto. Está motivada por la formación de un partido en la iglesia de Corinto.

Esta carta tiene un claro propósito de disciplina eclesial. No es la fe o el dogma lo que está en juego, sino la disciplina y la unidad fraterna en la asamblea.

atribulados por la sanguinaria persecución de Domiciano emprendida contra ellos. Los presbíteros corintios nombrados por los apóstoles, o sus sucesores inmediatos, habían sido depuestos de modo ilegítimo por otros más jóvenes (1 Cl.1,1; 3; 44). Era patente un espíritu de persecución de los injustos contra los justos dentro de la misma Iglesia. Apelando a la suprema autoridad de la Escritura, Clemente les recuerda: "Habéis escudriñado las Escrituras, que son verdaderas, las cuales os fueron dadas por el Espíritu Santo; y sabéis que no hay nada injusto o fraudulento escrito en ellas. No hallaréis en ellas que personas justas hayan sido expulsadas por hombres santos. Los justos fueron perseguidos, pero fue por los malvados; fueron encarcelados, pero fue por los impíos" (1 Cl., 45).

Esta carta, pues, tiene un claro propósito de disciplina eclesial. No es la fe o el dogma lo que está en juego, sino la disciplina y la unidad fraterna en la asamblea. Se muestra una vez más que la envidia y los intereses personales rompen la paz y la unidad más que las disputas doctrinales que, a veces, sólo son una excusa para justificar intereses que no tienen nada que ver con la ortodoxia o heterodoxia de las ideas, sino con luchas por el poder y control de la comunidad: "¿Por qué hay contiendas e iras y disensiones y facciones y guerra entre vosotros? –les pregunta Clemente– ¿No tenemos un solo Dios y un Cristo y un Espíritu de gracia que fue derramado sobre nosotros? ¿Y no hay una sola vocación en Cristo? ¿Por qué, pues, separamos y dividimos los miembros de Cristo, y causamos disensiones en nuestro propio cuerpo, y llegamos a este extremo de locura, en que olvidamos que somos miembros los unos de los otros?" (1 Cl., 46).

Tenemos aquí un extraordinario alegato contra los cismas y las divisiones a favor de la unidad eclesial en Cristo, en línea con los escritos de Pablo, "congregados todos concordes", ilustrada con ejemplos de la Escritura que se refieren a la humildad y la obediencia, virtudes que si faltan, hacen imposible la coexistencia en paz y en el temor de Dios o santidad. No puede haber locura mayor que llegar al "extremo en que olvidamos que somos miembros los unos de los otros" (1 Cl., 4)

El escritor entiende que detrás de todo esto se encuentra el orgullo, siempre dispuesto a emerger caiga quien caiga. La solución no es otra que el rechazo de la vanagloria. "Que nuestra alabanza sea de Dios, no de nosotros mismos; porque Dios aborrece a los que se alaban a sí mismos" (*1 Cl.*, 30).

En la carta se hace alusión a la persecución del imperio romano, como una explicación de la tardanza en atender al asunto. Por ello se da, incidentalmente, alguna información respecto al carácter de la persecución en el curso de la carta. Pero, en otros puntos, hay consignados datos más precisos y definidos respecto a un ataque a los cristianos, anterior y más severo, en los últimos años del reino de Nerón, en los cuales se hace referencia en especial a los martirios de san Pedro y san Pablo.

Aunque el tono de la carta es altamente moral, como corresponde al asunto que la motiva, no hay que perder nunca de vista la doctrina esencial de la justificación por la fe que está detrás de ella, tal como podemos leer explícitamente: "Todos ellos fueron glorificados y engrandecidos, no por causa de ellos mismos o de sus obras, o sus actos de justicia que hicieron, sino por medio de la voluntad de Dios. Y así nosotros, habiendo sido llamados por su voluntad en Cristo Jesús, no nos justificamos a nosotros mismos, o por medio de nuestra propia sabiduría o entendimiento o piedad u obras que hayamos hecho en santidad de corazón, sino por medio de la fe, por la cual el Dios todopoderoso justifica a todos los hombres que han sido desde el principio" (*1 Cl.*, 32).

Parece ser que esta carta tuvo buena recepción y dio los frutos esperados. Corinto pasó a ser un fiel aliado de Roma en las luchas antiheréticas del siglo II. Hegesipo, que pasa por Corinto camino de Roma en los años 155-166, atestigua la fe, la unidad y el fervor de la iglesia de Corinto. Dionisio, obispo de la iglesia, informa al obispo romano Soter (166-174) de la veneración y lectura pública de la carta clementina.

Por ser un tema común y preocupante en las asambleas cristianas, la carta de Clemente disfrutó de gran estima en muchas otras iglesias. Policarpo, obispo de Esmirna y maestro de toda Asia, la utiliza hacia el año 107 en su carta a los filipenses, donde se cuentan no menos de siete reminiscencias pese a la brevedad de su escrito. Las versiones hechas en la antigüedad de la carta de Clemente nos dan también una idea de su difusión por el mundo cristiano.

Aunque el tono de la carta es moral, no hay que perder de vista la doctrina esencial de la justificación por la fe que está detrás de ella.

Clemente debió ser una personalidad relevante en la comunidad de Roma, uno de sus obispos o presbíteros.

Los apologistas católicos han utilizado 1 Clemente para probar el primado de la Iglesia de Roma, una cuestión rechazada por estudiosos modernos, tanto de un bando como de otro. El teólogo protestante Philipp Vielhauer escribe: "La antigua cuestión de si 1 Clemente es una prueba de que Roma reclamaba para sí el primado de la Iglesia, encuentra actualmente una respuesta negativa, no sólo por pate de los investigadores protestantes, sino también de los católicos. En efecto, el primado romano implica el ministerio episcopal monárquico y la jurisdicción como elementos constitutivos. 1 Clemente no habla en absoluto del episcopado monárquico. Y la comunidad romana no poseía entonces ningún título legal ni poder alguno para una intervención jurídica; para el logro de sus objetivos debía ganarse a la mayoría de los corintios mediante la persuasión; y el tono de la carta debía acomodarse a estas circunstancias" (*Historia de la literatura cristiana primitiva*, p. 555. Sígueme, Salamanca 1991). El patrólogo católico Hubertus R. Drobner escribe por su parte: "No se puede hablar con seguridad de un primer testimonio de la reivindicación del primado romano, pues faltaban aún para ello tanto el episcopado monárquico como la necesaria jurisdicción" (*Manual de patrología*, p. 66. Herder, Barcelona 1999).

a) *Autor y fecha de composición*

Clemente, a quien se atribuye la autoría de esta carta, debió ser una personalidad relevante en la comunidad de Roma, uno de sus obispos o presbíteros. Pero no sabemos nada cierto de él, aparte de la posible redacción de esta carta, cuyo remitente no es una persona individual, sino la comunidad romana en su conjunto, dirigiéndose a la comunidad hermana de Corinto; lo cual no deja de ser una novedad, porque en el Nuevo Testamento ninguna carta tiene por remitente a una comunidad. Por esta razón es mencionada unas veces por los escritores cristianos antiguos como obra de la iglesia de Roma, y otras como escrita por Clemente, o enviada por él. "Clemente escribió en nombre de la iglesia romana a la iglesia de Corinto, lo que unánimemente se le atribuye", escribe Eusebio (*Historia eclesiástica* III, 37).

Orígenes, Eusebio y Jerónimo relacionan a Clemente con el autor de la carta a los Hebreos, en cuanto compañero de Pablo y redactor de la misma, en conformidad con la mente del apóstol de los gentiles. Hay muchos puntos donde el autor de la carta a los Hebreos coincide con el Clemente a los Corintios, como el lector podrá comprobar por sí mismo. No cabe duda que Clemente conocía bien la carta a los Hebreos y que estaba familiarizado con la enseñanza de la misma sobre el Cristo glorioso, rey, sacerdote y redentor.

La alta estima del nombre de Clemente entre las iglesias, a quien se relaciona estrechamente con los apóstoles, es patente en lo que escribe Ireneo: "Después que los bienaventurados apóstoles Pedro y Pablo hubieron echado los fundamentos y edificado la Iglesia de Roma, encomendaron el servicio del episcopado a Lino. De este Lino hace mención Pablo en sus cartas a Timoteo (2ª Ti. 4:21). A Lino le sucede Anacleto y después de éste, en el tercer lugar después de los apóstoles, hereda el episcopado Clemente, el cual había visto a los bienaventurados apóstoles y tratado con ellos y conservaba todavía alojada en sus oídos la predicación de los apóstoles y su tradición ante los ojos. Y no era él sólo, pues aún vivían muchos que habían sido enseñados por los apóstoles. Ahora bien, bajo el episcopado de este Clemente, habiendo estallado una sedición no pequeña entre los hermanos de Corinto, la Iglesia de Roma escribió una extensa carta a los corintios, demostrándoles la necesidad de paz y renovando la fe de ellos y la tradición que la Iglesia romana acababa de recibir de los apóstoles" (*Contra las herejías*, III, 3,3).

Clemente fue enaltecido por la tradición con el mayor de los honores, el bautismo de sangre del martirio. De ahí surge toda una leyenda de hechos milagrosos, más bien fantásticos, que rodean su vida, propios de una novela y no de una historia mínimamente creíble. Lo único que esto prueba es la autoridad y veneración en que fue tenido en la antigüedad.

Dice la leyenda, según consta en *Martirio de san Clemente*, que a los nueve años de su episcopado fue denunciado como dirigente cristiano ante el emperador Trajano. Detenido y llevado ante sus jueces, Clemente declaró su fe. Para no manchar sus manos con la sangre de un anciano, venerado como padre de los pobres y consolador de los desgraciados, fue condenado a trabajar en las minas de la península del Quersoneso Táurico, la Crimea actual.

Hay muchos puntos donde el autor de la carta a los Hebreos coincide con el Clemente a los Corintios.

Al saber Trajano que aumentaba el pueblo cristiano, y que a los que amenazaba con el martirio marchaban gozosos a él, mandó a su general que obligase a Clemente a sacrificar a los dioses.

Allí encontró Clemente más de dos mil cristianos condenados a trabajar en las canteras de mármol. Su presencia fue de gran aliento para ellos, víctimas inocentes de una persecución injusta. Entre otros tormentos que sufrían los mártires era la falta de agua, la cual habían de traer a cuestas de un lugar a más de seis millas. Movido Clemente por las lágrimas y sufrimientos de aquellos desterrados por causa de la fe en Cristo pidió a Dios que se compadeciera de sus fieles siervos, como en otro tiempo hizo con Israel en el desierto. El Señor escuchó la oración de este nuevo Moisés y en el lugar por él señalado hizo brotar una fuente de agua fresca y abundante hasta formar un río.

Debido a la fama de este prodigio, muchos de otras partes, al verlo, pidieron el bautismo cristiano, de manera que cada día se bautizaban más de quinientas personas. Al saber el emperador Trajano que aumentaba el pueblo cristiano, y que a los que amenazaba con el martirio marchaban gozosos a él, mandó a su general Aufidiano para que cediese a la muchedumbre y que obligase a Clemente sólo a sacrificar a los dioses del imperio; mas viéndole tan firme en el Señor y que se negaba en absoluto a cambiar de actitud, dijo Aufidiano a los verdugos: "Tomadle y llevadle al medio del mar, atadle al cuello un áncora de hierro y arrojadle al fondo, para que no puedan los cristianos recoger su cuerpo y venerarle en lugar de Dios".

Hecho esto toda la muchedumbre estaba junto a la orilla del mar llorando. Entonces Cornelio y Febo, discípulos de Clemente, dijeron: "Oremos todos unánimes para que el Señor nos muestre el cadáver de su mártir".

Orando, pues, el pueblo, el mar se retiró por espacio de casi tres millas y los fieles entrando por la tierra seca hallaron una habitación en forma de templete marmóreo, dispuesto por Dios, y allí tendido el cuerpo del mártir y a su lado el áncora con que fue precipitado. Les fue revelado a sus discípulos que no sacaran de allí el cuerpo, así como se les dio también oráculo de que cada año, en el día de su pasión, el mar se retiraría durante siete días para ofrecer paso seco a los que se acercaran a venerarle. Por este suceso todos los pueblos de los alrededores creyeron en Cristo, y así no se halla un gentil, un hebreo o un hereje entre ellos. La narración termina diciendo que los que tocaban las santas reliquias y se lavaban en el agua santificada quedaban libres de su enfermedad.

El primer documento que atestigua el martirio de Clemente es la *Depositio Martyrium* del año 336, fecha demasiado lejana de los supuestos hechos que narra, del cual no saben nada Ireneo, Eusebio y Jerónimo.

La fecha en que fue escrita es casi simultánea con el término de la persecución de Domiciano, cuando el primo del emperador, Flavio Clemente, pereció.

Clemente poco antes de ser arrojado al fondo del mar
con un áncora al cuello

La fecha en que fue escrita es casi simultánea con el término de la persecución de Domiciano, cuando el primo del emperador, Flavio Clemente, a quien algunos quisieran identificar con el autor de nuestra carta, pereció durante el año de su consulado (95 d.C.), o inmediatamente después, y su esposa, Domitila, que era la sobrina de Domiciano, fue desterrada, al parecer, por una acusación relacionada con el "ateísmo", acusación típicamente cristiana. Así lo cuenta el historiador Dion Casio: "En el mismo año (95 d.C.) mandó matar Domiciano, entre otros muchos, a Flavio Clemente, que ejercía el consulado, a

Además de las citas patrísticas, en especial las de Clemente de Alejandría, y otros padres posteriores, el texto que poseemos procede de tres fuentes.

pesar de ser primo suyo y estar casado con Flavia Domitila, parienta suya también. A los dos se los acusaba de ateísmo, crimen por el que fueron condenados también otros muchos, que se habían pasado a las costumbres de los judíos. De ellos, unos murieron; a otros se les confiscaron los bienes" (*Historia romana* LXVII, 14). Así, pues, la carta podría haber sido escrita en los años 96-97.

b) *Transmisión y manuscritos*

Además de las citas patrísticas, en especial las de Clemente de Alejandría, y otros padres posteriores, el texto que poseemos procede de tres fuentes:

1) El famoso manuscrito uncial Alejandrino del Nuevo Testamento (*Codex Alexandrinus*, A) en el Museo Británico, que pertenece al siglo V, al cual se añade una especie de apéndice, junto con la llamada Segunda Epístola de Clemente a los Corintios, que es espuria. Este manuscrito está mutilado al final de las dos epístolas, además de estar rasgado o ser ilegible en muchos pasajes de la primera. De este manuscrito se publicó la *editio princeps*, de Patricio Junio (1633).

2) El manuscrito Constantinopolitano o Jerosolimitano, que pertenece a la biblioteca del patriarca griego de Jerusalén, cuya residencia principal se halla en Constantinopla. De este manuscrito fueron impresas las dos Epístolas de Clemente (la genuina y la espuria), por primera vez totalmente (1875) por Bryennios, entonces metropolita de Serræ, pero ahora patriarca de Nicomedia. Este manuscrito es de fecha 1056 d.C.

3) La traducción siríaca, en posesión de la Biblioteca de la Universidad de Cambridge, con fecha 1170 d.C. Contiene 1 y 2 Clemente. La versión copta se contiene en un manuscrito de la Biblioteca de Berlín. El códice pertenece al siglo IV, proveniente de la biblioteca del monasterio de Schnudi de Atripe. En él faltan cinco hojas, correspondientes a los capítulos 34-45. Existe además un papiro copto del siglo V, guardado en la biblioteca universitaria de Estrasburgo, cuya versión es distinta del manuscrito de Berlín y llega hasta el capítulo 26.

Las relaciones de estas autoridades son discutidas plenamente en la edición extensa de Clemente por Lightfoot. Aquí basta decir que el *Codex Alexandrinus*, siendo el más antiguo, es asimismo el que tiene más autoridad; pero, debido a las lagunas y otras razones, las otras dos autoridades tienen muchísimo valor en diferentes sentidos.

2 CARTA DE CLEMENTE A LOS CORINTIOS

La Segunda carta de Clemente a los Corintios se trata más bien de una homilía que de una carta.

La llamada Segunda carta de Clemente a los Corintios sigue inmediatamente a la primera en los tres manuscritos (*Codex Alexandrinus* y de Jerusalén y en un manuscrito sirio, y, al parecer, en ellos es atribuida a Clemente. Sin embargo, nada prueba este aserto, sino todo lo contrario, porque aunque era conocida por los padres del siglo cuarto y más tarde, no es citada por los escritores anteriores como obra de Clemente. Hasta Eusebio duda de su autenticidad: "Hay que señalar que, según se dice, existe una segunda carta de Clemente; pero sabemos que no es aceptada del mismo modo que la primera, porque no tenemos noticia de que la utilizaron los antiguos" (Eusebio, *Hist. Ecl.*, III, 38,4).

La evidencia interna misma de este escrito, tanto del estilo como de la doctrina, no dan pie a atribuirla al mismo autor que al de la primera. Hay algunas indicaciones (*2 Cl.* 7) de que fue escrita o pronunciada en primera instancia para los corintios, pero su lenguaje y su carácter indican que se trata más bien de una homilía que de una carta. Este punto de vista ha sido confirmado por el descubrimiento a finales del siglo pasado de la segunda mitad de la carta. El que habla se dirige a sus oyentes más de una vez hacia el final como "hermanos y hermanas" (*2 Cl.* 19, 20). En otros lugares apela a ellos en un lenguaje que es bien explícito respecto a este punto. "No pensemos –dice– hacer caso y creer sólo ahora en tanto que seamos amonestados por los presbíteros, sino que también, cuando nosotros hayamos partido, recordemos los mandamientos del Señor, etc." (*2 Cl.* 17).

Puesto que 2 Clemente falta en todos los elementos epistolares de costumbre, podemos afirmar que no se trata de una carta, sino que es un sermón, la homilía cristiana

La *homilía* es la más genuina y antigua forma de predicación cristiana, frente al sermón, de carácter más elaborado y retórico.

más antigua que se conserva. Es un sermón escrito y destinado a ser leído en el marco del culto cristiano, precedido de una lectura bíblica.

a) *La predicación más antigua*

Como producción literaria no tiene mucho valor, pertenece al género de la exhortación y no del diálogo, pero es interesante como muestra del ejemplo más antiguo de predicación que poseemos, que según Garvie, representa "la transición de la profetización a la predicación" (A. E. Garvie, *Historia de la predicación cristiana*, p. 100. CLIE, Terrassa 1987).

Se trata, pues, de una homilía que fue pronunciada a continuación de una lectura bíblica en el marco del culto comunitario, como parece indicar su inclusión en el códice Alejandrino. La *homilía*, que originalmente se refería a una conversación o discurso familiar entre pocas personas, es la más genuina y antigua forma de predicación cristiana, de origen judío, como tantas otras formas de culto cristiano tomado en gran parte del modelo de las sinagogas. Frente al sermón (latín *sermo*), de carácter más elaborado y retórico, la homilía es un género sencillo y humilde de predicación, propio del pueblo llano; una explicación simple y familiar de un texto bíblico determinado. Según el judío alejandrino Filón: "En las sinagogas, uno toma los Libros y lee, y otro, de los de más pericia, se levanta a explicar los pasajes oscuros" (*De sap.* 12). Baste recordar la imagen impresionante de Jesús en la sinagoga de Nazaret (Lc. 4:15-22). Los griegos y los romanos se preparaban a conciencia para el arte de la retórica, pues los *rhétores* intervenían en las leyes y el gobierno, confiados más en la magia y el hechizo de la palabra, que en las razones del tema en cuestión. Frente a ellos, los apóstoles escogen el tono familiar e íntimo de la homilía, confiando en la unción del Espíritu. "Y ni mi palabra ni mi predicación fue con palabras persuasivas de humana sabiduría, mas con demostración del Espíritu y de poder; para que vuestra fe no esté fundada en sabiduría de hombres, mas en poder de Dios" (1ª Co. 2:4-5).

"El día que llaman del sol –escribe Justino Mártir–, todos, tanto los que viven en las ciudades como en los campos, nos reunimos en un mismo lugar y se leen los *Recuerdos de los Apóstoles* o los escritos de los profetas, mientras el tiempo lo permite. Posteriormente, terminada la lectura, el presidente toma la palabra para amonestar y exhortar a la imitación de estos hermosos ejemplos" (*Apología* 1,67).

En la primera parte expone la magnitud de la redención y en la segunda los deberes de los creyentes que han sido redimidos.

Precisamente una exhortación fue originalmente 2 Clemente, a juzgar por sus palabras: "Por tanto, hermanos y hermanas, después de haber oído al Dios de verdad, os leo mi exhortación a fin de que podáis prestar atención a las cosas que están escritas, para que podáis salvaros a vosotros mismos y al que lee en medio de vosotros. Porque os pido como recompensa, que os arrepintáis de todo corazón y os procuréis la salvación y la vida" (*2 Cl.* 19).

El anónimo predicador exhorta a observar los mandamientos de Cristo, en respuesta a la redención obtenida por Cristo. La referencia a la grandeza de la salvación con que abre su escrito nos recuerda textos paralelos en Efesios y 1ª Pedro.

En la primera parte expone la magnitud de la redención y en la segunda los deberes de los creyentes que han sido redimidos. Recurre por igual a la autoridad de las Escrituras hebreas, en la versión griega Septuaginta, y a las palabras del Señor Jesús, algunas de las cuales no se mencionan en los evangelios canónicos, y que debían formar parte de algún evangelio apócrifo desconocido para nosotros.

b) *Autor y fecha de composición*

Imposible saber quién fue su autor. Al principio esta homilía se difundió como obra anónima, pero la favorable acogida que tuvo hizo que se atribuyera a Clemente romano y bajo este nombre tan prestigioso se le otorgó durante un tiempo en Egipto y Siria una autoridad casi canónica. Según algunos autores, esta homilía o sermón guarda relación con 1 Clemente, porque los presbíteros ancianos después de haber sido rehabilitados en su ministerio, habrían redactado un discurso de exhortación que uno de ellos expuso luego a la asamblea de la comunidad. Lo único fiable que podemos decir sobre este escrito es que su composición debió tener lugar en la primera mitad del siglo segundo, probablemente entre los años 120 a 150 d.C.

Con todo, es posible barruntar que el autor de 2 Clemente procede del paganismo y se dirige a una comunidad formada también por creyentes en otro día paganos. Han pasado los tiempos del judeocristianismo y el nuevo Israel de Dios se siente superior y ajeno al reprobado Israel según la carne. Seguramente era un creyente romano, dado el carácter práctico de su cristianismo, nada dado a especulaciones. Además, como señala Ruiz Bueno, se han notado importantes coincidencias de fondo y forma con el *Pastor* de Hermas, de innegable romanidad, y al que se le asigna fecha aproximada a la de esta homilía.

Concluimos, pues, que la importancia de esta carta, junto a la anterior, es que nos traen un eco de aquella palabra viva y permanente de la predicación primera, la de aquellos que desde el principio fueron testigos y ministros del Verbo, como escribe magistralmente Daniel Ruiz Bueno. "Una y otra son fruto de un cristianismo profundo, muy romano, que no transige absolutamente con el mal, poco amigo de la especulación, hondamente arraigado en la fe de Jesucristo, de quien ´hemos de sentir como de Dios que es, como de juez de vivos y muertos´. Si no buscamos lo que jamás buscó el cristiano primitivo en la predicación, aun podemos edificarnos nosotros hoy mezclándonos con estos hermanos y hermanas nuestros de hacia el año 140, que escucharon un día la voz ungida y fervorosa de este predicador romano, corintio, alejandrino... En definitiva, predicador, como Pablo, de Jesucristo, y no de sí mismo. Como que ignoramos hasta su nombre" ("Introducción a la Segunda Carta de San Clemente", en *Padres Apostólicos*, p. 353. BAC, Madrid 1985, 5ª ed.).

CARTAS DE IGNACIO MÁRTIR

Las siete cartas de Ignacio fueron escritas en los primeros años del segundo siglo mientras el escritor se dirigía desde Antioquía a Roma, después de haber sido condenado a muerte, y conducido por un pelotón de soldados con destino a las fieras del anfiteatro Flavio, para goce y solaz del *populus romanus*. Pueden subdividirse en dos grupos, escritos en dos puntos distintos en que se hizo alto en el camino. Las cartas a los Efesios, Magnesios, Trallianos y Romanos fueron enviadas desde Esmirna, donde Ignacio se alojaba y estaba en comunicación personal con Policarpo, el obispo de la iglesia en aquella ciudad. Las tres cartas restantes –a los de Filadelfia, a los de Esmirna y a Policarpo– fueron escritas en un estadio subsiguiente del camino, en Troas de Alejandría, donde también hicieron alto antes de emprender la travesía del mar hacia Europa. El punto en que fueron escritas, en cada caso, viene determinado por las noticias que hay en las mismas cartas.

De acuerdo con la costumbre que había entonces de navegar cerca de las costas, el itinerario de Ignacio a Roma incluía las costas de Asia Menor en dirección al norte, hasta Cilicia o Panfilia. El viaje continuó luego por tierra, deteniéndose por algún tiempo en Filadelfia. Sin duda los rodeos y estancias se debieron a otras obligaciones del cuerpo de guardia, que, aunque Ignacio diga que eran semejantes a "diez leopardos", permitían recibir visitas, predicar incluso, y escribir las cartas que poseemos.

El orden en que han sido impresas aquí es el mismo que nos da Eusebio en su *Hist. Ecl.* 3,36. No sabemos de cierto si él las halló en este orden en su manuscrito o bien si decidió los lugares en que fueron escritas, tal como podamos hacer nosotros, por la evidencia interna y las ordenó en consecuencia. Puestas en este orden, forman dos grupos, según el lugar en que fueron escritas. Las cartas en sí, sin embargo, no contienen indicación alguna de su orden cronológico en sus grupos respectivos; y a menos que Eusebio simplemente siguiera su manuscrito, tiene que haber hecho una decisión respecto al orden a adoptar en cada grupo, esto es: Efesios, Magnesios, Trallianos y Romanos.

Los dos grupos, aparte de haber sido escritos en lugares distintos, pueden ser separados entre sí por otro rasgo distintivo. Todas las epístolas escritas desde Esmirna van dirigidas a iglesias que él no había visitado personalmente, y que conocía sólo por medio de los delegados de las mismas. En cambio, todas las epístolas escritas desde Troas van dirigidas a personas con las cuales había tenido comunicación personal en alguna fase previa de su viaje, fueran iglesias (como en el caso de Filadelfia y Esmirna) o individuos (como en el caso de Policarpo).

En algún punto de su viaje (probablemente en Laodicea en el Licus), donde había una encrucijada y podía elegirse el camino, sus guardias decidieron ir por la carretera norte, que pasaba por Filadelfia y Sardis hasta Esmirna. Si hubieran seguido, en vez de ésta, la carretera

Todas las epístolas escritas desde Esmirna van dirigidas a iglesias que él no había visitado personalmente. Las escritas desde Troas van dirigidas a personas conocidas.

Es probable que, en el punto en que se separaban las carreteras, los hermanos enviaran mensajeros a las iglesias situadas en la carretera, dándoles cuenta del destino del mártir.

sur, habrían pasado sucesivamente por Tralles, Magnesia y Éfeso antes de llegar a su destino. Es probable que, en el punto en que se separaban las carreteras, los hermanos enviaran mensajeros a las iglesias situadas en la carretera meridional, dándoles cuenta del destino del mártir; de modo que estas iglesias enviarían sus delegados respectivos sin dilación, y así llegarían a Esmirna tan pronto como llegó el mismo Ignacio, si no antes.

El primer grupo, pues, consiste en cartas a estas tres iglesias, cuyos delegados se encontraron con él en Esmirna, junto con una cuarta carta dirigida a los cristianos de Roma advirtiéndoles de su llegada inminente allá; es probable que esta última fuera enviada por haber tenido alguna oportunidad de establecer comunicación con la metrópoli (lo cual es probable que ocurriera cuando llegaron a Esmirna). Las tres cartas vienen ordenadas en orden topográfico (Éfeso, Magnesia, Tralles) según las distancias de estas ciudades a partir de Esmirna, que se considera como el punto de partida.

El segundo grupo consiste en una carta a los de Filadelfia, a los cuales había visitado en su camino a Esmirna, y otra a los de Esmirna, con quienes se había puesto en contacto antes de ir a Troas, junto con una tercera carta a su amigo Policarpo, que termina la serie.

El orden en el manuscrito griego, sin embargo, y en las versiones (en cuanto pueden ser seguidas) es bien distinto, y no tiene en cuenta los lugares en que fueron escritas. En estos documentos se hallan en el orden siguiente:

1. Esmirna
2. Policarpo
3. Éfeso
4. Magnesia
5. Filadelfia
6. Tralles
7. Roma

Este orden es congruente con la suposición de que aquí tenemos la recolección de cartas del mártir que hizo Policarpo en aquella ocasión, el cual, escribiendo a los filipenses, dice: "Las Epístolas de Ignacio que él nos envió, y otras que teníamos en nuestras manos, os las enviamos a vosotros, tal como nos indicasteis; van incluidas en esta carta" (*Carta*, 13). Pero aunque este orden, que se da en los documentos, tiene derecho a ser considerado como la primera forma en que fueron coleccionadas las Epístolas, aquí se ha sustituido por la ordenación cronológica de Eusebio, por ser ésta más instructiva cuando hay el propósito de leerlas una a continuación de otra.

Las cartas son breves escritos de circunstancias redactados según las reglas de la epistología y de la retórica antigua, pero sin divisiones o estructuras amplias. Los temas centrales que destacan en ellas son las advertencias contra las falsas doctrinas, especialmente el docetismo; la unidad de la Iglesia y la obediencia a los obispos y la gloria del martirio.

Las seis cartas escritas a las iglesias de Asia Menor están presididas por dos temas: la subordinación al obispo monárquico y la lucha contra los herejes, con vistas a mantener la unidad de la Iglesia. Es evidente que para Ignacio el obispo monárquico garantiza la unidad de la Iglesia, a la vez que expresa su naturaleza esencial, en justa correspondencia con la unicidad de Dios. El obispo es la imagen de Jesucristo (Ef. 6; Tral. 2); "ocupa el lugar de Dios" (Mag. 6); "figura del Padre" (Tral. 3) y sólo puede ser uno. La distancia entre él y el presbítero responde a la separación entre Dios y los apóstoles (Mag. 6; Tal. 3). "Seguid todos a vuestro obispo, como Jesucristo siguió al Padre, y al presbiterio como los apóstoles... Allí donde aparezca el obispo, allí debe estar el pueblo; tal como allí donde está Jesús, está la Iglesia universal" (Esm. 8).

Las cartas de Ignacio se difundieron con rapidez. Ya al poco de su muerte, la comunidad de Filipos pidió a Policarpo de Esmirna que les enviara copias de las cartas que tuviera, lo que Policarpo cumplió adjuntándoles un escrito de acompañamiento, gracias a lo cual poseemos no sólo la carta de Ignacio a Policarpo, sino la de éste a los filipenses: "Las cartas de Ignacio que él me envió, y tantas otras cartas como hay en posesión nuestra, os las enviamos, según nos encargasteis; y van incluidas con esta carta; de ellas vais a recibir gran beneficio. Porque hay en ellas fe y resistencia y toda clase de edificación, que pertenece a nuestro Señor" (Pol. 13).

A juzgar por estas afirmaciones se ha dicho que las cartas de Ignacio son una demostración palpable de que a principios del siglo II el episcopado monárquico era un

Los temas centrales que destacan en ellas son las advertencias contra las falsas doctrinas, la unidad de la Iglesia y la obediencia a los obispos y la gloria del martirio.

Ignacio aspiraba a ser obispo monárquico de Antioquía. hecho consolidado y admitido en Siria y en el Asia Menor occidental. W. Bauer ha rebatido esta opinión de un modo convincente, pues, según Bauer, "Ignacio, más que describir hechos, pinta deseos: así lo sugiere la circunstancia de que la mayor parte de sus escritos revisten la forma de la exhortación y no de la descripción". Bauer muestra que Ignacio aspiraba a ser obispo monárquico de Antioquía o incluso de toda Siria, pero de hecho era simplemente el presidente de un grupo que sostenía una difícil lucha de supervivencia contra unos adversarios gnósticos. El episcopado monárquico es un postulado y no todavía una realidad (cit. por P. Vielhauer, *op. cit.*, p. 565).

Policarpo de Esmirna recibe a Ignacio en su camino a Roma,
custodiado por diez soldados parecidos a leopardos

a) *Autor y fecha de composición*

¿Quién fue Ignacio? Todo lo que sabemos con certeza sobre su vida está contenido en sus cartas y en el escrito de Policarpo. La hagiografía lo identifica con el muchacho que Jesús puso como ejemplo a sus discípulos, para darles un lección de grandeza y humildad en el reino de los cielos (Mt. 18:2). Esta leyenda fue propagada por Simeón Meta-frastes en el siglo X. Para Jerónimo se trata de un discípulo del apóstol Juan. Eusebio dice que fue el segundo sucesor de Pedro en el episcopado de Antioquía de Siria (*Hist. Ecl.*, 3,36). Orígenes que el primero (*Hom. en Lucas*, 6).

Obispo de la importante iglesia de la capital Siria, Antioquía, cuna de la misión a los gentiles, parece cierto que sucedió a Evodio, primer obispo, propiamente tal de Antioquía, entre el año primero de Vespasiano (70 d.C.), y el décimo de Trajano (107 d.C.). Juan Crisóstomo, natural de Antioquía, asienta que Ignacio fue consagrado obispo de manos de los mismos Pedro y Pablo, sin embargo, no hay evidencia histórica al respecto, aunque no se puede dudar del dato de fondo, el trato y la relación inmediata de Ignacio con los apóstoles.

Apresado por los años 106 a 107 por el legado imperial, en virtud de su nombre cristiano, fue destinado a ser llevado a Roma junto a otros prisioneros, entre los que se encontraban más cristianos. Dos nombres de ellos nos son conocidos, Zósimo y Rufo (*Carta de Policarpo*, 1;9;13).

En el camino del martirio de Ignacio, que, a juzgar por los escritos dejados, más que un penoso viaje a la muerte parece la marcha triunfal de un atleta del espíritu, va encontrándose con hermanos de todas las iglesias de su recorrido que salen a saludarle como campeón y héroe de la fe. "Su valor personal, como cristiano y como escritor, escribirá Harnack, aproxima a Ignacio, más que a cual-quiera otros, a los grandes apóstoles Pablo y Juan, por más que aún quede lejos de ellos."

En Esmirna, Ignacio fue recibido como "embajador de Jesucristo", por Policarpo, discípulo de Juan y pastor de la comunidad en aquella ciudad. Desde aquí, gracias a una estancia bastante larga, dictó Ignacio cuatro de sus cartas: a los efesios, a los magnesios, a los trallenses y a los ro-manos. Las otras tres las dictó en la próxima parada, en Alejandría de Troas, puerto de la costa occidental de la Tróada. En el mismo lugar donde el apóstol Pablo oyó la

Consagrado obispo de manos de los mismos Pedro y Pablo, no se puede dudar del trato y la relación inmediata de Ignacio con los apóstoles.

**La carta
a los
romanos da
a entender
que los
cristianos
de Roma
tenían cierta
influencia
en las capas
del gobierno.**

voz del macedonio que le pedía que pasase al otro lado del mar, a las tierras de Europa. En Tróade le llegó a Ignacio la buena noticia de que su amada iglesia de Antioquía gozaba de paz (*Fld.* 10; *Esm.* 11; *Pol.* 7). Esta noticia se la transmitió el diácono cilicio Filón y un cristiano sirio llamado Reo Agatopo, que fueron a buscarle pasando por Filadelfia y Esmirna.

De Alejandría de Troas el convoy de presos partió hacia Samotracia y Filipos, donde los creyentes escribieron, después del paso de los mártires, una carta a Policarpo, solicitando copias de las cartas de Ignacio.

La carta a los romanos es interesante, por contener más datos biográficos y dar a entender que los cristianos de Roma tenían cierta influencia en las capas del gobierno, pues a Ignacio le ha llegado el rumor de que la comunidad romana está gestionando la anulación de su condena, lo que él rechaza con vehemencia. "Escribo a todas las iglesias, y hago saber a todos que de mi propio libre albedrío moriré gustoso por Dios, si vosotros no lo impedís. Os exhorto, pues, a no hacerme un favor fuera de tiempo... Tened paciencia conmigo, hermanos. No me impidáis el vivir; no deseéis mi muerte. No entreguéis al mundo a quien anhela ser de Dios, ni le seduzcáis con cosas materiales. Permitidme recibir la luz pura. Cuando llegue allí, entonces seré un hombre. Permitidme ser un imitador de la pasión de mi Dios. Si alguno le tiene a Él consigo, que entienda lo que deseo, y que sienta lo mismo que yo, porque conoce lo que me apremia" (Ro. 4; 6).

Según parece se calculó que el viaje de Ignacio, y el resto de la cuerda de presos, llegara a Roma antes del fin de las fiestas que celebraban, con pompa inaudita hasta entonces, el triunfo del emperador Trajano, de origen hispano, sobre los imbatibles dacios en el año 106, tras largo enfrentamiento. La celebración de esa victoria se iba a marcar con una carnicería de hombres y fieras en el circo. Estas fiestas duraron ciento veintitrés días –buena parte del año 107–. Diez mil gladiadores perecieron en ellas, así como doce mil animales, según Dión Cassio, entre cuyas garras y colmillos perecieron Ignacio y sus compañeros de viaje, según la costumbre de arrojar los condenados a las fieras. Según las *Actas de los mártires*, Zósimo y Rufo murieron el 18 de diciembre de 107, Ignacio dos días después, el 20, durante las *venationes* con que se celebraban las *Saturnalias*.

Los cristianos, según el *Martyrium*, se apresuraron a recoger los huesos que las fieras no trituraron y, puestos, en una caja fueron transportados a Antioquía, como reliquias preciosas y veneradas, aunque las verdaderas reliquias de Ignacio son de orden espiritual, las cartas que dejó como tesoro, cartas que desde el principio, aun antes de ser selladas con la sangre del martirio, fueron solicitadas por la comunidad filipense, y más tarde traducidas al latín, siríaco, armenio y otras lenguas.

Las verdaderas reliquias de Ignacio son de orden espiritual, las cartas que dejó como tesoro.

Interior del Coliseo romano, donde Ignacio sufrió el martirio

b) *Transmisión y manuscritos*

Nuestros documentos para las cartas de Ignacio son los siguientes:

1. El manuscrito del original griego, el famoso Códice Mediceo, en Florencia, del cual Voss publicó la *editio princeps* en 1646. Es incompleto en el final y no contiene la Epístola a los Romanos. Si este manuscrito había sido

Las autoridades secundarias son de extrema importancia para establecer el texto o sus variantes.

emendatissimus, como lo describe Turrianos, no nos habríamos preocupado mucho con el mismo en nuestro texto. Pero como esto dista mucho de ser cierto, las autoridades secundarias son de extrema importancia para establecer el texto o sus variantes.

2. Entre éstas la Versión Latina ocupa el primer lugar, puesto que es una traducción en extremo literal del original. Fue descubierta por James Ussher en bibliotecas de Inglaterra en dos manuscritos, uno de los cuales se ha perdido desde entonces, y fue publicada por él en 1644. Con toda seguridad fue traducida en Inglaterra probablemente por Robert Grosseteste, obispo de Lincoln (sobre el año 1250), o en su círculo inmediato. Muestra una forma mucho más pura del texto, ya que se ve libre de varias corrupciones y unas pocas interpolaciones y omisiones que desfiguran el griego.

Al mismo tiempo, sin embargo, se ve claro, tanto por el contenido de la colección como por otras indicaciones, que esta versión fue traducida de un manuscrito griego del mismo tipo que el manuscrito griego existente; y, por tanto, su valor, para comprobación del texto de este manuscrito, es limitado. Siempre que el Códice Mediceo y la Versión Latina coinciden, hay que suponer que tenemos un testigo, no dos.

3. La Versión Siria tendría, por tanto, un valor inmenso como una comprobación independiente si la poseyéramos completa, puesto que su fecha no puede ser mucho más tardía del siglo cuarto o quinto, y exhibiría el texto con mayor proximidad a la fuente que los manuscritos griego o latino. Por desgracia, sin embargo, sólo se han preservado unos pocos fragmentos de esta versión. Pero este defecto es compensado en gran parte en dos formas. Primero. Tenemos una Abreviación aproximada, o Colección de extractos de esta Versión Siria de tres de estas epístolas (a Éfeso, a Roma y a Policarpo), junto con un fragmento de una cuarta (a Tralles), que preservan cláusulas enteras y aun párrafos en su forma original o con sólo leves cambios. Segundo. Hay en existencia también una Versión Armenia del conjunto, hecha de la Siria. Esta última, sin embargo, ha pasado por muchas vicisitudes, de modo que con frecuencia es difícil discernir el texto griego original subyacente en este texto terciario. Se puede ver que la Versión Armenia-la Colección de extractos no tiene

autoridad independiente, allí donde se es conocida de otras formas, y que la Versión Siria–la Versión Armenia–la Colección de extractos, tiene que ser considerada como un testigo, no como tres.

4. Existe también un fragmento de una Versión Copta, en el dialecto sahídico (tebaico) de la lengua egipcia, que comprende los seis primeros capítulos de la Epístola a los de Esmirna, además del final de una Epístola espuria a Herón. La fecha de esta versión es incierta, aunque probablemente es primitiva; pero el texto se ve muy independiente de las otras autoridades que poseemos, y por tanto es de lamentar que se haya preservado tan poco.

5. Otro testigo completamente independiente es el Texto griego de la Gran Recensión de las Epístolas de Ignacio. Esta Gran Recensión consiste en las 7 epístolas genuinas, pero interpoladas entre ellas hay otras 6 epístolas adicionales (María a Ignacio, Ignacio a María, a los de Tarso, a los de Filipos, a los de Antioquía y a Herón). La Versión Latina de la Gran Recensión no tiene valor independiente, y sólo es importante para ayudar a determinar la forma original de esta recensión. La práctica de tratarla como una autoridad independiente sólo da lugar a confusión. El texto de la Gran Recensión, una vez lanzado al mundo, siguió su propia historia, que debe ser mantenida por completo aparte de la de las Epístolas de Ignacio genuinas. Si atendemos al propósito de determinar el texto de estas últimas, hemos de limitarnos a su forma original.

La Gran Recensión fue construida por algún autor desconocido, probablemente en la última mitad del siglo cuarto, a partir de las Epístolas de Ignacio, mediante interpolaciones, alteraciones y omisiones. Por tanto, si podemos discernir en algún pasaje dado el texto griego de las epístolas genuinas que este autor tenía delante, hemos seguido este texto hasta un punto anterior en la corriente al de las autoridades griegas y latinas, y probablemente incluso al de la Versión Siria. Sin embargo, esto no siempre es fácil de hacer, a causa del carácter libre y caprichoso de los cambios. No hay manera de establecer regla alguna de aplicación universal. Pero el que hizo las interpolaciones, evidentemente es más propenso a hacer cambios en algunos puntos que en otros; y cuando sigue su antojo, no se puede dar valor a las variaciones pequeñas. Por otra parte, allí donde se adhiere bastante al texto del auténtico

Testigo independiente es el Texto griego de la Gran Recensión de las Epístolas de Ignacio, pero interpoladas entre ellas hay otras 6 epístolas adicionales.

Aunque cada autoridad puede ser considerada de modo aislado, como son variadas en su naturaleza, sirven de comprobación la una de la otra.

Ignacio, por ejemplo en partes importantes de las Epístolas a Policarpo y a los Romanos, el texto de esta recensión es digno de toda consideración.

Se puede ver, pues, que aunque este testigo es altamente importante, debido a que no se puede sospechar en él colusión con otros testigos, no obstante debe ser sometido a un examen riguroso antes de que se pueda discernir la verdad que hay en sus afirmaciones.

6. Además de los manuscritos y versiones, tenemos un buen número de citas, el valor de las cuales varía según la época y la independencia.

De lo que se ha dicho antes se puede ver que, aunque cada autoridad puede ser considerada de modo aislado más o menos insatisfactoria, no obstante, como son variadas en su naturaleza, sirven de comprobación la una de la otra, proporcionando con frecuencia una de ellas precisamente el elemento de certeza que falta en la otra, de modo que el resultado es adecuado. Así la Versión Armenia con frecuencia da aquello de que carece la Gran Recensión, y viceversa. Además, se puede ver de lo que se ha dicho que a menudo una combinación de autoridades secundarias y caprichosas es decisiva en algún punto, en contra del texto directo y primario. Por ejemplo, la combinación de la Versión Armenia-Gran Recensión, como regla, es decisiva en favor de un texto dado, en contra del testimonio más directo del Códice Mediceo-Versión Latina, a pesar de que la Versión Armenia de por sí, o la Gran Recensión de por sí, puede desviarse muchísimo, aunque en direcciones diferentes.

La explicación precedente se aplica a seis de las siete cartas. El texto de la Epístola a los Romanos tiene una historia diferente, y está representado por autoridades que le son propias. Esta epístola, en una fecha primitiva fue incorporada en las Actas Antioquianas del Martirio de Ignacio, y de este modo quedó disociada de las otras seis. En esta nueva asociación fue diseminada y traducida de modo separado. Así ocurre que los manuscritos griegos que contienen esta epístola (el Colbertino, 18 S Sab. y 519 Sin.) son aún menos satisfactorios que el manuscrito griego de las otras seis (el Mediceo); pero, por otra parte, tenemos más que compensación para esta inferioridad en el hecho de que las Actas del Martirio (con la epístola incorporada) fueron traducidas de modo independiente al sirio y al armenio; y estas dos versiones, que todavía existen, proveen dos autoridades adicionales al texto. Además, el Metafrasto, que compiló sus Actas de Ignacio de éste y otro martirologio, ha retenido la Carta a los Romanos en su texto, aunque en forma abreviada y alterada.

De este informe se puede ver que las autoridades sobre la Carta a los Romanos se dividen en tres clases:

1) Las autoridades que contienen la epístola como parte del martirologio. Estas son la Griega, la Latina, la Siria y la Armenia, además del Metafrasto. Estas autoridades, no obstante, son de valor distinto. Cuando la epístola fue incorporada en las Actas del Martirio, todavía se preservaba en una forma relativamente pura. Cuando ha llegado al estadio en que aparece en el manuscrito existente griego, es muy corrupta. En esta última forma, entre otras corrupciones, exhibe interpolaciones y alteraciones que han sido introducidas en la Gran Recensión. El manuscrito usado por el Metafrasto exhibe un texto que es esencialmente el mismo que el Códice Mediceo.

2) La Versión independiente Siria (S), de la cual sólo quedan unos pocos fragmentos, pero que es representada, como se dijo antes, por la Abreviación Siria, y la Versión Armenia.

3) La Gran Recensión, que en partes importantes de esta epístola se mantiene cerca del texto original de Ignacio.

Los principios sobre los cuales debe construirse un texto de las Siete Epístolas son suficientemente claros.

Aunque los principios sobre los cuales debe construirse un texto de las Siete Epístolas son suficientemente claros, se ha prescindido de ellos de modo extraño.

El primer período en la historia del texto del Ignacio genuino comienza con la publicación de la Versión Latina por el arzobispo anglicano de Armag, James Ussher (1644), y del original griego por Isaac Voss (1646), dado a luz en Amsterdam. El griego de la Epístola a los Romanos fue publicado por primera vez por Ruinart (1689). El texto de Voss era una transcripción muy incorrecta del manuscrito Mediceo, y en este sentido los cotejos subsiguientes han mejorado muchísimo su *editio princeps*. Pero, aparte de esto, no se ha hecho nada para enmendar el texto griego.

Se pusieron en manos de los críticos materiales nuevos del más alto valor.

Aunque la Versión Latina sugiere correcciones muy evidentes, no se hizo el menor caso de las mismas por parte de los editores sucesivos, o fueron meramente indicadas por ellos en sus notas sin que las introdujeran en el texto. Tampoco se hizo caso de la ayuda que podría haber proporcionado la Gran Recensión. Además, la costumbre de tratar los diversos manuscritos y la Versión Latina de la Gran Recensión como independientes la una de la otra y el registrarlas de modo coordinado con el griego y el latín del Ignacio genuino, en vez de usarlas aparte la una de la otra para averiguar la forma original de la Gran Recensión, y luego emplear el texto de esta Recensión, una vez averiguado, como una sola autoridad, introdujo una gran confusión en el criticismo del texto. No se prestó atención ninguna a las citas, que en algunos casos tienen un gran valor. Por ello sucedió que durante este período que abarca dos siglos, desde Voss a Hefele (1ª ed. 1839; 3ª ed. 1847) y Jacobson (1ª ed. 1838; 3ª ed. 1847), inclusive, no se hizo nada o casi nada en favor del texto griego, como no fuera un cotejo más preciso con el manuscrito Mediceo.

El segundo período data de la publicación de las versiones orientales: la Abreviación Siria con los fragmentos sirios por Cureton (1845, 1849), y la Versión Armenia por Petermann (1849). La *editio princeps* de la Versión armenia fue publicada en Constantinopla, en 1873; pero esta versión fue prácticamente desconocida por los eruditos hasta la aparición de la edición de Petermann.

Se pusieron, pues, en manos de los críticos materiales nuevos del más alto valor; pero, a pesar del interés estimulado por la cuestión de Ignacio, pasaron casi treinta años antes de que se hiciera algún uso apropiado de ellos. En algunos casos el fallo fue debido, en parte por lo menos, a una solución falsa de la cuestión ignaciana. Los textos de Bunsen (1847), Cureton (1849) y Lipsius (1859), que empezaron con la suposición de que la Abreviación Siria representaba al auténtico Ignacio, por necesidad tienen que haber naufragado en este escollo, aun cuando los principios adoptados fueran sanos en otros sentidos. Petermann y Dressel (1857) mantuvieron la prioridad de las Siete Epístolas del texto de Voss a las tres de Cureton; y, hasta aquí, edificaron sobre una base sólida. Pero Petermann se contentó con una corrección somera del texto acá y acullá, partiendo de las versiones, en tanto que

Dressel prescindió de ellas por completo. Jacobson (4ª ed. 1863) y Hefele (4ª ed. 1855), así como las ediciones más recientes que han aparecido de las mismas desde que se hicieron accesibles las versiones orientales, se quedaron satisfechos con registrar algunos de los fenómenos de estas versiones en sus notas, sin aplicarlas a la corrección del texto, aunque no se vieron obstaculizadas por la falsa teoría que mantenía la prioridad de la Abreviación de Cureton. Quedó reservado a los editores más recientes, Zahn (1876) y Funk (1878), el hacer uso de todos los materiales disponibles y reconstruir el texto por primera vez sobre principios sanos e inteligibles. Con los trabajos de Lightfoot "el problema ignaciano quedó resuelto definitivamente, con lo que se aseguró un progreso positivo de la historia antigua de la Iglesia" (Lebreton, *La Iglesia primitiva*, p. 492).

La Carta de Policarpo está íntimamente conectada con las cartas y martirio del mismo Ignacio.

CARTA DE POLICARPO

La Carta de Policarpo fue escrita como respuesta a una comunicación de los filipenses. Éstos le habían invitado para que les dirigiera algunas palabras de exhortación (*Pol.* 3); le habían solicitado que transmitiera por medio de su propio mensajero la carta que ellos dirigían a la Iglesia de Siria (*Pol.* 13); y le habían pedido que les enviara cualquier epístola de Ignacio que hubiera llegado a sus manos.

Esta carta está íntimamente conectada con las cartas y martirio del mismo Ignacio. Los filipenses recientemente habían dado la bienvenida y escoltado en su camino a ciertos santos que estaban en cadenas (*Pol.* 1). En un punto posterior en la epístola se ve que Ignacio era uno de ellos (*Pol.* 9). Se mencionan dos más por su nombre, Zósimo y Rufo (*Pol.* 9). No es una conjetura improbable suponer que estas personas, cristianos de Bitinia que habían sido enviados por Plinio a Roma para ser procesados allí, se habían unido con Ignacio en Filipos. En este caso habrían sido colocados bajo la misma escolta que Ignacio, y se habrían dirigido con él a Roma, bajo la custodia de los "diez leopardos" (Ignacio, *Rom.* 5). Queda claro que Ignacio –probablemente de palabra– había dado a los filipenses algunas instrucciones que él daba a las iglesias en general (*Filad.* 10; *Esmir.* 11; *Pol.* 7), que ellos

La justa fama de la iglesia de Filipos había quedado manchada por el pecado de un matrimonio indigno.

enviaran cartas, y, cuando fuera posible, representantes también, para felicitar a la Iglesia de Antioquía por la restauración de la paz. De ahí la petición de los filipenses, secundada por el mismo Ignacio, de que Policarpo enviara su carta a Siria.

Queda claro, también, que habían oído, sea por medio del mismo Ignacio o de los que le rodeaban, acerca de las cartas que él había enviado a las iglesias del Asia Menor, en especial a Esmirna. De ahí su ulterior petición de que Policarpo les enviara a ellos estas cartas que tenía en posesión suya. La visita de Ignacio había sido reciente –tan reciente, en realidad, que Policarpo, aunque asume que el santo ha sufrido el martirio, todavía no tiene conocimiento cierto del hecho–. Por tanto, pide a los filipenses, que están varias etapas más cerca de Roma que de Esmirna, que le comuniquen toda información que puedan haber recibido respecto al santo y sus compañeros (*Pol.* 13).

Más allá de estas referencias a Ignacio no hay mucho que sea de carácter personal en la carta. Policarpo se refiere a las comunicaciones de Pablo con los filipenses, tanto escritas como orales (*Pol.* 3; 11).

La carta, a diferencia de las de Ignacio y en línea de continuidad con las del Nuevo Testamento, no se dirige al obispo o autoridades de la comunidad, sino a la totalidad de ésta: "Policarpo y los presbíteros que están con él a la Iglesia de Dios que reside en Filipos" (*Pol.* 1).

Cita la fama de la Iglesia de Filipos en los primeros días del Evangelio, y los felicita por mantenerse en su reputación inicial (*Pol.* 1; 11). Incidentalmente, afirma que los filipenses fueron convertidos al Evangelio antes que los de Esmirna (*Pol.* 11), una afirmación que está por entero de acuerdo con las noticias que da el N.T. sobre las dos iglesias. La justa fama de la iglesia de Filipos, sin embargo, había quedado manchada por el pecado de un matrimonio indigno. Valente y su esposa –los Ananías y Safira de la comunidad de Filipos– habían sido culpables de algún acto de codicia, quizá de fraude o falta de honradez. Valente era uno de los presbíteros, y por ello la iglesia era el responsable más directo de su delito. Policarpo expresa su gran pena. Aunque el incidente en sí sólo se menciona en un pasaje, es evidente que ha hecho una profunda impresión en él. El pecado de avaricia es denunciado una y otra vez en el cuerpo de la carta (*Pol.* 2; 4; 6; 11).

La carta es enviada por medio de un tal Crescente. También les es encomendada la hermana de Crescente, que se propone visitar Filipos (*Pol.* 14).

Policarpo escribe contra la especulación gnóstica, que tiene a Valentín por su portavoz más representativo.

Ruinas de la plaza del mercado de Esmirna,
de cuya iglesia Policarpo era obispo

a) *Autor y fecha de composición*

Tenemos más información sobre la vida de Policarpo que sobre Ignacio, pese a que se ha conservado de él una sola carta. Los testimonios más antiguos sobre su persona, aparte de las propias cartas de Ignacio, es el *Martirio de Policarpo*, en realidad una carta de la iglesia de Esmirna donde informa a la iglesia de Filomelio del arresto, proceso y muerte de Policarpo, redactada poco después de su martirio. Una tercera fuente contemporánea son los datos ofrecidos por Ireneo, que conoció en su juventud al anciano Policarpo: "Policarpo no sólo fue adoctrinado por los apóstoles y vivió en compañía de muchos que habían visto a nuestro Señor, sino también fue nombrado por los apóstoles obispo de la iglesia de Esmirna en Asia, al cual le vimos también nosotros en nuestra juventud, porque él vivió muchos años y en una vejez avanzada, después de haber dado un glorioso y brillante testimonio, partió de esta vida" (*Contra las herejías*, III, 3,4). O según el testimonio del

Policarpo fue adoctrinado por los apóstoles y vivió en compañía de muchos que habían visto a nuestro Señor.

La tradición señala al apóstol Juan como maestro de Policarpo; Tertuliano llega a decir que fue consagrado al episcopado por el mismo apóstol. mismo Ireneo recogido por Eusebio: "Siendo yo niño, conviví con Policarpo en Asia Menor. Conservo una memoria de las cosas de aquella época mejor que de las de ahora, porque lo que aprendemos de niños crece con la vida y se hace una cosa con ella. Podría decir incluso el lugar donde el bienaventurado Policarpo se solía sentar para conversar, sus idas y venida, el carácter de su vida, sus rasgos físicos y sus discursos al pueblo. Él contaba cómo había convivido con Juan y con los que habían visto al Señor. Decía que se acordaba muy bien de sus palabras, y explicaba lo que había oído de ellos acerca del Señor, sus milagros y sus enseñanzas. Habiendo recibido todas estas cosas de las que habían sido testigos oculares del Verbo de Vida, Policarpo lo explicaba todo en consonancia con las Escrituras. Por mi parte, por la misericordia que el Señor me hizo, escuchaba ya entonces con diligencia todas estas cosas, procurando tomar nota de ello, no sobre el papel, sino en mi corazón. Y siempre, por la gracia de Dios, he procurado conservarlo vivo con toda fidelidad... Lo que él pensaba está bien claro en las cartas que escribió a las iglesias de su vecindad para robustecerlas o, también a algunos de los hermanos, exhortándolos o consolándolos" (*Hist. Ecl.* V, 20,3-8).

La tradición señala al apóstol Juan como maestro de Policarpo; Tertuliano llega a decir que fue consagrado al episcopado por el mismo apóstol (*De praescr. haer.* 32), y que Policarpo es "el ángel" de la iglesia de Esmirna. Es significativo que ésta sea la única iglesia que se escapa sin reproches del vidente inspirado. "Y escribe al ángel de la iglesia en Esmirna: El primero y postrero, que fue muerto, y vivió, dice estas cosas: Yo sé tus obras, y tu tribulación, y tu pobreza, pero tú eres rico, y la blasfemia de los que se dicen ser judíos, y no lo son, mas son sinagoga de Satanás. No tengas ningún temor de las cosas que has de padecer. He aquí, el diablo ha de enviar a algunos de vosotros a la cárcel, para que seáis probados, y tendréis tribulación de diez días. Sé fiel hasta la muerte, y yo te daré la corona de la vida" (Ap. 2:8-10).

Ignacio tampoco deja de recordar la iglesia esmirniota y a su obispo: "Siento gran afecto hacia vosotros y por los que enviasteis a Esmirna para el honor de Dios; por lo cual también os escribo con agradecimiento al Señor, y teniendo amor a Policarpo lo tengo también a vosotros" (*Ig.*, Ef.

21). "Os saludan los efesios de Esmirna, desde donde os estoy escribiendo. Están aquí conmigo para la gloria de Dios, como también estáis vosotros; y me han confortado en todas las cosas, junto con Policarpo, obispo de los esmirnenses" (Mag. 15). "Procura que haya unión –le exhorta–, pues no hay nada mejor que ella. Soporta a todos, como el Señor te soporta. ´Tóleralo todo con amor´ (Ef. 4:2), tal como haces. Entrégate a oraciones incesantes. Pide mayor sabiduría de la que ya tienes. Sé vigilante; y evita que tu espíritu se adormile. Habla a cada hombre según la manera de Dios. Sobrelleva las dolencias de todos, como un atleta perfecto. Allí donde hay más labor, hay mucha ganancia" (*Ig. a Pol.* 1).

La Vida presenta a Policarpo un consumado lector de las Sagradas Escrituras desde su niñez, costumbre que aconsejaba a los demás.

En la *Vita Polycarpi* se dice que "en su enseñanza su primer cuidado era que todos sus oyentes conocieran a Dios omnipotente, invisible, inmutable, inmenso, y que Él es digno de enviar de los cielos a su propio Verbo Hijo, a fin de que, revistiéndose del hombre y encarnado verdaderamente el Verbo, salvara su propia criatura. El cual, conforme a la profecía pronunciada, cumplió, de una virgen pura e inmaculada y del Espíritu Santo, el misterio de su nacimiento, difícil de comprender para muchos, y se sometió a la pasión por la salvación de los hombres, según que por la ley y los profetas lo había de antemano anunciado Cristo de sí mismo y el Padre de su Hijo; cómo Dios le resució de entre los muertos, y sus discípulos le vieron en el cuerpo, como fuera antes de su pasión. Y le contemplaron también en el mismo cuerpo subiendo a los cielos sobre una nube de luz; cuerpo tal, cual antes de la transgresión había sido plasmado en Adán. Acerca del Espíritu Santo y don del Paráclito y demás carismas demostraba que no es posible darse fuera de la Iglesia católica, al modo que tampoco un miembro cortado del cuerpo tiene fuerza alguna, probándolo por todas las Escrituras, como aquello de Daniel: ´Y su reino no será entregado a otros´ (Dn. 2:44). Y en el Evangelio: ´María escogió la buena parte, que no le será quitada´ (Lc. 10:42)" (*Vida Pol.* 13).

La misma *Vida* citada, presenta a Policarpo un consumado lector de las Sagradas Escrituras desde su niñez, costumbre que aconsejaba a los demás, "diciendo que la lectura de la ley y los profetas es la precursora de la gracia, enderezando los caminos del Señor, los corazones de los

Cuando tomaba argumento para su discurso de la Escritura, edificaba con toda demostración, de suerte que los oyentes veían con los ojos lo que se les decía.

oyentes, semejantes estos a las tablas en las que ciertos dogmas y sentencias difíciles, escritos antes de ser bien conocidos, se van primero puliendo y alisando por medio de la asiduidad del Antiguo Testamento y su recta interpretación, a fin de que, viniendo luego el Espíritu Santo, como una especie de punzón, pueda inscribirse la gracia y júbilo de la voz del Evangelio y de la inmortal y celeste doctrina de Cristo" (*Vida Pol.* 19).

Esta *Vita Polycarpi*, escrita por el pseudo-Pionio, mártir del año 250 bajo Decio, abunda en elementos milagrosos sobre quien ya tenía sobrada fama de santo, adornado siempre con el carisma de la oración y el poder de la predicación bíblica: "Cuando tomaba argumento para su discurso de la Escritura, edificaba con toda demostración y certidumbre, de suerte que los oyentes veían con los ojos lo que se les decía", y todo porque Policarpo "creía todo lo que decía" (*Vida Pol.* 18).

El final de sus días le llegó por instigación de judíos y paganos, a los que tanto había intentado convencer de la superioridad del Evangelio. Cediendo al clamor popular armado por éstos, el procónsul Quinto Estacio Cuadrado, mandó prender a Policarpo bajo la acusación del mero nombre de "cristiano". Después de unas pequeñas peripecias, el 22 de febrero de 155, Policarpo fue conducido al anfiteatro de Esmirna, que hay que imaginar repleto de una muchedumbre siempre ávida de espectáculos procesales donde hubiera sangre y muerte violenta. El procónsul Estacio Cuadrado intimó a Policarpo en estos términos: "Jura por el genio de César, maldice a Cristo y te pongo en libertad". A lo que el mártir respondió aquellas famosas palabras:

"Ochenta y seis años hace que le sirvo y ningún daño me ha hecho, ¿cómo puedo maldecir a mi Rey, que me ha salvado?"

Entonces el procónsul mandó a su heraldo que pregonara por tres veces el crimen de Policarpo: "Se ha confesado cristiano".

"A nadie que comparezca ante vuestros tribunales le castigáis –dirá después Justino en su *Apología* dirigida a Antonino Pío, y repetido por tantos otros apologistas cristianos–, si no se le convence de crimen; con nosotros en cambio, toda vuestra prueba se reduce a nuestro nombre de cristianos" (*Apol.* 1,4).

"Este es el doctor de Asia, el padre de los cristianos, el destructor de nuestros dioses, el que enseña a muchos a no rendirles culto, ni adorarlos", se acusa a Policarpo. El populacho, desde las gradas, pide a gritos que se suelte un león contra él. Pero el asiarca o sacerdote del culto imperial en la provincia asiática que dirigía y en parte costeaba los espectáculos populares, se negó ello, pues había terminado oficialmente el programa de las *venationes* o combates de fieras. Entonces, los allí asistentes pidieron que fuera quemado vivo. Policarpo entró en la pira como en un trono, con una oración en su labios, recogida por el narrador del *Martirio*:

> Los asistentes pidieron que fuera quemado vivo. Policarpo entró en la pira como en un trono, con una oración en su labios.

"Señor Dios omnipotente, Padre de tu siervo amado y bendecido Jesucristo, por quien hemos recibido el conocimiento de ti, Dios de los ángeles y de las potestades, de toda la creación, y de toda la casta de los justos que viven en presencia tuya: yo te bendigo, porque me hiciste digno de llegar a este día y a esta hora, en que he de tener parte, contado en el número de tus mártires, en el cáliz de tu Cristo, para la resurrección de la vida eterna, resurrección de alma y cuerpo, en la incorrupción del Espíritu Santo. ¡Sea yo recibido entre ellos hoy, en presencia tuya, como sacrificio rico y agradable, conforme de antemano me lo preparaste y manifestaste y ahora me lo cumples tú, Dios infalible y verdadero. Por esta gracia y por todas las otras, yo te alabo, te bendigo, te glorifico, por mediación del eterno y celeste sacerdote, Jesucristo, siervo tuyo amado, por el cual sea a ti junto con Él y Espíritu Santo, gloria ahora y por los siglos venideros. Amén" (*Mart.* 14)

Prendida la leña de la pira de inmediato, el fuego formó una especie de cámara, a modo de vela de un navío henchida por el viento y como quiera que el mártir no acaba de morir en la hoguera, el *confector* hubo de darle el golpe de gracia. El cadáver fue finalmente quemado y los cristianos recogieron los huesos del mártir y los depositaron en lugar conveniente, para memoria de los que ya han combatido y ejercicio y preparación de los que tienen todavía que combatir.

b) *Transmisión y manuscritos*

Las autoridades para el texto de la carta de Policarpo a los filipenses son las siguientes:

Por lo que se refiere a los manuscritos griegos y latinos, la Epístola de Policarpo está íntimamente unida con la Gran Recensión de las Epístolas de Ignacio.

1) *Manuscritos griegos.* Estos manuscritos son nueve (Vaticanus 859, Ottobonianus 348, Florentinus Laur. vii. 21, Parisiensis Graec. 937, Casanatensis G. v. 14, Theatinus, Neapolitanus Mus. Nat. u. A. 17, Salmasianus, Andrius), y todos ellos pertenecen a la misma familia, según se ve por el hecho de que la Epístola de Policarpo se continúa en la Epístola de Bernabé sin solución de continuidad, el final mutilado de Policarpo 9, viene seguido por el comienzo mutilado de Bernabé, 5.

2) *Versión latina.* En la primera parte de la epístola esta versión es a veces útil para corregir el texto de los manuscritos griegos existentes; porque, aunque muy parafrástica, fue hecha de una forma más antigua del griego que éstos. Pero las dos están íntimamente unidas, según aparece por el hecho de que esta versión siempre se halla en conexión con la latina de las cartas del pseudo-Ignacio, y parece que han sido traducidas del mismo volumen que contiene las dos. Para la última parte de la epístola, desde el cap. 10 en adelante, es la única autoridad; con la excepción de porciones del cap. 12, que se preservan en sirio en pasajes de Timoteo y Severo o en otras partes, y casi todo el cap. 13, que se da en Eusebio en su *Historia Eclesiástica*. Los manuscritos de los que se han hecho cotejos de esta parte, sea por Lightfoot o por otros, son nueve en número (Reginensis 81, Trecensis 412, Parisiensis 1639, antes Colbertinus 103, Bruxellensis 5510, Oxon. Baliiolensis 229, Palatinus 150, Florentinus Laur. XXIII. 20, Vindobonensis 1068, Oxon. Magdalenensis 78).

Se puede ver que, por lo que se refiere a los manuscritos griegos y latinos, la Epístola de Policarpo está íntimamente unida con la Gran Recensión de las Epístolas de Ignacio. Este hecho, si hubiera quedado destacado, habría proyectado algún descrédito sobre la integridad del texto. Se podría haber sospechado que la misma mano que había interpolado las Epístolas de Ignacio se había entremetido aquí. Pero la evidencia interna, y en especial el carácter alusivo de las referencias a las Epístolas de Ignacio, es decisiva en favor de su genuinidad. Por lo que se refiere a la evidencia externa, no sólo alude Ireneo, un discípulo de Policarpo, a "la muy adecuada epístola de Policarpo escrita a los filipenses", sino las citas de Eusebio, Timoteo y Severo, con los otros fragmentos sirios, son un testimonio de alta importancia. Muestran que siempre que tenemos oportunidad de comprobar el texto de las copias griegas y latinas, su integridad general es reivindicada.

EL MARTIRIO DE POLICARPO

El documento que da cuenta del martirio de Policarpo tiene la forma de carta dirigida por la iglesia de Esmirna a la iglesia de Filomelio. Narra también brevemente el martirio de once cristianos de Filadelfia, conducidos a Esmirna para sufrir allí el martirio. Entre ellos destaca el joven Germánico, que llevó a cabo la hazaña que para sí pedía Ignacio de Antioquía: azuzar al león para que se lanzara contra él y salir cuanto antes de un mundo de iniquidad. Intrepidez que exasperó a los espectadores, que prorrumpieron en alaridos de: "¡Mueran los ateos! ¡Traed a Policarpo!"

El martirio tuvo lugar durante el gobierno del emperador Antonino Pío, reconocidamente benévolo con los cristianos, que prohibía llevarles ante los tribunales por peticiones tumultuosas de la plebe. Sin embargo, gracias a la antigua legislación que sancionó el rescripto de Trajano, los cristianos estaban siempre a merced del capricho y las iras del pueblo, al que magistrados débiles no siempre se atrevían a hacer frente, como atestigua este escrito.

La carta es la obra de un artista que supo aunar la suma belleza del estilo literario con la verdad de los hechos, parece haber sido escrita poco tiempo después del martirio, que tuvo lugar en el año 155 o 156. Este escrito tenía por objeto una circulación más amplia, y al final (cap. 20) se dan instrucciones para asegurar que se dé amplia circulación.

Consta de dos partes: Una, el cuerpo principal de la carta, que termina en el capítulo veinte, y dos, cierto número de párrafos suplementarios, que comprenden los capítulos veintiuno y veintidós. En lo que se refiere a la forma, estos párrafos suplementarios son separables del resto de la carta. En realidad, como Eusebio, que es nuestro testigo principal de la autenticidad de los documentos, termina sus citas y paráfrasis antes de llegar al término del

El martirio de Policarpo es la obra de un artista que supo aunar la suma belleza del estilo literario con la verdad de los hechos.

Veinticinco
años después
del suceso,
Ireneo,
y un poco
más tarde
Polícrates,
dan
testimonio
del hecho
del martirio
de Policarpo.

cuerpo principal de la carta, no podemos decir con confianza si había párrafos suplementarios o no en ella. La autenticidad de las dos partes, pues, debe ser considerada por separado.

De la genuinidad del documento principal hay abundante evidencia. Unos veinticinco años después del suceso, Ireneo, y un poco más tarde Polícrates, dan testimonio del hecho del martirio de Policarpo. Después, la Carta de las iglesias galicanas (alrededor del año 177) presenta coincidencias sorprendentes con el lenguaje de la Carta de los esmirnenses, y a menos que los varios puntos de semejanza sean accidentales, Luciano, en su relato sobre la *Vida y muerte de Peregrino* (alrededor del año 165), tiene que haber conocido este documento.

Al comienzo del siglo IV, Eusebio se refiere directamente al mismo en su *Cronicón*, y luego en su *Historia eclesiástica* (IV, 15), en que cita y parafrasea casi toda la carta, dando a entender que era el testimonio escrito más primitivo de un martirio que él conocía. Al final del mismo siglo, el autor de la *Vida Pionia de Policarpo* inserta la carta en su obra. La evidencia interna es clara, también, en favor de la autenticidad, y el argumento contrario, basado en el elemento milagroso de la historia, queda anulado cuando el incidente de la paloma (cap. 16) se demuestra que es una interpolación tardía.

Los párrafos suplementarios presentan un problema más difícil. Consisten en tres partes, separadas en la forma una de la otra, y no es improbable que fueran escritas por manos distintas: (a) El Apéndice cronológico (cap. 21); b) El Postscriptum comendatorio (cap. 22. 1); (c) La Historia de la Transmisión (cap. 22. 2, 3). El primero de ellos acaba con un párrafo que es copiado del final de la Carta de san Clemente, tal como el comienzo de la Carta Esmirniota está modelado con el comienzo de la Carta de san Clemente. Siendo la "obligación" la misma en su clase al comienzo que al fin de la carta, la inferencia evidente es que fueron escritas por la misma mano. Y cuando se ve, al examinarlas, que las referencias históricas contenidas en este apéndice no sólo no contradicen la historia, sino, como en el caso de Felipe de Tralles, son confirmadas por nuevas adquisiciones de datos procedentes de la arqueología y cronología de la época, se llega a la conclusión irresistible de que el cap. 21 formaba parte del documento original.

El Postscriptum comendatorio es omitido en el manuscrito de Moscú y en la versión latina, pero puede ser muy bien un postscriptum añadido por la iglesia de Filomelio cuando ellos enviaron copias de la carta, según se les había encargado (cap. 20), a las iglesias más distantes de Esmirna que de ellos mismos.

La Historia de la Transmisión ocurre en una forma ampliada en el manuscrito de Moscú, pero en cada edición termina con una nota implicando que fue escrita por un tal Pionio. Nos dice que él la copió de la transcripción del copista últimamente mencionado, y que Policarpo le reveló su localización a él en una visión de la cual promete que nos dará cuenta en una secuela. Ahora bien, existen en la actualidad Actas de un tal Pionio que fue martirizado bajo Decio en el año 250, que celebran el nacimiento de Policarpo. Tenemos también una *Vita Polycarpi* (que incorpora esta misma Carta de los Esmirnenses), que dice ser escrita por este Pionio, pero sin duda es obra de un falsificador del siglo quinto. Esta vida es incompleta, pues de otro modo habría contenido el relato de la visión de Pionio prometida en la secuela. El escritor de la *Vita Polycarpi* del pseudo-Pionio es, pues, el autor de la Historia de la Transmisión.

Hay un último hecho que es necesario consignar. No sólo vemos que la *Vita Polycarpi* de Pionio y la Historia de la Transmisión apelan sin escrúpulos a documentos antiguos que no tienen existencia. Abundan también copiosamente en lo sobrenatural. Ahora bien, nuestros manuscritos existentes de la Carta Esmirniota tienen un postscriptum pionio, y por lo tanto representan la edición pionia de esta Carta. Sólo Eusebio, de todas las autoridades existentes es anterior al pseudo Pionio y nos da un texto independiente.

Ahora bien, para nuestro espurio Pionio, Policarpo era, ante todo, un obrador de milagros. Entre otros milagros, refiere que en la víspera de la designación de Policarpo para el obispado, una paloma estuvo revoloteando sobre su cabeza. Así también en la Carta de los Esmirnenses vemos una paloma que deja su cuerpo cuando su espíritu es elevado al cielo (cap. 16). Pero este milagro sólo aparece en las copias pionias, no en Eusebio. Además, por lo abrupto de su aparición se sugiere que se trata de una interpolación. ¿No se trata de la misma paloma que aparece en

Existen en la actualidad Actas de un tal Pionio que fue martirizado bajo Decio en el año 250, que celebran el nacimiento de Policarpo.

Eusebio.
Los extractos
hallados en
su *Historia
eclesiástica*
IV. 15;
no sólo
los más
antiguos,
sino también
los de
autoridad
más valiosa.

las dos ocasiones, y no estaba enjaulada y fue soltada por la misma mano? No podemos por menos que sospechar que nuestro espurio Pionio es responsable de las dos apariciones.

a) *Transmisión y manuscritos*

Las autoridades para el texto del *Martirio de Policarpo* son triples.

1. Manuscritos griegos, que son cinco, a saber: (1) Mosquensis 160 (ahora 159), que omite el primer párrafo cap. 22 y amplifica el resto del mismo capítulo. Éste, aunque es del siglo trece, es el manuscrito griego más importante. (2) Barroccianus 238 en la Biblioteca Bodleyana, un manuscrito del siglo once, del que James Ussher derivó su texto. (3) Paris. Bibl. Nat. Graec. 1452, del siglo diez, llamado Mediceus por Halloix. (4) Vindob. Hist. Graec. Eccl. III, un manuscrito del siglo once o principios del doce que evidencia marcas de una revisión literaria arbitraria; y (5) S. Sep. Hierosol. 1 fol. 136, un manuscrito del siglo décimo, descubierto recientemente en la Biblioteca del Santo Sepulcro en Jerusalén por el profesor Rendel Harris.

2. Eusebio. Los extractos hallados en su *Historia eclesiástica* IV. 15; no sólo los más antiguos, sino también los de autoridad más valiosa.

3. La Versión Latina en tres formas: (a) según se da en la traducción de Rufino por Eusebio, que es probablemente la versión del martirio que se leía, según vemos en Gregorio de Tours, en las iglesias de Galia; (b) una Versión Latina independiente, muy libre y parafrástica; (c) una combinación de las dos formas precedentes. Los manuscritos de la Versión Latina son numerosos.

Hay también una Versión siria y una copta en el dialecto de Menfis; pero las dos, como la forma de Rufino, no son hechas del mismo documento, sino del relato de Eusebio. Por tanto, no constituyen nuevas autoridades.

CARTA DE BERNABÉ

El escrito
que lleva
el nombre
de Bernabé
tiene un
lugar
destacado
en la
literatura
de la Iglesia
primitiva,
hasta el
punto de
haber
andado
rondando
el canon.

El escrito que lleva el nombre de Bernabé tiene un lugar destacado en la literatura de la Iglesia primitiva, hasta el punto de haber andado rondando el canon de los libros divinamente inspirados antes de que se fijara definitivamente. La obra no es una verdadera carta, sino que se limita a esbozar un marco epistolar, con la intención de ofrecer a sus lectores un tratado de "la gnosis perfecta" que acompaña la fe: "Tenía deseos de enviaros un breve escrito para que junto con vuestra fe vuestro conocimiento sea también perfecto" (*Ber.* 1).

El escritor es un adversario inflexible del judaísmo, pero aparte de este antagonismo no tiene nada en común con las herejías antijudaicas del siglo segundo. Al revés de Marción, no postula oposición entre el Antiguo Testamento y el Nuevo. Al contrario, ve el cristianismo por todas partes en Moisés y los profetas, y los trata con un grado de respeto que habría satisfecho al rabino más piadoso. Cita de ellos con profusión y como autoridades. Sólo acusa a los judíos de entenderlos mal desde el principio al fin, y da a entender que las ordenanzas de la circuncisión, el sábado, las distinciones de carnes limpias e inmundas nunca se intentó que fueran observadas literalmente, sino que tenían en todo un significado místico y espiritual. En este sentido, Bernabé practica la interpretación alegórica con una radicalidad y exageración sin medida, que niega el sentido histórico-gramatical de las Escrituras, en favor de un sentido espiritual fijado arbitrariamente, que convierte la historia de Israel en pura apariencia fantasmal.

El autor está tan llenó de la suma novedad del Evangelio, que pasa por encima consideraciones más justas y apropiadas de la Antigua Alianza israelita. La vieja dispensación está anulada, cumplido cada uno de sus pormenores al detalle. En línea con el mensaje profético del Antiguo Testamento, arremete con el ritualismo judío del templo y los sacrificios, la circuncisión y los días santos.

Su menosprecio por los judíos se evidencia por la forma de referirse a ellos, nunca por su nombre, siempre por el demostrativo, aquellos. La Alianza es nuestra, escribe, los judíos la perdieron tan pronto la recibieron por culpa de la idolatría, y el propio Moisés la hizo pedazos juntamente con las tablas de la Ley (*Ber.* 4). La creación entera,

No se puede negar que Bernabé va demasiado lejos en su espiritualización del Antiguo Testamento, quizá en un intento lógico de reivindicarlo como Escritura cristiana.

la promesa de la tierra prometida, todo se refiere y se cumple en los cristianos: "Porque la Escritura dice con respecto a nosotros, cómo Él dijo al Hijo: 'Hagamos al hombre a nuestra imagen y semejanza, y que gobierne las bestias de la tierra y las aves de los cielos y los peces del mar' (Gn. 1:26). Y el Señor dijo cuando vio la hermosa figura nuestra: 'Creced y multiplicaos y llenad la tierra' (Gn. 1:28). Todo eso a su Hijo. De nuevo te mostraré en qué forma habla el Señor respecto a nosotros. Él hizo una segunda creación al final; y el Señor dijo: 'He aquí hago las últimas cosas como las primeras' (Is. 42:9). Con referencia a esto, entonces el profeta predicó: 'Entrad en una tierra que fluye leche y miel, y enseñoreaos de ella' (Éx. 33:1-3). He aquí, pues, hemos sido creados de nuevo, como Él dijo otra vez en otro profeta: 'He aquí, dice el Señor, quitaré de ellos, esto es, de aquellos a quienes había previsto el Espíritu del Señor, sus corazones de piedra, y les pondré corazones de carne' (Ez. 11:19; 36:26); porque Él mismo había de ser manifestado en la carne y habitar entre nosotros" (*Ber.* 6).

El método alegórico de Bernabé, iniciado y puesto en práctica por los judíos alejandrinos, como notamos anteriormente, sin otra regla que la libertad del interprete, lleva a conclusiones inaceptables, aunque estas sean favorables a la fe profesada. No obstante, inaugura esa larga serie de predicadores tipológicos que leerán en cada detalle del tabernáculo, de los sacrificios, del cordón de grana de Rahab, etc., imágenes y tipos del Redentor; o la doctrina de la Trinidad en el plural mayestático de Génesis 1:26: "*Hagamos* al hombre", que, por otra parte, es la primera vez que encontramos en la historia de la teología trinitaria la invocación de este texto como prueba. Filón había explicado este texto en términos platónicos, diciendo que Dios llamó a sus potencias a colaborar con Él en la creación del hombre, Bernabé da un paso más e introduce aquí la persona del Hijo, tal como harán muchos después de él (*Ber.* 5).

No se puede negar que Bernabé va demasiado lejos en su espiritualización del Antiguo Testamento, quizá en un intento lógico de reivindicarlo como Escritura cristiana. La relación del cristianismo con el judaísmo y el Antiguo Testamento fue difícil desde el principio, hasta que estalla en la herejía de Marción, que rechaza de plano la autoridad del Antiguo Testamento, como obra indigna del Dios enseñado por Jesucristo, Padre de misericordia y lleno de mansedumbre, frente al Señor colérico de los ejércitos de Israel.

La *Carta de Bernabé* evidencia el conflicto de muchos cristianos del siglo II, venidos del paganismo incapaces de orientarse adecuadamente en relación a la continuidad histórica con la antigua religión hebrea, relación no siempre bien comprendida, ni en la actualidad, ni por unos ni por otros, sea por judeocristianismo o por marcionismo. El escrito de Bernabé fue pensado para responder a ese tipo de angustias. En los primeros años de vida de la Iglesia fue muy fuerte la tentación de recaer en los viejos moldes de las prescripciones hebraicas. El temprano caso de los gálatas, que no fue uno aislado. El yugo de la Ley que levanta su cerviz contra la libertad del Espíritu. La buena acogida de este escrito atribuido a Bernabé indica por dónde iban los ánimos y las intenciones de los cristianos. Frente a la vieja ley, el autor siente la novedad radical del cristianismo, cuyo templo es espiritual, cuya circuncisión es espiritual, cuya ley es Cristo. "Estas cosas las anuló el Señor para que la nueva ley de nuestro Señor Jesucristo, siendo libre del yugo de la obligación, pueda tener su ofrenda no hecha de manos" (*Ber.* 2).

Este gozoso sentimiento de la novedad y libertad en Cristo, llevan al autor a un nuevo concepto de la religión donde, por vez primera y casi única durante siglos, incluye la alegría como uno de los principios de la nueva fe, que toma cuerpo en Hermas, como mandamiento contra la tristeza: "Purifícate de tu malvada tristeza, y vivirás para Dios; sí, y todos viven para Dios, los que echan de sí la tristeza y se revisten de buen ánimo y alegría" (*Pastor*, Mandamiento 10).

a) *Autor y fecha de composición*

¿Quién fue el escritor de esta Epístola? Al final del siglo segundo, Clemente de Alejandría es el primero que habla de Bernabé como autor de la Epístola, que cita con frecuencia, como si se tratara del "apóstol", o "profeta Bernabé", compañero de Pablo: "Bernabé, el mismo que predicó con el apóstol, en el ministerio de los gentiles". Unos pocos años después, Orígenes cita la Carta y la introduce con las palabras: "Está escrito en la epístola

Frente a la vieja ley, el autor siente la novedad radical del cristianismo, cuyo templo es espiritual, cuya circuncisión es espiritual, cuya ley es Cristo.

Ruinas del teatro romano de Alejandría,
ciudad donde probablemente se escribió la Carta de Bernabé

El redactor de la carta en ningún punto afirma ser el apóstol Bernabé. Procede de la gentilidad.

católica de Bernabé", y la toma por autoridad para sentar su doctrina sobre los ángeles. Las noticias más primitivas están confinadas a los padres de Alejandría, lo que ha llevado a suponer que fue escrita en la misma Alejandría, aunque algunos se inclinen por Siria o Palestina, sin demasiado fundamento.

Eusebio conoció también la *Carta de Bernabé*, pero no comparte el entusiasmo de los alejandrinos, pues la pone decididamente en el número de las escrituras espurias, juntamente con los *Hechos de Pablo*, el *Pastor de Hermas*, el *Apocalipsis de Pedro* y la *Didaché* o *Doctrina de los Apóstoles* (*Hist. ecl.*, III, 25,4).

De hecho, el redactor de la carta en ningún punto afirma ser el apóstol Bernabé, lo cual sería muy extraño caso de tratarse de él; en realidad, el lenguaje que emplea es tal que sugiere que no estaba en absoluto relacionado con los apóstoles. Procede de la gentilidad, mientras que Bernabé era de ascendencia judía. Por otra parte, es muy probable que Bernabé hubiera muerto antes de que la carta fuera redactada. Cómo llegó a asociarse el nombre de Bernabé con la Carta, es imposible explicarlo. Hay una tradición, o ficción, muy primitiva que nos presenta a Bernabé como residente de Alejandría; pero esta historia puede haber sido la consecuencia de estar su nombre unido a la carta, en vez de ser la causa. Es posible que su autor fuera algún desconocido tocayo del "hijo de Consolación".

Se ha supuesto que Alejandría, lugar de su recepción inicial, fue también el lugar de su nacimiento, a juzgar por la evidencia interna del estilo y la amplia utilización de la interpretación alegórica, tan típica de los alejandrinos, pero como hace notar Vielhauer, el método alegórico empleado por el autor se aplicaba también en otras partes; sólo basta considerar la carta a los Hebreos, y por eso no es un indicio local seguro, aunque probable.

El problema de la fecha no es menos incierto y de difícil resolución. La carta fue, sin duda, escrita después de la primera destrucción de Jerusalén por Tito, a la cual alude; pero si hubiera sido compuesta después de la guerra bajo Adriano, que terminó con la segunda devastación, es difícil que hubiera dejado de referirse a este suceso. Los límites posibles, pues, son entre el año 70 y el 132. Pero, dentro de este período de sesenta años, se han señalado las fechas más variadas. La conclusión depende principalmente de la interpretación que se da a los dos pasajes que tratan de las citas de los profetas.

La carta fue escrita después de la primera destrucción de Jerusalén por Tito, a la cual alude.

1) La primera se halla en el cap. 4, donde Daniel 7:7 se cita como una ilustración del gran escándalo u ofensa que, según el escritor, está al caer. La fecha dependerá de la interpretación que se dé a los "tres reyes en uno", o "tres grandes cuernos en uno" y "la pequeña excrecencia" o "retoño de cuerno". Y aquí no hay teoría propuesta hasta este momento que sea del todo satisfactoria. Weizsacker, que data la Epístola en el reino de Vespasiano (años 70 al 79), se ve obligado a considerar que el emperador es a la vez uno de los grandes cuernos y el cuerno pequeño; Hilgenfeld, que la coloca bajo Nerva (años 96 a 98), arbitrariamente omite a Julio y a Vitelio de la lista de los Césares, para poder hacer a Domiciano el décimo rey; en tanto que ambos fallan en reconocer en el pequeño cuerno de Daniel una profecía del Anticristo y, por tanto, un emperador perseguidor. La fecha de Volkmar (años 119-132),

Interpretamos el cuerno pequeño como símbolo del Anticristo, y explicamos la expectativa de la reaparición de Nerón.

además de suscitar serias objeciones contra ella, depende de que se enumeren los tres reyes además de los tres, a pesar de que el lenguaje sugiere que estaban comprendidos en algún sentido dentro de los diez. La solución que sigue, y que estamos dispuestos a adoptar provisionalmente, no ha sido ofrecida hasta aquí, que sepamos. Enumeramos a los diez Césares en su orden natural, con Weizsäcker, y llegamos a Vespasiano como el décimo. Consideramos a los tres Flavios como los tres reyes destinados a ser humillados, con Hilgenfeld. Sin embargo, a diferencia de él, no los vemos como tres emperadores separados, sino que explicamos las palabras como refiriéndose al hecho de que Vespasiano asociara con él a sus dos hijos, Tito y Domiciano, en el ejercicio del poder supremo. Una conexión tan íntima de los tres en uno nunca se vio en la historia del imperio hasta una fecha demasiado tardía para que pueda tenerse en consideración. El significado de esta asociación es conmemorado en varios tipos de monedas, que exhiben a Vespasiano en el anverso y a Tito y a Domiciano en el reverso en varias actitudes y varias inscripciones. Finalmente, con Volkmar, interpretamos el cuerno pequeño como símbolo del Anticristo, y explicamos con él la expectativa de la reaparición de Nerón, que sabemos era común durante la continuación de la dinastía Flavia.

2) El segundo pasaje es la interpretación del cap. 16 de Isaías 49:17, en que se predice a los judíos que "los mismos que derribaron este templo lo reedificarán", y la interpretación sigue diciendo que "esto está teniendo lugar". Por haber ido a la guerra fue derribado por sus enemigos; ahora, ¡también los mismos súbditos de sus enemigos (los romanos) lo reedificarán! Esto es considerado por los intérpretes, en general, como refiriéndose al templo material de Jerusalén, y lo explican en relación con las expectativas de los judíos, en una época u otra, que los romanos reedificarían el templo –la época generalmente escogida es la conquista de Adriano, un momento en que, por lo tanto, muchos colocan la redacción de la Epístola.

Esto está en conflicto con toda interpretación natural de los tres cuernos y el cuerno pequeño. Pero, primero, no se ha presentado evidencia satisfactoria de que Adriano tuviera esta intención en lo más mínimo, o que los judíos tuvieran esta expectativa en aquel tiempo; y segundo, hay todavía una objeción más formidable, ya que esta interpretación va en contra de la enseñanza general de este escritor, el cual reprocha a los judíos sus interpretaciones materiales de la profecía, y de todo el contexto, que es concebido en su vena usual. El autor explica al principio que los judíos se equivocan al poner su esperanza en el edificio material. Con todo, aquí, si esta interpretación es correcta, les dice que hagan precisamente esto. Además, a menos que haya alguna equivocación, les asegura que hay un templo, pero este templo del Señor, predicho por los profetas, es un templo espiritual; porque es, o bien la Iglesia de Cristo o el alma del creyente individual, en el cual reside el Señor. En realidad el pasaje no tiene relación alguna con la fecha. Por estas razones, probablemente deberíamos colocar la fecha de la llamada *Carta de Bernabé* entre los años 70-79; pero la decisión final debe ser afectada por la idea que se imponga sobre el origen de los capítulos que la carta tiene en común con la *Enseñanza de los Apóstoles.*

Les asegura que hay un templo, pero este templo del Señor, predicho por los profetas, es un templo espiritual.

Monasterio de Santa Catalina, al pie del monte Sinaí, donde Tischendorf descubrió el Códice Sinaítico, que contiene algunos escritos íntegros de las Padres Apostólicos

"Perla de la antigüedad cristiana no hay obra cristiana fuera del Nuevo Testamento que conmueva tanto el corazón del público creyente."

A partir del siglo IX, ya no se habla de esta carta y se llega a ignorar sus existencia, hasta que fue descubierta por Tischendorf en el famoso Códice Sinaítico, que contiene íntegro el texto de la carta.

b) *Transmisión y manuscritos*

Las autoridades para el texto de la *Carta de Bernabé* son las siguientes:

Manuscritos griegos:

1. El manuscrito Sinaítico del siglo IV, en que, en compañía del Pastor de Hermas, se halla en una forma completa, siguiendo al Apocalipsis, en una especie de apéndice al sagrado volumen.
2. El manuscrito Constantinopolitano de Bryennios, documento del siglo XI (año 1056); descubierto en 1875 y que tiene también el texto completo.
3. La serie de nueve manuscritos griegos todos de una familia; en esta colección de manuscritos faltan los cuatros primeros capítulos y parte del quinto.

Hay también una Versión Latina que existe en un manuscrito del siglo IX o X (Petropolitanus Q. v. 1. 39, antiguamente Corbeiensis). Este manuscrito omite los cuatro últimos capítulos, que al parecer no formaban parte de la versión en cuestión.

Finalmente, las citas de Clemente de Alejandría, comprendiendo porciones de los capítulos 1, 4, 6, 9, 10, 11, 16, 21 y los pasajes en capítulos 18-21 que esta Epístola tiene en común con la Didaché y otros documentos, dan lugar a consideraciones adicionales que no pueden ser descartadas en la formación del texto.

CARTA A DIOGNETO

"Perla de la antigüedad cristiana no hay obra cristiana fuera del Nuevo Testamento que conmueva tanto el corazón del público creyente" (André Mandouze). Más que carta, habría que ponerle el título de *Discurso a Diogneto*, pues de eso trata la obra, de un verdadero discurso apologético de la fe cristiana, compuesto conforme a las leyes de la más estricta retórica. Nos hallamos, pues, ante la primera apología cristiana a los gentiles de que tenemos noticia. Henri Marrou cree tener razones de peso para atribuirla a Panteno, maestro de Clemente de Alejandría y, por tanto fecharla hacia los años 190-200, aunque es más probable que se trate de la *Apología* de Cuadrato, como veremos después.

Es una de las apologías cristianas primitivas más noble y más impresionante en su estilo y su tratamiento.

La simplicidad en el modo de presentar verdades teológicas, y la ausencia de toda referencia a las múltiples herejías de tiempos posteriores, señalan, una y otra, una fecha más bien temprana. Al margen de cuándo fue escrita, es una de las apologías cristianas primitivas más noble y más impresionante en su estilo y su tratamiento.

Esta carta o discurso apologético gozó de la aceptación general de los cristianos desde el principio, menospreciados y perseguidos como estaban por judíos y gentiles por igual. "Aman a todos los hombres, y son perseguidos por todos. Se les desconoce, y, pese a todo, se les condena. Se les da muerte, y aun así están revestidos de vida. Son pobres, y, con todo, "hacen ricos a muchos" (2ª Co. 6:10). Se les deshonra, y, pese a todo, son glorificados en su deshonor. Se habla mal de ellos, y aún así son reivindicados. Son escarnecidos, y ellos bendicen (1ª Co. 4:22); son insultados, y ellos respetan. Al hacer lo bueno son castigados como malhechores; siendo castigados se regocijan, como si con ello se les diera vida. Los judíos hacen guerra contra ellos como extraños, y los griegos los persiguen y, pese a todo, los que los aborrecen no pueden dar la razón de su hostilidad" (*Diog.* 5).

El autor, procedente del paganismo, entusiasta y vehemente en su nueva fe, se describe a sí mismo como "discípulo de los apóstoles, me ofrecí como maestro de los gentiles, ministrando dignamente, a aquellos que se presentan como discípulos de la verdad, las lecciones que han sido transmitidas" (*Diog.* 11).

a) *Autor y fecha de composición*

En el manuscrito de Estrasburgo, el único que contiene el texto de esta obra, se hallan varios escritos espurios o dudosos de Justino Mártir, al final de los cuales está la *Carta a Diogneto*, que se le adscribía también a él; además de las otras obras que siguen –algunas por una mano más tardía– que no nos interesan aquí. Por ello los escritores subsiguientes la adscribieron sin vacilar a Justino. Tillemont fue el primero (1691) que arrojó dudas sobre esta

Atenas, donde Cuadrato escribió su *Apología* a Adriano,
identificado por muchos como autor del discurso a Diogneto

**La fecha más
primitiva
(cerca del
año 150)
es la
que parece
más
probable.**

adscripción. Los críticos más recientes de modo unánime concuerdan en asignarla a algún otro autor. No es mencionada por Eusebio ni en ningún otro informe antiguo de las obras de Justino, y su estilo es del todo distinto del de Justino.

Sobre la fecha se han sostenido las opiniones más diversas. Se le ha asignado casi toda época, desde la mitad del siglo II hasta el reinado de Constantino a principios del cuarto; y, en realidad, es imposible tener certidumbre alguna. En conjunto, sin embargo, la fecha más primitiva (cerca del año 150) es la que parece más probable. Su adscripción a Justino Mártir y el que estuviera junto con escritos primitivos en el manuscrito sugieren una época no más tardía que la primera mitad del siglo segundo.

Los dos capítulos últimos, que forman una especie de epílogo, pertenecen a una obra diferente, según Lightfoot y otros modernos, que ha sido unida a ella de modo accidental; tal como en la mayoría de los manuscritos existentes la última parte de la *Carta de Policarpo* está unida a la parte anterior de la *Carta de Bernabé* para dar la apariencia de una obra. Probablemente en este caso también un manuscrito arquetípico había perdido algunas hojas. Parece haber alguna indicación de esto en el mismo manuscrito de Estrasburgo.

¿Quién fue, pues, el autor de esta última obra? ¿No podríamos aventurarnos a hacer una conjetura, aunque sea sólo considerada como tal? El escritor fue Panteno, el maestro de Clemente (cerca año 180-210). Es evidente que es un alejandrino, como muestran a la vez la fraseología y los sentimientos. De modo más especial trata el relato de la creación y el jardín del Edén (*Diog.* 12) espiritualmente con relación a la Iglesia de Cristo; y Panteno es señalado, por dos o tres padres primitivos más, por Anastasio de Sinaí, en dos pasajes, como un escritor que ofrece este modo de tratamiento.

Tampoco podría nadie haber usado de modo más apropiado las palabras "maestro de los gentiles" respecto a sí mismo que Panteno: "Mis discursos no son extraños ni son perversas elucubraciones, sino que habiendo sido un discípulo de los apóstoles, me ofrecí como maestro de los gentiles, ministrando dignamente, a aquellos que se presentan como discípulos de la verdad, las lecciones que han sido transmitidas" (*Diog.* 11).

En 1946 Dom Paul Andriessen publicó unos sensacionales artículos sobre la *Carta a Diogneto*, donde defiende que ésta no es otra cosa que la *Apología* que Cuadrato presentó al emperador Adriano. Cuadrato es el primer apologista cristiano de quien Eusebio dice que presentó al emperador Adriano una *Apología* de la religión cristiana (*Hist. ecl.* IV,3), apología que se perdió, como tantas otras. Eusebio llama a Cuadrato discípulo de los apóstoles, a la par de Clemente, Ignacio, Policarpo y Papías. Cuadrato fue uno de los evangelistas u obispos misioneros fundadores de nuevas comunidades, hombre dotado de carisma profético. El autor de Diogneto se cuenta a sí mismo entre aquellos para quienes "toda tierra extranjera es patria y toda patria tierra extranjera" (*Diog.* 5).

La persona designada como Diogneto no es improbable que fuera Adriano, tutor de Marco Aurelio, citado aquí como uno que inquiere acerca de la verdad. La referencia al hecho del emperador comisionando a su hijo como ilustración de la gran verdad de la teología cristiana, no es improbable que fuera sugerida por sucesos tales como la adopción de Marco Aurelio por Antonino Pío al poder tribunicio (año 147), o bien la asociación de su hijo adoptivo L. Aelio (año 161), o de su propio hijo Cómodo (años 176, 177) en el imperio por parte del mismo Marco Aurelio.

Paul Andriessen publicó unos sensacionales artículos sobre la *Carta a Diogneto*, donde defiende que ésta no es otra cosa que la *Apología* de Cuadrato.

El nombre de Diogneto no es sólo un nombre propio, sino también un título honorífico de los príncipes.

Sabemos que el nombre de Diogneto no es sólo un nombre propio, sino también un título honorífico de los príncipes. Que Cuadrato le diera el título de Diogneto pudo ser debido al hecho de que el emperador acababa de iniciarse en los misterios de Eleusis, en que el iniciado era elevado a la raza de los dioses (véase *Diog.* 10). Más sencillo, el nombre de Diogneto ocurre con gran frecuencia en Atenas, especialmente entre los arcontes, y Adriano era arconte de Atenas ya en el año 112 d.C. Y no es sólo Cuadrato, sino también Marco Aurelio, quien otorga a Adriano este título de Diogneto.

Adriano se hizo iniciar en todos los misterios existentes, por eso Tertuliano le llama un explorador de curiosidades (*Apología* V,7). En casi todos los capítulos de Diogneto se alude al hecho de que Adriano se había iniciado en los misterios de Eleusis.

El mismo hecho de que el autor del discurso a Diogneto llame a la circuncisión una mutilación de la carne (*Diog.* 4), concuerda con el edicto de Adriano, prohibiendo la circuncisión precisamente por considerarla una mutilación del cuerpo, de donde resultó la segunda guerra judía (cf. nuestra "introducción" a las *Catequesis* de Cirilo de Jerusalén). Todos estos puntos llevan a considerar a Cuadrato el autor del discurso a Diogneto, con un alto

La circuncisión, óleo sobre pared de Goya (1774)
Cartuja Aula Dei

grado de probabilidad, escrito en Atenas. Esto daría solución al debate sobre los cap. 11-12, considerados como pertenecientes a otra obra. Ruiz Bueno, apoyando la tesis de Andriessen, observa que cuando se compara el estilo del epílogo, es decir, los caps. 11-12, con el cap. 5, nos damos cuenta de que la cuestión de la diferencia de estilo debe descartarse. Forman un todo con el resto de la obra.

b) *Transmisión y manuscritos*

Debemos el texto de esta obra a un solo manuscrito del siglo trece o quizá del catorce, que ahora ya no existe. Este manuscrito había pertenecido originalmente al humanista J. Reuchlin (m. 1522), luego a la abadía de Maurmunster, de la Alsacia superior, y finalmente pasó a la Biblioteca de Estrasburgo, donde se quemó en un incendio durante la guerra franco-alemana en 1870, junto con los otros tesoros manuscritos que había en ella. Sin embargo, se habían hecho dos transcripciones a finales del siglo XVI, una por Henricus Stephannus (en 1586), que fue el primero que editó la *Carta a Diogneto* (París, 1592), y otra por Beurer (1587-1591), el cual, sin embargo, no la publicó. La copia de Stephannus se halla ahora en la biblioteca universitaria Leiden; la de Beurer se ha perdido, pero algunos de sus textos han sido preservados por Stephannus y por Sylburg (1593). Por fortuna, la porción del manuscrito de Estrasburgo que contiene esta Epístola fue cotejada cuidadosamente por E. Cunitz en 1842 para la primera edición, por Otto, de Justino Mártir (1843), y de nuevo por E. Reuss, aún más exactamente, en 1861, para la tercera edición del mismo editor (1879).

De la vida de Papías sólo se sabe con certeza que fue obispo de Hierápolis, en Frigia, amigo de Policarpo de Esmirna.

FRAGMENTOS DE PAPÍAS

Lo que nos ha llegado de los cinco libros de Papías, *Explicación de las sentencias del Señor*, son sólo algunas citas y referencias en Ireneo, Eusebio, escritores eclesiásticos posteriores, y en las *catenae* o cadenas de textos.

De la vida de Papías sólo se sabe con certeza que fue obispo de Hierápolis, en Frigia, amigo de Policarpo de Esmirna y autor de la mencionada *Explicación*, o exégesis de los dichos de Jesús.

Ireneo y Eusebio discrepan entre sí en cuanto a si Papías formó parte o no de los discípulos del apóstol Juan.

Papías escribe preocupado por la proliferación desordenada de los nuevos evangelios redactados por los gnósticos cristianos.

También hay discrepancias en cuanto a las dataciones de la obra, que se mueven entre el año 90 y el 140; en todo caso es una obra muy antigua, en estrecha conexión con la era apostólica.

El libro fue, al parecer, un colección y comentario de datos de diversa procedencia sobre dichos y hechos de Jesús, y trataba de indagar la autenticidad de la tradición sobre Jesús y asegurar su comprensión correcta mediante la aclaración. La obra también aporta datos sobre el fin de Judas, el martirio de los dos hijos de Zebedeo, la salvación milagrosa de Barsabas, e incluso resurrecciones de cristianos de la época post- apostólica.

De claro signo antignóstico, no se apoya en libros bíblicos tales como el evangelio de Juan o de Lucas, o en las cartas de Pablo, todos ellos apreciados también por los gnósticos, sino en las tradiciones orales y en las tradiciones recogidas por Marcos y Mateo. Papías no escribe preocupado por la proliferación desordenada de tradiciones sobre Jesús, sino por los nuevos evangelios redactados por los gnósticos cristianos, haciendo propaganda en favor de sus ideas a base de una literatura expositiva abundante. Basílides redactó una exposición "del evangelio" en 24 libros (Eusebio, *Hist. ecl.* IV, 7,7). Frente a estos y otros de similar estilo, se dirige la obra de Papías.

Por este motivo, prefiere la "tradición viva", oral, de los apóstoles, a los libros que circulaban profusamente y sin control:

"Pero yo no tendré inconveniente en ofreceros, junto con mis interpretaciones, todo lo que he aprendido cuidadosamente y recordado cuidadosamente en el pasado de los ancianos, garantizándote su verdad. Porque, al revés de muchos, no tuve placer en los que tienen mucho que decir, sino en los que enseñan la verdad; no en los que refieren mandamientos extraños, sino en aquellos que dan testimonio de los que dio el Señor para la fe, y se derivan de la misma verdad. Y también, siempre que venía una persona cerca de mí que había sido seguidor de los ancianos, inquiría de él sobre los discursos de los ancianos: lo que había dicho Andrés, o Pedro, o Felipe, o Tomás, o Jacobo, o Juan, o Mateo, o algún otro de los discípulos del Señor, o lo que dicen Aristión y el anciano (*presbítero*) Juan, discípulos del Señor. Porque no creía poder sacar tanto provecho del contenido de libros como de las expresiones de una voz viva y permanente" (Papías, "prefacio").

La auténtica tradición de Jesús es para Papías, aquella que se puede seguir a través de una cadena transmisora hasta llegar al grupo de los discípulos personales de Jesús o que puede recorrerse partiendo de este grupo hasta la actualidad. Considera como garante de esta tradición palestiniana a los *presbíteros* o ancianos, entendiendo por tales, no a los detentadores de los cargos ministeriales, sino a los portadores de la tradición.

También los gnósticos prefieren la tradición oral, pero con una diferencia. Mientras que ellos apelan a la "doctrina secreta", los eclesiásticos se refieren a la "doctrina revelada", toda vez que el cristianismo no se entiende a sí mismo en términos de religión de misterios, sino de verdad eterna revelada por Dios en el tiempo en la persona de su Hijo. El gnóstico Basílides pretendía haber recibido sus conocimientos a través de su maestro Glaucias, el intérprete de Pedro; por su parte, Valentín, apelaba a la doctrina secreta de Pablo a través de un tal Teodas. Todo ello iba a empujar a la Iglesia a buscar con criterios sanos de apos- tolicidad los documentos escritos garantes de la tradición apostólica, que daría lugar a la lista de libros canónicos, reconociendo su categoría de libros inspirados y normativos. Fue un largo proceso lleno de fluctuaciones, cuya historia pertenece a otro apartado (Véase Gonzalo Báez Camargo, *Breve historia del canon bíblico*. CUPSA, México 1992. William Barclay, *Introducción a la Biblia*. CUPSA, México 1987. F. F. Bruce, *The Canon of Scripture*. IVP, 1988. CLIE, Terrassa 2002. B. F. Westcott, *El canon de la Sagrada Escritura*. CLIE, Terrassa 1987).

De Papías podemos decir con Overbeck, que "aparece como un precursor de la intelectualidad o de la teología cristiana, que intenta abordar mediante un tratamiento literario un problema eclesial de su época: la comprensión correcta de su patrimonio de dichos de Cristo". Para nosotros, ocupa un lugar importante en el debate sobre la literatura cristiana apócrifa, su escasa relevancia y valor histórico, por el mero hecho de haber emprendido Papías esta tarea de confrontación con los evangelios espurios que comenzaban a circular.

Ocupa un lugar importante en el debate sobre la literatura cristiana apócrifa, su escasa relevancia y valor histórico.

EL PASTOR DE HERMAS

El Pastor
es el maestro
divino,
que
comunica
a Hermas,
sea por
precepto o
por alegoría,
las lecciones
que han
de ser
transmitidas
para la
Iglesia.

Esta obra es titulada en sus noticias más antiguas *El Pastor*, debido al personaje central de las visiones de Hermas, que es a la vez el narrador del relato. El Pastor es el maestro divino, que comunica a Hermas, sea por precepto o por alegoría, las lecciones que han de ser transmitidas para la instrucción de la Iglesia. Las confusiones posteriores, que identifican a Hermas con el Pastor, no se pueden justificar por la obra misma. La historia personal de Hermas y la de su familia están entretejidas de vez en cuando con el relato y puestas al servicio de los propósitos morales de la obra. En este caso se parece a la *Divina Comedia*, aunque la historia juega un papel mucho menos importante aquí que en el gran poema de Dante. En el campo protestante se nos ocurre pensar en el humilde calderero John Bunyan y sus inmortales obras alegóricas, *El progreso del peregrino*; *Guerra santa*, etc.

El *Pastor* fue de los más universalmente estimados de la antigüedad cristiana. Tuvo una circulación general en las iglesias de Oriente y Occidente poco después de mediados del siglo II. Hacia este tiempo tiene que haber sido traducida al latín. La citan Ireneo en Galia (*Contra. her.* IV, 30), Tertuliano en África, Clemente y Orígenes en Alejandría. Todos estos autores –incluso Tertuliano, antes de hacerse montanista– o bien la citan como Escritura, o le asignan una autoridad especial, como inspirada en algún sentido, a casi canónica. Se puede sacar la misma inferencia respecto a su influencia primitiva de la denuncia de Tertuliano, quien –ahora se había hecho montanista– la rechaza como repulsiva a sus tendencias puritanas (*De Pudic.* 10), y el autor del Canon Muratorio (c. año 180), que le niega lugar entre los profetas o los apóstoles, aunque al parecer permite que sea leída privadamente para edificación. Su canonicidad, además, fue tema de discusión en más de un concilio, cuando Tertuliano escribió (no antes del año 212). Eusebio ya la pone categóricamente entre los *nothoi* o espurios (*Hist. ecl.* II, 25,4).

En su forma material, la estructura editorial de la obra está seriamente debilitada por la división común en tres partes o libros: Visiones, Mandatos y Similitudes, como si estuvieran las tres en el mismo nivel. Puede ser conveniente usar este modo de división para propósitos de referencia solamente; pero no hemos de permitir que domine nuestro concepto de la obra. Las Visiones son introductorias, y el Pastor no aparece hasta su final. Entrega su mensaje a Hermas en dos partes: 1) Mandatos o Preceptos; 2) Similitudes o Parábolas, esto es, lecciones morales enseñadas por medio de alegorías.

La primera persona introducida en el libro es una tal Roda (*Her.* 1,1), a quien Hermas había sido vendido cuando fue llevado a Roma como esclavo. Su parte es semejante a la de Beatriz en el poema de Dante. Se le aparece en los cielos cuando él está en camino hacia Cumæ, y le reprocha su pasión, no del todo intachable, por ella. Habiendo con ello despertado la conciencia de Hermas, se retira. Entonces Hermas ve delante a una anciana, que él, considerando el lugar, no es raro que confunda con la Sibila (*Her.* 2,4), pero que resulta ser la Iglesia.

El objeto de las Visiones, en realidad, parece ser el colocar delante del lector la concepción de la Iglesia bajo la forma de una anciana, cuyos rasgos se vuelven más juveniles en cada aparición sucesiva. Así, las lecciones de una conciencia herida y penitente, de la Iglesia creciendo y extendiéndose (la Iglesia militante), finalmente, de la Iglesia purificada por el sufrimiento (la Iglesia triunfante), y de los terrores del juicio, ocupan las cuatro Visiones propiamente dichas. Hermas recibe instrucciones de escribir todo lo que oye. Una copia de su libro la ha de enviar a Clemente, quien está encargado de darla a conocer a las ciudades extranjeras; otra a Grapta, cuyo objetivo es enseñar a las viudas y huérfanos, y él mismo, junto con los presbíteros, ha de leerla al pueblo de "esta ciudad", esto es, Roma (*Her.* 2,4).

La quinta visión es diferente en su clase de las cuatro precedentes, y realmente no es designada una visión, sino una *revelación*. Hermas ahora está en su propia casa. La aparición ya no es la representación de la Iglesia, sino un hombre de rostro glorioso en hábito pastoral, que ha sido enviado para residir con él y enseñarle hasta el fin de sus días. Es "el Pastor, el ángel del arrepentimiento", que le entrega ciertos Mandatos y Similitudes, con la orden de ponerlos por escrito, y que forman los dos libros restantes –la parte principal de la obra–.

La enseñanza del Pastor, pues, está contenida en los doce mandatos y en las diez similitudes que siguen. Pero

Coloca la concepción de la Iglesia bajo la forma de una anciana, cuyos rasgos se vuelven más juveniles en cada aparición sucesiva.

Hermas
se atreve
a introducir
una
innovación
penitencial
en la Iglesia
de Roma,
para lo que
se ampara en
la autoridad
de la
revelación
recibida.

la décima y última de éstas no es estrictamente una parábola como el resto. Contiene un capítulo final, que resume la función del Pastor y sus asociados celestiales, en la obra de perfeccionar la instrucción de Hermas.

Predicador de la *metánoia*, arrepentimiento, o conversión como un cambio radical tanto en mente como en conducta, Hermas se atreve a introducir una innovación penitencial en la Iglesia de Roma, para lo que se ampara en la autoridad de la revelación recibida. Se trataba en su día de un problema grave y de gran envergadura. El apóstol Pablo había avisado de que "el que piense estar en pie, mire no caiga" (1ª Co. 10:12), pues "es imposible que quienes fueron una vez iluminados [en el bautismo]... y recayeron, sean otra vez renovados para arrepentimiento" (He. 6:4, 6). Este texto había dado lugar a enseñar que no había posibilidad, "imposible", de arrepentimiento para aquellos que hubieran pecado gravemente después del bautismo o "iluminación" (gr. *photismos*), que era uno de los nombres dados al bautismo, y, en justa correspondencia, "iluminados" (gr. *photizomenoi*) a los bautizados (véase Cirilo de Jerusalén, *Catequesis bautismales*).

Hermas reconoce que esto es una enseñanza recibida. "He oído, Señor –le dije– de ciertos maestros, que no hay otro arrepentimiento aparte del que tuvo lugar cuando descendimos al agua y obtuvimos remisión de nuestros pecados anteriores." Él me contestó: "Has oído bien; pues es así. Porque el que ha recibido el perdón de sus pecados ya no debe pecar más, sino vivir en pureza" (Mand. 4,3). "Ya no debe pecar más", pero de hecho, los bautizados seguían pecando, sumiéndose así en un pozo de angustia, toda vez que se cerraba sobre ellos la puerta del perdón. Hermas quiere tener una palabra de esperanza para ellos. Es la que sigue a continuación: "Pero como tú inquieres sobre todas las cosas con exactitud, te declararé también otro aspecto, sin que con ello quiera dar pretexto de pecar a los que en lo futuro han de creer o a los que ya hayan creído. Pues los que ya han creído, o han de creer en el futuro, no tienen arrepentimiento para los pecados, sino que tienen sólo remisión de sus pecados anteriores. A los que Dios llamó, pues, antes de estos días, el Señor les designó arrepentimiento; porque el Señor, discerniendo los corazones y sabiendo de antemano todas las cosas, conoció la debilidad de los hombres y las múltiples astucias del

Escena bautismal en un sarcófago romano del siglo III.
El Espíritu Santo, en forma de paloma, ilumina al recién bautizado,
representado por un niño (latín *infant*) para señalar la novedad de vida

diablo con las que procurará engañar a los siervos de Dios, y ensañarse con ellos. El Señor, pues, siendo compasivo, tuvo piedad de la obra de sus manos y designó esta oportunidad para arrepentirse, y a mí me dio la autoridad sobre este arrepentimiento" (*id*.). Hermas se atreve a proclamar contra la corriente de opinión general de su época, un arrepentimiento para aquellos que han caído, en torno al cual hace girar su libro. Por eso, su mensaje de arrepentimiento es mensaje de alegría, y dedica un mandamiento completo a la alegría espiritual. "Revístete de alegría y buen ánimo, que siempre tiene favor delante de Dios, y

La
localización
geográfica
del relato
tiene su
centro en
Roma,
donde
sin duda
fue escrita
la obra.

ble, y regocíjate en ellos. Porque todo hombre animoso obra bien, y piensa bien, y desprecia la tristeza; pero el hombre triste está siempre cometiendo pecado. En primer lugar comete pecado, porque contrista al Espíritu Santo, que fue dado al hombre siendo un espíritu animoso; y en segundo lugar, al contristar al Espíritu Santo, pone por obra iniquidad, ya que ni intercede ante Dios ni le confiesa. Porque la intercesión de un hombre triste nunca tiene poder para ascender al altar de Dios" (Mand. 10).

a) *Autor y fecha de composición*

La localización geográfica del relato tiene su centro en Roma, donde sin duda fue escrita la obra. El hogar de Hermas en la ciudad, la carretera a Cumæ, la Vía de Campania –éstas son las localizaciones mencionadas por nombre–. Hay una excepción. Como tema de una *Similitud* (*Sim.* 9) es escogida Arcadia, la última propiamente llamada, porque las montañas visibles desde la altura central por su carácter y posición permiten un buen tema para la parábola final, los elementos componentes de la Iglesia. Como Hermas fue traído a Roma y vendido allí como esclavo, es posible que Arcadia fuera su lugar nativo.

Orígenes, seguido por Eusebio y Jerónimo, creía que el autor del *Pastor*, Hermas, era el mismo mencionado por Pablo en su carta a los romanos (Ro. 16:14), pero el fragmento de un antiguo escrito llamado Muratori, en memoria de su descubridor, L. A. Muratori, que lo publicó en 1740 dice que "el *Pastor* lo escribió muy recientemente en nuestros tiempo Hermas, en la ciudad de Roma, sentándose como obispo en la silla de la Iglesia de Roma Pío, hermano suyo. Por lo tanto, conviene, ciertamente que se lea, pero que no se publique en la Iglesia para el pueblo, ni entre los profetas, como quiera que su número está completo, ni entre los apóstoles, por haber terminado su tiempo". Según esto, el *Pastor* se escribió entre 141 a 155, fecha del episcopado de Pío.

El problema de esta identificación de Hermas como hermano de Pío, no es compatible con la mención de Clemente como un contemporáneo. Si es verdad, o bien se trata de algún otro Clemente, o el original griego del Canon, del cual sólo existe la versión latina, no puede haber dicho que Pío era realmente obispo al tiempo en que fue escrita.

Esta tradición aparece también en uno o dos escritos subsiguientes, los cuales, sin embargo, quizás no son independientes. Es desacreditada en parte por el hecho de que su motivo es despreciar el valor de la obra, como siendo muy reciente, y no tener autoridad para ser leída en la Iglesia, como los escritos de los apóstoles y profetas, según aparece claro en el contexto.

Se postula un tercer Hermas intermedio como autor, hacia 90-100.

Además de estas dos opiniones tradicionales, se postula un tercer Hermas intermedio, por otra parte desconocido, como autor, hacia 90-100, para evitar la dificultad sobre Clemente. Esta es la idea de varios críticos como Zahn y Caspari. Las noticias sobre el ministerio cristiano y la condición de la Iglesia en general parecen compatibles, tanto con la segunda como con la tercera opinión, aunque sugieren la fecha anterior antes que la posterior (*Vis.* 9.2, 4; 3.5, 9; *Sim.* 9.27).

En conjunto, aunque no sin vacilaciones, podemos adoptar como la guía más segura la antigua tradición que

Roma, ciudad donde Hermas escribió su *Pastor*

Las
autoridades
para el texto
del *Pastor*
son
El famoso
manuscrito
Sinaítico del
siglo cuarto
y El
manuscrito
Athos,
escrito
en el siglo
catorce.

lo identifica con el hermano de Pío, que es clara y definida y dice ser casi contemporánea, aunque hemos de admitir que la sugerencia moderna tiene un apoyo muy fuerte en la evidencia interna. La Versión Etíope, que identifica al autor con san Pablo, debe ser considerada un disparate más bien que una tradición fundada en Hechos 14:12.

b) *Transmisión y manuscritos*

Las autoridades para el texto del *Pastor* son las siguientes:

1. Manuscritos griegos:

1) El famoso manuscrito Sinaítico del siglo cuarto, en que, después de un vacío causado por la pérdida de seis hojas, el *Pastor* sigue a la Epístola de Bernabé al final del volumen. Por desgracia, sin embargo, sólo existe un fragmento, aproximadamente la primera cuarta parte del texto, y el manuscrito, después de varias lagunas, se interrumpe finalmente a la mitad del Mand. 9,3.

2). El manuscrito Athos, escrito en una letra menuda y apiñada en el siglo catorce. Consta de tres hojas, ahora en la Biblioteca de la Universidad de Leipzig, y seis hojas que quedan todavía en el Monasterio de Gregorio en el monte Athos. La porción del manuscrito que ahora está en Leipzig fue traída en 1855 desde el monte Athos por el famoso falsificador Simónides, el cual lo vendió a la Universidad allí, junto con lo que dijo ser una copia de otras seis hojas del mismo documento. Esta copia, más tarde, fue editada por Anger. Sin embargo, la existencia del manuscrito original fue puesta en duda hasta 1880, cuando el Dr. Lambros la descubrió de nuevo en el monte Athos. Su cotejo con el texto de estas seis hojas fue publicado en 1888 por J. A. Robinson (*The Athos Codex of the Shepherd of Hermas*). Como el Sinaítico, este manuscrito es incompleto, pues falta una hoja al final; pero desde Mand. iv. 3 a Sim. ix. 30 (en que nos deja), es decir, en casi tres cuartas partes de toda la obra, es nuestra única autoridad para el texto.

Además del apógrafo de Simónides, ya citado, fue hallada más tarde otra copia entre sus papeles después que fue arrestado, y que fue publicada por

Tischendorf. La publicación del cotejo del Dr. Lambros nos muestra que en tanto que el apógrafo editado por Anger era una falsificación, el segundo apógrafo era verdaderamente una transcripción del manuscrito de Athos. Así pues, en los pasajes en que el códice Athos ha sido dañado y es ilegible, entre 1855 y 1880, este apógrafo (Athos-Simónides) tiene cierto valor.

Las relaciones mutuas y el valor relativo de nuestras autoridades son cuestiones muy disputadas.

2. Versiones.

1) Versiones latinas. Hay dos: a) la llamada Antigua Versión Latina, que existe en unos veinte manuscritos, cuya relación entre sí no ha sido aclarada todavía del todo. De esta versión, Faber Stapulensis publicó su *editio princeps* en 1513. b) La Versión Palatina, hallada en un manuscrito del siglo XIV, y publicada totalmente en 1857 por Dressel. Ambas versiones nos dan el texto virtualmente completo.

2) Versión Etíope (E). Existe en un manuscrito descubierto en 1847 en el monasterio de Guindaguinde por A. d'Abbadie, que obtuvo una transcripción, pero no se dio cuenta de la plena importancia de su descubrimiento. Al fin, ante la insistencia de Dillmann, publicó el texto con una traducción latina en el año 1860. Esta versión también contiene el *Pastor* completo.

Las relaciones mutuas y el valor relativo de nuestras autoridades son cuestiones muy disputadas; pero una comparación de los primeros capítulos, en que existe el griego del manuscrito Sinaítico, nos muestra que el Sinaítico generalmente está de acuerdo con la Antigua Versión Latina y la Versión Palatina, contra el manuscrito Athos-Versión Etíope, siendo notable en todo momento la íntima conexión de estas dos últimas autoridades. Además, dentro de estos grupos, se ve que la Versión Palatina preserva un texto más puro que la Antigua Versión Latina, y la Versión Etíope que el manuscrito Athos.

Nota bibliográfica

Versiones de los *Padres Apostólicos* en castellano:
–versión bilingüe, trad. Daniel Ruiz Bueno. BAC. Madrid 1974.
–versión bilingüe, trad. J. B. Lightfoot. CLIE, Terrassa 1991.
–trad. Clemente Ricci. La Reforma, Buenos Aires 1930.
–trad. Sigfrido Huber. Buenos Aires 1949.
–trad. José Mª Berlanga López. Editorial Apostolado Mariano, Sevilla 1991.

Nuestra versión

El texto de nuestra versión corresponde a la traducción inglesa de J. B. Lightfoot, cotejada con las traducciones castellanas mencionadas arriba. J. B. Lightfoot (1818-1889), profesor de teología durante ocho años en Cambridge Trinity College (Inglaterra) y obispo anglicano de Durham, de 1870 a 1880 trabajó con intensidad en la revisión de la versión inglesa de la Biblia conocida como *Authorised Version* (versión Autorizada). Escribió diversos comentarios a las cartas paulinas y varias obras de ensayos bíblicos.

Pero su especialidad fue la investigación de los Padres Apostólicos. El Diccionario Oxford de la Iglesia Cristiana, editado en 1974 por F.L. Cross, dice al respecto: "La excelencia del trabajo crítico de Lightfoot, no tan sólo le ganó el reconocimiento en su tiempo como máxima autoridad en la materia, sino que ha desafiado el paso del tiempo... Sus *Padres Apostólicos* muestran de una manera especial, más que cualquier otro de sus escritos, su erudición en la patrística y su dominio de las técnicas de investigación". Como escribe Daniel Ruiz Bueno: "la obra de Lightfoot marcó época en la crítica de los Padres Apostólicos" (*op. cit.*, p. 22).

Las palabras entre corchetes [ ] tienen solamente una autoría textual modificada, y son probablemente el resultado de una glosa o una segunda recensión. Los paréntesis ( ) incluyen palabras que se han añadido en la traducción para ayudar a la comprensión del sentido del pasaje, y no se encuentran en los textos griegos o latinos originales.

ALFONSO ROPERO

La Didaché o
Enseñanza de los Apóstoles

Doctrina del Señor a las naciones
por medio de los doce Apóstoles

1

Los dos caminos

1. Hay dos caminos, uno de vida y uno de muerte, y hay una gran diferencia entre los dos caminos (Jer. 21:8; Mt. 7:13-14).[1]

2. El camino de la vida es éste. Primero, amarás a Dios que te hizo; segundo, a tu prójimo como a ti mismo. Y todas las cosas que no quieras que se te hagan a ti, no las hagas a otro (Mt. 22:37-39; Mr. 12:30, 31; Mt. 7:12; Lc. 6:31).

La práctica evangélica

3. La doctrina de estas palabras es ésta: Bendice a los que te maldicen, y ora por tus enemigos y ayuna por los que te persiguen; porque ¿qué recompensa hay si amas a los que te aman? ¿No hacen lo mismo los gentiles? Pero amad a los que os aborrecen, y no tendréis un enemigo (Mt. 5:44-47; Lc. 6:27-33).

4. Absteneos de todos los deseos carnales y del cuerpo (1 P. 2:11; cf. Tit. 2:12).

Si un hombre te golpea en la mejilla derecha, preséntale la otra también, y sé tú perfecto; y si un hombre te carga con una milla, ve con él dos; si un hombre te quita la capa, dale también el abrigo; si un hombre te quita lo que es tuyo, no se lo reclames, porque tampoco puedes (Mt. 5:39, 48; Lc. 6:29; Mt. 5:41, 40).

5. A todo el que te pida dale, y no le reclames (Lc. 6:30; Mt. 5:42); porque el Padre desea que se den dones a todos de sus propios tesoros.

Bienaventurado es el que da según el mandamiento; porque es intachable. Ay de aquel que recibe; porque si un hombre recibe teniendo necesidad, no es culpable; pero si no tiene necesidad, dará satisfacción de por qué y cuándo recibió; y siendo puesto en prisión, será examina-

El camino de la vida es éste. Primero, amarás a Dios que te hizo; segundo, a tu prójimo como a ti mismo.

---

[1] La enseñanza sobre los "dos caminos" aparece también de forma independiente y más abreviada en la *Carta de Bernabeé*, 17-18, por lo que ambos debieron servirse de una fuente común, posiblemente de signo judío.

do con respecto a los actos que ha cometido, y no saldrá de allí hasta que haya devuelto el último cuadrante (Mt. 5:26).

6. Mas en cuanto a esto se dice también: "Que tus limosnas suden en tus manos hasta que sepas a quién has de dar".[2]

---

[2] Cf. *Pastor de Hermas*, Mandamientos 2,4-5.

2

El segundo mandamiento

1. Y éste es el segundo mandamiento de la enseñanza.

2. No matarás, y no cometerás adulterio, no serás
corruptor de muchachos y no fornicarás, no robarás, no
tendrás tratos con magia, ni harás hechicerías, ni matarás
a un niño con un aborto, ni matarás al recién nacido, no
codiciarás los bienes de tu prójimo.

3. No perjurarás, no darás falso testimonio, no incu-
rrirás en maledicencia, no guardarás rencores.

4. No serás de doble ánimo ni de doble lengua, porque
la lengua falsa es un lazo de muerte.

5. Tu palabra no será falsa o vacía, sino que la cum-
plirás con tus actos.

6. No serás avaricioso ni rapaz ni hipócrita, ni tendrás
mal genio ni serás orgulloso. No albergarás malas intenciones contra tu prójimo. No aborrecerás a nadie, pero a
algunos has de reprobar, y has de orar por otros, y a otros
amarás más que tu propia vida.

Y éste es el segundo mandamiento. No matarás. No aborreeerás a nadie.

3

Lo que hay que evitar
y lo que hay que cultivar

Hijo mío, apártate del mal. Sé, en cambio, manso, paciente, compasivo e intachable, tranquilo y amable.

1. Hijo mío, apártate del mal y de todo lo que lo parece.

2. No te enojes, porque la ira lleva al homicidio; ni seas celoso ni contencioso ni irascible, porque todas estas cosas engendran homicidios.

3. Hijo mío, no seas lujurioso, porque la lujuria lleva a la fornicación; ni hables de modo obsceno ni mires de soslayo, porque todas estas cosas engendran adulterios.

4. Hijo mío, no tengas nada que ver con presagios, puesto que llevan a la idolatría, ni con encantadores, astrólogos o magos, ni aun los mires, porque de estas cosas se engendra idolatría.

5. Hijo mío, no mientas, puesto que el mentir lleva al robo; ni seas codicioso ni vanidoso, porque todas estas cosas engendran hurtos.

6. Hijo mío, no seas murmurador, puesto que lleva a la blasfemia; ni arrogante, ni tengas malos pensamientos, pues de todas estas cosas vienen las blasfemias.

7. Sé, en cambio, manso, "porque los mansos heredarán la tierra" (Sal. 37:11; Mt. 5:5).

8. Sé paciente, compasivo e intachable, tranquilo y amable y siempre temiendo las palabras que has oído.

9. No te ensalzarás a ti mismo, ni admitirás temeridad en tu alma. No te juntarás con los altivos, sino con los justos y humildes será tu camino.

10. Los accidentes que te sobrevengan los recibirás como buenos, sabiendo que no ocurre nada sin Dios.

4

Deberes del creyente

1. Hijo mío, recordarás al que te habla la Palabra de Dios día y noche (He. 13:7), y le honrarás como en el Señor, porque dondequiera que se hable de la majestad del Señor, allí está el Señor.

2. Además, irás en busca, día tras día, de las personas de los santos, para que puedas hallar reposo en sus palabras.

3. No harás cismas, sino que apaciguarás a los que contienden; harás juicio con justicia, no harás diferencia en la persona para reprobarle por sus transgresiones (Dt. 16:19; Pr. 28:21; Mal. 2:9; Ro. 2:11; Stg. 2:9).

4. No vaciles sobre si una cosa ha de ser o no ha de ser.

5. "No seas hallado extendiendo las manos para recibir, pero retrayéndolas para dar" (Dt. 12:32).

6. Si hay algo en tus manos, ofrécelo como rescate por tus pecados.

7. No vacilarás en dar, ni murmurarás cuando des; porque sabrás quién es el buen pagador de tu limosna.

8. No te apartarás de aquel que está en necesidad, sino que harás partícipe a tu hermano de todas las cosas, y no dirás que algo es tuyo propio. Porque si sois copartícipes de lo que es imperecedero, ¿cuánto más debéis serlo de las cosas que son perecederas?

9. No rehusarás poner tu mano sobre tu hijo o tu hija, sino que desde su juventud les enseñarás el temor de Dios.

10. No darás órdenes a tu criado o criada que confían en el mismo Dios que tú, en tu rencor y aspereza, para que no suceda que dejen de temer a Dios que está por encima de ti y de ellos; porque Él viene, no para llamar a los hombres, haciendo acepción de personas, sino que viene a aquellos a quienes el Espíritu ha preparado.

11. Vosotros, siervos, estad sujetos a vuestros amos, como a un tipo de Dios, con reverencia y temor.

12. Aborrecerás toda hipocresía y todo lo que no es agradable al Señor.

Recordarás al que te habla la Palabra de Dios día y noche. Aborrecerás toda hipocresía y todo lo que no es agradable al Señor.

Nunca abandonarás los mandamientos del Señor, sino que guardarás las cosas que has recibido.

13. Nunca abandonarás los mandamientos del Señor, sino que guardarás las cosas que has recibido, "sin añadir a ellas y sin quitar de ellas" (Dt. 4:2).

14. En la iglesia confesarás tus transgresiones, y no te dirigirás a orar con una mala conciencia. Éste es el camino de la vida.

5

El camino de la muerte

1. El camino de muerte es éste: Ante todo, es malo y lleno de maldición; homicidios, adulterios, concupiscencias, fornicaciones, robos, idolatrías, artes mágicas, hechicerías, saqueos, falsos testimonios, hipocresías, doblez de corazón, traición, orgullo, malicia, tozudez, codicia, palabras obscenas, celos, audacia, engreimiento, jactancia (Ro. 1:29-30; Col. 3:8).

El camino de muerte es: Ante todo, es malo y lleno de maldición.

2. Perseguidores de los hombres buenos, aborrecen la verdad, aman la mentira, no advierten la recompensa de la justicia, ni se adhieren a lo bueno ni al juicio recto, descuidados para lo que es bueno, pero atentos a lo que es malo; de los cuales están muy lejos la mansedumbre y la tolerancia; amantes de las cosas vanas, tras la recompensa, sin compasión para el pobre, ni trabajando para ayudar al que está oprimido por el trabajo; sin reconocer a Aquel que los hizo, homicidas de niños, corruptores de las criaturas de Dios, que se apartan del que está en necesidad, oprimen al afligido, defienden al rico, jueces injustos de los pobres, en todo pecaminosos. Hijos míos, que podáis ser librados de todas estas cosas.

6

Rectitud e idolatría

**Mira que
ninguno te
desvíe del
camino de
justicia,
porque
el tal hombre
te enseña
distinto
de Dios.**

1. Mira que ninguno te desvíe del camino de justicia (Mt. 24:4), porque el tal hombre te enseña distinto de Dios.

2. Porque si tú puedes llevar todo el yugo del Señor, serás perfecto; pero si no puedes, haz todo lo que puedas.

3. Respecto a la comida, come de aquello que puedas; con todo, abstente en absoluto de la carne sacrificada a los ídolos (Hch. 21:25); porque es adoración a dioses muertos (1ª Co. 8 y ss.).

7

El bautismo

1. Con respecto al bautismo, bautizaréis de esta manera. Habiendo primero repetido todas estas cosas, os bautizaréis en el nombre del Padre, y del Hijo, y del Espíritu Santo en agua viva (corriente).

2. Pero si no tienes agua corriente, entonces bautízate en otra agua; y si no puedes en agua fría, entonces hazlo en agua caliente.

3. Pero si no tienes ni una ni otra, entonces derrama agua sobre la cabeza tres veces en el nombre del Padre, y del Hijo, y del Espíritu Santo.

4. Pero, antes del bautismo, que el que bautiza y el que es bautizado ayunen, y todos los demás que puedan; y ordenarás a aquel que es bautizado que ayune un día o dos antes.[3]

Respecto al bautismo, bautizaréis. Habiendo primero repetido todas estas cosas, os bautizaréis en el nombre del Padre, y del Hijo, y del Espíritu Santo en agua (corriente).

---

[3] "Cuantos se convencen y creen ser verdad las cosas por nosotros enseñadas y dichas, y prometen vivir de esta manera, son enseñados a orar y suplicar, por medio del ayuno, a Dios, el perdón de sus anteriores pecados, acompañándolos también nosotros en el ayuno y la oración. Seguidamente los conducimos a un paraje donde haya agua, y del mismo modo que fuimos nosotros regenerados, se regeneran también ellos. En efecto, allí practican el lavatorio en el agua en el nombre del Padre del Universo y Soberano Dios, y de nuestro Salvador Jesucristo, y del Espíritu Santo" (Justino Mártir, *I Apología*, 61, publicado en esta misma colección).

8

El ayuno y la oración

Que vuestros ayunos no sean al tiempo que los hipócritas. No oréis como los hipócritas, sino como el Señor ha mandado: tres veces al día.

1. Que vuestros ayunos no sean al tiempo que los hipócritas, porque éstos ayunan en el segundo y quinto día de la semana; pero vosotros guardad el ayuno en el cuarto día y en el de la preparación (el sexto).

2. No oréis como los hipócritas, sino como el Señor ha mandado en su Evangelio, por lo que oraréis así:

"Padre nuestro, que estás en los cielos, santificado sea tu nombre; venga tu reino; hágase tu voluntad, como en el cielo así también en la tierra; danos hoy nuestro pan cotidiano; y perdónanos nuestras deudas, como también nosotros perdonamos a nuestros deudores; y no nos dejes caer en la tentación, sino líbranos del mal; porque tuyo es el poder y la gloria para siempre jamás" (Mt. 6:9-13; Lc. 11:2-4).

3. Oraréis así tres veces al día.

9

La Santa Cena

1. En cuanto a la acción de gracias eucarística, dad gracias de esta manera.

2. Primero, por lo que se refiere a la copa: "Te damos gracias, Padre nuestro, por la santa vid de tu hijo David, la cual nos has dado a conocer por medio de tu Hijo Jesús; tuya es la gloria para siempre jamás".

3. Luego, por lo que respecta al pan partido: "Te damos gracias, Padre nuestro, por la vida y conocimiento que tú nos has dado a conocer por medio de tu Hijo Jesús; tuya es la gloria para siempre jamás".

Oración por la Iglesia

4. "Tal como este pan partido estaba esparcido por los montes y reunido se hizo uno, así también que tu Iglesia pueda ser juntada de todos los extremos de la tierra en tu reino; porque tuya es la gloria y el poder por medio de Jesucristo para siempre jamás."

5. Pero que ninguno coma o beba de esta acción de gracias, a menos que haya sido bautizado en el nombre del Señor, porque respecto a esto también ha dicho el Señor: "No deis lo santo a los perros" (Mt. 7:6).[4]

Que ninguno coma o beba de esta acción de gracias, a menos que haya sido bautizado en el nombre del Señor.

---

[4] "Este alimento se llama entre nosotros Eucaristía, de la que a nadie le es lícito participar, sino al que cree ser verdad las cosas por nosotros enseñadas y se haya lavado con el lavatorio para el perdón de los pecados y la regeneración y viva del modo que Cristo nos enseñó. Pues no tomamos estas cosas como un pan ordinario o una bebida ordinaria, sino que al modo como Jesucristo nuestro Salvador, hecho carne por virtud del *Logos* de Dios, tuvo carne y sangre por nuestra salvación, así el alimento eucarístico, por virtud de la oración de la palabra que viene de Él, fuimos enseñados que es la carne y la sangre del mismo Jesús hecho carne" (Justino Mártir, *Apología*, 66).

10

Oraciones para después de la Cena

Cuando
estéis
satisfechos,
dad gracias.
A los
profetas
permitid que
ofrezcan
acción de
gracias
tanto como
deseen.

1. Después, cuando estéis satisfechos, dad gracias así: "Te damos gracias, Padre Santo, por tu santo nombre, porque tú has puesto tu tabernáculo en nuestros corazones, y por el conocimiento y fe e inmortalidad que nos has dado a conocer por medio de tu Hijo Jesús; tuya es la gloria para siempre jamás".

2. "Tú, Señor omnipotente, creaste todas las cosas por amor a tu nombre, y diste comida y bebida a los hombres para que disfrutaran de ellas, y para que pudieran darte gracias a ti; pero a nosotros nos has concedido alimento y bebida espiritual y vida eterna por medio de tu Hijo. Ante todo, te damos gracias porque eres poderoso; tuya es la gloria para siempre jamás."

3. "Recuerda, Señor, a tu Iglesia para librarla de todo mal y para perfeccionarla en el amor; y recogerla de los cuatro vientos –tu Iglesia que ha sido santificada– en tu Reino que has preparado para ella; porque tuyo es el poder y la gloria para siempre jamás."

4. "Que venga la gracia y que pase este mundo. Hosanna al Dios de David. Si alguno es santo, que venga; si alguno no lo es, que se arrepienta. Maranatha. Amén."

5. A los profetas permitid que ofrezcan acción de gracias tanto como deseen.

11

Apóstoles y profetas

1. A todo aquel que venga y enseñe todas estas cosas que se han dicho antes, recibidle.

2. Pero si el maestro mismo se extravía y enseña doctrina diferente para la destrucción de estas cosas, no le escuchéis; pero si es para el aumento de la justicia y el conocimiento del Señor, recibidle como al Señor.[5]

3. Respecto a los apóstoles y profetas, obrad con ellos en conformidad con la ordenanza del Evangelio.

4. Que todo apóstol, cuando venga a vosotros, sea recibido como el Señor; pero no se quedará más de un solo día, o, si es necesario, un segundo día; pero si se queda tres días, es un profeta falso.[6]

5. Y cuando se marche, que el apóstol no reciba otra cosa que pan, hasta que halle cobijo; pero si pide dinero, es un falso profeta.

6. Y al profeta que hable en el Espíritu no lo tentéis ni lo examinéis;[7] porque todo pecado será perdonado, pero este pecado no será perdonado (Mt. 12:31). Sin embargo, no todo el que habla en el Espíritu es un profeta, sino sólo el que tiene las costumbres del Señor. Por sus costumbres, pues, será reconocido el profeta falso y el profeta verdadero.[8]

No todo el que habla en el Espíritu es un profeta, sino sólo el que tiene las costumbres del Señor. Por sus costumbres, será reconocido el profeta falso y el profeta verdadero.

---

[5] A estos apóstoles y maestros ambulantes de la Iglesia, Eusebio los designa con el nombre de *evangelistas*.

[6] El satírico escritor pagano Luciano de Samosata da testimonio de la hospitalidad y candidez de los primeros cristianos en su novela *De morte peregrini* (*La muerte del Peregrino*, Editorial Gredos, Madrid), que trata de un farsante que se aprovecha de la buena fe de los cristianos, que debió ser muy común. Contra este tipo de personas están dirigidas estas prescipciones.

[7] La importancia de los profetas en la Iglesia primitiva fue extraordinaria. Ellos fueron, sin duda, después de los apóstoles, los ministros más respetados de la Palabra. Hermas, que fue también profeta, escribe en el *Pastor* (Mandamiento 11, 88ss), cómo se ha de distinguir el verdadero del falso profeta. La profecía debió ser una de las formas de la primitiva predicación y enseñanza, tan antiguua como la *homilía*, o plática común.

[8] Cf. Mateo 7:16: "Por sus frutos los conoceréis". "Por su vida has de probar al hombre que tiene espíritu divino" (*Hermas*, "Mandamientos" 11,7); "No creáis a todo espíritu, sino examinad si los espíritus son de Dios, pues muchos falsos profetas han saído por el mundo" (1ª Jn. 4:1).

Y todo aquel que diga en el Espíritu:

7. Y ningún profeta, cuando ponga una mesa en el espíritu, comerá de ella; pues de otro modo es un falso profeta.

"Dadme dinero",

8. Y todo profeta que enseñe la verdad, si no practica lo que enseña, es un falso profeta.

no le escuchéis; pero si os dice que deis en favor de otros que están en necesidad, que nadie le juzgue.

9. Y ningún profeta aprobado y hallado verdadero, pero se dedica al misterio mundano de la Iglesia, y, con todo, no os enseña a hacer todo lo que él hace, que no sea juzgado delante de vosotros; porque tiene su juicio en la presencia de Dios; porque de la misma manera también hicieron los profetas en los días de antaño.

10. Y todo aquel que diga en el Espíritu: "Dadme dinero", u otra cosa, no le escuchéis; pero si os dice que deis en favor de otros que están en necesidad, que nadie le juzgue.

12

Ayuda al caminante

1. Todo aquel que venga en el nombre del Señor sea bienvenido; y luego, cuando le hayáis probado, le conoceréis, porque discerniréis la mano derecha de la izquierda.

2. Si el que viene es un viajero, ayudadle en cuanto os sea posible; pero no se quedará con vosotros más de dos o tres días, si es necesario.

3. Pero si quiere establecerse entre vosotros, si tiene un oficio, que trabaje y coma su pan.

4. Pero si no tiene oficio, según vuestra sabiduría proveed de que viva como un cristiano entre vosotros, pero no en la ociosidad.

5. Si no hace esto, es que está traficando con respecto a Cristo. Guardaos de estos hombres.

Todo aquel que venga en el nombre del Señor sea bienvenido; si tiene un oficio, que trabaje y coma su pan.

13

Sustento de profetas y maestros

Todo profeta verdadero que desee establecerse entre vosotros es digno de su comida. Si no tenéis un profeta, dadla a los pobres.

1. Pero todo profeta verdadero que desee establecerse entre vosotros es digno de su comida (1ª Co. 9:13, 14).

2. De la misma manera un verdadero maestro es también digno, como el obrero, de su comida.

3. Así pues, todas las primicias del producto del lagar y de la era de trilla, de tus bueyes y tus ovejas, se las llevarás y darás como primicias a los profetas; porque son vuestros sacerdotes principales.

4. Pero si no tenéis un profeta, dadlas a los pobres.

5. Si haces pan, toma las primicias y dalo según el mandamiento.

6. Igualmente, cuando abras una jarra de vino o de aceite, toma las primicias y dalo a los profetas; y del dinero y vestido y toda posesión, toma las primicias según te parezca bien, y dalo según el mandamiento.

14

Celebración del día del Señor

1. Y en el día del Señor[9] congregaos y partid el pan y dad gracias, confesando primero vuestras transgresiones, para que vuestro sacrificio sea puro.

2. Y que ninguno que tenga una disputa con su compañero se una a la asamblea hasta que se haya reconciliado, para que su sacrificio no sea mancillado.[10]

3. Porque este sacrificio es aquel del que habló el Señor: "En todo lugar y en todo tiempo ofrecedme un sacrificio puro; porque yo soy un gran rey, dice el Señor, y mi nombre es maravilloso entre las naciones" (Mal. 1:11).

En el día del Señor congregaos y partid el pan y dad gracias, confesando primero vuestras transgresiones, para que vuestro sacrificio sea puro.

---

[9] Esta expresión, "Día del Señor", aparece ya en el Apocalipsis 1:10. Primer día de la semana del calendario judío, y día de celebración de las comunidades cristianas primitivas (Hch. 20:7ss). El día del Señor, pues, que los paganos llaman día del sol, es el primero de la semana de la creación y de la resurrección de Cristo, en memoria del cual se reunían los cristianos, testificado además por Justino Mártir en el año 150.

[10] Cf. Mateo 5:23, 24: "Si trajeres tu presente al altar, y allí te acordares de que tu hermano tiene algo contra ti, deja allí tu presente delante del altar, y vete, vuelve primero en amistad con tu hermano, y entonces ven y ofrece tu presente".

15

Elección de obispos y diáconos

Elegíos
obispos y
diáconos
dignos
del Señor,
hombres
mansos y
no amantes
del dinero,
íntegros y
aprobados.

1. Elegíos, pues, obispos y diáconos dignos del Señor, hombres mansos y no amantes del dinero, íntegros y aprobados; porque éstos ejecutarán el servicio de profetas y maestros para vosotros.

2. Por tanto, no los despreciéis; porque son hombres honorables junto con los profetas y los maestros.

3. Corregíos los unos a los otros, no en ira, sino en paz, como halláis en el Evangelio; y que ninguno hable a ninguno que se haya enemistado con otro, y que éste no oiga una palabra vuestra hasta que se arrepienta.

4. Pero haced que vuestras oraciones y vuestras limosnas y todos vuestros actos sean conforme al Evangelio de nuestro Señor.

16

El fin de los tiempos

1. Velad, pues, por vuestra vida; que vuestras lámparas no se apaguen y vuestros lomos no estén sin ceñir, sino estad preparados; porque no sabéis la hora en que vendrá nuestro Señor (Mt. 24:42-44; Lc. 12:35).

2. Y congregaos con frecuencia, procurando lo que es apropiado para vuestras almas; porque todo el tiempo de vuestra fe no os beneficiará si no sois perfeccionados en la última hora.

3. Porque en los últimos días se multiplicarán los falsos profetas y los corruptores, y las ovejas se volverán lobos, y el amor se cambiará en aborrecimiento.

4. Porque cuando aumente la licencia y el libertinaje, se aborrecerán los unos a los otros y se perseguirán y se traicionarán. Y entonces el engañador del mundo aparecerá como hijo de Dios; y hará portentos y señales, y la tierra será entregada a sus manos; y hará cosas inmundas, que nunca se han visto en el mundo desde que empezó (cf. 2ª Ts. 2:3-12).

5. Entonces toda la humanidad creada será probada por fuego y muchos serán escandalizados y perecerán (Mt. 24:10); pero el que persista en su fe será salvo por el mismo que fue maldecido (Mt. 10:22; 24:13).

Y entonces aparecerán las señales de la verdad; primero la señal de un desgarro en el cielo, luego la señal de la voz de una trompeta, y tercero la resurrección de los muertos; con todo, no de todos, sino como fue dicho: "El Señor vendrá y todos sus santos con Él. Entonces el mundo verá al Señor que viene en las nubes del cielo" (Mt. 24:30, 31; 1ª Co. 15:52; 1ª Ts. 4:16).

> Congregaos con frecuencia, procurando lo que es apropiado para vuestras almas; porque todo el tiempo de vuestra fe no os beneficiará si no sois perfeccionados en la última hora.

Primera Carta
de Clemente

a los Corintios

Saludos

La iglesia de Dios que reside en Roma a la iglesia de Dios que reside en Corinto, a los que son llamados y santificados por la voluntad de Dios por medio de nuestro Señor Jesucristo. Gracia a vosotros y paz del Dios todopoderoso os sea multiplicada por medio de Jesucristo.

Virtudes de la iglesia de Corinto

1. Por causa de las calamidades y reveses, súbitos y repetidos, que nos han acaecido, hermanos, consideramos que hemos sido algo tardos en dedicar atención a las cuestiones en disputa que han surgido entre vosotros, amados, y a la detestable sedición, no santa, y tan ajena y extraña a los elegidos de Dios, que algunas personas voluntariosas y obstinadas han encendido hasta un punto de locura, de modo que vuestro nombre, un tiempo reverenciado, aclamado y encarecido a la vista de todos los hombres, ha sido en gran manera vilipendiado.

Porque, ¿quién ha residido entre vosotros que no aprobara vuestra fe virtuosa y firme? ¿Quién no admiró vuestra piedad en Cristo, sobria y paciente? ¿Quién no proclamó vuestra disposición magnífica a la hospitalidad? ¿Quién no os felicitó por vuestro conocimiento perfecto y santo? Porque hacíais todas las cosas sin hacer acepción de personas, y andabais conforme a las ordenanzas de Dios, sometiéndoos a vuestros gobernantes y rindiendo a los más ancianos entre vosotros el honor debido. A los jóvenes recomendabais modestia y pensamientos decorosos; a las mujeres les encargabais la ejecución de todos sus deberes en una conciencia intachable, apropiada y pura, dando a sus propios maridos la consideración debida; y les enseñabais a guardar la regla de la obediencia, y a regir los asuntos de sus casas con propiedad y toda discreción.

2. Y erais todos humildes en el ánimo y libres de arrogancia, mostrando sumisión en vez de reclamarla, más contentos de dar que de recibir, y contentos con las provisiones que Dios os proveía. Y prestando atención a sus palabras, las depositabais diligentemente en vuestros corazones, y teníais los sufrimientos de Cristo delante de los ojos.

Consideramos que hemos sido algo tardos en dedicar atención a las cuestiones en disputa que han surgido entre vosotros, y a la detestable sedición, no santa.

Os había sido concedida toda gloria y prosperidad. Por ahí entraron los celos y la envidia, la discordia y las divisiones, la persecución y el tumulto.

Así se os había concedido una paz profunda y rica, y un deseo insaciable de hacer el bien. Además, había caído sobre todos vosotros un copioso derramamiento del Espíritu Santo; y, estando llenos de santo consejo, en celo excelente y piadosa confianza, extendíais las manos al Dios todopoderoso, suplicándole que os fuera propicio, en caso de que, sin querer, cometierais algún pecado. Y procurabais día y noche, en toda la comunidad, que el número de sus elegidos pudiera ser salvo, con propósito decidido y sin temor alguno. Erais sinceros y sencillos, y libres de malicia entre vosotros. Toda sedición y todo cisma era abominable para vosotros. Os sentíais apenados por las transgresiones de vuestros prójimos; con todo, juzgabais que sus deficiencias eran también vuestras. No os cansabais de obrar bien, sino que estabais dispuestos para toda buena obra. Estando adornados con una vida honrosa y virtuosa en extremo, ejecutabais todos vuestros deberes en el temor de Dios. Los mandamientos y las ordenanzas del Señor estaban escritas en las tablas de vuestro corazón.

Prosperidad e ingratitud

3. Os había sido concedida toda gloria y prosperidad, y así se cumplió lo que está escrito: "Mi amado comió y bebió y prosperó y se llenó de gordura y empezó a dar coces" (Dt. 32:15). Por ahí entraron los celos y la envidia, la discordia y las divisiones, la persecución y el tumulto, la guerra y la cautividad. Y así los hombres empezaron a agitarse: "los humildes contra los honorables, los mal reputados contra los de gran reputación, los necios contra los sabios, los jóvenes contra los ancianos" (Is. 3:5).

Por esta causa la justicia y la paz se han quedado a un lado, en tanto que cada uno ha olvidado el temor del Señor y quedado ciego en la fe en Él, no andando en las ordenanzas de sus mandamientos ni viviendo en conformidad con Cristo, sino cada uno andando en pos de las concupiscencias de su malvado corazón, pues han concebido unos celos injustos e impíos, por medio de los cuales también la muerte entró en el mundo (Sabiduría 2:24).

Celos y envidia, origen del mal

4. Porque como está escrito: "Y aconteció después de unos días, que Caín trajo del fruto de la tierra una ofrenda al Señor. Y Abel trajo también de los primogénitos de sus ovejas, de lo más gordo de ellas. Y miró el Señor con agrado a Abel y a su ofrenda; pero no prestó atención a Caín y a la ofrenda suya. Y se ensañó Caín en gran manera, y decayó su semblante. Entonces el Señor dijo a Caín: ¿Por qué te has ensañado, y por qué ha decaído tu semblante? Si no has ofrecido rectamente y no has dividido rectamente, ¿no has pecado? ¡Calla! Con todo esto, él se volverá a ti y tú te enseñorearás de él. Y dijo Caín a su hermano Abel: Salgamos a la llanura. Y aconteció que estando ellos en la llanura, Caín se levantó contra su hermano Abel y lo mató" (Gn 4:3-8).

Veis, pues, hermanos, que los celos y la envidia dieron lugar a la muerte del hermano. Por causa de los celos, nuestro padre Jacob tuvo que huir de delante de Esaú su hermano. Los celos fueron causa de que José fuera perseguido a muerte, y cayera incluso en la esclavitud. Los celos forzaron a Moisés a huir de delante de Faraón, rey de Egipto, cuando le dijo uno de sus paisanos: "¿Quién te ha puesto por juez entre nosotros? ¿Quieres matarme, como ayer mataste al egipcio?" (Éx. 2:14). Por causa de los celos Aarón y Miriam tuvieron que alojarse fuera del campamento. Los celos dieron como resultado que Datán y Abiram descendieran vivos al Hades, porque hicieron sedición contra Moisés el siervo de Dios. Por causa de los celos David fue envidiado no sólo por los filisteos, sino perseguido también por Saúl, rey de Israel.

> Por causa de celos y envidia fueron perseguidos y acosados hasta la muerte las mayores y más íntegras columnas de la Iglesia.

El martirio de Pedro y Pablo

5. Pero, dejando los ejemplos de los días de antaño, vengamos a los campeones que han vivido más cerca de nuestro tiempo. Pongámonos delante los nobles ejemplos que pertenecen a nuestra generación. Por causa de celos y envidia fueron perseguidos y acosados hasta la muerte las mayores y más íntegras columnas de la Iglesia. Miremos a los buenos apóstoles. Estaba Pedro, que, por causa de unos celos injustos, tuvo que sufrir, no uno o dos, sino muchos trabajos y fatigas, y habiendo dado su testimonio,

Los celos y las contiendas han derribado grandes ciudades y han desarraigado grandes naciones.

se fue a su lugar de gloria designado. Por razón de celos y contiendas Pablo, con su ejemplo, señaló el premio de la resistencia paciente. Después de haber estado siete veces en grillos, de haber sido desterrado, apedreado, predicado en el Oriente y el Occidente, ganó el noble renombre que fue el premio de su fe, habiendo enseñado justicia a todo el mundo y alcanzado los extremos más distantes del Occidente; y cuando hubo dado su testimonio delante de los gobernantes, partió del mundo y fue al lugar santo, habiendo dado un ejemplo notorio de resistencia paciente.

Mártires romanos bajo Nerón

6. A estos hombres de vidas santas se unió una vasta multitud de los elegidos, que en muchas indignidades y torturas, víctimas de la envidia, dieron un valeroso ejemplo entre nosotros. Por razón de los celos hubo mujeres que fueron perseguidas, después de haber sufrido insultos crueles e inicuos, nuevas Danaidas y Dirces, alcanzando seguras la meta en la carrera de la fe, y recibiendo una recompensa noble, por más que eran débiles en el cuerpo.

Los celos han separado a algunas esposas de sus maridos y alterado el dicho de nuestro padre Adán: "Ésta es ahora hueso de mis huesos y carne de mi carne" (Gn. 2:23). Los celos y las contiendas han derribado grandes ciudades y han desarraigado grandes naciones.

Llamada al arrepentimiento

7. Estas cosas, amados, os escribimos no sólo con carácter de admonición, sino también para haceros memoria de nosotros mismos. Porque nosotros estamos en las mismas listas y nos está esperando la misma oposición.

Por lo tanto, pongamos a un lado los pensamientos vanos y ociosos; y conformemos nuestras vidas a la regla gloriosa y venerable que nos ha sido transmitida; y veamos lo que es bueno y agradable y aceptable a la vista de Aquel que nos ha hecho. Pongamos nuestros ojos en la sangre de Cristo y démonos cuenta de lo preciosa que es para su Padre, porque habiendo sido derramada por nuestra salvación, ganó para todo el mundo la gracia del arrepentimiento.

Observemos todas las generaciones en orden, y veamos que de generación en generación el Señor ha dado oportunidad para el arrepentimiento a aquellos que han deseado volverse a Él.[11] Noé predicó el arrepentimiento, y los que le obedecieron se salvaron. Jonás predicó la destrucción para los hombres de Nínive; pero ellos, al arrepentirse de sus pecados, obtuvieron el perdón de Dios mediante sus súplicas y recibieron salvación, por más que eran extraños respecto a Dios.

De generación en generación el Señor ha dado oportunidad para el arrepentimiento a aquellos que han deseado volverse a Él.

Dios quiere que el pecador viva

8. Los ministros de la gracia de Dios, por medio del Espíritu Santo, hablaron referente al arrepentimiento. Sí, y el Señor del universo mismo habló del arrepentimiento con un juramento: "Vivo yo, dice el Señor, que no me complazco en la muerte del malvado, sino en que se arrepienta"; y añadió también un juicio misericordioso: "Arrepentíos, oh casa de Israel, de vuestra iniquidad; decid a los hijos de mi pueblo: Aunque vuestros pecados lleguen desde la tierra al cielo, y aunque sean más rojos que el carmesí y más negros que la brea, y os volvéis a mí de todo corazón y decís Padre, yo os prestaré oído como a un pueblo santo" (Ez. 33:11-27). Y en otro lugar dice de esta manera: "Lavaos, limpiaos, quitad la iniquidad de vuestras obras de delante de mis ojos; dejad de hacer lo malo; aprended a hacer lo bueno; buscad la justicia, defended al oprimido, juzgad la causa del huérfano, haced justicia a la viuda. Venid luego, dice el Señor, y estemos a cuenta; aunque vuestros pecados sean como la grana, como la nieve serán emblanquecidos; aunque sean rojos como el carmesí, vendrán a ser como blanca lana. Si queréis y obedecéis, comeréis el bien de la tierra; si rehusáis y sois rebeldes, seréis consumidos a espada; porque la boca del Señor lo ha dicho" (Is. 1:16-20).

Siendo así, pues, que Él desea que todos sus amados participen del arrepentimiento, lo confirmó con un acto de su voluntad poderosa.

---

[11] Cf. Hechos 11:18: "Oídas estas cosas, callaron, y glorificaron a Dios, diciendo: De manera que también a los gentiles ha dado Dios arrepentimiento para vida".

Abraham, que fue llamado el "amigo", fue hallado fiel en haber rendido obediencia a las palabras de Dios.

Obediencia a la voluntad de Dios

9. Por lo cual seamos obedientes a su voluntad excelente y gloriosa, y presentémonos como suplicantes de su misericordia y bondad, postrémonos ante Él y recurramos a sus compasiones prescindiendo de labores y esfuerzos vanos y de celos que llevan a la muerte. Fijemos nuestros ojos en aquellos que ministraron de modo perfecto a su gloria excelente. Miremos a Enoc, el cual, habiendo sido hallado justo en obediencia, fue arrebatado al cielo y no fue hallado en su muerte. Noé, habiendo sido fiel en su ministerio, predicó regeneración al mundo, y por medio de él el Señor salvó a las criaturas vivientes que entraron en el arca de la concordia.

El ejemplo de Abraham

10. Abraham, que fue llamado el "amigo", fue hallado fiel en haber rendido obediencia a las palabras de Dios. Por medio de la obediencia partió de su tierra y su parentela y de la casa de su padre, para que, abandonando una tierra escasa y una reducida parentela y una casa mediocre, pudiera heredar las promesas de Dios. Porque Él le dijo: "Vete de tu tierra y de tu parentela y de la casa de tu padre a la tierra que te mostraré. Y haré de ti una nación grande, y te bendeciré; y engrandeceré tu nombre y serás bendición. Bendeciré a los que te bendigan y a los que te maldigan maldeciré; y serán benditas en ti todas las familias de la tierra". Y de nuevo, cuando se separó de Lot, le dijo: "Alza ahora tus ojos, y mira desde el lugar donde estás hacia el norte y el sur, y al oriente y al occidente. Porque toda la tierra que ves, la daré a ti y a tu descendencia para siempre. Y haré tu descendencia como el polvo de la tierra; que si alguno puede contar el polvo de la tierra, también tu descendencia será contada" (Gn. 13:14-16).

Y de nuevo dice, al separarse Abraham de Lot: "Mira ahora los cielos, y cuenta las estrellas, si las puedes contar. Así será tu descendencia. Y Abraham creyó al Señor, y le fue contado por justicia" (Gn. 15:5, 6; cf. Ro. 4:3). Por su fe y su hospitalidad le fue concedido un hijo siendo anciano, y en obediencia lo ofreció a Dios en sacrificio en uno de los montes que Él le mostró.

El ejemplo de Lot

Por su
hospitalidad
y piedad
Lot fue
salvado de
Sodoma.
Por su fe
y su
hospitalidad
fue salvada
Rahab
la ramera.

11. Por su hospitalidad y piedad Lot fue salvado de Sodoma, cuando todo el país de los alrededores fue juzgado por medio de fuego y azufre; el Señor con ello anunció que no abandona a los que han puesto su esperanza en Él, y que destina a castigo y tormento a los que se desvían. Porque cuando la esposa de Lot hubo salido con él, no estando ella de acuerdo y pensando de otra manera, fue destinada a ser una señal de ello, de modo que se convirtió en una columna de sal hasta este día, para que todos los hombres supieran que los indecisos y los que dudan del poder de Dios son puestos para juicio y ejemplo a todas las generaciones.

El ejemplo de Rahab

12. Por su fe y su hospitalidad fue salvada Rahab la ramera. Porque cuando Josué hijo de Nun envió a los espías a Jericó, el rey del país averiguó que ellos habían ido a espiar su tierra, y envió a algunos hombres para que se apoderaran de ellos y después les dieran muerte. Por lo que la hospitalaria ramera los recibió y los escondió en el terrado, bajo unos manojos de lino. Y cuando los mensajeros del rey llegaron y le dijeron: "Saca a los hombres que han venido a ti, y han entrado en tu casa; porque han venido para espiar la tierra", ella contestó: "Es verdad que los que buscáis vinieron a mí, pero se marcharon al poco y están andando por su camino"; y les indicó el camino opuesto. Y ella dijo a los hombres: "Sé que el Señor os ha dado esta ciudad; porque el temor de vosotros ha caído sobre sus habitantes. Cuando esto acontezca y toméis la tierra, salvadme a mí y la casa de mi padre". Y ellos le contestaron: "Será tal como tú nos has hablado. Cuando adviertas que estamos llegando, reunirás a los tuyos debajo de tu techo, y serán salvos; porque cuantos sean hallados fuera de la casa, perecerán". Y además le dieron una señal, que debía colgar fuera de la casa, un cordón de grana, mostrando con ello de antemano que por medio de la sangre del Señor habrá redención para todos los que creen y esperan en Dios (Jos. 2:3-14).

Veis pues, amados, que se halla en la mujer no sólo fe, sino también profecía.

Exhortación a la humildad

Seamos
humildes,
poniendo a
un lado toda
arrogancia y
engreimiento,
y locura
e ira,
y hagamos
lo que está
escrito.

13. Seamos, pues, humildes, hermanos, poniendo a un lado toda arrogancia y engreimiento, y locura e ira, y hagamos lo que está escrito. Porque el Espíritu Santo dice: "No se alabe el sabio en su sabiduría, ni en su valentía se alabe el valiente, ni el rico se alabe en sus riquezas; mas el que se alabe que lo haga en el Señor, que le busca y hace juicio y justicia"(Jer. 9:23, 24; 1ª Co. 1:31; 2ª Co. 10:17); y, sobre todo, recordando las palabras del Señor Jesús, que dijo, enseñando indulgencia y longanimidad: "Tened misericordia, y recibiréis misericordia; perdonad, y seréis perdonados. Lo que hagáis, os lo harán a vosotros. Según deis, os será dado. Según juzguéis, seréis juzgados. Según mostréis misericordia, se os mostrará misericordia. Con la medida que midáis se os volverá a medir" (Mt. 5:7, 6, 14, 15; 7:1, 2, 12).

Afiancémonos en este mandamiento y estos preceptos, para que podamos andar en obediencia a sus santas palabras, con ánimo humilde. Porque la palabra santa dice: "¿A quién miraré, sino a aquel que es manso y humilde de espíritu y teme mis palabras?" (Is. 66:2).

Mansedumbre y benignidad

14. Por tanto, es recto y apropiado, hermanos, que seamos obedientes a Dios, en vez de seguir a los que, arrogantes y díscolos, se han puesto a sí mismos como caudillos en una contienda de celos abominables. Porque nos acarrearemos, no un daño corriente, sino más bien un gran peligro si nos entregamos de modo temerario a los propósitos de los hombres que se lanzan a contiendas y divisiones, apartándonos de lo que es recto.

Seamos, pues, buenos los unos hacia los otros, según la compasión y dulzura de Aquel que nos ha hecho. Porque está escrito: "Los rectos habitarán la tierra, y los inocentes permanecerán en ella; pero los transgresores serán cortados y desarraigados de ella". Y de nuevo dice: "Vi al impío elevado y exaltado como los cedros del Líbano. Y pasé, y he aquí ya no estaba; y busqué su lugar, y no lo encontré. Guarda la inocencia, y mira la justicia; porque hay un remanente para el pacífico" (Sal. 37:11, 34; Mt. 5:5).

15. Por tanto, hemos de adherirnos a los que practican la paz con la piedad, y no a los que desean la paz con disimulo. Porque Él dice en cierto lugar: "Este pueblo de labios me honra, pero su corazón está lejos de mí; y también: Bendicen con la boca, pero maldicen con su corazón" (Is. 20:13; Mr. 7:6). Y de nuevo Él dice: "Le lisonjeaban con su boca, y con su lengua le mentían, pues sus corazones no eran rectos con Él, ni se mantuvieron firmes en su pacto. Por esta causa, enmudezcan los labios mentirosos, y callen los que profieren insolencias contra el justo" (Sal. 78:36-38). Y de nuevo: "Arranque el Señor todos los labios lisonjeros, y la lengua que habla jactanciosamente; a los que han dicho: Engrandezcamos nuestra lengua; nuestros labios son nuestros, ¿quién es señor sobre nosotros? A causa de la opresión del humilde y el gemido de los menesterosos, ahora me levantaré, dice el Señor; le pondré en seguridad; haré grandes cosas por él" (Sal. 12:4-6).

> Cristo está con los que son humildes de corazón y no con los que se exaltan a sí mismos por encima de la grey.

La humildad de Cristo

16. Porque Cristo está con los que son humildes de corazón y no con los que se exaltan a sí mismos por encima de la grey. El cetro [de la majestad] de Dios, a saber, nuestro Señor Jesucristo, no vino en la pompa de arrogancia o de orgullo, aunque podría haberlo hecho, sino en humildad de corazón, según el Espíritu Santo habló. Porque dijo: "¿Quién ha creído a nuestro anuncio? ¿Y a quién se ha revelado el brazo del Señor? Lo anunciamos en su presencia. Era como un niño, como una raíz en tierra seca. No hay apariencia en Él, ni gloria. Y le contemplamos, y no había en Él apariencia ni hermosura, sino que su apariencia era humilde, inferior a la forma de los hombres. Era un hombre expuesto a azotes y trabajo, experimentado en quebrantos; porque su rostro estaba vuelto. Fue despreciado y desechado. Llevó nuestros pecados y sufrió dolor en lugar nuestro; y nosotros le consideramos herido y afligido. Y Él fue herido por nuestros pecados y afligido por nuestras iniquidades. El castigo de nuestra paz es sobre Él. Con sus llagas fuimos nosotros sanados. Todos nos descarriamos como ovejas, cada cual se apartó por su propio camino; y el Señor lo entregó por nuestros pecados. Y Él no abre su boca aunque es afligido. Como una oveja fue llevado al matadero; y como un cordero

Si el Señor era humilde de corazón de esta manera, ¿qué deberíamos hacer nosotros; que por Él hemos sido puestos bajo el yugo de su gracia?

delante del trasquilador, es mudo y no abre su boca. En su humillación su juicio le fue quitado. Su generación ¿quién la declarará? Porque su vida fue cortada de la tierra. Por las iniquidades de mi pueblo ha llegado a la muerte. Dará a los impíos por su sepultura, y a los ricos por su muerte; porque no obró iniquidad, ni fue hallado engaño en su boca. Y el Señor desea limpiarle de sus heridas. Si hacéis ofrenda por el pecado, vuestra alma verá larga descendencia. Y el Señor desea quitarle el padecimiento de su alma, mostrarle luz y moldearle con conocimiento, para justificar al Justo que es un buen siervo para muchos. Y Él llevará los pecados de ellos. Por tanto heredará a muchos, y dividirá despojos con los fuertes; porque su alma fue entregada a la muerte, y fue contado como los transgresores; y Él llevó los pecados de muchos, y por sus pecados fue entregado" (Is. 53:1-12).

Y de nuevo, Él mismo dice: "Mas yo soy gusano y no hombre; oprobio de los hombres y despreciado del pueblo. Todos los que me ven me escarnecen; tuercen los labios, menean la cabeza, diciendo: Esperó en el Señor, que le libre; sálvele, puesto que en Él se complacía" (Sal. 22:7-9).

Veis, queridos hermanos, cuál es el ejemplo que nos ha sido dado; porque si el Señor era humilde de corazón de esta manera, ¿qué deberíamos hacer nosotros; que por Él hemos sido puestos bajo el yugo de su gracia?

La humildad de los profetas y los patriarcas

17. Imitemos a los que anduvieron de un lugar a otro "en pieles de cabras y pieles de ovejas" (He. 11:37), predicando la venida de Cristo. Queremos decir Elías y Eliseo y también Ezequiel, los profetas, y aquellos que han merecido un buen nombre. Abraham alcanzó un nombre excelente y fue llamado el amigo de Dios; y contemplando firmemente la gloria de Dios, dice en humildad de corazón: "Pero yo soy polvo y ceniza" (Gn. 18:27). Además, también se ha escrito con respecto a Job: "Y Job era justo y sin tacha, temeroso de Dios y se abstenía del mal" (Job 1:1). Con todo, él mismo se acusa diciendo: "Ningún hombre está libre de inmundicia; no, ni aun si su vida dura sólo un día" (Job 14:4, 5).

Moisés fue llamado "fiel en toda su casa" (Nm. 12:7; He. 3:2, 5), y por medio de su ministración Dios juzgó a Egipto con las plagas y los tormentos que les ocurrieron. Y él también, aunque altamente glorificado, no pronunció palabras orgullosas sino que dijo, al recibir palabra de Dios en la zarza: "¿Quién soy yo para que me envíes a mí? No, yo soy tardo en el habla y torpe de lengua. De nuevo dijo: Yo soy humo de la olla" (Éx. 3:11; 4:10).

Moisés fue llamado "fiel en toda su casa". ¿Qué diremos de David que obtuvo un buen nombre?

La humildad de David

18. Pero, ¿qué diremos de David que obtuvo un buen nombre?, del cual dijo: "He hallado a un hombre conforme a mi corazón, David, el hijo de Isaí, con misericordia eterna le he ungido" (Sal. 89:20-21). Sin embargo dijo David a Dios: "Ten misericordia de mí, oh Dios, conforme a tu gran misericordia; y conforme a la multitud de tus compasiones, borra mi iniquidad. Límpiame más aún de mi iniquidad, y lávame de mi pecado. Porque reconozco mi iniquidad, y mi pecado está siempre delante de mí. Contra Ti solo he pecado, y he hecho lo malo delante de tu vista; para que Tú seas justificado en tus palabras, y puedas vencer en tu alegación. Porque he aquí fui concebido en iniquidad, y en pecados me llevó mi madre. Porque he aquí Tú amas la verdad; Tú me has mostrado cosas oscuras y escondidas de tu sabiduría. Tú me rociarás con hisopo y seré limpiado. Tú me lavarás, y pasaré a ser más blanco que la nieve. Tú me harás oír gozo y alegría. Los huesos que han sido humillados se regocijarán. Aparta tu rostro de mis pecados, y borra todas mis iniquidades. Hazme un corazón limpio dentro de mí, oh Dios, y renueva un espíritu recto en mis entrañas. No me eches de tu presencia, y no me quites tu Santo Espíritu. Restáurame el gozo de tu salvación, y corrobórame con un espíritu de gobierno. Enseñaré tus caminos a los pecadores, y los impíos se convertirán a Ti. Líbrame de la culpa de sangre, oh Dios, Dios de mi salvación. Mi lengua se regocijará en tu justicia. Señor, Tú abrirás mi boca, y mis labios declararán tu alabanza. Porque si Tú hubieras deseado sacrificio, te lo habría dado; de holocaustos enteros no te agradas. El sacrificio para Dios es un espíritu quebrantado; un corazón contrito y humillado Dios no lo desprecia" (Sal. 51:1-17).

Viendo
que somos
partícipes de
tantos hechos
grandes y
gloriosos,
apresurémonos
a volver
al objetivo
de la paz
que nos
ha sido
entregado
desde el
principio.

La humildad y la obediencia
nos hacen mejores

19. Así pues, la humildad y sumisión de tantos hombres y tan importantes, que de este modo consiguieron un buen nombre por medio de la obediencia, nos ha hecho mejores no sólo a nosotros, sino también a las generaciones que fueron antes que nosotros, a saber, las que recibieron sus palabras en temor y verdad. Viendo, pues, que somos partícipes de tantos hechos grandes y gloriosos, apresurémonos a volver al objetivo de la paz que nos ha sido entregado desde el principio, y miremos fijamente al Padre y Autor de todo el mundo, y mantengámonos unidos a sus excelentes dones de paz y beneficios. Contemplémosle en nuestra mente, y miremos con los ojos del alma su voluntad paciente y sufrida. Notemos cuán libre está de ira hacia todas sus criaturas.

La enseñanza del orden
de la creación

20. Los cielos son movidos según sus órdenes y le obedecen en paz. Día y noche realizan el curso que Él les ha asignado, sin estorbarse el uno al otro. El Sol y la Luna y las estrellas movibles dan vueltas en armonía, según Él les ha prescrito, dentro de los límites asignados, sin desviarse un punto. La Tierra, fructífera en cumplimiento de su voluntad en las estaciones apropiadas, produce alimento que es provisión abundante para hombres y bestias y todas las criaturas vivas que hay en ella, sin disentir en nada, ni alterar nada de lo que Él ha decretado. Además, las profundidades inescrutables de los abismos y los inexpresables estatutos de las regiones inferiores se ven constreñidos por las mismas ordenanzas. El mar inmenso, recogido por obra suya en un lugar, no pasa las barreras de que está rodeado; sino que, según se le ordenó, así lo cumple. Porque Él dijo: "Hasta aquí llegarás, y tus olas se romperán dentro de ti" (Job 38:11). El océano que el hombre no puede pasar, y los mundos más allá del mismo, son dirigidos por las mismas ordenanzas del Señor. Las estaciones de la primavera, el verano, el otoño y el invierno se suceden la una a la otra en paz. Los vientos en sus varias procedencias en la estación debida, cumplen su ministerio

sin perturbación; y las fuentes de flujo incesante, creadas para el goce y la salud, no cesan de manar sosteniendo la vida de los hombres.

Todas estas cosas el gran Creador y Señor del universo ordenó que se mantuvieran en paz y concordia, haciendo bien a todos, pero mucho más que al resto, a nosotros, los que nos hemos refugiado en las misericordias clementes de nuestro Señor Jesucristo, al cual sea la gloria y la majestad para siempre jamás. Amén

El temor a Dios en santidad

21. Estad atentos, pues, hermanos, para que sus beneficios, que son muchos, no se vuelvan en juicio contra nosotros, si no andamos como es digno de Él, y hacemos las cosas que son buenas y agradables a su vista, de buen grado. Porque Él dijo en determinado lugar: "El Espíritu del Señor es una lámpara que escudriña las entrañas" (Pr. 20:27).

Veamos cuán cerca está, y que ninguno de nuestros pensamientos o planes que hacemos se le escapa. Por tanto, es bueno que no nos apartemos de su voluntad. Es mejor que ofendamos a hombres necios e insensatos que se exaltan y enorgullecen en la arrogancia de sus palabras que no que ofendamos a Dios. Sintamos el temor del Señor Jesucristo, cuya sangre fue entregada por nosotros. Reverenciemos a nuestros gobernantes; honremos a nuestros ancianos; instruyamos a nuestros jóvenes en la lección del temor de Dios. Guiemos a nuestras mujeres hacia lo que es bueno: que muestren su hermosa disposición de pureza; que prueben su afecto sincero de bondad; que manifiesten la moderación de su lengua por medio del silencio; que muestren su amor, no en preferencias partidistas, sino sin parcialidad hacia todos los que temen a Dios, en santidad. Que nuestros hijos sean participantes de la instrucción que es en Cristo; que aprendan que la humildad de corazón prevalece ante Dios, qué poder tiene ante Dios el amor casto, que el temor de Dios es bueno y grande y salva a todos los que andan en él en pureza de corazón y santidad. Porque Él escudriña las intenciones y los deseos; su aliento está en nosotros, y cuando Él se incline a hacerlo, lo va a quitar.

La humildad de corazón prevalece ante Dios. El temor de Dios es bueno y grande y salva a todos los que andan en él en pureza de corazón.

No seamos indecisos ni consintamos que nuestra alma se permita actitudes vanas y ociosas respecto a sus dones excelentes y gloriosos.

La confirmación de la fe en Cristo

22. Ahora bien, todas estas cosas son confirmadas por la fe que hay en Cristo; porque Él mismo, por medio del Espíritu Santo, nos invita así: "Venid a mí, hijos, escuchadme y os enseñaré el temor del Señor. ¿Quién es el hombre que desea vida, que busca muchos días para ver el bien? Guarda tu lengua del mal y tus labios de hablar engaño. Apártate del mal y haz el bien; busca la paz, y corre tras ella. Los ojos del Señor están sobre los justos, y sus oídos atentos a sus oraciones. Pero el rostro del Señor está sobre los que hacen mal, para destruir su recuerdo de la Tierra. Claman los justos, y el Señor oye, y los libra de todas sus angustias. Muchos son los males del justo, y de todos ellos le librará el Señor. Y también: Muchos dolores habrá para el pecador, mas al que espera en el Señor le rodeará la misericordia" (Sal. 34:12-18).

Advertencia contra el doble ánimo

23. El Padre, que es compasivo en todas las cosas, y dispuesto a hacer bien, tiene compasión de los que le temen, y con bondad y amor concede sus favores a aquellos que se acercan a Él con sencillez de corazón. Por tanto, no seamos indecisos ni consintamos que nuestra alma se permita actitudes vanas y ociosas respecto a sus dones excelentes y gloriosos.

Que no se nos aplique este pasaje de la escritura que dice: "Desventurado el de doble ánimo, que duda en su alma y dice: Estas cosas oímos en los días de nuestros padres también, y ahora hemos llegado a viejos, y ninguna de ellas nos ha acontecido. Insensatos, comparaos a un árbol; pongamos una vid. Primero se le caen las hojas, luego sale un brote, luego una hoja, luego una flor, más tarde un racimo agraz, y luego un racimo maduro. Como veis, en poco tiempo el fruto del árbol llega a su sazón. Verdaderamente pronto y súbitamente se realizará su voluntad, de lo cual da testimonio también la Escritura, al decir: Su hora está al caer, y no se demorará; y el Señor vendrá súbitamente a su templo; el Santo, a quien vosotros esperáis" (Is. 14:1; Mal. 3:1).

Considerando la resurrección

Consideremos, la resurrección que tendrá lugar a su debido tiempo. El día y la noche nos muestran la resurrección.

24. Entendamos, pues, amados, en qué forma el Señor nos muestra continuamente la resurrección que vendrá después; de la cual hizo al Señor Jesucristo las primicias, cuando le levantó de los muertos. Consideremos, amados, la resurrección que tendrá lugar a su debido tiempo. El día y la noche nos muestran la resurrección. La noche se queda dormida, y se levanta el día; el día parte, y viene la noche.

Consideremos los frutos, cómo y de qué manera tiene lugar la siembra. El sembrador sale y echa sobre la tierra cada una de las semillas, y éstas caen en la tierra seca y desnuda y se descomponen; pero entonces el Señor en su providencia hace brotar de sus restos nuevas plantas, que se multiplican y dan fruto.

El ave Fénix

25. Consideremos la maravillosa señal que se ve en las regiones del oriente, esto es, en las partes de Arabia. Hay un ave, llamada Fénix.[12] Ésta es la única de su especie, vive

El ave Fénix,
inscrita en una catacumba como símbolo de la resurrección futura

---

[12] Figura mitológica griega narrada por Herodoto y Ovidio. El mito ave Fénix (del griego *phoinix*, "rojo", color de la púrpura descubierta por los fenicios), fue adoptado por el cristianismo primitivo como un símbolo de la resurrección de Cristo. Véase Cirilo de Jerusalén, *Catequesis*, XVIII.

El que manda que no se mienta, con mayor razón no mentirá; porque nada es imposible para Dios, excepto el mentir.

quinientos años; y cuando ha alcanzado la hora de su disolución y ha de morir, se hace un ataúd de incienso y mirra y otras especias, en el cual entra en la plenitud de su tiempo, y muere. Pero cuando la carne se descompone, es engendrada cierta larva, que se nutre de la humedad de la criatura muerta y le salen alas. Entonces, cuando ha crecido bastante, esta larva toma consigo el ataúd en que se hallan los huesos de su progenitor, y los lleva desde el país de Arabia al de Egipto, a un lugar llamado la Ciudad del Sol; y en pleno día, y a la vista de todos, volando hasta el altar del Sol, los deposita allí; y una vez hecho esto, emprende el regreso. Entonces los sacerdotes examinan los registros de los tiempos, y encuentran que ha venido cuando se han cumplido los quinientos años.

El testimonio de la Escritura

26. ¿Pensamos, pues, que es una cosa grande y maravillosa si el Creador del universo realiza la resurrección de aquellos que le han servido con santidad en la continuidad de una fe verdadera, siendo así que Él nos muestra incluso por medio de un ave la magnificencia de su promesa? Porque Él dice en cierto lugar: "Y Tú me levantarás, y yo te alabaré" (Sal. 28:7); y: "Me acosté y dormí, y desperté; porque Tú estabas conmigo" (Sal. 3:5). Y también dice Job: "Tú levantarás esta mi carne, que ha soportado todas estas cosas" (Job 19:26).

Todo está ante la vista de Dios

27. Con esta esperanza, pues, que nuestras almas estén unidas a Aquel que es fiel en sus promesas y recto en sus juicios. El que manda que no se mienta, con mayor razón no mentirá; porque nada es imposible para Dios, excepto el mentir. Por tanto, que nuestra fe en Él se enardezca dentro de nosotros, y comprendamos que todas las cosas están cercanas para Él. Con una palabra de su majestad formó el universo; y con una palabra puede destruirlo. Quién le dirá: "¿Qué has hecho?; o ¿quién resistirá el poder de su fuerza?" (Sab. 12:12; 11:22). Cuando quiere, y si quiere, puede hacer todas las cosas; y ni una sola cosa dejará de ocurrir de las que Él ha decretado. Todas las cosas están ante su vista, y nada se escapa de su control,

puesto que "los cielos declaran la gloria de Dios, y el firmamento proclama la obra de sus manos. Un día da palabra al otro día, y la noche proclama conocimiento a la otra noche; y no hay palabras ni discursos ni se oye voz alguna" (Sal. 19:1-4).

Nadie puede escapar de Dios

28. Siendo así, pues, que todas las cosas son vistas y oídas, tengámosle temor, y abandonemos todos los deseos abominables de las malas obras, para que podamos ser protegidos por su misericordia en los juicios futuros. Porque, ¿adónde va a escapar cualquiera de nosotros de su mano fuerte? ¿Y qué mundo va a recibir a cualquiera que deserta de su servicio? Porque la santa Escritura dice en determinado lugar: "¿Adónde iré, y dónde me esconderé de tu presencia? Si asciendo a los cielos, allí estás Tú; si voy a los confines más distantes de la tierra, allí está tu diestra; y si me escondo en las profundidades, allí está tu Espíritu" (Sal. 139:7-10). ¿Adónde, pues, podrá uno esconderse, adónde podrá huir de Aquel que abarca todo el universo?

Siendo que todas las cosas son vistas y oídas, tengámosle temor, y abandonemos todos los deseos abominables de las malas obras.

La porción especial de Dios

29. Por lo tanto, acerquémonos a Él en santidad de alma, levantando nuestras manos puras e inmaculadas a Él, con amor hacia nuestro Padre bondadoso y compasivo, el cual ha hecho de nosotros su porción elegida. Puesto que está escrito: "Cuando el Altísimo dividió a las naciones, cuando dispersó a los hijos de Adán, estableció los límites de las naciones según el número de los ángeles de Dios. Su pueblo Jacob pasó a ser la porción del Señor, e Israel la medida de su herencia" (Dt. 4:34). Y en otro lugar dice: "He aquí, el Señor toma para sí una nación de entre las naciones como un hombre toma las primicias de su era; y el lugar santísimo saldrá de esta nación" (Nm. 18:27).

Guardando el vínculo de la unión

30. Viendo, pues, que somos una porción especial de un Dios santo, hagamos todas las cosas como corresponde

Que nuestra alabanza sea de Dios, no de nosotros mismos; porque Dios aborrece a los que se alaban a sí mismos.

a la santidad, abandonando las malas palabras, intereses impuros y abominables, borracheras y tumultos y concupiscencias detestables, adulterio abominable, orgullo despreciable; porque Dios, dice la Escritura, "resiste al orgulloso y da gracia al humilde" (Stg. 4:6; 1ª P. 5:5).

Mantengámonos, pues, unidos a aquellos a quienes Dios da gracia. Vistámonos según corresponde, siendo humildes de corazón y templados, apartándonos de murmuraciones y habladurías ociosas, siendo justificados por las obras y no por las palabras. Porque Él dice: "El que habla mucho, tendrá que oír mucho también. ¿Cree que es justo el que habla mucho? Bienaventurado es el nacido de mujer que vive corto tiempo. No seas abundante en palabras" (Job 11:2, 3).

Que nuestra alabanza sea de Dios, no de nosotros mismos; porque Dios aborrece a los que se alaban a sí mismos. Que el testimonio de que obramos bien lo den los otros, como fue dado de nuestros padres que eran justos. El atrevimiento, la arrogancia y la audacia son para los que son malditos de Dios; pero la paciencia y la humildad y la bondad convienen a los que son benditos de Dios.

La bendición de Dios

31. Por tanto acojámonos a su bendición y veamos cuáles son las formas de bendición. Estudiemos los datos de las cosas que han sucedido desde el comienzo. ¿Por qué fue bendecido nuestro padre Abraham? ¿No fue debido a que obró justicia y verdad por medio de la fe? Isaac, con confianza, como conociendo el futuro, fue llevado a un sacrificio voluntario. Jacob con humildad partió de su tierra a causa de su hermano, y fue a casa de Labán y le sirvió; y le fueron concedidas las doce tribus de Israel.

Justificados por la fe

32. Si alguno los considera uno por uno con sinceridad, comprenderá la magnificencia de los dones que Él nos concede. Porque de Jacob son todos los sacerdotes y levitas que ministran en el altar de Dios; de él es el Señor Jesús con respecto a la carne; de él son reyes y gobernantes y soberanos de la línea de Judá; sí, y el resto de las tribus son tenidas en un honor no pequeño, siendo así que

Dios prometió diciendo: "Tu simiente será como las estrellas del cielo" (Gn. 15:5; 22:17). Todos ellos fueron, pues, glorificados y engrandecidos, no por causa de ellos mismos o de sus obras, o sus actos de justicia que hicieron, sino por medio de la voluntad de Dios.

Por medio de la fe, Dios Todopoderoso justifica a todos los hombres que han sido desde el principio.

Y así nosotros, habiendo sido llamados por su voluntad en Cristo Jesús, no nos justificamos a nosotros mismos, o por medio de nuestra propia sabiduría o entendimiento o piedad u obras que hayamos hecho en santidad de corazón, sino por medio de la fe, por la cual el Dios Todopoderoso justifica a todos los hombres que han sido desde el principio; al cual sea la gloria para siempre jamás. Amén.

La necesidad de obras de justicia

33. ¿Qué hemos de hacer, pues, hermanos? ¿Hemos de abstenernos ociosamente de hacer bien, hemos de abandonar el amor? Que el Señor no permita que nos suceda tal cosa; sino apresurémonos con celo y tesón en cumplir toda buena obra. Porque el Creador y Dueño del mismo universo se regocija en sus obras. Porque con su poder sumo Él ha establecido los cielos, y en su sabiduría incomprensible los ha ordenado. Y la tierra Él la separó del agua que la rodeaba, y la puso firme en el fundamento seguro de su propia voluntad; y a las criaturas vivas que andan en ella Él les dio existencia con su ordenanza. Habiendo, pues, creado el mar y las criaturas vivas que hay en él, Él lo incluyó todo bajo su poder.

Sobre todo, como la obra mayor y más excelente de su inteligencia, con sus manos sagradas e infalibles Él formó al hombre a semejanza de su propia imagen. Porque esto dijo Dios: "Hagamos al hombre según nuestra imagen y nuestra semejanza. Y Dios hizo al hombre; varón y hembra los hizo" (Gn. 1:26, 27). Habiendo, pues, terminado todas estas cosas, las elogió y las bendijo y dijo: "Creced y multiplicaos" (Gn. 1:28). Hemos visto que todos los justos estaban adornados de buenas obras. Sí, y el mismo Señor, habiéndose adornado Él mismo con obras, se gozó.

Viendo, pues, que tenemos este ejemplo, apliquémonos con toda diligencia a su voluntad; hagamos obras de justicia con toda nuestra fuerza.

Es necesario
que seamos
celosos en el
bien obrar,
porque de Él
son todas
las cosas;
nos exhorta
a creer en Él
de todo
corazón,
y a no ser
negligentes.

Partícipes de sus promesas

34. El buen obrero recibe el pan de su trabajo con confianza, pero el holgazán y descuidado no se atreve a mirar a su amo a la cara. Es, pues, necesario que seamos celosos en el bien obrar, porque de Él son todas las cosas; puesto que Él nos advierte de antemano, diciendo: "He aquí, el Señor, y su recompensa viene con Él; y su paga va delante de Él, para recompensar a cada uno según su obra" (Is. 40:10). Él nos exhorta, pues, a creer en Él de todo corazón, y a no ser negligentes ni descuidados en "toda buena obra" (Tit. 3:1). Gloriémonos y confiemos en Él; sometámonos a su voluntad; consideremos toda la hueste de sus ángeles, cómo están a punto y ministran su voluntad. Porque la escritura dice: "Diez millares de diez millares estaban delante de Él, y millares de millares le servían; y exclamaban: Santo, santo, santo es el Señor de los ejércitos; toda la creación está llena de su gloria" (Dn. 7:10; Is. 6:3). Sí, y nosotros, pues, congregados todos concordes y con la intención del corazón, clamemos unánimes sinceramente para que podamos ser hechos partícipes de sus promesas grandes y gloriosas. Porque Él ha dicho: "Ojo no ha visto ni oído ha percibido, ni ha entrado en el corazón del hombre, que grandes cosas Él tiene preparadas para los que pacientemente esperan en Él" (Is. 64:4).

Ser partícipes de los dones prometidos

35. ¡Qué benditos y maravillosos son los dones de Dios, amados! ¡Vida en inmortalidad, esplendor en justicia, verdad en osadía, fe en confianza, templanza en santificación! Y todas estas cosas nosotros las podemos obtener. ¿Qué cosas, pues, pensáis que hay preparadas para los que esperan pacientemente en Él? El Creador y Padre de las edades, el Santo mismo, conoce su número y su hermosura. Esforcémonos, pues, para que podamos ser hallados en el número de los que esperan pacientemente en Él, para que podamos ser partícipes de los dones prometidos. Pero, ¿cómo será esto, amados? Si nuestra mente está fija en Dios por medio de la fe; si buscamos las cosas que le son agradables y aceptables; si realizamos aquí las cosas que parecen bien a su voluntad infalible y seguimos el

camino de la verdad, desprendiéndonos de toda injusticia, iniquidad, avaricia, contiendas, malignidades y engaños, maledicencias y murmuraciones, aborrecimiento a Dios, orgullo y arrogancia, vanagloria e inhospitalidad. Porque todos los que hacen estas cosas son aborrecidos por Dios; y no sólo los que las hacen, sino incluso los que las consienten. Porque la Escritura dice: "Pero al pecador dijo Dios: ¿Por qué declaras mis ordenanzas, y pones mi pacto en tus labios? Tú aborreces mi enseñanza, y echaste mis palabras a tu espalda. Si ves a un ladrón, te unes a él, y con los adúlteros escoges tu porción. Tu boca multiplica maldades y tu lengua teje engaños. Te sientas y hablas mal de tu hermano, y contra el hijo de tu madre pones piedra de tropiezo. Tú has hecho estas cosas y guardas silencio. ¿Pensaste, hombre injusto, que yo sería como tú? Pero te redargüiré y las pondré delante de tus ojos. Entended, pues, estas cosas, los que os olvidáis de Dios, no sea que os desgarre como un león y no haya quien os libre. El sacrificio de alabanza me glorificará, y éste es el camino en que le mostraré la salvación de Dios".

> Esta es la manera, amados, en que encontramos nuestra salvación, a saber, Jesucristo el sumo sacerdote de nuestras ofrendas, el guardián y ayudador en nuestras debilidades.

Jesucristo, ayudador en nuestras debilidades

36. Esta es la manera, amados, en que encontramos nuestra salvación, a saber, Jesucristo el sumo sacerdote de nuestras ofrendas, el guardián y ayudador en nuestras debilidades. Fijemos nuestra mirada, por medio de Él, en las alturas de los cielos; por medio de Él contemplamos como en un espejo su rostro intachable y excelente; por medio de Él fueron abiertos los ojos de nuestro corazón; por medio de Él nuestra mente insensata y entenebrecida salta a la luz; por medio de Él el Señor ha querido que probemos el conocimiento inmortal; "el cual, siendo el resplandor de su majestad, es muy superior a los ángeles, puesto que ha heredado un nombre más excelente que ellos" (He. 1:3-4). Porque está escrito: "El que hace a sus ángeles espíritus y a sus ministros llama de fuego; pero de su Hijo el Señor dice esto: Mi Hijo eres Tú, yo te he engendrado hoy. Pídeme y te daré a los gentiles por heredad, y los extremos de la tierra por posesión tuya". Y también le dice: "Siéntate a mi diestra, hasta que ponga a tus enemigos por estrado de tus pies" (He. 1:7-13). ¿Quiénes son,

La cabeza sin los pies no es nada; todos los miembros cooperan y se unen en sumisión, para que todo el cuerpo pueda ser salvo.

pues, estos enemigos? Los que son malvados y resisten su voluntad.

La milicia cristiana

37. Alistémonos, pues, hermanos, con toda sinceridad en sus ordenanzas intachables. Consideremos los soldados que se han alistado bajo nuestros gobernantes, de qué modo tan exacto, pronto y sumisos ejecutan las órdenes que se les dan. No todos son perfectos, ni jefes de millares, ni aun de centenares, ni de grupos de cincuenta, etc.; sino que "cada uno en su propio orden" (1ª Co. 15:23) ejecuta las órdenes que recibe del rey y de los gobernantes. Los grandes no pueden existir sin los pequeños, ni los pequeños sin los grandes. Hay una cierta mezcla en todas las cosas, y por ello es útil. Pongamos como ejemplo nuestro propio cuerpo. La cabeza sin los pies no es nada; del mismo modo los pies sin la cabeza no son nada; incluso los miembros más pequeños de nuestro cuerpo son necesarios y útiles para el cuerpo entero; pero todos los miembros cooperan y se unen en sumisión, para que todo el cuerpo pueda ser salvo.

Ayudándose unos a otros

38. Así que, en nuestro caso, que todo el cuerpo sea salvado en Cristo Jesús, y que cada hombre esté sometido a su prójimo, según la gracia especial que le ha sido designada. Que el fuerte no desprecie al débil; y el débil respete al fuerte. Que los ricos ministren a los pobres; que los pobres den gracias a Dios, porque Él les ha dado a alguno por medio del cual son suplidas sus necesidades. El que es sabio, dé muestras de sabiduría, no en palabras, sino en buenas obras. El que es de mente humilde, que no dé testimonio de sí mismo, sino que deje que su vecino dé testimonio de él. El que es puro en la carne, siga siéndolo, y no se envanezca, sabiendo que es otro el que le concede su continencia. Consideremos, hermanos, de qué materiales somos hechos; qué somos, y de qué manera somos, y cómo vinimos al mundo; que Él nos ha formado y moldeado sacándonos del sepulcro y la oscuridad y nos ha traído al mundo, habiendo preparado sus beneficios de antemano, antes incluso de que hubiéramos nacido. Vien-

do, pues, que todas estas cosas las hemos recibido de Él, debemos darle gracias por todo a Él, para quien sea la gloria para siempre jamás. Amén.

Vanidad de la gloria humana

39. Los hombres insensatos, necios, torpes e ignorantes se burlan de nosotros, deseando ser ellos los que han de ser exaltados, según sus imaginaciones. Porque, ¿qué poder tiene un mortal? O ¿qué fuerza tiene un hijo de tierra? Porque está escrito: "No había ninguna forma delante de mis ojos; y oí un aliento y una voz. ¿Qué, pues? ¿Será justo un mortal a la vista de Dios; o será un hombre intachable por sus obras; siendo así que Él no confía ni aun en sus siervos y aun halla faltas en sus ángeles? No. Y ni aun los cielos son puros ante sus ojos. ¡Cuánto más en los que habitan en casas de barro, del cual, o sea del mismo barro, nosotros mismos somos formados! Los quebrantó como la polilla. Porque no pueden valerse de sí mismos, y perecieron. Él sopló sobre ellos y murieron, porque no tenían sabiduría. Pero tú da voces, por si alguno te obedece, o si ves a alguno de sus santos ángeles. Porque la ira mata al insensato, y la envidia al que se ha descarriado. Yo he visto al necio que echaba raíces y de repente su habitación fue consumida. Lejos estén sus hijos de la seguridad. Sean burlados en la puerta por personas inferiores, y no haya quien los libre. Porque las cosas preparadas para ellos se las comerá el justo; y ellos mismos no serán librados de males" (Job 4:16 y ss.; 15:15).

El orden divino

40. Por cuanto estas cosas, pues, nos han sido manifestadas ya, y hemos escudriñado en las profundidades del conocimiento divino, deberíamos hacer todas las cosas en orden, todas las que el Señor nos ha mandado que hiciéramos a su debida sazón. Que las ofrendas y servicios que Él ordena sean ejecutados con cuidado, y no precipitadamente o en desorden, sino a su tiempo y sazón debida. Y donde y por quien Él quiere que sean realizados, Él mismo lo ha establecido con su voluntad suprema; que todas las cosas sean hechas con piedad, en conformidad con su beneplácito para que puedan ser aceptables a su

Los hombres se burlan de nosotros, deseando ser ellos los que han de ser exaltados, según sus imaginaciones.

Los apóstoles recibieron el Evangelio para nosotros del Señor Jesucristo; Jesucristo fue enviado por Dios. Así pues, Cristo viene de Dios, y los apóstoles de Cristo.

voluntad. Así pues, los que hacen sus ofrendas al tiempo debido son aceptables y benditos, porque siguiendo lo instituido por el Señor, no pueden andar descaminados. Porque al sumo sacerdote se le asignan sus servicios propios, y a los sacerdotes se les asigna su oficio propio, y a los levitas sus propias ministraciones. El hombre laico debe someterse a las ordenanzas para los laicos.

El orden adecuado

41. Cada uno de nosotros, pues, hermanos, en su propio orden demos gracias a Dios, manteniendo una conciencia recta y sin transgredir la regla designada de su servicio, sino obrando con toda propiedad y decoro. Hermanos, los sacrificios diarios continuos no son ofrecidos en cualquier lugar, o las ofrendas voluntarias, o las ofrendas por el pecado y las faltas, sino que son ofrecidas sólo en Jerusalén. E incluso allí, la ofrenda no es presentada en cualquier lugar, sino ante el santuario en el patio del altar; y esto además por medio del sumo sacerdote y los ministros mencionados, después que la víctima a ofrecer ha sido inspeccionada por si tiene algún defecto. Los que hacen algo contrario a la ordenanza debida, dada por su voluntad, reciben como castigo la muerte. Veis, pues, hermanos, que por el mayor conocimiento que nos ha sido concedido a nosotros, en proporción, nos exponemos al peligro en un grado mucho mayor.

El fundamento último del orden pastoral

42. Los apóstoles recibieron el Evangelio para nosotros del Señor Jesucristo; Jesucristo fue enviado por Dios. Así pues, Cristo viene de Dios, y los apóstoles de Cristo. Por tanto, los dos vienen de la voluntad de Dios en el orden designado. Habiendo recibido el encargo, pues, y habiendo sido asegurados por medio de la resurrección de nuestro Señor Jesucristo, y confirmados en la Palabra de Dios con plena seguridad por el Espíritu Santo, salieron a proclamar las buenas nuevas de que había llegado el reino de Dios. Y así, predicando por campos y ciudades, por todas partes, designaron a las primicias (de sus labo-

res), una vez hubieron sido probados por el Espíritu, para
que fueran obispos y diáconos de los que creyeran. Y esto
no lo hicieron en una forma nueva; porque verdaderamente se había escrito respecto a los obispos y diáconos desde
tiempos muy antiguos; porque así dice la Escritura en
cierto lugar: "Y nombraré a tus obispos en justicia y a tus
diáconos en fe" (Is. 60:17).

El ejemplo de Moisés
respecto al orden ministerial

43. Y ¿de qué hay que sorprenderse que aquellos a
quienes se confió esta obra en Cristo, por parte de Dios,
nombraran ellos a las personas mencionadas, siendo así
que el mismo bienaventurado Moisés, que fue un fiel
siervo en toda su casa, dejó testimonio como una señal en
los sagrados libros de todas las cosas que le fueron ordenadas? Y a él también siguió el resto de los profetas, dando
testimonio juntamente con él de todas las leyes que fueron
ordenadas por él.

Porque Moisés, cuando aparecieron celos respecto al
sacerdocio, y hubo disensión entre las tribus sobre cuál de
ellas estaba adornada con el nombre glorioso, ordenó a los
doce jefes de las tribus que le trajeran varas, en cada una
de las cuales estaba inscrito el nombre de una tribu. Y él
las tomó y las ató y las selló con los sellos de los anillos
de los jefes de las tribus y las puso en el tabernáculo del
testimonio sobre la mesa de Dios. Y habiendo cerrado el
tabernáculo, selló las llaves y lo mismo las puertas. Y les
dijo: Hermanos, la tribu cuya vara florezca, ésta ha sido
escogida por Dios para que sean sacerdotes y ministros
para Él. Y cuando vino la mañana, llamó a todo Israel, a
saber, seiscientos mil hombres, y les mostró los sellos de
los jefes de las tribus y abrió el tabernáculo del testimonio
y sacó las varas. Y la vara de Aarón no sólo había brotado
sino que había dado fruto.

¿Qué pensáis, pues, amados? ¿No sabía Moisés de
antemano que esto era lo que pasaría? Sin duda lo sabía.
Pero hizo esto para que no hubiera desorden en Israel,
para que el nombre del Dios único y verdadero pudiera
ser glorificado; a quien sea la gloria para siempre jamás.
Amén.

Qué hay que sorprenderse que aquellos a quienes se confió esta obra en Cristo, por parte de Dios, nombraran ellos a las personas mencionadas.

Estos
hombres
que fueron
nombrados
por ellos,
o después
por otros de
reputación,
con el
consentimiento
de toda la
Iglesia,
han
ministrado
intachablemente
el rebaño
de Cristo.

El orden apostólico

44. Y nuestros apóstoles sabían por nuestro Señor Jesucristo que habría contiendas sobre el nombramiento del cargo de obispo. Por cuya causa, habiendo recibido conocimiento completo de antemano, designaron a las personas mencionadas, y después proveyeron a continuación que si éstas durmieran, otros hombres aprobados les sucedieran en su servicio. A estos hombres, pues, que fueron nombrados por ellos, o después por otros de reputación, con el consentimiento de toda la Iglesia, y que han ministrado intachablemente el rebaño de Cristo, en humildad de corazón, pacíficamente y con toda modestia, y durante mucho tiempo han tenido buena fama ante todos, a estos hombres nosotros consideramos que habéis injustamente privado de su ministerio. Porque no será un pecado nuestro leve si nosotros expulsamos a los que han hecho ofrenda de los dones del cargo del obispado de modo intachable y santo.

Bienaventurados los presbíteros que fueron antes, siendo así que su partida fue en sazón y fructífera; porque ellos no tienen temor de que nadie les prive de sus cargos designados. Porque nosotros entendemos que habéis expulsado de su ministerio a ciertas personas a pesar de que vivían de modo honorable, ministerio que ellos habían respetado de modo intachable.

Los justos nunca han sido despreciados por los santos

45. Contended, hermanos, y sed celosos sobre las cosas que afectan a la salvación. Habéis escudriñado las Escrituras, que son verdaderas, las cuales os fueron dadas por el Espíritu Santo; y sabéis que no hay nada injusto o fraudulento escrito en ellas. No hallaréis en ellas que personas justas hayan sido expulsadas por hombres santos. Los justos fueron perseguidos, pero fue por los malvados; fueron encarcelados, pero fue por los impíos. Fueron apedreados como transgresores, pero su muerte fue debida a los que habían concebido una envidia detestable e injusta. Todas estas cosas las sufrieron y se comportaron noblemente. Porque, ¿qué diremos, hermanos? ¿Fue echado Daniel en el foso de los leones por los que temían a

Dios? ¿O fueron Ananías y Azarías y Misael encerrados en el horno de fuego por los que profesaban adorar de modo glorioso y excelente al Altísimo? En modo alguno. ¿Quiénes fueron los que hicieron estas cosas? Hombres abominables y llenos de maldad fueron impulsados a un extremo de ira tal que causaron sufrimientos crueles a los que servían a Dios con intención santa e intachable, sin saber que el Altísimo es el campeón y protector de los que en conciencia pura sirven su nombre excelente; al cual sea la gloria por siempre jamás. Amén.

Pero los que sufrieron pacientemente en confianza heredaron gloria y honor, fueron ensalzados, y sus nombres fueron registrados por Dios en memoria de ellos para siempre jamás. Amén.

Los que sufrieron pacientemente en confianza heredaron gloria y honor, fueron ensalzados, y sus nombres fueron registrados por Dios en memoria de ellos para siempre jamás.

Llamamiento a la unidad

46. A ejemplos semejantes, pues, hermanos, hemos de adherirnos también nosotros. Porque está escrito: "Allégate a los santos, porque los que se allegan a ellos serán santificados". Y también dice el Señor en otro pasaje: "Con el inocente te mostrarás inocente, y con los elegidos serás elegidos y con el perverso te mostrarás severo" (Sal. 18:25-26). Por tanto, juntémonos con los inocentes e íntegros; y éstos son los elegidos de Dios.

¿Por qué hay, pues, contiendas e iras y disensiones y facciones y guerra entre vosotros? ¿No tenemos un solo Dios y un Cristo y un Espíritu de gracia que fue derramado sobre nosotros? ¿Y no hay una sola vocación en Cristo? ¿Por qué, entonces, separamos y dividimos los miembros de Cristo, y causamos disensiones en nuestro propio cuerpo, y llegamos a este extremo de locura, en que olvidamos que somos miembros los unos de los otros? Recordad las palabras de Jesús nuestro Señor; porque Él dijo: "¡Ay de este hombre; mejor sería para él que no hubiera nacido, que el que escandalice a uno de mis elegidos! Sería mejor que le ataran del cuello una piedra de molino y le echaran en el mar que no que trastornara a uno de mis elegidos" (Mt. 18:6). Vuestra división ha trastornado a muchos; ha sido causa de abatimiento para muchos, de duda para muchos y de aflicción para todos. Y vuestra sedición sigue todavía.

El recuerdo del apóstol Pablo

Es vergonzoso e indigno de vuestra conducta en Cristo, que se diga que la iglesia, por causa de una o dos personas, hace una sedición contra sus presbíteros.

47. Tomad la carta del bienaventurado Pablo el apóstol. ¿Qué os escribió al comienzo del Evangelio? Ciertamente os exhortó en el Espíritu con respecto a él mismo y a Cefas y Apolos, porque ya entonces hacíais grupos.[13] Pero el que hicierais estos bandos resultó en menos pecado para vosotros; porque erais partidarios de apóstoles que tenían una gran reputación, y de un hombre aprobado ante los ojos de estos apóstoles. Pero ahora fijaos bien quiénes son los que os han trastornado y han disminuido la gloria de vuestro renombrado amor a la hermandad. Es vergonzoso, queridos hermanos, sí, francamente vergonzoso e indigno de vuestra conducta en Cristo, que se diga que la misma iglesia antigua y firme de los corintios, por causa de una o dos personas, hace una sedición contra sus presbíteros. Y este informe no sólo nos ha llegado a nosotros, sino también a los que difieren de nosotros, de modo que acumuláis blasfemias sobre el nombre del Señor por causa de vuestra locura, además de crear peligro para vosotros mismos.

La puerta de la justicia

48. Por tanto, desarraiguemos esto rápidamente, y postrémonos ante el Señor y roguémosle con lágrimas que se muestre propicio y se reconcilie con nosotros, y pueda restaurarnos a la conducta pura y digna que corresponde a nuestro amor de hermanos. Porque ésta es una puerta a la justicia abierta para vida, como está escrito: "Abridme las puertas de justicia; para que pueda entrar por ellas y alabar al Señor. Ésta es la puerta del Señor; por ella entrarán los justos" (Sal. 119:19, 20). Siendo así que se abren muchas puertas, ésta es la puerta que es de justicia, a saber, la que es en Cristo, y son bienaventurados todos los que hayan entrado por ella y dirigido su camino "en santidad y justicia" (Lc. 1:75), ejecutando todas las cosas sin confusión. Que un hombre sea fiel, que pueda exponer conoci-

---

[13] Cf. 1ª Corintios 1:12-13: "Que cada uno de vosotros dice: Yo cierto soy de Pablo; pues yo de Apolos; y yo de Cefas; y yo de Cristo. ¿Está dividido Cristo? ¿Fue crucificado Pablo por vosotros?, ¿o habéis sido bautizados en el nombre de Pablo?"

miento profundo, que sea sabio en el discernimiento de las palabras, que se esfuerce en sus actos, que sea puro; tanto más ha de ser humilde de corazón en proporción a lo que parezca ser mayor; y ha de procurar el beneficio común de todos, no el suyo propio.

El amor y los mandamientos

49. Que el que ama a Cristo cumpla los mandamientos de Cristo.[14] ¿Quién puede describir el vínculo del amor de Dios? ¿Quién es capaz de narrar la majestad de su hermosura? La altura a la cual el amor exalta es indescriptible. El amor nos une a Dios; "el amor cubre multitud de pecados" (Pr. 10:12; 1º P. 4:8; Stg. 5:20); el amor soporta todas las cosas, es paciente en todas las cosas. No hay nada vil, nada arrogante en el amor.

El amor no fomenta divisiones, el amor no hace sediciones, el amor hace todas las cosas de común acuerdo. En amor fueron hechos perfectos todos los elegidos de Dios; sin amor no hay nada agradable a Dios; en amor el Señor nos tomó para sí; por el amor que sintió hacia nosotros, Jesucristo nuestro Señor dio su sangre por nosotros por la voluntad de Dios, y su carne por nuestra carne, y su vida por nuestras vidas.

La bienaventuranza del amor

50. Veis, pues, amados, qué maravilloso y grande es el amor, y que no hay manera de declarar su perfección. ¿Quién puede ser hallado en él, excepto aquellos a quienes Dios se lo ha concedido? Por tanto, supliquemos y pidamos de su misericordia que podamos ser hallados intachables en amor, manteniéndonos aparte de las facciones de los hombres. Todas las generaciones desde Adán hasta este día han pasado a la otra vida; pero los que por la gracia de Dios fueron perfeccionados en el amor residen en la mansión de los píos; y serán manifestados en la visitación del Reino de Dios. Porque está escrito: "Entra

En amor fueron hechos perfectos todos los elegidos de Dios; sin amor no hay nada agradable a Dios; en amor el Señor nos tomó para sí.

---

[14] Cf. Juan 15:10: "Si guardareis mis mandamientos, permaneceréis en mi amor; así como yo he guardado los mandamientos de mi Padre y permanezco en su amor".

Los que andan en temor y amor prefieren ser ellos mismos los que padecen sufrimiento más bien que sus prójimos.

en tus aposentos durante un breve momento, hasta que haya pasado mi indignación, y yo recordaré un día propicio y voy a levantaros de vuestros sepulcros" (Is. 26:20; Ez. 37:12).

Bienaventurados somos, amados, si hacemos los mandamientos de Dios en conformidad con el amor, a fin de que nuestros pecados sean perdonados por el amor. Porque está escrito: "Bienaventurados aquellos cuyas iniquidades son perdonadas, y cuyos pecados son cubiertos. Bienaventurado el hombre a quien el Señor no imputará pecado, ni hay engaño en su boca" (Sal. 32:1, 2; Ro. 4:7-9). Esta declaración de bienaventuranza fue pronunciada sobre los que han sido elegidos por Dios mediante Jesucristo nuestro Señor, a quien sea la gloria por los siglos de los siglos. Amén.

Confesión del pecado

51. Respecto a todas nuestras transgresiones que hemos cometido por causa de las asechanzas del adversario, roguemos para que nos sea concedido perdón. Sí, y también los que se hacen cabecillas de facciones y divisiones han de mirar a la base común de esperanza. Porque los que andan en temor y amor prefieren ser ellos mismos los que padecen sufrimiento más bien que sus prójimos; y más bien pronuncian condenación contra sí mismos que contra la armonía que nos ha sido entregada de modo tan noble y justo. Porque es bueno que un hombre confiese sus transgresiones en vez de endurecer su corazón, como fue endurecido el corazón de los que hicieron sedición contra Moisés el siervo de Dios; cuya condenación quedó claramente manifestada, porque "descendieron al Hades vivos, y la muerte será su pastor" (Nm. 16:30-32).

Faraón y su ejército y todos los gobernantes de Egipto, sus carros y sus jinetes, fueron sumergidos en las profundidades del Mar Rojo, y perecieron, y ello sólo por la razón de que sus corazones insensatos fueron endurecidos después de las señales y portentos que habían sido realizados en la tierra de Egipto por la mano de Moisés el siervo de Dios.

El sacrificio de la confesión

52. El Señor, hermanos, no tiene necesidad de nada. Él no desea nada de hombre alguno, sino que se confiese su Nombre. Porque el elegido David dijo: "Confesaré al Señor y le agradará más que becerro con cuernos y pezuñas. Lo verán los oprimidos y se gozarán" (Sal. 69:31-33). Y de nuevo dice: "Ofrece a Dios sacrificio de alabanza y paga tus votos al Altísimo; e invócame en el día de la angustia, y yo te libraré, y tú me glorificarás. Porque sacrificio a Dios es el espíritu quebrantado" (Sal. 50:14; 51:19).

Oración de intercesión

53. Porque, amados, conocéis las Sagradas Escrituras, y las conocéis bien, y habéis escudriñado las profecías de Dios. Os escribimos estas cosas, pues, como recordatorio. Cuando Moisés subió al monte y pasó cuarenta días y cuarenta noches en ayuno y humillación, Dios le dijo: "Moisés, Moisés, desciende pronto de aquí, porque mi pueblo que tú sacaste de la tierra de Egipto ha cometido iniquidad; se han apartado rápidamente del camino que tú les mandaste; y se han hecho imágenes de fundición" (Dt. 9:12; Éx. 32:7, 8). Y el Señor le dijo: "Te he dicho una y dos veces, este pueblo es duro de cerviz. Déjame que los destruya, y borraré su nombre de debajo del cielo, y yo haré de ti una nación grande y maravillosa y más numerosa que ésta. Y Moisés dijo: No lo hagas, Señor. Perdona su pecado, o bórrame también a mí del libro de los vivientes" (Dt. 9:14: Éx. 32:31, 32).

¡Qué amor tan poderoso! ¡Qué perfección insuperable! El siervo es osado ante su Señor; y pide perdón por la multitud, o pide que sea incluido él mismo con ellos.

Apartarse por amor del pueblo

54. ¿Quién hay, pues, noble entre vosotros? ¿Quién es compasivo? ¿Quién está lleno de amor? Que diga: "Si por causa de mí hay facciones y contiendas y divisiones, me retiro, me aparto adonde queráis, y hago lo que está ordenado por el pueblo; con tal de que el rebaño de Cristo esté en paz con sus presbíteros debidamente designados". El que haga esto ganará para sí un gran renombre en

¡Qué perfección insuperable! El siervo es osado ante su Señor; y pide perdón por la multitud, o pide que sea incluido él mismo con ellos.

Intercedamos por aquellos que están en alguna transgresión, para que se les conceda mansedumbre y humildad, de modo que se sometan, no ante nosotros, sino a la voluntad de Dios.

Cristo, y será recibido en todas partes; "porque la tierra es del Señor y suya es la plenitud de la misma" (Sal. 24:1). Esto es lo que han hecho y harán los que viven como ciudadanos de este reino de Dios, que no dan motivo de arrepentirse de haberlo hecho.

Ejemplos de abnegación por los demás

55. Pero para dar ejemplo a los gentiles también, muchos reyes y gobernantes, cuando acontece una temporada de pestilencia entre ellos, habiendo sido instruidos por oráculos, se han entregado ellos mismos a la muerte, para que puedan ser rescatados sus conciudadanos por medio de su propia sangre. Muchos se han retirado de sus propias ciudades para que no haya más sediciones. Sabemos que muchos entre nosotros se han entregado a la esclavitud, para poder rescatar a otros. Muchos se han vendido como esclavos y, recibido el precio que se ha pagado por ellos, han alimentado a otros. Muchas mujeres, fortalecidas por la gracia de Dios, han ejecutado grandes hechos. La bendita Judit, cuando la ciudad estaba sitiada, pidió a los ancianos que se le permitiera ir al campamento de los sitiadores. Y por ello se expuso ella misma al peligro y fue por amor a su país y al pueblo que estaba bajo aflicción; y el Señor entregó a Holofernes en las manos de una mujer. No fue menor el peligro de Ester, la cual era perfecta en la fe, y se expuso para poder librar a las doce tribus de Israel cuando estaban a punto de perecer. Porque con su ayuno y su humillación suplicó al Señor omnisciente, el Dios de las edades; y Él, viendo la humildad de su alma, libró al pueblo por amor al cual ella hizo frente al peligro.

La corrección del Señor

56. Por tanto, intercedamos por aquellos que están en alguna transgresión, para que se les conceda mansedumbre y humildad, de modo que se sometan, no ante nosotros, sino a la voluntad de Dios. Porque así el recuerdo compasivo de ellos por parte de Dios y los santos será fructífero para ellos y perfecto. Aceptemos la corrección y disciplina, por la cual nadie debe sentirse desazonado, amados. La admonición que nos hacemos los unos a los

otros es buena y altamente útil; porque nos une a la voluntad de Dios. Porque así dice la santa Palabra: "Me castigó ciertamente el Señor, mas no me libró a la muerte" (Sal. 118:18). "Porque el Señor al que ama reprende, y azota a todo hijo a quien recibe" (Pr. 2:12; He. 12:6).

"Porque el justo", se dice, "me castigará en misericordia y me reprenderá, pero no sea ungida mi cabeza con el aceite de los pecadores" (Sal. 141:5). Y también dice: "Bienaventurado es el hombre a quien Dios corrige, y no menosprecia la corrección del todopoderoso. Porque Él es quien hace la herida y Él la vendará; Él hiere y sus manos curan. En seis tribulaciones te librará de la aflicción; y en la séptima no te tocará el mal. En el hambre te salvará de la muerte, y en la guerra te librará del brazo de la espada. Del azote de la lengua te guardará, y no tendrás miedo de los males que se acercan. De los malos y los injustos te reirás, y de las fieras no tendrás temor. Pues las fieras estarán en paz contigo. Entonces sabrás que habrá paz en tu casa; y la habitación de tu tienda no ha de faltar, y sabrás que tu descendencia es numerosa, y tu prole como la hierba del campo. Y llegarás al sepulcro maduro como una gavilla segada en sazón, o como el montón en la era, recogido a su debido tiempo" (Job 5:17-26).

Como podéis ver, amados, grande es la protección de los que han sido disciplinados por el Señor; porque siendo un buen padre, nos castiga con miras a que podamos obtener misericordia por medio de su justo castigo.

Los que sois la causa de la sedición, someteos a los presbíteros y recibid disciplina para arrepentimiento, doblando las rodillas de vuestro corazón.

Llamamiento a los sediciosos

57. Así pues, vosotros, los que sois la causa de la sedición, someteos a los presbíteros y recibid disciplina para arrepentimiento, doblando las rodillas de vuestro corazón. Aprended a someteros, deponiendo la obstinación arrogante y orgullosa de vuestra lengua. Pues es mejor que seáis hallados siendo poco en el rebaño de Cristo y tener el nombre en el libro de Dios, que ser tenidos en gran honor y, con todo, ser expulsados de la esperanza de Él. Porque esto dijo la Sabiduría, suma de todas las virtudes: "He aquí yo derramaré un dicho de mi espíritu, y os enseñaré mis palabras. Porque os llamé y no obedecisteis, y os dije palabras y no quisisteis escucharlas, sino que desechasteis todo consejo mío, y no aceptasteis mi

Si algunas personas son desobedientes a las palabras dichas por Él por medio de nosotros, que entiendan bien que se están implicando en una transgresión y peligro serios.

reprensión; por tanto, yo también me reiré de vuestra destrucción, y me regocijaré cuando caiga sobre vosotros vuestra ruina, y cuando venga de repente sobre vosotros confusión, y vuestra desgracia llegue como un torbellino, cuando sobre vosotros vengan la tribulación y la angustia. Porque cuando me llamaréis yo no responderé. Los malos me buscarán con afán y no me hallarán; porque aborrecieron la sabiduría y no escogieron el temor del Señor, ni quisieron prestar atención a mis consejos, sino que se mofaron de mis reprensiones. Por tanto, comerán los frutos de su propio camino, y se hartarán de su propia impiedad. Porque el extravío de los ignorantes los matará, y la indolencia de los necios los echará a perder. Mas el que me escucha habitará confiadamente en esperanza, y vivirá tranquilo, sin temor a la desgracia" (Pr. 1:23-33).

Aceptación y arrepentimiento

58. Sed obedientes a su Nombre santísimo y glorioso, con lo que escaparéis de las amenazas que fueron pronunciadas antiguamente por boca de la Sabiduría contra los que desobedecen, a fin de que podáis vivir tranquilos, confiando en el santísimo Nombre de su majestad. Atended nuestro consejo, y no tendréis ocasión de arrepentiros de haberlo hecho. Porque tal como Dios vive, y vive el Señor Jesucristo, y el Espíritu Santo, que son la fe y la esperanza de los elegidos, con toda seguridad el que, con humildad de ánimo y mansedumbre haya ejecutado, sin arrepentirse de ello, las ordenanzas y mandamientos que Dios ha dado, será puesto en la lista y tendrá su nombre en el número de los que son salvos por medio de Jesucristo, a través del cual es la gloria para Él para siempre jamás. Amén.

Súplica de toda la Iglesia

59. Pero si algunas personas son desobedientes a las palabras dichas por Él por medio de nosotros, que entiendan bien que se están implicando en una transgresión y peligro serios; mas nosotros no seremos culpables de este pecado. Y pediremos con insistencia en oración y súplica que el Creador del universo pueda guardar intacto hasta el fin el número de los que han sido contados entre sus elegidos en todo el mundo, mediante su querido Hijo

Jesucristo, por medio del cual nos ha llamado de las tinieblas a la luz, de la ignorancia al pleno conocimiento de la gloria de su Nombre.

Te rogamos, Señor y Maestro, que seas nuestra ayuda y socorro. Convierte a los descarriados de tu pueblo.

Oración de alabanza

60. Concédenos, Señor, que podamos poner nuestra esperanza en tu Nombre, que es la causa primera de toda la creación, y abramos los ojos de nuestros corazones para que podamos conocerte a Ti, que eres solo el más Alto entre los altos, el Santo entre los santos; que abates la insolencia de los orgullosos, y desbaratas los designios de las naciones; que enalteces al humilde, y humillas al exaltado; que haces ricos y haces pobres; que matas y das vida; que eres solo el benefactor de los espíritus y el Dios de toda carne; que miras en los abismos, y escudriñas las obras del hombre; el socorro de los que están en peligro, el Salvador de los que están en angustia; el Creador y observador de todo espíritu; que multiplicas las naciones sobre la tierra, y has escogido de entre todos los hombres a los que te aman por medio de Jesucristo, tu querido Hijo, por medio del cual nos enseñaste, nos santificaste y nos honraste. Te rogamos, Señor y Maestro, que seas nuestra ayuda y socorro. Salva entre nosotros a aquellos que están en tribulación; ten misericordia de los abatidos; levanta a los caídos; muéstrate a los necesitados; restaura a los apartados; convierte a los descarriados de tu pueblo; alimenta a los hambrientos; suelta a los presos; sostén a los débiles; confirma a los de flaco corazón. Que todos los gentiles sepan que solo Tú eres Dios, y Jesucristo es tu Hijo, y nosotros somos tu pueblo y ovejas de tu prado.

Oración de perdón y auxilio

61. Tú, que por medio de tu actividad hiciste manifiesta la fábrica permanente del mundo. Tú, Señor, que creaste la tierra. Tú, que eres fiel de generación en generación, justo en tus juicios, maravilloso en la fuerza y excelencia. Tú, que eres sabio al crear y prudente al establecer lo que has hecho, que eres bueno en las cosas que se ven y fiel a aquellos que confían en Ti, compasivo y clemente, perdónanos nuestras iniquidades y nuestras injusticias y nuestras transgresiones y deficiencias. No

Rendimos obediencia a nuestros gobernantes, conociendo la gloria y honor que les has dado. Concédeles salud para que puedan administrar sin fallos el gobierno que Tú les has dado.

pongas a nuestra cuenta cada uno de los pecados de tus siervos y tus siervas, sino límpianos con tu verdad, y guía nuestros pasos para que andemos en santidad y justicia e integridad de corazón, y hagamos las cosas que sean buenas y agradables a tu vista y a la vista de nuestros gobernantes. Sí, Señor, haz que tu rostro resplandezca sobre nosotros en paz para nuestro bien, para que podamos ser resguardados por tu mano poderosa y librados de todo pecado con tu brazo levantado. Y líbranos de los que nos aborrecen sin motivo. Da concordia y paz a nosotros y a todos los que habitan en la tierra, como diste a nuestros padres cuando ellos invocaron tu nombre en fe y verdad con santidad, [para que podamos ser salvos] cuando rendimos obediencia a tu Nombre todopoderoso y sublime y a nuestros gobernantes y superiores sobre la tierra.

Oración por los gobernantes

62. Tú, Señor y Maestro, les has dado el poder de la soberanía por medio de tu poder excelente e inexpresable, para que nosotros, conociendo la gloria y honor que les has dado, nos sometamos a ellos, sin resistir en nada tu voluntad. Concédeles a ellos, pues, oh Señor, salud, paz, concordia, estabilidad, para que puedan administrar sin fallos el gobierno que Tú les has dado. Porque Tú, oh Señor celestial, rey de las edades, das a los hijos de los hombres gloria y honor y poder sobre todas las cosas que hay sobre la tierra. Dirige Tú, Señor, su consejo según lo que sea bueno y agradable a tu vista, para que, administrando en paz y bondad con piedad el poder que Tú les has dado, puedan obtener tu favor. ¡Oh Tú, que puedes hacer estas cosas, y cosas más excelentes aún que éstas, te alabamos por medio del Sumo Sacerdote y guardián de nuestras almas, Jesucristo, por medio del cual sea a ti la gloria y la majestad ahora y por los siglos de los siglos! Amén.

Recapitulación

63. Os hemos escrito en abundancia, hermanos, en lo que se refiere a las cosas que corresponden a nuestra religión y son más útiles para una vida virtuosa a los que quieren guiar [sus pasos] en santidad y justicia. Porque en lo que se refiere a la fe y al arrepentimiento y al amor y

templanza genuinos y sobriedad y paciencia, hemos hecho uso de todo argumento, recordándoos que tenéis que agradar al Dios todopoderoso en justicia y verdad y longanimidad y santidad, poniendo a un lado toda malicia y prosiguiendo la concordia en amor y paz, insistiendo en la bondad; tal como nuestros padres, de los cuales os hemos hablado antes, le agradaron, siendo de ánimo humilde hacia su Padre y Dios y Creador y hacia todos los hombres. Y os hemos recordado estas cosas con mayor placer porque sabemos bien que estamos escribiendo a hombres que son fieles y de gran estima y han escudriñado con diligencia las palabras de la enseñanza de Dios.

Os hemos recordado estas cosas con mayor placer porque sabemos bien que estamos escribiendo a hombres que son fieles y han escudriñado las palabras de la enseñanza de Dios.

Recomendaciones

64. Por tanto, es bueno que prestemos atención a ejemplos tan grandes y numerosos, y nos sometamos y ocupemos el lugar de obediencia poniéndonos del lado de los que son dirigentes de nuestras almas, y dando fin a esta disensión insensata podamos obtener el objetivo que se halla delante de nosotros en veracidad, manteniéndonos a distancia de toda falta. Porque vais a proporcionarnos gran gozo y alegría si prestáis obediencia a las cosas que os hemos escrito por medio del Espíritu Santo, y desarraigáis la ira injusta de vuestros celos, en conformidad con nuestra súplica que os hemos hecho de paz y armonía en esta carta. Y también os hemos enviado a hombres fieles y prudentes que han estado en medio de nosotros, desde su juventud a la ancianidad, de modo intachable, los cuales serán testigos entre vosotros y nosotros. Y esto lo hemos hecho para que sepáis que nosotros hemos tenido, y aún tenemos, el anhelo ferviente de que haya pronto la paz entre vosotros.

Bendición final

65. Finalmente, que el Dios omnisciente, Señor de los espíritus y de toda carne, que escogió al Señor Jesucristo, y a nosotros, por medio de Él, como un pueblo peculiar, conceda a cada alma que se llama según su santo y excelente Nombre, fe, temor, paz, paciencia, longanimidad, templanza, castidad y sobriedad, para que podáis agradarle en su Nombre, por medio de nuestro Sumo Sacer-

La gracia de nuestro Señor Jesucristo sea con vosotros y con todos los hombres, en todos los lugares, que han sido llamados por Dios y por medio de Él.

dote y guardián Jesucristo, a través del cual sea a Él la gloria y majestad, la potencia y el honor, ahora y para siempre jamás. Amén.

66. Enviad de nuevo y rápidamente a nuestros mensajeros Claudio Efebo y Valerio Bito, junto con Fortunato, en paz y gozo, con miras a que puedan informar más rápidamente de la paz y concordia que nosotros pedimos y anhelamos sinceramente, para que nosotros también podamos gozarnos pronto sobre vuestro buen orden.

La gracia de nuestro Señor Jesucristo sea con vosotros y con todos los hombres, en todos los lugares, que han sido llamados por Dios y por medio de Él, a quien la gloria y honor, poder y grandeza y dominio eterno, a Él, desde todas las edades pasadas y para siempre jamás. Amén.

Segunda Carta
de Clemente[15]

La magnitud de la salvación

1. Hermanos, tendríamos que pensar en Jesucristo como Dios y como "juez de los vivos y los muertos" (Hch. 10:42; 2ª Ti. 4:1; 1ª P. 4:5). Y no deberíamos pensar cosas mediocres de la salvación; porque, cuando pensamos cosas mediocres, esperamos también recibir cosas mediocres. Y los que escuchan como si se tratara de cosas mediocres hacen mal; y nosotros también hacemos mal no sabiendo de dónde y por quién y para qué lugar somos llamados, y cuántas cosas ha sufrido Jesucristo por causa nuestra.

Y ¿qué recompensa le daremos?, o ¿qué fruto digno de su don hacia nosotros? ¡Cuántas misericordias le debemos! Porque Él nos ha concedido la luz; nos ha hablado como un padre a sus hijos; nos ha salvado cuando perecíamos. ¿Qué alabanza le rendiremos?, o ¿qué pago de recompensa por las cosas que hemos recibido nosotros, que éramos ciegos en nuestro entendimiento, y rendíamos culto a palos y piedras y oro y plata y bronce, obras de los hombres; y toda nuestra vida no era otra cosa que muerte? Así pues, cuando estábamos envueltos en la oscuridad y oprimidos por esta espesa niebla en nuestra visión, recobramos la vista, poniendo a un lado, por su voluntad, la nube que nos envolvía. Porque Él tuvo misericordia de nosotros, y en su compasión nos salvó, habiéndonos visto en mucho error y perdición, cuando no teníamos esperanza de salvación, excepto la que nos vino de Él. Porque Él nos llamó cuando aún no éramos, y de nuestro no ser, Él quiso que fuéramos.

Tendríamos que pensar en Jesucristo como Dios. Él nos llamó cuando aún no éramos, y de nuestro no ser, Él quiso que fuéramos.

El gozo de la salvación

2. "Regocíjate, oh estéril. Prorrumpe en canciones y gritos de júbilo la que nunca estuvo de parto; porque más son los hijos de la desamparada que los de la que tenía marido" (Is. 54:1: Gá. 4:27). En este: "Regocíjate, oh estéril, la que no daba a luz", hablaba de nosotros; porque nuestra Iglesia era estéril antes de que se le hubieran dado hijos.

Y en lo que dice: "Prorrumpe en canciones y gritos de júbilo la que nunca estuvo de parto", significa esto: como la mujer que está de parto, no nos cansemos de ofrecer nuestras oraciones con simplicidad a Dios.

¿Cuándo le confesamos? Cuando hacemos lo que Él dijo y no somos desobedientes a sus mandamientos. Así pues, confesémosle en nuestras obras.

Además, en lo que dice: "Porque más son los hijos de la desamparada que los de la que tiene marido", dijo esto porque nuestro pueblo parecía desamparado y abandonado por Dios, en tanto que ahora, habiendo creído, hemos pasado a ser más que los que parecían tener Dios.

Y también otro texto dice: "No he venido a llamar a justos, sino a pecadores" (Mt. 9:13). Significa esto: que es justo salvar a los que perecen. Porque es verdaderamente una obra grande y maravillosa el confirmar y corroborar no a los que están de pie, sino a los que caen. Así también Cristo ha querido salvar a los que perecen. Y ha salvado a muchos, viniendo y llamándonos cuando ya estábamos pereciendo (Lc. 19:10; cf. 1ª Ti. 1:15).

Confesar a Cristo es cumplir su Palabra

3. Vemos, pues, que Él nos concedió una misericordia muy grande; ante todo, que nosotros los que vivimos no sacrificamos a los dioses muertos ni les rendimos culto, sino que por medio de Él hemos llegado a conocer al Padre de la verdad. ¿Qué otra cosa es este conocimiento hacia Él, sino el no negar a Aquel por medio del cual le hemos conocido?

Sí, Él mismo dijo: "Al que me confesare, yo también le confesaré delante del Padre" (Mt. 10:32; Lc. 12:8). Esta es, pues, nuestra recompensa si verdaderamente confesamos a Aquel por medio del cual hemos sido salvados. Pero, ¿cuándo le confesamos? Cuando hacemos lo que Él dijo y no somos desobedientes a sus mandamientos, y no sólo le honramos con nuestros labios, sino con todo nuestro corazón y con toda nuestra mente. Ahora bien, Él dice también en Isaías: "Este pueblo me honra de labios, pero su corazón está lejos de mí" (Is. 29:13; Mt. 15:8).

Confesión mediante obras

4. Por consiguiente, no sólo le llamemos Señor, porque esto no nos salvará; porque Él dijo: "No todo el que me llama Señor, Señor, será salvo, sino el que obra justicia" (Mt. 7:21). Así pues, hermanos, confesémosle en nuestras obras, amándonos unos a otros, no cometiendo adulterio, no diciendo mal el uno del otro, y no teniendo celos, sino

siendo templados, misericordiosos y bondadosos. Y teniendo sentimientos amistosos los unos hacia los otros, y no siendo codiciosos. Con estas obras le hemos de confesar, y no con otras. Y no hemos de tener temor de los hombres, sino de Dios.

Por esta causa, si hacéis estas cosas, el Señor dice: "Aunque estéis unidos a mí en mi propio seno, si no hacéis mis mandamientos, yo os echaré y os diré: Apartaos de mí, no sé de dónde sois, obradores de iniquidad" (Is. 40:11; Lc. 13:25-27; Mt. 7:23).

En el mundo sin ser del mundo

5. Por tanto, hermanos, prescindamos de nuestra estancia en este mundo y hagamos la voluntad del que nos ha llamado, y no tengamos miedo de apartarnos de este mundo. Porque el Señor ha dicho: "Seréis como corderos en medio de lobos" (Lc. 10:3). Pero Pedro contestó, y le dijo: "¿Qué pasa, pues, si los lobos devoran a los corderos? Jesús contestó a Pedro: Los corderos no tienen por qué temer a los lobos después que han muerto; y vosotros también, no temáis a los que os matan y no pueden haceros nada más; sino temed a Aquel que después que habéis muerto tiene poder sobre vuestra alma y cuerpo para echarlos a la gehena de fuego" (Lc. 12:4-5).

Y sabéis, hermanos, que la estancia de esta carne en este mundo es despreciable y dura poco, pero la promesa de Cristo es grande y maravillosa, a saber, el reposo del reino que será y la vida eterna. ¿Qué podemos hacer, pues, para obtenerlos, sino andar en santidad y justicia y considerar que estas cosas del mundo son extrañas para nosotros y no desearlas? Porque cuando deseamos obtener estas cosas nos descarriamos del camino recto.

La enemistad
entre el mundo presente y el de Dios

6. Pero el Señor dijo: "Nadie puede servir a dos señores" (Lc. 16:13; Mt. 6:24). Si deseamos servir a la vez a Dios y a Mamón, no sacaremos ningún beneficio: "Porque ¿qué ganará un hombre si consigue todo el mundo y pierde su alma?" (Mt. 16:26).

Prescindamos de nuestra estancia en este mundo y hagamos la voluntad del que nos ha llamado, y no tengamos miedo de apartarnos de este mundo.

Esforcémonos, para que podamos recibir también el premio. Y si no todos podemos recibir la corona, por lo menos acerquémonos a ella tanto como podamos.

Ahora bien, este mundo y el otro son enemigos.[16] El uno habla de adulterio y contaminación y avaricia y engaños, en tanto que el otro renuncia de estas cosas. Por tanto, no podemos ser amigos de los dos, sino que hemos de decir adiós a uno y tener amistad con el otro. Consideremos que es mejor aborrecer las cosas que están aquí, porque son despreciables y duran poco y perecen, y amar las cosas de allí, que son buenas e imperecederas. Porque si hacemos la voluntad de Cristo hallaremos descanso; pero si no la hacemos, nada nos librará del castigo eterno si desobedecemos sus mandamientos.

Y la escritura dice también en Ezequiel: "Aunque Noé y Job y Daniel se levanten, no librarán a sus hijos de la cautividad" (Ez. 14:14-20). Pero si ni aun hombres tan justos como éstos no pueden con sus actos de justicia librar a sus hijos, ¿con qué confianza nosotros, si no mantenemos nuestro bautismo puro y sin tacha, entraremos en el reino de Dios? O ¿quién será nuestro abogado, a menos que se nos halle en posesión de obras santas y justas?

El combate cristiano

7. Así pues, hermanos, contendamos, sabiendo que la contienda está muy cerca y que, aunque muchos acuden a las competiciones, no todos son galardonados, sino sólo los que se han esforzado en alto grado y luchado con valentía. Contendamos de modo que todos recibamos el galardón. Por tanto, corramos en el curso debido la competición incorruptible. Y acudamos a ella en tropel y esforcémonos, para que podamos recibir también el premio. Y si no todos podemos recibir la corona, por lo menos acerquémonos a ella tanto como podamos.

Recordemos que los que compiten en las lides corruptibles, si se descubre que están pugnando de modo ilegítimo en ellas, primero son azotados, y luego son eliminados y echados fuera del estadio. ¿Qué pensáis? ¿Qué le pasará a aquel que ha pugnado de modo corrupto en la competición de la incorrupción? Porque, con referencia a los que

---

[16] Cf. Santiago 4:4: "¿No sabéis que la amistad del mundo es enemistad con Dios? Cualquiera pues que quisiere ser amigo del mundo, se constituye enemigo de Dios".

no han guardado el sello, Él dice: "Su gusano no morirá, y su fuego no se apagará y serán un ejemplo para toda carne" (Is. 66:24; Mr. 9:44-48).

Aprovechando el tiempo presente

8. En tanto que estamos en la tierra, pues, arrepintámonos, porque somos arcilla en la mano del artesano. Pues de la misma manera que el alfarero, si está moldeando una vasija y se le deforma o rompe en las manos, le da forma nuevamente, pero, una vez la ha puesto en el horno encendido, ya no puede repararla, del mismo modo nosotros, en tanto que estamos en este mundo, arrepintámonos de todo corazón de las cosas malas que hemos hecho en la carne, para que podamos ser salvados por el Señor en tanto que hay oportunidad para el arrepentimiento. Porque una vez hemos partido de este mundo ya no podemos hacer confesión allí, ni tampoco arrepentirnos. Por lo tanto, hermanos, si hemos hecho la voluntad del Padre, y hemos mantenido pura la carne, y hemos guardado los mandamientos del Señor, recibiremos la vida eterna. Porque el Señor dice en el Evangelio: "Si no habéis guardado lo que es pequeño, ¿quién os dará lo que es grande? Porque os digo que el que es fiel en lo poco, es fiel también en lo mucho" (Mt. 25:21-23; Lc. 16:10-12). De modo que lo que Él quiere decir es: "Mantened la carne pura y el sello incontaminado, para que podáis recibir la vida eterna".

Una vez hemos partido de este mundo ya no podemos hacer confesión allí, ni tampoco arrepentirnos. Por lo tanto, si hemos hecho la voluntad del Padre, recibiremos la vida eterna.

Salvos en la carne y juzgados en ella

9. Y que nadie entre vosotros diga que esta carne no va a ser juzgada ni se levanta otra vez. Entended esto: ¿En qué fuisteis salvados? ¿En qué recobrasteis la vista si no fue en esta carne? Por tanto hemos de guardar la carne como un templo de Dios; porque de la misma manera que fuisteis llamados en la carne, seréis llamados también en la carne. Si Cristo el Señor que nos salvó, siendo primero espíritu, luego se hizo carne, y en ella nos llamó, de la misma manera también nosotros recibiremos nuestra recompensa en esta carne. Por tanto, amémonos los unos a los otros, para que podamos entrar en el reino de Dios. En tanto que tenemos tiempo para ser curados, pongámonos

Sirvamos a Dios con el corazón puro, y seremos justos; pero si no le servimos, porque no creemos en la promesa de Dios, acabaremos siendo unos desgraciados.

en las manos de Dios, el médico, dándole una recompensa. ¿Qué recompensa? Arrepentimiento procedente de un corazón sincero. Porque Él discierne todas las cosas con antelación y sabe lo que hay en nuestro corazón. Por tanto démosle eterna alabanza, no sólo con los labios, sino también con nuestro corazón, para que Él pueda recibirnos como hijos. Porque el Señor también ha dicho: "Éstos son mis hermanos, los que hacen la voluntad de mi Padre" (Mt. 12:50; Lc. 8:21).

El castigo y el goce eternos

10. Por lo tanto, hermanos míos, hagamos la voluntad del Padre que nos ha llamado, para que podamos vivir; y prosigamos la virtud, abandonando el vicio como precursor de nuestros pecados, y apartémonos de la impiedad para que no nos sobrevengan males. Puesto que si somos diligentes en hacer bien, la paz irá tras de nosotros. Porque por esta causa le es imposible al hombre alcanzar la felicidad, puesto que invitan a los temores de los hombres, prefiriendo el goce de este mundo a la promesa de la vida venidera. Porque no saben cuán gran tormento acarrea el goce de aquí, y el deleite que proporciona la promesa de lo venidero.

Y verdaderamente, si hicieran estas cosas con respecto a ellos mismos, aún sería tolerable; pero lo que hacen es seguir enseñando el mal a almas inocentes, no sabiendo que tendrán una condenación doble, la suya y la de los que los escuchan.

Advertencia contra la indecisión

11. Por consiguiente sirvamos a Dios con el corazón puro, y seremos justos; pero si no le servimos, porque no creemos en la promesa de Dios, acabaremos siendo unos desgraciados.

Porque la palabra de la profecía dice también: "Desgraciados los indecisos, que dudan en su corazón y dicen: Estas cosas ya las hemos oído, incluso en los días de nuestros padres; con todo, hemos aguardado día tras día y no hemos visto ninguna. ¡Necios!, comparaos a un árbol; pongamos una vid. Primero se desprende de las hojas, luego sale un brote, después viene el agraz y finalmente

La venida del Reino de Dios 161

el racimo maduro. Del mismo modo mi pueblo tuvo turbación y aflicciones; pero después recibirá las cosas buenas".[17]

Por tanto, hermanos míos, no seamos indecisos, sino suframos con paciencia en esperanza, para que podamos obtener también nuestra recompensa. Porque fiel es el que prometió pagar a cada uno la recompensa de sus obras. Si hemos obrado justicia, pues, a los ojos de Dios, entraremos en su reino y recibiremos las promesas que "ningún oído oyó, ni ha visto ojo alguno, ni aun han entrado en el corazón del hombre" (1ª Co. 2:9).

La venida del reino de Dios

12. Por tanto esperemos el reino de Dios en cada momento, en amor y justicia, puesto que no sabemos cuál es el día de la aparición de Dios. Porque el mismo Señor, cuando cierta persona le preguntó cuándo vendría su reino, contestó: "Cuando los dos sean uno, y el de fuera como el de dentro, y el varón como la hembra, ni varón ni hembra".[18] Ahora bien, "los dos son uno" cuando decimos la verdad entre nosotros, y en dos cuerpos habrá sólo un alma, sin disimulo. Y al decir "lo exterior como lo interior" quiere decir esto: lo interior quiere decir el alma, y lo exterior significa el cuerpo. Por tanto, de la misma manera que aparece el cuerpo, que se manifieste el alma en sus buenas obras. Y al decir "el varón con la hembra, ni varón ni hembra", significa esto: que un hermano al ver a una hermana no debería pensar en ella como siendo una mujer, y que una hermana al ver a un hermano no debería pensar en él como siendo un hombre. Si hacéis estas cosas, dice Él, vendrá el reino de mi Padre.

Esperemos el reino de Dios en cada momento, en amor y justicia, puesto que no sabemos cuál es el día de la aparición de Dios.

---

[17] Cf. Santiago 1:8: "El hombre de doble ánimo es inconstante en todos sus caminos".

[18] Dicho perteneciente a un evangelio apócrifo, del que no tenemos noticia. Se supone que está tomado del llamado *Evangelio de los Egipcios*, del que nos ofrece algunas referencias Clemente de Alejandría (Stromates III, 9,63; 13,92-93), pero del que no se sabe nada. La interpretación de estas palabras permite suponer que se va imponiendo un concepto del reino de Dios libre de perspectiva terrena, cuya presencia espiritual se manifiesta en las buenas obras, cuando desaparece la distinción de sexos, es decir, cuando un hermano no piensa nada femenino en presencia de una hermana, ni una hermana en presencia de un hermano, nada masculino.

Los gentiles, cuando oyen de nuestra boca las palabras de Dios, se maravillan de su hermosura; pero cuando descubren que nuestras obras no se corresponden a las palabras empiezan a blasfemar.

Los dichos y los hechos

13. Por tanto, hermanos, arrepintámonos inmediatamente. Seamos sobrios para lo que es bueno; porque estamos llenos de locura y maldad. Borremos nuestros pecados anteriores, y arrepintámonos con toda el alma y seamos salvos. Y que no seamos hallados complaciendo a los hombres. Ni deseemos agradarnos los unos a los otros solamente, sino también a los que están fuera, con nuestra justicia, para que el Nombre no sea blasfemado por causa de nosotros. Porque el Señor ha dicho: "Mi nombre es blasfemado en todas formas entre todos los gentiles" (Is. 52:5); y también: "¡Ay de aquel por razón del cual mi Nombre es blasfemado!" ¿En qué es blasfemado? En que vosotros no hacéis las cosas que deseo. Porque los gentiles, cuando oyen de nuestra boca las palabras de Dios, se maravillan de su hermosura y grandeza; pero cuando descubren que nuestras obras no se corresponden a las palabras que decimos, inmediatamente empiezan a blasfemar, diciendo que es un cuento falaz y un engaño. Porque cuando oyen que les decimos que Dios dice: "¿Qué clase de merecimiento es el vuestro, si amáis a los que os aman?; el mérito está en que améis a vuestros enemigos y a los que os aborrecen" (Lc. 5:32, 35); cuando oyen estas cosas, digo, se maravillan de su soberana bondad; pero cuando ven que no solamente no amamos a los que nos aborrecen, sino que ni aun amamos a los que nos aman, se burlan de nosotros y nos desprecian, y el Nombre es blasfemado.

La antigüedad de la Iglesia

14. Por tanto, hermanos, si hacemos la voluntad de Dios nuestro Padre, seremos de la primera Iglesia, que es espiritual, que fue creada antes que el sol y la luna; pero si no hacemos la voluntad del Señor, seremos como la escritura que dice: "Mi casa ha sido hecha cueva de ladrones" (Jer. 7:11; Mt. 21:13). Por tanto, prefiramos ser de la Iglesia de la vida, para que seamos salvados.

No creo que ignoréis que la Iglesia viva es "el cuerpo de Cristo" (Ef. 1:22, 23); porque la Escritura dice: "Dios hizo al hombre, varón y hembra" (Gn. 1:27). El *varón* es Cristo y la *hembra* es la Iglesia. Y los libros y los apóstoles declaran de modo inequívoco que la Iglesia no sólo existe ahora por primera vez, sino que ha sido desde el principio; porque era espiritual, como nuestro Jesús era también espiritual, pero fue manifestada en los últimos días para que Él pueda salvarnos. Ahora bien, siendo la Iglesia espiritual, fue manifestada en la carne de Cristo, con lo cual nos mostró que, si alguno de nosotros la guarda en la carne y no la contamina, la recibirá de nuevo en el Espíritu Santo; porque esta carne es la contrapartida y copia del espíritu. Ningún hombre que haya contaminado la copia, pues, recibirá el original como porción suya. Esto es, pues, lo que Él quiere decir, hermanos: "Guardad la carne para que podáis participar del espíritu". Pero si decimos que la carne es la Iglesia y el espíritu es Cristo, entonces el que haya obrado de modo deshonroso con la carne ha obrado de modo deshonroso con la Iglesia. Éste, pues, no participará del espíritu, que es Cristo. Tan excelente es la vida y la inmortalidad que esta carne puede recibir como su porción si el Espíritu Santo va unido a ella. Nadie puede declarar o decir las cosas que el Señor tiene preparadas para sus elegidos (1ª Co. 2:9).

Los libros y los apóstoles declaran de modo inequívoco que la Iglesia no sólo existe ahora por primera vez, sino que ha sido desde el principio; porque era espiritual, como nuestro Jesús era también espiritual.

La recompensa de ganar un alma

15. Ahora bien, no creo que haya dado ningún consejo despreciable respecto a la continencia, y todo el que lo ponga por obra no se arrepentirá del mismo, sino que le salvará a él y a mí, su consejero. Porque es una gran recompensa el convertir a un alma extraviada y a punto de perecer, para que pueda ser salvada. Porque ésta es la recompensa que podemos dar a Dios, que nos ha creado, si el que habla y escucha, a su vez habla y escucha con fe y amor. Por tanto permanezcamos en las cosas que creemos, en la justicia y la santidad, para que podamos con confianza pedir a Dios que dice: "Cuando aún estás hablando, he aquí yo estoy contigo" (Is. 59:8). Porque estas palabras son la garantía de una gran promesa; porque el Señor dice de sí mismo que está más dispuesto a dar que el que pide a pedir. Viendo, pues, que somos participantes de una bondad tan grande, no andemos remisos en obtener tantas cosas buenas. Porque así como es grande el placer que proporcionan estas palabras a los que las ejecutan, así será la condenación que acarrean sobre sí mismos los que han sido desobedientes.

La oración
hecha en
buena
conciencia
libra de la
muerte.
Bienaventurado
el hombre
que tenga
abundancia
de ellas.
Porque el dar
limosna
quita la carga
del pecado.

La proximidad del juicio

16. Por tanto, hermanos, siendo así que la oportunidad que hemos tenido para el arrepentimiento no ha sido pequeña, puesto que tenemos tiempo para ello, volvámonos a Dios que nos ha llamado, entretanto que tenemos a quien que nos reciba. Porque si nos desprendemos de estos goces y vencemos nuestra alma, rehusando dar satisfacción a sus concupiscencias, seremos partícipes de la misericordia de Jesús. Porque sabéis que el día del juicio está acercándose, como "un horno encendido, y los poderes de los cielos se disolverán" (Mal. 4:1; Is. 34:4), y toda la tierra se derretirá como plomo en el fuego, y entonces se descubrirá el secreto y las obras ocultas de los hombres. El dar limosna es, pues, una cosa buena, como el arrepentirse del pecado. "El ayuno es bueno con la oración, pero el dar limosna mejor que estos dos" (Tobías 12:8). Y "el amor cubrirá multitud de pecados" (Pr. 10:12; 1ª P. 4:8; Stg. 5:20), pero la oración hecha en buena conciencia libra de la muerte. Bienaventurado el hombre que tenga abundancia de ellas. Porque el dar limosna quita la carga del pecado.[19]

Conversión y juicio

17. Arrepintámonos, pues, de todo corazón, para que ninguno de nosotros perezca por el camino. Porque si hemos recibido mandamiento de que debemos también ocuparnos de esto, apartar a los hombre de sus ídolos e instruirlos, ¡cuánto peor es que un alma que conoce ya a Dios perezca! Por tanto, ayudémonos los unos a los otros, de modo que podamos guiar al débil hacia arriba, como abrazando lo que es bueno, a fin de que todos podamos

---

[19] La práctica de la limosna –del griego *eleemosyne*, compasión, misericordia– a juzgar por lo que aquí se dice y su ulterior desarrollo, desempeñó desde el principio un papel muy importante entre las obras de misericordia del cristiano, con claros precedentes bíblicos: Éxodo 13:11; Levítico 9:19, 10; 23:22; Deuteronomio 24:19-22; 1º Reyes 17:10-16; Salmos 40:1; 81:4; Proverbios 3:27; 11:25, 26; 14:21; 21:13; 11:9; 28:27; 31:20; Eclesiastés 11:1; Isaías 1:17; 58:6, 7; Ezequiel 16:49; Mateo 10:40-42; 10:21; Lucas 3:11; 10:53-55; 11:41; Hechos 9:36-42; Santiago 1:28; 2:13-16; 1ª Juan 3:17-24. Cf. Juan Crisóstomo, *La dignidad del ministerio*. "Homilía sobre el arrepentimiento III", en esta misma colección.

ser salvados; y convirtámonos y amonestémonos unos a otros. Y no intentemos prestar atención y creer sólo ahora, cuando nos están amonestando los presbíteros; sino que también, cuando hayamos partido para casa, recordemos los mandamientos del Señor y no permitamos ser arrastrados por otro camino por nuestros deseos mundanos; asimismo, vengamos aquí con más frecuencia, y esforcémonos en progresar en los mandamientos del Señor, para que, unánimes, podamos ser reunidos para vida. Porque el Señor ha dicho: "Vengo para congregar a todas las naciones, tribus y lenguas" (Is. 66:18). Al decir esto habla del día de su aparición, cuando vendrá a redimirnos, a cada uno según sus obras. Y los no creyentes verán su gloria y su poder, y se quedarán asombrados al ver el reino del mundo entregado a Jesús, y dirán: "Ay de nosotros, porque Tú eras, y nosotros no te conocimos y no creímos en Ti; y no obedecimos a los presbíteros cuando nos hablaban de nuestra salvación". Y su gusano no morirá, y su fuego no se apagará, y serán hechos un ejemplo para toda carne. Está hablando del día del juicio, cuando los hombres verán a aquellos que, entre vosotros, han vivido vidas impías y han puesto por obra falsamente los mandamientos de Jesucristo. Pero los justos, habiendo obrado bien y sufrido tormentos y aborrecido los placeres del alma, cuando contemplen a los que han obrado mal y negado a Jesús con sus palabras y con sus hechos, cuando sean castigados con penosos tormentos en un fuego inextinguible, darán gloria a Dios, diciendo: "Habrá esperanza para aquel que ha servido a Dios de todo corazón".

18. Por tanto seamos hallados entre los que dan gracias, entre los que han servido a Dios, y no entre los impíos que son juzgados. Porque yo también, siendo un pecador extremo y aún no libre de la tentación, sino en medio de las artimañas del diablo, procuro con diligencia seguir la justicia, para poder prevalecer consiguiendo llegar por lo menos cerca de ella, en tanto que temo el juicio venidero.

El sufrimiento presente y la gloria futura

19. Por tanto, hermanos y hermanas, después de haber oído al Dios de verdad, os leo mi exhortación a fin de que podáis prestar atención a las cosas que están escritas, para que podáis salvaros a vosotros mismos y al que

Esforcémonos en progresar en los mandamientos del Señor, para que, unánimes, podamos ser reunidos para vida.

Estamos militando en las filas de un Dios vivo; y recibimos entrenamiento en la vida presente para que podamos ser coronados en la futura.

lee en medio de vosotros. Porque os pido como recompensa, que os arrepintáis de todo corazón y os procuréis la salvación y la vida. Porque al hacer esto estableceremos un objetivo para todos los jóvenes que desean esforzarse en la prosecución de la piedad y la bondad de Dios. Y no nos desanimemos y aflijamos, siendo como somos necios, cuando alguien nos aconseje que nos volvamos de la injusticia hacia la justicia. Porque a veces, cuando obramos mal, no nos damos cuenta de ello, por causa de la indecisión e incredulidad que hay en nuestros pechos, y nuestro entendimiento es enturbiado por nuestras vanas concupiscencias. Por tanto pongamos en práctica la justicia, para que podamos ser salvos hasta el fin.

Bienaventurados los que obedecen estas ordenanzas. Aunque tengan que sufrir aflicción durante un tiempo breve en el mundo, recogerán el fruto inmortal de la resurrección. Por tanto, que no se aflija el que es piadoso si es desgraciado en los días presentes, pues le esperan tiempos de bienaventuranza. Volverá a vivir en el cielo con los padres y se regocijará durante toda una eternidad sin penas.

Entrenarse en la piedad, no en el comercio

20. Y no permitas tampoco que esto turbe tu mente, que vemos que los impíos poseen riquezas, y los siervos de Dios sufren estrecheces. Tengamos fe, hermanos y hermanas. Estamos militando en las filas de un Dios vivo; y recibimos entrenamiento en la vida presente para que podamos ser coronados en la futura. Ningún justo ha recogido el fruto rápidamente, sino que ha esperado que le llegue. Porque si Dios hubiera dado la recompensa de los justos inmediatamente, entonces nuestro entrenamiento habría sido un pago contante y sonante, no un entrenamiento en la piedad; porque no habríamos sido justos yendo en pos de lo que es piadoso, sino de las ganancias. Y por esta causa el juicio divino alcanza al espíritu que no es justo, y lo llena de cadenas.

Al único Dios invisible, Padre de la verdad, que nos envió al Salvador y Príncipe de la inmortalidad, por medio del cual Dios también nos hizo manifiesta la verdad y la vida celestial, a Él sea la gloria por los siglos de los siglos. Amén.

Cartas de Ignacio

Carta
a los Efesios

Presentación y saludos

Ignacio, llamado también Teóforo,[1] a la (iglesia) que ha sido bendecida en abundancia por la plenitud de Dios el Padre, que había sido preordenada desde antes de los siglos para una gloria permanente e inmutable, unida y elegida en una verdadera pasión, por la voluntad del Padre y de Jesucristo nuestro Dios; a la iglesia que está en Éfeso de Asia, digna de toda felicitación: saludos abundantes en Cristo Jesús y en su gozo intachable.

Solicitud de los efesios

1. He recibido con alegría, a Dios [vuestro] bien amado nombre, que lleváis por derecho natural, [con mente recta y virtuosa], por fe y amor en Cristo Jesús nuestro Salvador; siendo imitadores de Dios, y habiendo sido encendidos vuestros corazones en la sangre de Dios, habéis cumplido perfectamente la obra que os era apropiada; por cuanto oísteis que yo había emprendido el camino desde Siria, en cadenas, por amor del Nombre y esperanza comunes, y esperaba, por medio de vuestras oraciones, luchar con éxito con las fieras en Roma, para que, habiéndolo conseguido, pudiera tener el poder de ser un discípulo, vosotros sentisteis ansia de visitarme; siendo así que en el nombre de Dios os he recibido a todos vosotros en la persona de Onésimo, cuyo amor sobrepasa toda expresión y que es además vuestro obispo [en la carne], y ruego a Dios que lo améis según Jesucristo y que todos podáis ser como él; porque bendito sea Aquel que os ha concedido en conformidad con vuestros merecimientos el tener un obispo semejante.

Expresión de gratitud

2. Pero, en cuanto a mi consiervo Burro, que por la voluntad de Dios es vuestro diácono bendecido en todas

Os he recibido a todos vosotros en la persona de Onésimo, cuyo amor sobrepasa toda expresión y que es además vuestro obispo, y ruego a Dios que lo améis según Jesucristo.

---

[1] "Portador de Dios", según el significado griego. El narrador del *Martyrium*, hace comparecer a Ignacio ante el emperador Trajano, sin fundamento histórico a todas luces, que le pregunta: "¿Quién es el *Theophoros* o portador de Dios?" Respondió Ignacio: "El que tiene a Cristo en su pecho".

Jesucristo, nuestra vida inseparable, es también la mente del Padre, así como los obispos establecidos hasta los extremos de la tierra están en la mente de Jesucristo.

las cosas, ruego que pueda permanecer conmigo para vuestro honor y el de vuestro obispo. Sí, y Crocus también, que es digno de Dios y de vosotros, a quien he recibido como una muestra del amor que me tenéis, me ha aliviado en toda clase de maneras –y así quiera el Padre de Jesucristo vivificarle– juntó con Onésimo y Burro y Euplo y Fronto, en los cuales os vi a todos vosotros con los ojos del amor. Es por tanto apropiado que vosotros, en todas formas, glorifiquéis a Jesucristo que os ha glorificado; para que estando perfectamente unidos en una sumisión, sometiéndoos a vuestro obispo y presbítero, podáis ser santificados en todas las cosas.

Compañerismo y armonía

3. No os estoy dando órdenes, como si yo fuera alguien que pudiera hacerlo. Porque aun cuando estoy en cadenas por amor del Nombre, no he sido hecho perfecto todavía en Jesucristo. [Porque] ahora estoy empezando a ser un discípulo; y os hablo como a mis condiscípulos. Porque yo debería ser entrenado por vosotros para la contienda en fe, exhortación, persistencia y longanimidad. Pero como el amor no me permite que quede en silencio con respecto a vosotros, por tanto me atreví a exhortaros, para que corráis en armonía con la mente de Dios; pues Jesucristo, nuestra vida inseparable, es también la mente del Padre, así como los obispos establecidos hasta los extremos de la tierra están en la mente de Jesucristo.

Unidad con el obispo

4. Por lo tanto es apropiado que andéis en armonía con la mente del obispo; lo cual ya lo hacéis. Porque vuestro honorable presbiterio, que es digno de Dios, está a tono con el obispo, como si fueran las cuerdas de una lira. Por tanto, en vuestro amor concorde y armonioso se canta a Jesucristo. Y vosotros, cada uno, formáis un coro, para que estando en armonía y concordes, y tomando la nota clave de Dios, podáis cantar al unísono con una sola voz por medio de Jesucristo al Padre, para que Él pueda oíros y, reconocer por vuestras buenas obras que sois miembros de su Hijo. Por tanto os es provechoso estar en unidad intachable, a fin de que podáis ser partícipes de Dios siempre.

Obediencia a los pastores

5. Porque si en un período tan breve tuve tal trato con vuestro obispo, que no fue a la manera de los hombres, sino en el Espíritu, cuánto más os felicito de que estéis íntimamente unidos a él como la Iglesia lo está con Jesucristo y como Jesucristo lo está con el Padre, para que todas las cosas puedan estar armonizadas en unidad. Que nadie se engañe. Si alguno no está dentro del límite del altar, carece de pan [de Dios]. Porque si la oración de uno y otro tiene una fuerza tan grande, ¡cuánto más la del obispo y la de toda la iglesia! Por lo tanto, todo el que no acude a la congregación, con ello muestra su orgullo y se ha separado él mismo; porque está escrito: "Dios resiste a los soberbios" (1ª P. 5:5). Por tanto tengamos cuidado en no resistir al obispo, para que con nuestra sumisión podamos entregarnos nosotros mismos a Dios.

Deberíamos considerar al obispo como al Señor mismo. Algunos son propensos a engaño malicioso sobre el Nombre. A éstos tenéis que evitar.

El obispo representa al Señor

6. Y en proporción al hecho de que un hombre vea que su obispo permanece en silencio, debe reverenciarle aún más. Porque a todo aquel a quien el Amo de la casa envía para ser mayordomo de ella, debe recibírsele como si fuera el que le envió. Simplemente, pues, deberíamos considerar al obispo como al Señor mismo. Ahora bien, Onésimo, de su propia iniciativa os alaba en gran modo por vuestra conducta ordenada en Dios, pues todos vivís en conformidad con la verdad, y no hay herejía alguna que halle albergue entre vosotros; es más, ni aun escucháis a nadie si habla de otras cosas excepto lo que se refiere a Jesucristo en verdad.

Advertencia sobre los falsos pastores

7. Porque algunos son propensos a engaño malicioso sobre el Nombre, lo propagan y hacen ciertas cosas indignas de Dios. A éstos tenéis que evitar como si fueran fieras; porque son perros rabiosos, que muerden a escondidas; contra los cuales deberíais estar en guardia, porque son difíciles de sanar. Sólo hay un médico, de la carne y del espíritu, engendrado y no engendrado, Dios en el hombre, verdadera Vida en la muerte, hijo de María e Hijo de Dios, primero pasible y luego impasible: Jesucristo nuestro Señor.

No pongáis
vuestro amor
en nada que
sea según
la vida de
los hombres,
sino sólo
en Dios.

Vida en el Espíritu

8. Que nadie os engañe, pues, y en realidad no estáis engañados, siendo así que pertenecéis totalmente a Dios. Porque cuando no tenéis deseo carnal establecido en vosotros con poder para atormentaros, entonces vivís verdaderamente según Dios. Yo me entrego a vosotros, y me dedico como una ofrenda para vuestra iglesia, efesios, que es famosa por todos los siglos. Los que son de la carne no pueden hacer las cosas del Espíritu, ni tampoco pueden los que son del Espíritu hacer las cosas de la carne; del mismo modo que la fe no puede hacer las cosas de la infidelidad, ni la infidelidad las cosas de la fe. Es más, incluso las cosas que hacéis según la carne son espirituales; porque hacéis todas las cosas en Jesucristo.

Doctrinas falsas

9. Pero me he enterado que ciertas personas pasaron entre vosotros de lejos, trayendo mala doctrina; a las cuales no permitisteis que sembraran semilla en vosotros, porque os tapasteis los oídos, para no tener que recibir la simiente que ellos sembraban; por cuanto vosotros sois piedras de un templo, preparadas de antemano para un edificio de Dios el Padre, siendo elevadas hacia lo alto por medio del instrumento (palanca) de Jesucristo, que es la Cruz, y usando como cuerda el Espíritu Santo; en tanto que la fe es vuestro cabrestante, y el amor es el camino que lleva a Dios. Así pues, todos sois compañeros en el camino, llevando a vuestro Dios y vuestro santuario, vuestro Cristo y vuestras cosas santas, adornados de pies a cabeza en los mandamientos de Jesucristo. Y a mí también, tomando parte en la festividad, se me permite por carta estar en compañía de vosotros y regocijarme con vosotros, para que no pongáis vuestro amor en nada que sea según la vida de los hombres, sino sólo en Dios.

Actitudes frente a los no cristianos

10. Y "orad sin cesar" (1ª Ts. 5:17) por el resto de la humanidad, los que tienen en sí esperanza de arrepentimiento, para que puedan hallar a Dios. Por tanto, dejad

que tomen lecciones por lo menos de vuestras obras. Contra sus estallidos de ira sed mansos; contra sus palabras altaneras sed humildes; contra sus vilipendios presentad vuestras oraciones; contra sus errores permaneced firmes en la fe; contra sus furores sed dulces. Y no sintáis celo de imitarles desquitándoos. Mostremos que somos sus hermanos con nuestra mansedumbre; pero seamos celosos en ser imitadores del Señor, emulándonos unos a otros por cada uno el que sufre la mayor injusticia, el que es más defraudado, el que es más destituido, para que no quede ni una brizna del diablo entre vosotros, sino que en toda pureza y templanza permanezcáis en Jesucristo con vuestra carne y con vuestro espíritu.

Sé quién soy. He sido condenado, pero he recibido misericordia; estoy en peligro, pero soy fortalecido y afianzado.

Los últimos tiempos

11. Éstos son los últimos tiempos. Por tanto seamos reverentes; temamos la longanimidad de Dios, para que no resulte en condenación contra nosotros. Porque o bien temamos "la ira que ha de venir" (Mt. 3:7) o amemos la gracia que está presente ahora –lo uno o lo otro–; siempre y cuando seamos hallados en Cristo Jesús como nuestra vida verdadera. Que nada relumbre ante vuestros ojos, aparte de Aquel en quien llevo mis cadenas, mis perlas espirituales, en las cuales quisiera levantarme de nuevo por medio de vuestras oraciones, de las cuales sea suerte poder participar siempre, para que pueda ser hallado en la compañía de los cristianos de Éfeso, que han sido siempre unánimes con los apóstoles por medio del poder de Jesucristo.

Recuerdo del testimonio de Pablo

12. Sé quién soy y a quiénes escribo. He sido condenado, pero he recibido misericordia; estoy en peligro, pero soy fortalecido y afianzado. Vosotros sois la ruta de aquellos que están en camino para morir en Dios. Estáis asociados en los misterios con Pablo, que fue santificado, que obtuvo un buen nombre, que es digno de todo parabién; en cuyas pisadas de buena gana quisiera estar andando, cuando llegue a Dios; el cual en cada carta hizo mención de vosotros en Cristo Jesús.

Es mejor
guardar
silencio
y ser,
que hablar
y no ser.
Es bueno
enseñar,
si el que
habla lo
practica.

Concordia y paz

13. Sed, pues, diligentes en congregaros con más frecuencia para dar gracias a Dios y para su gloria. Porque cuando os congregáis con frecuencia, los poderes de Satanás son abatidos; y sus asechanzas acaban en nada frente a la concordia de vuestra fe. No hay nada mejor que la paz, en la cual toda lucha entre las cosas del cielo y las de la tierra queda abolida.

La fe y el amor

14. Ninguna de estas cosas está escondida de vuestra vista si sois perfectos en vuestra fe y amor hacia Jesucristo, porque ellas son el comienzo y fin de la vida –la fe es el comienzo y el amor el fin (1ª Ti. 1:5)–, y las dos halladas en unidad son de Dios, en tanto que todas las demás cosas siguen en pos de ellas hacia la verdadera vida santa. Ninguno que profesa tener fe peca,[2] y ninguno que tiene amor aborrece.[3] "El árbol es manifestado por su fruto" (Mt. 12:33); así también los que profesan ser de Cristo se manifiestan por medio de sus acciones. Porque la obra no es una cuestión de profesar ahora, sino que se ve cuando uno se mantiene en el poder de la fe hasta el fin.

Hablar y vivir

15. Es mejor guardar silencio y ser, que hablar y no ser. Es bueno enseñar, si el que habla lo practica. Ahora bien, hay un maestro que habló y lo que dijo sucedió; sí, e incluso las cosas que hizo en silencio son dignas del Padre. El que posee la palabra de Jesús es capaz de prestar atención a su silencio, para que pueda ser hecho perfecto; para que por medio de su palabra pueda actuar y por medio de su silencio pueda ser conocido. No hay nada escondido del Señor, sino que incluso nuestros secretos están cerca de Él. Hagamos todas las cosas considerando que Él vive en nosotros, para que podamos ser sus tem-

---

[2] Cf. 1ª Juan 3:9: "Cualquiera que es nacido de Dios, no hace pecado, porque su simiente está en él; y no puede pecar, porque es nacido de Dios".

[3] Cf. 1ª Juan 2:11: "El que aborrece a su hermano, está en tinieblas".

plos, y Él mismo pueda estar en nosotros como nuestro Dios. Esto es así, y será manifestado a nuestra vista por el amor que debidamente le tenemos a Él.

Contra los corruptores de la fe

16. No nos engañemos, hermanos. Los que corrompen las familias no van a heredar el reino de Dios (1ª Co. 6:9, 10: Ef. 5:5). Así pues, si a los que hacen estas cosas según la carne se les da muerte, cuánto más si un hombre, con mala doctrina, corrompe la fe de Dios por la cual Jesucristo fue crucificado. Este hombre, habiéndose corrompido a sí mismo, irá al "fuego que nunca se apaga" (Mr. 9:43); y lo mismo irán los que le escuchan y hacen caso de él.

La unción del Señor

17. Por esta causa recibió el Señor ungüento sobre su cabeza, para que pueda infundir incorrupción a la Iglesia. No seáis ungidos con el mal olor de la enseñanza del príncipe de este mundo, para que no se os lleve cautivos y os robe la vida que está puesta ante vosotros. Y ¿por qué no andamos prudentemente, recibiendo el conocimiento de Dios, que es en Jesucristo? ¿Por qué perecer en nuestra locura, no haciendo caso del don de gracia que el Señor ha enviado verdaderamente?

Jesucristo,
linaje de David y Dios fruto del Espíritu

18. Mi espíritu es cual un desecho por razón de la cruz, que es una piedra de tropiezo para los que no creen, pero para nosotros salvación y vida eterna.[4] "¿Dónde está el sabio? ¿Dónde está el disputador?" (1ª Co. 1:19, 20; Ro. 3:27). ¿En qué se glorían los que son llamados prudentes? Porque nuestro Dios, Jesús el Cristo, fue concebido en la matriz de María según una dispensación "de la simiente de David" (Is. 7:42; Ro. 1:3), pero también del Espíritu Santo; y nació y fue bautizado para que por su pasión pudiera purificar el agua.

No seáis ungidos con el mal olor de la enseñanza del príncipe de este mundo, para que no se os lleve cautivos y os robe la vida que está puesta ante vosotros.

---

[4] Cf. 1ª Corintios 1:18: "Porque la palabra de la cruz es locura a los que se pierden; mas a los que se salvan, esto es, a nosotros, es potencia de Dios".

La
ignorancia
de la maldad
se
desvaneció,
el reino
antiguo fue
derribado
cuando Dios
apareció
en la
semejanza
de hombre
en novedad
de vida
eterna.

El misterio de la Encarnación de Dios

19. Y escondidos del príncipe de este mundo fueron la virginidad de María y el que diera a luz, y asimismo la muerte del Señor –tres misterios que deben ser proclamados–, que fueron obrados en el silencio de Dios. ¿En qué forma fueron manifestados a las edades? Brilló una estrella en el cielo por encima de todas las demás estrellas; y su luz era inefable, y su novedad causaba asombro; y todas las demás constelaciones con el sol y la luna formaron un coro alrededor de la estrella; pero la estrella brilló más que todas ellas; y hubo perplejidad sobre la procedencia de esta extraña aparición que era tan distinta de las otras.

A partir de entonces toda hechicería y todo encanto quedó disuelto, la ignorancia de la maldad se desvaneció, el reino antiguo fue derribado cuando Dios apareció en la semejanza de hombre en novedad de vida eterna; y lo que había sido perfeccionado en los consejos de Dios empezó a tener efecto. Por lo que todas las cosas fueron perturbadas, porque se echó mano de la abolición de la muerte.

Vida nueva en Cristo

20. Si Jesucristo me considerara digno por medio de vuestra oración, y fuera la voluntad divina, en un segundo tratado, que intento escribiros, os mostraré más acerca de la dispensación de la cual he empezado a hablar, con referencia al nuevo hombre Jesucristo, que consiste en fe en Él y en amor a Él, en su pasión y resurrección, especialmente si el Señor me revelara algo. Congregaos en común, cada uno de vosotros por su parte, hombre por hombre, en gracia, en una fe y en Jesucristo, el cual según la carne fue "del linaje de David" (Ro. 1:3), que es Hijo del Hombre e Hijo de Dios, con miras a que podáis obedecer al obispo y al presbiterio sin distracción de mente; partiendo el pan, que es la medicina de la inmortalidad y el antídoto para que no tengamos que morir, sino vivir para siempre en Jesucristo.

Oración y despedida

21. Siento gran afecto hacia vosotros y por los que enviasteis a Esmirna para el honor de Dios; por lo cual también os escribo con agradecimiento al Señor, y teniendo amor a Policarpo lo tengo también a vosotros. Recordadme, tal como yo deseo que Jesucristo os recuerde. Orad por la iglesia que está en Siria, desde donde soy llevado preso a Roma –yo que soy el último de los fieles allí; aunque fui considerado digno de ser escogido para gloria de Dios–.

Pasadlo bien en Dios el Padre y en Jesucristo nuestra esperanza común.

Pasadlo bien en Dios el Padre y en Jesucristo nuestra esperanza común.

Cartas de Ignacio

Carta
a los Magnesios

Presentación y saludos

Ignacio, llamado también Teóforo, a la iglesia que está en Magnesia junto al Meandro, ha sido bendecida por la gracia de Dios el Padre en Cristo Jesús nuestro Salvador, en quien la saludo y le envío abundantes salutaciones en Dios el Padre y en Jesucristo.

Unión de fe y de amor

1. Cuando me enteré del superabundante buen orden de vuestro amor en los caminos de Dios, me alegré y decidí comunicarme con vosotros en la fe de Jesucristo. Porque siendo contado digno de llevar un nombre piadoso, en estas cadenas que estoy llevando, canto la alabanza de las iglesias; y ruego que pueda haber en ellas unión de la carne y del espíritu que es de Jesucristo, nuestra vida siempre segura: una unión de fe y de amor preferible a todas las cosas, y –lo que es más que todas ellas– una unión con Jesús y con el Padre; en el cual, si sufrimos con paciencia todas las asechanzas del príncipe de este mundo y escapamos de ellas, llegaremos a Dios.

Sometidos al obispo y al presbiterio

2. Por cuanto, pues, me fue permitido el veros en la persona de Damas, vuestro piadoso obispo, y vuestros dignos presbíteros Bajo y Apolonio y mi consiervo el diácono Soción, en quien de buena gana me gozo, porque está sometido al obispo como a la gracia de Dios y al presbiterio como a la ley de Jesucristo.

Dios Padre, Obispo universal

3. Sí, y os corresponde a vosotros también no tomaros libertades por la juventud de vuestro obispo, sino, según el poder de Dios el Padre, rendirle toda reverencia, tal como he sabido que los santos presbíteros tampoco se han aprovechado de la evidente condición de su juventud, sino que le han tenido deferencia como prudente en Dios; no ya a él, sino al Padre de Jesucristo, a saber, el Obispo de todos. Por tanto, por el honor de Aquel que os ha deseado, procede que seáis obedientes sin hipocresía. Porque un

Que no haya nada entre vosotros que tenga poder para dividiros, sino permaneced unidos con el obispo y con los que presiden sobre vosotros.

hombre no engaña a este obispo que es visible, intenta engañar al otro que es invisible; y en este caso debe contar no con carne sino con Dios, que conoce las cosas escondidas.

Consecuentes con nuestra profesión

4. Por tanto, es apropiado que no sólo seamos llamados cristianos, sino que lo seamos; tal como algunos tienen el nombre del obispo en sus labios, pero en todo obran aparte del mismo. Estos me parece que no tienen una buena conciencia, por cuanto no se congregan debidamente según el mandamiento.

La marca de Dios y del mundo

5. Siendo así que todas las cosas tienen un final, y estas dos –vida y muerte– están delante de nosotros, y cada uno debe ir "a su propio lugar" (Hch. 1:25), puesto que sólo hay dos monedas, la una de Dios y la otra del mundo, y cada una tiene su propia estampa acuñada en ella, los no creyentes la marca del mundo, pero los fieles en amor la marca de Dios el Padre por medio de Jesucristo, si bien a menos que aceptemos libremente morir en su pasión por medio de Él, su vida no está en nosotros.

Obispos, presbíteros y diáconos

6. Siendo así, pues, que en las personas antes mencionadas yo os contemplé a todos vosotros en fe y os abracé, os aconsejo que seáis celosos para hacer todas las cosas en buena armonía, presidiendo el obispo, que ocupa el lugar de Dios, y los presbíteros según la semejanza del concilio de los apóstoles, con los diáconos también que me son muy queridos, habiéndoles sido confiado el diaconado de Jesucristo, que estaba con el Padre antes que los mundos y apareció al fin del tiempo. Por tanto, esforzaos en alcanzar conformidad con Dios y tened reverencia los unos hacia los otros; y que ninguno mire a su prójimo según la carne, sino que os améis los unos a los otros siempre en Jesucristo. Que no haya nada entre vosotros que tenga poder para dividiros, sino permaneced unidos con el obispo y con los que presiden sobre vosotros como un ejemplo y una lección de incorruptibilidad.

Nada sin el obispo y los ancianos

7. Por tanto, tal como el Señor no hizo nada sin el Padre [estando unido con Él], sea por sí mismo o por medio de los apóstoles, no hagáis nada vosotros, tampoco, sin el obispo y los presbíteros. Y no intentéis pensar que nada sea bueno para vosotros aparte de los demás; sino que haya una oración en común, una suplicación, una mente, una esperanza, un amor y un gozo intachable, que es Jesucristo, pues no hay nada que sea mejor que Él. Apresuraos a congregaros, como en un solo templo, Dios; como ante un altar, Jesucristo, que vino de un Padre y está con un Padre y ha vuelto a un Padre.

Los profetas divinos vivían según Cristo Jesús. Por esta causa también fueron perseguidos, siendo inspirados por su gracia.

Los judaizantes

8. No os dejéis seducir por doctrinas extrañas ni por fábulas anticuadas que son sin provecho. Porque si incluso en el día de hoy vivimos según la manera del judaísmo, confesamos que no hemos recibido la gracia; porque los profetas divinos vivían según Cristo Jesús. Por esta causa también fueron perseguidos, siendo inspirados por su gracia a fin de que los que son desobedientes puedan ser plenamente persuadidos de que hay un solo Dios que se manifestó a través de Jesucristo su Hijo, que es su Verbo que procede del silencio, el cual en todas las cosas agradó a Aquel que le había enviado.

Los profetas, discípulos de Cristo

9. Así pues, si los que habían andado en prácticas antiguas alcanzaron una nueva esperanza, sin observar ya los sábados, sino moldeando sus vidas según el día del Señor, en el cual nuestra vida ha brotado por medio de Él y por medio de su muerte que algunos niegan –un misterio por el cual nosotros obtuvimos la fe, y por esta causa resistimos con paciencia, para que podamos ser hallados discípulos de Jesucristo, nuestro solo maestro–, si es así, ¿cómo podremos vivir aparte de Él, siendo así que incluso los profetas, siendo sus discípulos, estaban esperándole como su maestro por medio del Espíritu? Y por esta causa Aquel a quien justamente esperaban, cuando vino, los levantó de los muertos.

El
cristianismo
no creyó en
el judaísmo,
sino el
judaísmo
en el
cristianismo,
en el cual
toda lengua
que creyó
fue reunida
a Dios.

La nueva levadura de Cristo

10. Por tanto, no seamos insensibles a su bondad. Porque si Él nos imitara según nuestros hechos, estaríamos perdidos. Por esto, siendo así que hemos pasado a ser sus discípulos, aprendamos a vivir como conviene al cristianismo.[5] Porque todo el que es llamado según un nombre diferente de éste, no es de Dios. Poned pues a un lado la levadura vieja que se había corrompido y agriado y echad mano de la nueva levadura, que es Jesucristo. Sed salados en Él, que ninguno de vosotros se pudra, puesto que seréis probados en vuestro sabor. Es absurdo hablar de Jesucristo y al mismo tiempo practicar el judaísmo. Porque el cristianismo no creyó en el judaísmo, sino el judaísmo en el cristianismo, en el cual toda lengua que creyó fue reunida a Dios.

Fundados en la fe

11. Ahora bien, digo estas cosas, queridos, no porque haya tenido noticias de que alguno entre vosotros las piense, sino que, como siendo menos que cualquiera de vosotros, quisiera que estuvierais en guardia en todo tiempo, para que no caigáis en los lazos de la doctrina vana; sino estad plenamente persuadidos respecto al nacimiento y la pasión y la resurrección, que tuvieron lugar en el tiempo en que Poncio Pilato era gobernador; porque estas cosas fueron hechas verdadera y ciertamente por Jesucristo nuestra esperanza; de cuya esperanza ninguno de vosotros se desvíe.

Modestia en Cristo

12. Dejadme que me regocije a causa de vosotros en todas las cosas, si soy digno de ello. Porque aunque me hallo en prisiones, con todo no soy comparable a ninguno de vosotros que estáis en libertad. Sé que no sois engreídos; porque tenéis a Jesucristo en vosotros. Y, cuando os alabo, sé que por ello sentís más modestia; como está escrito: "El justo se acusa a sí mismo" (Pr. 18:17).

---

[5] Según parece, Ignacio es el primero que usa la palabra cristianismo en clara antítesis con el judaísmo, eco de las disputas con los judaizantes, que amenazan la novedad radical del mensaje evangélico.

Llamamiento a la unión

13. Que vuestra diligencia sea, pues, confirmada en las ordenanzas del Señor y de los apóstoles, para que podáis prosperar en todas las cosas que hagáis en la carne y en el espíritu, por la fe y por el amor, en el Hijo y Padre en el Espíritu, en el comienzo y en el fin, con vuestro dignísimo obispo y con la guirnalda espiritual bien trenzada de vuestro presbiterio, y con los diáconos que andan según Dios. Sed obedientes al obispo y los unos a los otros, como Jesucristo lo era al Padre [según la carne], y como los apóstoles lo eran a Cristo y al Padre, para que pueda haber unión de la carne y el espíritu.

Sed obedientes al obispo y los unos a los otros, como Jesucristo lo era al Padre, y como los apóstoles lo eran a Cristo y al Padre, para que pueda haber unión de la carne y el espíritu.

Solicitud de oración

14. Sabiendo que estáis llenos de Dios, os he exhortado brevemente. Recordadme en vuestras oraciones, para que yo pueda llegar a Dios; y recordad también a la iglesia que está en Siria, de la cual no soy digno de ser llamado miembro. Porque tengo necesidad de vuestra oración unida y vuestro amor en Dios, para que se le conceda a la iglesia que está en Siria el ser reavivada por el rocío de vuestra ferviente suplicación.

Despedida

15. Os saludan los efesios de Esmirna , desde donde os estoy escribiendo. Están aquí conmigo para la gloria de Dios, como también estáis vosotros; y me han confortado en todas las cosas, junto con Policarpo, obispo de los esmirniotas. Igualmente todas las otras iglesias os saludan en el honor de Jesucristo. Pasadlo bien en piadosa concordia, y poseed un espíritu firme, que es Jesucristo.

Cartas de Ignacio

Carta
a los Trallanos

Presentación y saludos

Ignacio, llamado también Teóforo, a la que es amada por Dios el Padre de Jesucristo; a la santa iglesia que está en Tralles de Asia, elegida y digna de Dios, teniendo paz en la carne y el espíritu por medio de la pasión de Jesucristo, que es nuestra esperanza por medio de nuestra resurrección en Él; iglesia a la cual yo saludo también en la plenitud divina según la forma apostólica, y le deseo abundantes alegrías.

Firmes en la paciencia

1. He sabido que tenéis una mente intachable y sois firmes en la paciencia, no como hábito, sino por naturaleza, según me ha informado Polibio, vuestro obispo, el cual por la voluntad de Dios y de Jesucristo me visitó en Esmirna; y así me regocijé mucho en mis prisiones en Jesucristo, que en él pude contemplar la multitud de todos vosotros. Por tanto, habiendo recibido vuestra piadosa benevolencia de sus manos, di gloria, pues he visto que sois imitadores de Dios, tal como me habían dicho.

Vivir según Jesucristo

2. Porque cuando sois obedientes al obispo como a Jesucristo, es evidente para mí que estáis viviendo no según los hombres, sino según Jesucristo, el cual murió por nosotros, para que creyendo en su muerte podamos escapar de la muerte. Es necesario, por tanto, como acostumbráis hacer, que no hagáis nada sin el obispo, sino que seáis obedientes también al presbiterio, como los apóstoles de Jesucristo nuestra esperanza; porque si vivimos en Él, también seremos hallados en Él. Y, del mismo modo, los que son diáconos de los misterios de Jesucristo deben complacer a todos los hombres en todas las formas. Porque no son diáconos de carne y bebida, sino siervos de la Iglesia de Dios. Es propio, pues, que se mantengan libres de culpa como si fuera fuego.

Cuando sois obedientes al obispo como a Jesucristo, es evidente para mí que estáis viviendo no según los hombres, sino según Jesucristo, el cual murió por nosotros.

Tengo
muchos
pensamientos
profundos
en Dios;
pero
procuro ser
comedido,
no sea que
perezca a
causa de mi
jactancia.

Sin ministerio no hay iglesia

3. De la misma manera, que todos respeten a los diáconos como a Jesucristo, tal como deben respetar al obispo, que es figura del Padre, y a los presbíteros como concilio de Dios y como colegio de los apóstoles. Aparte de ellos no hay ni aun el nombre de Iglesia.

Estoy persuadido que pensáis de esta forma en lo que respecta a estas cuestiones; porque he recibido la muestra de vuestro amor, y la tengo conmigo, en la persona de vuestro obispo, cuyo comportamiento es una gran lección, cuya mansedumbre es poder; un hombre a quien creo que incluso los impíos han de respetarle. Siendo así que os amo, os trato con blandura, aunque es posible que escriba de modo más estricto en su favor; pero no creí que tuviera competencia para hacerlo, y que, siendo un reo, os dé órdenes como si fuera un apóstol.

Lucha contra la vanagloria

4. Tengo muchos pensamientos profundos en Dios; pero procuro ser comedido, no sea que perezca a causa de mi jactancia. Porque ahora debería tener más miedo y no prestar atención a los que quisieran que me enorgulleciera; porque los que me halagan son para mí como un azote. Porque aunque deseo sufrir, con todo no sé seguro si soy digno de ello; porque la envidia del diablo verdaderamente muchos no la ven, pero contra mí está librando una guerra encarnizada. Así pues, ansío ser manso, con lo cual el príncipe de este mundo es reducido a la nada.

Dones sobrenaturales

5. ¿Acaso no soy capaz de escribiros de cosas celestiales? Pero temo que pudiera causaros daño siendo vosotros aún niños. Así que tened paciencia conmigo, para que no os atragantéis no siendo aún capaces de ingerirlas. Porque yo mismo también, a pesar de que estoy en cadenas y puedo comprender cosas celestiales y las formaciones de los ángeles y los órdenes de los principados, lo visible y lo invisible, yo mismo, no por esta razón soy un discípulo. Porque carecemos de muchas cosas, para que no nos falte Dios.

Cuidarse del buen alimento

6. Os exhorto, pues, aunque no yo, sino el amor de Jesucristo, que toméis sólo el alimento cristiano, y os abstengáis de toda hierba extraña, que es herejía; porque estos hombres incluso mezclan veneno con Jesucristo, imponiéndose a los otros con la pretensión de honradez y sinceridad, como personas que administran una porción letal con vino y miel, para que uno no lo reconozca, y no tema, y beba la muerte con un deleite fatal.

Que ninguno tenga inquina o rencor alguno contra su prójimo. No deis ocasión a los gentiles, para que no ocurra que por algunos la multitud de los píos sea blasfemada.

Unidos a los ministros de Dios contra la herejía

7. Estad, pues, en guardia contra estos hombres. Y será así ciertamente si no os envanecéis y si sois inseparables de [Dios] Jesucristo y del obispo y de las ordenanzas de los apóstoles. El que está dentro del santuario es limpio; el que está fuera del santuario no es limpio; esto es, el que hace algo sin el obispo y el presbiterio y los diáconos, este hombre no tiene limpia la conciencia.

La fe como carne y al amor como sangre de Cristo

8. No es, realmente, que haya sabido de alguna cosa así ente vosotros, pero estoy velando sobre vosotros siempre, como amados míos, porque veo con antelación los lazos del diablo. Por tanto armaos de mansedumbre y cubríos de la fe que es la carne del Señor, y el amor que es la sangre de Jesucristo. Que ninguno tenga inquina o rencor alguno contra su prójimo. No deis ocasión a los gentiles, para que no ocurra que por algunos necios la multitud de los píos sea blasfemada; porque "¡ay de aquel por cuya vanidad mi nombre es blasfemado delante de algunos" (Is. 52:5).

Advertencia contra los docetas[6]

9. Sed sordos, pues, cuando alguno os hable aparte de Jesucristo, que desciende del linaje de David, que era el

---

[6] Herejía gnóstica, que deriva su nombre del griego *dokein*, "parecer", consistente en negar la realidad de la encarnación, para explicar la cual

Si Él sufrió sólo en apariencia, siendo ellos mismos mera apariencia, ¿por qué, pues, estoy yo en cadenas? Y ¿por qué también deseo enfrentarme con las fieras? Si es así, muero en vano.

Hijo de María, que verdaderamente nació y comió y bebió y fue ciertamente perseguido bajo Poncio Pilato, fue verdaderamente crucificado y murió a la vista de los que hay en el cielo y los que hay en la tierra y los que hay debajo de la tierra; el cual, además, verdaderamente resucitó de los muertos, habiéndolo resucitado su Padre, el cual, de la misma manera nos levantará a nosotros los que hemos creído en Él –su Padre, digo, nos resucitará–, en Cristo Jesús, aparte del cual no tenemos verdadera vida.

No somos fantasmas

10. Pero si fuera como ciertas personas que no son creyentes, sino impías, y dicen que Él sufrió sólo en apariencia, siendo ellos mismos mera apariencia, ¿por qué, pues, estoy yo en cadenas? Y ¿por qué también deseo enfrentarme con las fieras? Si es así, muero en vano. Verdaderamente estoy mintiendo contra el Señor.

Ramas de su cruz

11. Evitad, pues, estos malos retoños que producen un fruto mortal, que si uno lo prueba, al punto muere. Porque estos hombres no son plantados por el Padre; porque si lo fueran, se vería que son ramas de la cruz, y su fruto imperecedero –la cruz por la cual Él, por medio de su pasión, nos invita, siendo sus miembros–. Ahora bien, no es posible hallar una cabeza sin miembros, siendo así que Dios promete unión, y esta unión es Él mismo.

---

sólo atribuían a Cristo una *apariencia* humana, tanto en su nacimiento como ministerio y muerte, pues si Dios es inmutable e impasible –según el concepto filosófico común en la cultura grecorromana–, el Hijo de Dios, no pudo padecer de forma real, sino sólo en apariencia. Encontramos trazas de esta herejía en las cartas de Juan: "En esto conoced el Espíritu de Dios: todo espíritu que confiesa que Jesucristo es venido en carne es de Dios. Y todo espíritu que no confiesa que Jesucristo es venido en carne, no es de Dios; y éste es el espíritu del anticristo, del cual vosotros habéis oído que ha de venir, y que ahora ya está en el mundo" (1ª Jn. 4:2, 3). "Porque muchos engañadores son entrados en el mundo, los cuales no confiesan que Jesucristo ha venido en carne. Este tal el engañador es, y el anticristo" (2ª Jn. 1:7). Cerinto, mencionado por Juan, distinguía entre Jesús, nacido de José y María, como los demás hombres, y Cristo, que se une a Jesús en el momento de su bautismo y le confiere el poder de hacer milagros, y se retira de Él en el momento de la pasion, pues Cristo, en cuanto espiritual, no podía padecer.

Permaneced en concordia y en oración unos con otros

12. Os saludo desde Esmirna, junto con las iglesias de Dios que están presentes conmigo; hombres que me han confortado en todas formas, tanto en la carne como en el espíritu. Mis cadenas, que llevo por amor a Jesucristo, os exhortan suplicando que yo pueda llegar a Dios; permaneced en vuestra concordia y en oración los unos con los otros. Porque os conviene a cada uno de vosotros, y de modo más especial a los presbíteros, el alegrar el alma de vuestro obispo en el honor del Padre [y en el honor] de Jesucristo y de los apóstoles. Ruego que me prestéis atención en amor, para que no sea yo testimonio contra vosotros por haberos escrito estas cosas. Y rogad, también, vosotros por mí, que tengo necesidad de vuestro amor en la misericordia de Dios, para que me sea concedida la suerte que ansío alcanzar, a fin de que no sea hallado reprobado.

Permaneced en vuestra concordia y en oración los unos con los otros. Y rogad, también, vosotros por mí, que tengo necesidad de vuestro amor.

Despedida

13. El amor de los esmirniotas y los efesios os saluda. Recordad en vuestras oraciones a la iglesia que está en Siria; de la cual no soy digno de ser llamado miembro, siendo el último de ellos. Pasadlo bien en Jesucristo, sometiéndoos al obispo como al mandamiento, y del mismo modo al presbiterio; y cada uno de vosotros ame al otro con corazón indiviso. Mi espíritu es ofrecido por vosotros, no sólo ahora, sino también cuando llegue a Dios. Porque todavía estoy en peligro; pero el Padre es fiel en Jesucristo para satisfacer mi petición y la vuestra. Que podamos ser hallados intachables en Él.

Cartas de Ignacio

Carta
a los Romanos

Presentación y saludos

Ignacio, que es llamado también Teóforo, a aquella que ha hallado misericordia en la benevolencia del Padre Altísimo y de Jesucristo su único Hijo; a la iglesia que es amada e iluminada por medio de la voluntad de Aquel que quiso todas las cosas que son, por la fe y el amor a Jesucristo nuestro Dios; a la que tiene la presidencia en el territorio de la región de los romanos, siendo digna de Dios, digna de honor, digna de bienaventuranza, digna de alabanza, digna de éxito, digna en pureza, y teniendo la presidencia del amor, andando en la ley de Cristo y llevando el nombre del Padre; iglesia a la cual yo saludo en el nombre de Jesucristo el Hijo del Padre; a los que en la carne y en el espíritu están unidos a cada uno de sus mandamientos, siendo llenos de la gracia de Dios sin fluctuación, y limpiados de toda mancha extraña; salutaciones abundantes en Jesucristo nuestro Dios en su intachabilidad.

Como respuesta de mi oración a Dios me ha sido concedido ver vuestros rostros piadosos, de modo que he obtenido aún más de lo que había pedido.

Respuesta a la oración

1. Por cuanto como respuesta de mi oración a Dios me ha sido concedido ver vuestros rostros piadosos, de modo que he obtenido aún más de lo que había pedido; porque llevando cadenas en Cristo Jesús espero saludaros, si es la divina voluntad que sea contado digno de llegar hasta el fin; porque el comienzo ciertamente está bien ordenado, si es que alcanzo la meta, para que pueda recibir mi herencia sin obstáculo. Porque temo vuestro mismo amor, que no me cause daño; porque a vosotros os es fácil hacer lo que queréis, pero para mí es difícil alcanzar a Dios, a menos que seáis clementes conmigo.

Dispuesto para el sacrificio

2. Porque no quisiera que procurarais agradar a los hombres, sino a Dios, como en realidad le agradáis. Porque no voy a tener una oportunidad como ésta para llegar a Dios, ni vosotros, si permanecéis en silencio, podéis obtener crédito por ninguna obra más noble. Porque si permanecéis en silencio y me dejáis solo, soy una palabra de Dios; pero si deseáis mi carne, entonces nuevamente seré una mera voz humana.

No me concedáis otra cosa que el que sea derramado como una libación a Dios en tanto que hay todavía un altar preparado; para que formando vosotros un coro en amor, podáis cantar al Padre en Jesucristo, porque Dios ha concedido que (yo), el obispo de Siria, se halle en Occidente, habiéndolo llamado de Oriente. Es bueno para mí emprender la marcha desde el mundo hacia Dios, para que pueda elevarme a Él.

El cristianismo es poder

3. Nunca habéis recibido a nadie de mala gana; fuisteis los instructores de otros. Y mi deseo es que las lecciones que impartís como maestros las confirméis. Rogad, sólo, que yo tenga poder por dentro y por fuera, de modo que no sólo pueda decirlo, sino también desearlo; que pueda no sólo ser llamado cristiano, sino que lo sea de veras. Porque si resulto serlo, entonces puedo ser tenido como tal, y considerado fiel, cuando ya no sea visible al mundo. Nada visible es bueno. Porque nuestro Dios Jesucristo, estando en el Padre, es el que es más fácilmente manifestado. Cuando el cristianismo es aborrecido por el mundo, la obra que le toca cumplir no es mostrar elocuencia de palabra, sino poder del alma.

Trigo de Cristo

4. Escribo a todas las iglesias, y hago saber a todos que de mi propio libre albedrío moriré gustoso por Dios, si vosotros no lo impedís. Os exhorto, pues, que no uséis de una bondad fuera de tiempo. Dejadme que sea entregado a las fieras para llegar así a Dios. Trigo soy de Dios, y he de ser molido por las dentelladas de las fieras, para que pueda ser hallado pan puro de Cristo. Antes, atraed a las fieras, para que puedan ser mi sepulcro, y que no deje parte alguna de mi cuerpo detrás, y así, cuando pase a dormir, no seré una carga para nadie. Entonces seré verdaderamente un discípulo de Jesucristo, cuando el mundo ya no pueda ver mi cuerpo.

Rogad al Señor por mí, para que por medio de estos instrumentos pueda ser hallado un sacrificio para Dios. No os mando nada, cosa que hicieron Pedro y Pablo. Ellos eran apóstoles, yo soy un reo; ellos eran libres, pero yo soy un esclavo en este mismo momento. Con todo, cuando sufra, entonces seré un hombre libre de Jesucristo, y seré levantado libre en Él. Ahora estoy aprendiendo en mis cadenas a descartar toda clase de deseo.

Atado entre diez leopardos

5. Desde Siria hasta Roma he venido luchando con las fieras, por tierra y por mar, de día y de noche, viniendo atado entre diez leopardos, o sea, una compañía de soldados, los cuales, cuanto más amablemente se les trata, peor se comportan. Sin embargo, con sus maltratos paso a ser de modo más completo un discípulo; pese a todo, no por ello soy justificado.[7]

Que pueda tener el gozo de las fieras que han sido preparadas para mí; y oro para que pueda hallarlas pronto; es más, voy a atraerlas para que puedan devorarme presto, no como han hecho con algunos, a los que han rehusado tocar por temor. Así, si es que por sí mismas no están dispuestas cuando yo lo estoy, yo mismo voy a forzarlas. Tened paciencia conmigo. Sé lo que me conviene. Ahora estoy empezando a ser un discípulo. Que ninguna de las cosas visibles e invisibles sientan envidia de mí por alcanzar a Jesucristo. Que vengan el fuego, y la cruz, y los encuentros con las fieras, dentelladas y magullamientos, huesos dislocados, miembros cercenados, el cuerpo entero triturado, vengan las torturas crueles del diablo a asaltarme. Siempre y cuando pueda llegar a Jesucristo.

Imitador de la pasión de Dios

6. Los confines más alejados del universo no me servirán de nada, ni tampoco los reinos de este mundo. Es bueno para mí el morir por Jesucristo, más bien que reinar sobre los extremos más alejados de la tierra. Busco a Aquél que murió en lugar nuestro; a Aquél deseo, que se levantó de nuevo [por amor a nosotros]. Los dolores de parto son para mí inminentes.

Es bueno para mí el morir por Jesucristo, más bien que reinar sobre los extremos más alejados de la tierra. Busco a Aquél que murió en lugar nuestro.

---

[7] Cf. 1ª Corintios 4:4: "Porque aunque de nada tengo mala conciencia, no por eso soy justificado; mas el que me juzga, el Señor es".

Mi amor ha sido crucificado, ya no hay en mí fuego para amar la materia, sino sólo agua viva que murmura dentro de mí, diciéndome: "Ven al Padre".

Tened paciencia conmigo, hermanos. No me impidáis el vivir; no deseéis mi muerte. No entreguéis al mundo a quien anhela ser de Dios, ni le seduzcáis con cosas materiales. Permitidme recibir la luz pura. Cuando llegue allí, entonces seré un hombre. Permitidme ser un imitador de la pasión de mi Dios. Si alguno le tiene a Él consigo, que entienda lo que deseo, y que sienta lo mismo que yo, porque conoce lo que me apremia.

Crucificado al mundo

7. El príncipe de este mundo de buena gana me despedazaría y corrompería mi mente que mira a Dios. Que ninguno de vosotros que estéis cerca, pues, le ayude. Al contrario, poneos de mi lado, esto es, del lado de Dios. No habléis de Jesucristo y a pesar de ello deseéis el mundo. Que no haya envidia en vosotros. Aun cuando yo mismo, cuando esté con vosotros, os ruegue, no me obedezcáis; sino más bien haced caso de las cosas que os he escrito. Porque os estoy escribiendo en plena vida, deseando, con todo, la muerte. Mi amor[8] ha sido crucificado,[9] ya no hay en mí fuego para amar la materia, sino sólo agua viva que murmura dentro de mí, diciéndome: "Ven al Padre".

No tengo deleite en el alimento de la corrupción o en los deleites de esta vida. Deseo el pan de Dios, que es la carne de Cristo, que era del linaje de David; y por bebida deseo su sangre, que es amor incorruptible.

El gozo de vivir la vida de Dios

8. Ya no deseo vivir según la manera de los hombres; y así será si vosotros lo deseáis. Deseadlo, pues, y que vosotros también seáis deseados (y así vuestros deseos serán cumplidos). En una breve carta os lo ruego; creedme. Y Jesucristo os hará manifiestas estas cosas para que sepáis que yo digo la verdad –Jesucristo, la boca infalible por la que el Padre ha hablado verdaderamente–. Rogad por mí, para que pueda llegar a la meta [por medio del Espíritu

---

[8] Griego "eros". Ignacio juega con los distintos términos para amor, *agapan*, *filóo*, *agápe* y *eros* para señalar diferencias.
[9] Cf. Gálatas 5:24; 6:14.

Santo]. No os escribo según la carne, sino según la mente de Dios. Si sufro, habrá sido vuestro buen deseo; si soy rechazado, habrá sido vuestro aborrecimiento.

Dios como pastor y Cristo como obispo

9. Recordad en vuestras oraciones a la iglesia que está en Siria, que tiene a Dios como su pastor en lugar mío. Jesucristo sólo será su obispo –Él y vuestro amor–. Pero en cuanto a mí, me avergüenzo de ser llamado uno de ellos; porque ni soy digno, siendo como soy el último de todos ellos y nacido fuera de tiempo; pero he hallado misericordia para que sea alguien si es que llego a Dios. Mi espíritu os saluda, y el amor de las iglesias que me han recibido en el nombre de Jesucristo, no como mero transeúnte; porque incluso aquellas iglesias que no se hallan en mi ruta según la carne vinieron a verme de ciudad en ciudad.

Mi espíritu os saluda, y el amor de las iglesias, porque incluso aquellas iglesias que no se hallan en mi ruta según la carne vinieron a verme de ciudad en ciudad.

Despedida

10. Ahora os escribo estas cosas desde Esmirna por mano de los efesios, que son dignos de toda bienaventuranza. Y Croco también, un nombre que me es muy querido, está conmigo, y muchos otros también.

Por lo que se refiere a los que fueron antes que yo de Siria a Roma para la gloria de Dios, creo que ya habéis recibido instrucciones; hacedles saber que estoy cerca; porque todos ellos son dignos de Dios y de vosotros, y es bueno que renovéis su vigor en todas las cosas. Estas cosas os escribo a nueve días antes de las calendas de septiembre. Pasadlo bien hasta el fin en la paciente espera de Jesucristo.

Cartas de Ignacio

Carta
a los Filadelfios

Presentación y saludos

Ignacio, llamado también Teóforo, a la iglesia de Dios el Padre y de Jesucristo, que está en Filadelfia de Asia, que ha hallado misericordia y está firmemente afianzada en la concordia de Dios y se regocija en la pasión de nuestro Señor y en su resurrección sin vacilar, estando plenamente provista de toda misericordia; iglesia a la cual saludo en la sangre de Jesucristo, que es gozo eterno y permanente; más especialmente si son unánimes con el obispo y los presbíteros que están con él, y con los diáconos que han sido nombrados en conformidad con la mente de Jesucristo, a los cuales Él de su propia voluntad ha confirmado y afianzado en su Santo Espíritu.

Muchos lobos engañosos con deleites fatales se llevan cautivos a los que corren en la carrera de Dios; pero, cuando estéis unidos, no hallarán oportunidades.

Elogio del obispo

1. He hallado que este obispo vuestro ostenta el ministerio que pertenece al bienestar común, no por sí mismo o por medio de hombres, ni para vanagloria, sino en el amor de Dios y el Padre y el Señor Jesucristo. Estoy maravillado de su longanimidad; cuyo silencio es más poderoso que el hablar de los otros. Porque está en consonancia y armonía con los mandamientos como una lira con sus cuerdas. Por lo cual mi alma bendice su mente piadosa, porque he visto que es virtuoso y perfecto –incluso su temperamento calmado y sereno, viviendo en toda tolerancia de piedad.

Con el pastor frente a los lobos

2. Como "hijos, pues, de la luz verdadera" (Ef. 5:8), evitad las divisiones y las doctrinas falsas; y allí donde está el pastor, seguidle como ovejas. Porque muchos lobos engañosos con deleites fatales se llevan cautivos a los que corren en la carrera de Dios; pero, cuando estéis unidos, no hallarán oportunidades.

Las malas hierbas de la herejía

3. Absteneos de las plantas nocivas, que no son cultivadas por Jesucristo, porque no son plantadas por el Padre. No que haya hallado divisiones entre vosotros,

Sed cuidadosos, observando una sola eucaristía, porque hay una carne de nuestro Señor Jesucristo y una copa en unión en su sangre; hay un altar, y hay un obispo.

pero sí filtración. Porque todos los que son de Dios y de Jesucristo están con los obispos; y todos los que se arrepienten y entren en la unidad de la Iglesia, éstos también serán de Dios, para que puedan vivir según Jesucristo. No os dejéis engañar, hermanos míos. Si alguno sigue a otro que hace un cisma, no heredará el reino de Dios. Si alguno anda en doctrina extraña, no tiene comunión con la pasión del Señor.

Unidos en la eucaristía

4. Sed cuidadosos, pues, observando una sola eucaristía, porque hay una carne de nuestro Señor Jesucristo y una copa en unión en su sangre; hay un altar, y hay un obispo, junto con el presbiterio y los diáconos mis consiervos, para que todo lo que hagáis sea según Dios.

Salvos en la unidad de Jesucristo

5. Hermanos míos, mi corazón rebosa de amor hacia vosotros; y regocijándome sobremanera velo por vuestra seguridad; con todo, no soy yo, sino Jesucristo; y el llevar sus cadenas aún me produce más temor, por cuanto aún no he sido perfeccionado. Pero vuestras oraciones me harán perfecto ante Dios, refugiándome en el Evangelio como la carne de Jesús, y en los apóstoles como el presbiterio de la Iglesia. Amamos también a los profetas, porque nos señalaron el Evangelio en su predicación y ponían su esperanza en Él y le aguardaban; y teniendo fe en Él fueron salvados en la unidad de Jesucristo, siendo dignos de todo amor y admiración como hombres santos, aprobados por Jesucristo y contados juntos en el Evangelio de nuestra esperanza común.

Amonestación contra el judaísmo

6. Pero si alguno propone el judaísmo entre vosotros no le escuchéis, porque es mejor escuchar el cristianismo de uno que es circuncidado que escuchar el judaísmo de uno que es incircunciso. Pero si tanto el uno como el otro no os hablan de Jesucristo, yo los tengo como lápidas de cementerio y tumbas de muertos, en las cuales están escritos sólo los nombres de los hombres.

Evitad, pues, las artes malvadas y las intrigas del príncipe de este mundo, no suceda que seáis destruidos con sus ardides y os debilitéis en vuestro amor. Sino congregaos en asamblea con un corazón indiviso. Y doy gracias a mi Dios que tengo buena conciencia de mis tratos con vosotros, y nadie puede jactarse, sea en secreto o en público, de que yo haya impuesto carga para ninguno, sea en cosas pequeñas o grandes. Sí, y ruego a Dios, para todos aquellos a quienes haya hablado, que no transformen mis palabras en testimonio en contra de ellos mismos.

> **Donde hay división e ira, allí no reside Dios. Os ruego que no hagáis nada en espíritu de facción, sino según la enseñanza de Cristo.**

"Amad la unión, evitad las divisiones"

7. Porque aun cuando ciertas personas han deseado engañarme según la carne, con todo, el espíritu no es engañado, siendo de Dios; porque sabe de dónde viene y adónde va, y "escudriña las cosas escondidas" (1ª Co. 2:10). Porque, cuando estuve entre vosotros, clamé, hablé en voz alta, con la voz propia de Dios: "Prestad atención al obispo y al presbiterio y a los diáconos". Pese a ello, había algunos que sospechaban que yo decía esto porque conocía de antemano la división de algunas personas. Pero Aquel por quien estoy atado me es testigo de que no lo supe por medio de carne de hombre; fue la predicación del Espíritu que hablaba de esta forma: No hagáis nada sin el obispo; mantened vuestra carne como un templo de Dios; amad la unión; evitad las divisiones; sed imitadores de Jesucristo como Él mismo lo era de su Padre.

Dios no reside en la división

8. Yo hice, pues, mi parte, como un hombre amante de la unión. Pero allí donde hay división e ira, allí no reside Dios. Ahora bien, el Señor perdona a todos los hombres cuando se arrepienten, si al arrepentirse regresan a la unidad de Dios y al concilio del obispo. Tengo fe en la gracia de Jesucristo, que os librará de toda atadura; y os ruego que no hagáis nada en espíritu de facción, sino según la enseñanza de Cristo. Porque he oído a ciertas personas que decían: Si no lo encuentro en las escrituras fundacionales (antiguas), no creo que esté en el Evangelio. Y cuando les dije: "Está escrito", me contestaron: "Esto hay que probarlo". Pero, para mí, mi escritura fundacional es

El Evangelio
es el
cumplimiento
y perfección
de la
inmortalidad.
Todas las
cosas juntas
son buenas
si creéis
por medio
del amor.

Jesucristo, la carta inviolable de su cruz, y su muerte, y su resurrección, y la fe por medio de Él; en la cual deseo ser justificado por medio de vuestras oraciones.

Superioridad del Evangelio respecto a la Ley

9. Los sacerdotes también eran buenos, pero mejor es el Sumo Sacerdote[10] al cual se encomienda el lugar santísimo; porque sólo a Él son encomendadas las cosas escondidas de Dios; siendo Él mismo la puerta del Padre (Jn. 10:7, 9), por la cual entraron Abraham e Isaac y Jacob, y los profetas y los apóstoles y toda la Iglesia; y todas estas cosas se combinan en la unidad de Dios.

Pero el Evangelio tiene una preeminencia singular en el advenimiento del Salvador, a saber, nuestro Señor Jesucristo, y su pasión y resurrección. Porque los amados profetas en su predicación le señalaban a Él; pero el Evangelio es el cumplimiento y perfección de la inmortalidad.[11] Todas las cosas juntas son buenas si creéis por medio del amor.

Buenas noticias de Antioquía

10. Siendo así que, en respuesta a vuestra oración y a la tierna simpatía que tenéis en Jesucristo, se me ha dicho que la iglesia que está en Antioquía de Siria tiene paz, os corresponde, como iglesia de Dios, el designar a un diácono que vaya allí como embajador de Dios, para que se congratulen con ellos cuando se congreguen, y puedan glorificar el Nombre.

Bienaventurado en Jesucristo aquel que ha de ser considerado digno de este servicio; y vosotros seréis glorificados. Ahora, pues, si lo deseáis, no os será imposible hacer esto por el nombre de Dios; tal como las iglesias que están más cerca han enviado obispos, y otras presbíteros y diáconos.

---

[10] Se refiere a Jesucristo, a la luz de la enseñanza de la carta a los Hebreos.

[11] Cf. 2ª Timoteo 1:10: "Mas ahora es manifestada por la aparición de nuestro Salvador Jesucristo, el cual quitó la muerte, y sacó a la luz la vida y la inmortalidad por el evangelio".

Despedida

El Señor
los honrará,
en quien
está puesta
su esperanza
en la carne,
el alma y
el espíritu,
por la fe,
el amor
y la
concordia.

11. Pero, por lo que se refiere a Filón, el diácono de Cilicia, un hombre de buen nombre, que ahora también me sirve a mí en el nombre de Dios, junto con Reo Agatopo, uno de los elegidos que me sigue desde Siria, que se ha despedido de esta vida presente; éstos dan testimonio en favor vuestro –y yo mismo doy gracias a Dios por causa de vosotros, porque los recibisteis, como confío que el Señor os recibirá a vosotros–. Pero que los que los han tratado con desprecio sean redimidos (perdonados) por la gracia de Jesucristo.

El amor de los hermanos que están en Troas os saluda; desde donde yo también os escribo por mano de Burro, que fue enviado conmigo por los efesios y los esmirniotas como marca de honor. El Señor los honrará, a saber, Jesucristo, en quien está puesta su esperanza en la carne, el alma y el espíritu, por la fe, el amor y la concordia. Pasadlo bien en Cristo Jesús, nuestra común esperanza.

Cartas de Ignacio

Carta
a los Esmirnenses

Presentación y saludos

Ignacio, llamado también Teóforo, a la iglesia de Dios el Padre y de Jesucristo el Amado, que ha sido dotada misericordiosamente de toda gracia, y llena de fe y amor y no careciendo de ninguna gracia, reverente y ostentando santos tesoros; a la iglesia que está en Esmirna, en Asia, en un espíritu intachable y en la Palabra de Dios, abundantes salutaciones.

Profesión de fe contra el docetismo

1. Doy gloria a Jesucristo el Dios que os concede tal sabiduría; porque he percibido que estáis afianzados en fe inamovible, como si estuvierais clavados a la cruz del Señor Jesucristo, en carne y en espíritu,[12] y firmemente arraigados en amor en la sangre de Cristo, plenamente persuadidos por lo que se refiere a nuestro Señor que Él es en verdad del "linaje de David según la carne, pero Hijo de Dios por la voluntad y poder divinos" (Ro. 1:3-4), verdaderamente nacido de una virgen y bautizado por Juan "para que se cumpliera en Él toda justicia" (Mt. 3:15), verdaderamente clavado en cruz en la carne por amor a nosotros bajo Poncio Pilato y Herodes el Tetrarca –de cuyo fruto somos nosotros, esto es, de su más bienaventurada pasión–; para que Él pueda "alzar un estandarte para todas las edades" (Is. 5:26; 11:12) por medio de su resurrección, para sus santos y sus fieles, tanto si son judíos como gentiles, en el cuerpo único de su Iglesia.

Errores docetas

2. Porque Él sufrió todas estas cosas por nosotros para que pudiéramos ser salvos; y sufrió verdaderamente, del mismo modo que resucitó verdaderamente; no como algunos que no son creyentes dicen que sufrió en apariencia, y que ellos mismos son mera apariencia. Y según sus opiniones así les sucederá, porque son sin cuerpo y como seres fantasmales.

Él sufrió todas estas cosas por nosotros para que pudiéramos ser salvos; y sufrió verdaderamente, no como algunos que no son creyentes dicen que sufrió en apariencia.

---

[12] Véase la *Carta a los Trallanos*, 9.

Cerca de
la espada,
cerca de
Dios;
en compañía
de las fieras,
en compañía
de Dios.
Sufro todas
las cosas
puesto que
Él me
capacita
para ello.

Cristo estaba en la carne después de la resurrección

3. Porque sé y creo que Él estaba en la carne incluso después de la resurrección; y cuando Él se presentó a Pedro y su compañía, les dijo: "Poned las manos sobre mí y palpadme, y ved que no soy un espíritu sin cuerpo".[13] Y al punto ellos le tocaron, y creyeron, habiéndose unido a su carne y su sangre. Por lo cual ellos despreciaron la muerte, es más, fueron hallados superiores a la muerte. Y después de su resurrección Él comió y bebió con ellos como uno que está en la carne, aunque espiritualmente estaba unido con el Padre.

Cristo, hombre perfecto

4. Pero os amonesto de estas cosas, queridos, sabiendo que pensáis lo mismo que yo. No obstante, estoy velando siempre sobre vosotros para protegeros de las fieras en forma humana –hombres a quienes no sólo no deberíais recibir, sino, si fuera posible, ni tan sólo tener tratos [con ellos]; sólo orar por ellos, por si acaso se pueden arrepentir–. Esto, verdaderamente, es difícil, pero Jesucristo, nuestra verdadera vida, tiene poder para hacerlo. Porque si estas cosas fueron hechas por nuestro Señor sólo en apariencia, entonces yo también soy un preso en apariencia. Y ¿por qué, pues, me he entregado a mí mismo a la muerte, al fuego, a la espada, a las fieras? Pero cerca de la espada, cerca de Dios; en compañía de las fieras, en compañía de Dios. Sólo que sea en el nombre de Jesucristo, de modo que podamos sufrir juntamente con Él. Sufro todas las cosas puesto que Él me capacita para ello, el cual es el hombre perfecto.

"La pasión es nuestra resurrección"

5. Pero ciertas personas, por ignorancia, le niegan, o más bien han sido negadas por Él, siendo abogados de

---

[13] Véase Lucas 24:39; Juan 20:20, 37. Según Orígenes, este dicho se leía en el apócrifo *Predicación de Pedro* (*De princ.* prefacio 8. Publicado en esta misma colección). Jerónimo lo relaciona con el *Evangelio según los Hebreos*.

muerte en vez de serlo de la verdad; y ellos no han sido persuadidos por las profecías ni por la ley de Moisés, ni aun en esta misma hora por el Evangelio, ni por los sufrimientos de cada uno de nosotros; porque ellos piensan también lo mismo con respecto a nosotros. Porque, ¿qué beneficio me produce [a mí] si un hombre me alaba pero blasfema de mi Señor, no confesando que Él estaba en la carne? Pero el que no lo afirma, con ello le niega por completo y él mismo es portador de un cadáver. Pero sus nombres, siendo incrédulos, no considero apropiado registrarlos por escrito; es más, lejos esté de mí el recordarlos, hasta que se arrepientan y regresen a la pasión, que es nuestra resurrección.

Que los cargos no envanezcan a ninguno, porque la fe y el amor lo son todo en todos, y nada tiene preferencia antes que ellos.

Evitad el engaño

6. Que ninguno os engañe. Incluso a los seres celestiales y a los ángeles gloriosos y a los gobernantes visibles e invisibles,[14] si no creen en la sangre de Cristo [que es Dios], les aguarda también el juicio. "El que pueda entender, que entienda" (Mt. 19:12).

Que los cargos no envanezcan a ninguno, porque la fe y el amor lo son todo en todos, y nada tiene preferencia antes que ellos. Pero observad bien a los que sostienen doctrina extraña respecto a la gracia de Jesucristo que vino a vosotros, que éstos son contrarios a la mente de Dios. No les importa el amor, ni la viuda, ni el huérfano, ni el afligido, ni el preso, ni el hambriento o el sediento.

Abstenerse de los herejes

7. Se abstienen de la eucaristía y de la oración, porque no admiten que la eucaristía sea la carne de nuestro Salvador Jesucristo, cuya carne sufrió por nuestros pecados, y a quien el Padre resucitó por su bondad. Así pues, los que contradicen el buen don de Dios perecen por ponerlo en duda. Pero sería conveniente que tuvieran amor, para que también pudieran resucitar. Es, pues, apropiado, que os abstengáis de los tales, y no les habléis en privado o en

---

[14] Cf. Gálatas 1:8: "Si nosotros o un ángel del cielo os anunciare otro evangelio del que os hemos anunciado, sea anatema".

Que nadie haga nada perteneciente a la Iglesia al margen del obispo. Considerad como eucaristía válida la que tiene lugar bajo el obispo o bajo uno a quien él la haya encomendado.

público; sino que prestéis atención a los profetas, y especialmente al Evangelio, en el cual se nos muestra la pasión y es realizada la resurrección.

Las divisiones, principio de males

8. Sin embargo, evitad las divisiones, como el comienzo de los males. Seguid todos a vuestro obispo, como Jesucristo siguió al Padre, y al presbiterio como los apóstoles; y respetad a los diáconos, como a un mandamiento de Dios. Que nadie haga nada perteneciente a la Iglesia al margen del obispo. Considerad como eucaristía válida la que tiene lugar bajo el obispo o bajo uno a quien él la haya encomendado. Allí donde aparezca el obispo, debe estar la comunidad; tal como allí donde está Jesús, está la Iglesia católica. No es legítimo, aparte del obispo, ni bautizar ni hacer el ágape, pero todo lo que él apruebe, esto es agradable también a Dios; que todo lo que hagáis sea seguro y válido.

Honrar al obispo y ser honrados por Dios

9. Es razonable, pues, que velemos y seamos sobrios, en tanto que aún tenemos tiempo para arrepentirnos y volvernos a Dios. Es bueno reconocer a Dios y al obispo. El que honra al obispo es honrado por Dios; el que hace algo sin el conocimiento del obispo rinde servicio al diablo. Que todas las cosas, pues, abunden para vosotros en gracia, porque sois dignos. Vosotros fuisteis para mí un refrigerio en todas las cosas; que Jesucristo lo sea para vosotros. En mi ausencia y en mi presencia me amasteis. Que Dios os recompense; por amor al cual sufro todas las cosas, para que pueda alcanzarle.

Expresión de gratitud

10. Hicisteis bien en recibir a Filón y a Reo Agatópode, que me siguieron en la causa de Dios como ministros de [Cristo] Dios; los cuales también dan gracias al Señor por vosotros, porque les disteis refrigerio en toda forma. No se perderá nada para vosotros. Mi espíritu os es devoto, y también mis ataduras, que no despreciasteis ni os avergonzasteis de ellas. Ni tampoco Él,

que es la fidelidad perfecta, se avergonzará de vosotros, a saber, Jesucristo.

Embajada a Antioquía

11. Vuestra oración llegó a la iglesia que está en Antioquía de Siria; de donde, viniendo como preso en lazos de piedad, saludo a todos los hombres, aunque yo no soy digno de pertenecer a ella, siendo el último de ellos. Por la voluntad divina esto me fue concedido, no que yo contribuyera a ello, sino por la gracia de Dios, que ruego pueda serme dada de modo perfecto, para que por medio de vuestras oraciones pueda llegar a Dios.

Por tanto, para que vuestra obra pueda ser perfeccionada tanto en la tierra como en el cielo, es conveniente que vuestra iglesia designe, para el honor de Dios, un embajador de Dios que vaya hasta Siria y les felicite porque están en paz, y han recobrado la estatura que les es propia, y se les ha restaurado a la dimensión adecuada. Me parece apropiado, pues, que enviéis a alguno de los vuestros con una carta, para que pueda unirse a ellos dando gloria por la calma que les ha llegado, por la gracia de Dios, y porque han llegado a un asilo de paz por medio de vuestras oraciones. Siendo así que sois perfectos, que vuestros consejos sean también perfectos; porque si deseáis hacer bien, Dios está dispuesto a conceder los medios.

Por la voluntad divina esto me fue concedido, no que yo contribuyera a ello, sino por la gracia de Dios, que ruego pueda serme dada de modo perfecto.

El grato ministerio de Burro

12. El amor de los hermanos que están en Troas os saluda; de donde también os escribo por la mano de Burro, a quien enviasteis vosotros a mí juntamente con los efesios vuestros hermanos. Burro ha sido para mí un refrigerio en todas formas. Quisiera que todos le imitaran, porque es un ejemplo del ministerio de Dios. La gracia divina le recompense en todas las cosas. Os saluda. Saludo a vuestro piadoso obispo y a vuestro venerable presbiterio y a mis consiervos los diáconos, y a todos y cada uno y en un cuerpo, en el nombre de Jesucristo, y en su carne y sangre, en su pasión y resurrección, que fue a la vez carnal y espiritual, en la unidad de Dios y de vosotros. Gracias a vosotros, misericordia, paz, paciencia, siempre.

Despedida

13. Saludo a las casas de mis hermanos con sus esposas e hijos, y a las vírgenes que son llamadas viudas. Os doy la despedida en el poder del Padre. Filón, que está conmigo, os saluda. Saludo a la casa de Tavías, y ruego que esté firme en la fe y el amor tanto de la carne como del espíritu. Saludo a Alce, un nombre que me es querido, y a Dafno, el incomparable, y a Eutecno, y a todos por su nombre. Pasadlo bien en la gracia de Dios.

Cartas de Ignacio

Carta
a Policarpo

Saludos y consejos

Ignacio, llamado también Teóforo, a Policarpo, que es obispo de la iglesia de Esmirna, o más bien que tiene por su obispo a Dios el Padre y a Jesucristo, mi más cordial saludo.

1. Dando la bienvenida a tu mente piadosa que está afianzada como si fuera en una roca inconmovible, glorifico sobremanera al Señor de que me haya sido concedido ver tu faz intachable, por la cual tengo gran gozo en Dios. Te exhorto por la gracia de la cual estás revestido que sigas adelante en tu curso y en exhortar a todos los hombres para que puedan ser salvos. Reivindica tu cargo con toda diligencia de carne y de espíritu.

Procura que haya unión, pues no hay nada mejor que ella. Soporta a todos, como el Señor te soporta. "Tóléralo todo con amor" (Ef. 4:2), tal como haces. Entrégate a oraciones incesantes. Pide mayor sabiduría de la que ya tienes. Sé vigilante; y evita que tu espíritu se adormile. Habla a cada hombre según la manera de Dios. Sobrelleva las dolencias de todos, como un atleta perfecto. Allí donde hay más labor, hay mayor ganancia.

Si amas a los buenos discípulos, esto no es nada que haya que agradecérsete. Más bien somete a los más impertinentes por medio de la mansedumbre.

Cura de almas y firmeza

2. Si amas a los buenos discípulos, esto no es nada que haya que agradecérsete. Más bien somete a los más impertinentes por medio de la mansedumbre. No todas las heridas son sanadas por el mismo ungüento. Suaviza los dolores agudos con fomentos.

Sé prudente como la serpiente en todas las cosas e inocente siempre como la paloma (Mt. 10:16). Por esto estás hecho de carne y espíritu, para que puedas desempeñar bien las cosas que aparecen ante tus ojos; y en cuanto a las cosas invisibles, ruega que te sean reveladas, para que no carezcas de nada, sino que puedas abundar en todo don espiritual. Los tiempos te lo requieren, como los pilotos requieren vientos, o un marino zarandeado por la tormenta busca refugio, para poder llegar a Dios. Sé sobrio, como atleta de Dios. El premio es la incorrupción y la vida eterna, con respecto a la cual ya estás persuadido. En todas las cosas te soy afecto, yo y mis cadenas, que tú estimaste.

Que se celebren reuniones con más frecuencia. Dirígete a todos por su nombre. No desprecies a los esclavos, sean hombres o mujeres.

Soportando todas las cosas por amor

3. No te desmayes por los que parecen ser dignos de crédito y, pese a todo, enseñan doctrina extraña. Mantente firme como un yunque cuando lo golpean. A un gran atleta le corresponde recibir golpes y triunfar. Pero por amor de Dios hemos de soportar todas las cosas, para que Él nos soporte a nosotros. Sé, pues, más diligente de lo que eres. Marca las estaciones. Espera en Aquel que está por encima de toda estación, el Eterno, el Invisible, que se hizo visible por amor a nosotros, el Impalpable, el Impasible, que sufrió por amor a nosotros, que sufrió en todas formas por amor a nosotros.

Cuidado de las viudas

4. Que no se descuide a las viudas. Después del Señor sé tú su protector. Que no se haga nada sin tu consentimiento; ni hagas nada tú sin el consentimiento de Dios, como no lo haces. Mantente firme. Que se celebren reuniones con más frecuencia. Dirígete a todos por su nombre. No desprecies a los esclavos, sean hombres o mujeres. Pero no permitas que éstos se engrían, sino que sirvan más fielmente para la gloria de Dios, para que puedan obtener una libertad mejor de Dios. Que no deseen ser puestos en libertad a expensas del pueblo, para que no sean hallados esclavos de su propia codicia.

Nada se haga por jactancia

5. Evita las malas artes, más bien evita aun la conversación o plática sobre ellas. Di a mis hermanas que amen al Señor y estén contentas con sus maridos en la carne y en el espíritu. De la misma manera encargo a mis hermanos en el nombre de Jesucristo que amen a sus esposas, como el Señor amó a la Iglesia (Ef. 5:25, 29). Si alguno puede permanecer en castidad para honrar la carne del Señor, que lo haga sin jactarse. Si se jacta, está perdido; y si llega a ser conocido más que el obispo, está contaminado. Es apropiado que todos los hombres y mujeres, también, cuando se casan, se unan con el consentimiento del obispo, para que el matrimonio sea según el Señor y no según concupiscencia. Que todas las cosas se hagan para honra de Dios.

Luchando juntos

6. Prestad atención al obispo, para que Dios os tenga igualmente en cuenta. Yo soy afecto a los que están sometidos al obispo, a los presbíteros y a los diáconos. Que me sea concedido el tener mi porción con ellos en la presencia de Dios. Laborad juntos los unos con los otros, luchad juntos, corred juntos, sufrid juntos, reposad juntos, levantaos juntos, como mayordomos y asesores y ministros de Dios. Agradad al Capitán en cuyo ejército servís, del cual también habéis de recibir la paga. Que ninguno sea hallado desertor.

Que vuestro bautismo permanezca en vosotros como vuestro escudo; vuestra fe como vuestro yelmo; vuestro amor como vuestra lanza; vuestra paciencia como la armadura del cuerpo.[15] Que vuestras obras sean vuestras garantías, para que podáis recibir los haberes que se os deben. Por tanto, sed pacientes unos con otros en mansedumbre, como Dios con vosotros.[16] Que siempre pueda tener gozo de vosotros.

El cristiano da su tiempo a Dios

7. Siendo así que la iglesia que está en Antioquía de Siria tiene paz, según se me ha informado, por medio de vuestras oraciones, ello ha sido gran consolación para mí, puesto que Dios ha eliminado mi preocupación; si es posible, que a través del sufrimiento pueda llegar a Dios, para que sea tenido como discípulo, mediante vuestra intercesión.

Te conviene, muy bienaventurado Policarpo, convocar un consejo piadoso y elegir a alguno entre vosotros, a quien tú quieras y que sea celoso también, y que sea digno de llevar el nombre de "correo de Dios", para que se le nombre, digo, y que vaya a Siria y glorifique vuestro celoso amor para la gloria de Dios.

Un cristiano no tiene autoridad sobre sí mismo, sino que da su tiempo a Dios. Ésta es la obra de Dios, y la vuestra también, cuando la terminéis; porque confío en la

> Un cristiano no tiene autoridad sobre sí mismo, sino que da su tiempo a Dios. Ésta es la obra de Dios, y la vuestra también.

---

[15] Cf. Efesios 6:17: 1ª Tesalonicenses 5:8.
[16] Cf. Efesios 4:2: "Con toda humildad y mansedumbre, con paciencia soportando los unos a los otros en amor".

Mis mejores deseos siempre en nuestro Dios Jesucristo, en quien permanecéis en la unidad y supervisión de Dios.

gracia divina que estáis dispuestos a hacer un acto benéfico que es apropiado para Dios. Conociendo el fervor de tu sinceridad, te he exhortado en una carta breve.

Últimas recomendaciones

8. Como no he podido escribir a todas las iglesias debido a que parto súbitamente de Troas para Neápolis, según manda la voluntad divina, escribirás tú a las iglesias nombradas delante, como uno que conoce el propósito de Dios, con miras a que ellos hagan también lo mismo: que los que puedan envíen mensajeros, y el resto cartas por las personas enviadas por ti, para que puedan ser glorificados por un acto que siempre será recordado; porque esto es digno de ti.

Saludo a todos por nombre, en especial a la esposa de Epítropo, con toda su casa y sus hijos. Saludo a Atalo, amado mío. Saludo también al que será designado para ir a Siria. La gracia será con él siempre, y con Policarpo que le envía. Mis mejores deseos siempre en nuestro Dios Jesucristo, en quien permanecéis en la unidad y supervisión de Dios. Saludo a Alce, un nombre muy querido para mí. Pasadlo bien en el Señor.

CARTA
DE
POLICARPO

Saludos y consejos

Policarpo y los presbíteros que están con él a la iglesia de Dios que reside en Filipos;[17] misericordia a vosotros y paz del Dios Todopoderoso y Jesucristo nuestro Salvador os sea multiplicada.

Salvos por gracia, no por obras

1. Me gocé en gran manera con vosotros en nuestro Señor Jesucristo, por el hecho de que recibisteis a los seguidores del verdadero Amor y los escoltasteis en su camino, como os correspondía hacer –hombres puestos en santas cadenas que son las diademas de los que son verdaderamente escogidos por Dios y nuestro Señor– y que la firme raíz de vuestra fe, cuya fama llega a los tiempos primitivos, permanece aún ahora y lleva fruto para nuestro Señor Jesucristo, que sufrió para hacer frente incluso a la muerte por nuestros pecados, "a quien Dios levantó, habiendo soltado de los dolores del Hades" (Hch. 2:24), "a quien amáis sin haberle visto, con gozo inefable y glorioso" (1ª P. 1:8); en cuyo gozo muchos desean entrar; por cuanto vosotros sabéis que es "por gracia que somos salvos, no por obras" (Ef. 2:5, 8, 9), sino por la voluntad de Dios por medio de Jesucristo.

Nuestro Señor Jesucristo sufrió para hacer frente incluso a la muerte por nuestros pecados, en cuyo gozo nuestro Señor Jesucristo, que sufrió para hacer frente incluso a la muerte por nuestros pecados, muchos desean entrar.

Discípulos de Cristo

2. Por lo cual "ceñid vuestros lomos" (Is. 32:11) y servid a Dios con temor y verdad, abandonando las parlerías vanas y vacías y el error de muchos, porque habéis creído en Aquel "que levantó a nuestro Señor Jesucristo de los muertos" (1ª P. 1:3) y le dio gloria y un trono a su diestra; al cual fueron sometidas todas las cosas en el cielo y en la tierra (Mt. 28:18); al cual toda criatura que tiene aliento sirve; que viene como juez de los vivos y los muertos; cuya sangre Dios requerirá de todos los que le son desobedientes.

---

[17] Al poco tiempo de la muerte de Ignacio, la comunidad de Filipos pidió a Policarpo que les enviara copias de todas las cartas que tuviera del mártir, lo que Policarpo hizo adjuntándoles este escrito de acompañamiento.

Pablo, cuando estuvo entre vosotros, enseñó cara a cara a los hombres de aquel día la palabra de verdad con cuidado y certeza; y cuando estuvo ausente, os escribió una carta.

Ahora bien, "el que le levantó a Él de los muertos nos levantará también a nosotros" (Ro. 8:11; 2ª Co. 4:14); si hacemos su voluntad y andamos en sus mandamientos y amamos las cosas que Él amó, absteniéndonos de toda injusticia, codicia, amor al dinero, hablar con malicia, falso testimonio; no devolviendo mal por mal o burlas por burlas, o golpe por golpe, o maldición por maldición; sino recordando las palabras que dijo el Señor cuando enseñó: "No juzguéis, para que no seáis juzgados. Perdonad, y seréis perdonados. Tened misericordia, para que podáis recibir misericordia. Con la medida que medís, se os medirá a vosotros"; y también: "Bienaventurados los pobres y los que son perseguidos por causa de la justicia, porque de ellos es el reino de Dios" (Mt. 7:1, 2; Lc. 7:36, 38; 6:20; Mt. 5:3, 10).

Fe, esperanza y amor

3. Estas cosas os escribo, hermanos, con respecto a la justicia, no porque yo me impusiera esta carga, sino porque vosotros me invitasteis. Porque ni yo, ni hombre alguno, puede seguir la sabiduría del bienaventurado y glorioso Pablo, el cual, cuando estuvo entre vosotros, enseñó cara a cara a los hombres de aquel día la palabra de verdad con cuidado y certeza; y cuando estuvo ausente, os escribió una carta, en la cual, si la escudriñáis con diligencia, podréis ser edificados en la fe que se os ha dado, la cual "es la madre de todos nosotros" (Gá. 4:26), con tal que le acompañe la esperanza y la precede el amor (1ª Co. 13:13) –amor hacia Dios y Cristo y hacia nuestro prójimo–. Porque si un hombre se ocupa de ello, ha cumplido los mandamientos de la justicia; porque el que ama está lejos de todo pecado.

Las casadas y las viudas

4. Pero "el amor al dinero es el principio de todos los males. Sabiendo, pues, que no trajimos nada a este mundo ni tampoco nos llevaremos nada de él" (1ª Ti. 6:10, 7), aprestémonos con la armadura de la justicia, y enseñémonos primero a andar en el mandamiento del Señor; y luego nuestras esposas también, a andar en la fe que les ha sido dada y en amor y pureza, apreciando a sus propios espo-

sos en toda verdad y amando a todos los hombres igualmente en toda castidad, y criando a sus hijos en el temor de Dios. Nuestras viudas deben ser sobrias en lo que se refiere a la fe del Señor, haciendo intercesión sin cesar por todos los hombres, absteniéndose de toda calumnia, de hablar con malicia, dar falso testimonio, amar el dinero y toda cosa mala, sabiendo que son el altar de Dios, y que todos los sacrificios son inspeccionados cuidadosamente, y nada escapa de Él, ni sus pensamientos ni las intenciones o alguna de las cosas secretas del corazón.

> Los diáconos deben ser intachables en la presencia de su justicia. Y los presbíteros también deben ser compasivos, misericordiosos hacia los hombres.

Diáconos y jóvenes

5. Sabiendo, pues, que "de Dios nadie se burla" (Gá. 6:7), deberíamos andar dignamente en su mandamiento y su gloria. De igual manera los diáconos deben ser intachables en la presencia de su justicia, como diáconos de Dios y Cristo y no de hombres; no calumniadores, ni con doblez de palabra, ni amantes del dinero, templados en todas las cosas, compasivos, diligentes, andando en conformidad con la verdad del Señor que se hizo ministro (*diácono*) de todos. Porque si le agradamos en este mundo presente, recibiremos también el mundo futuro, según Él nos prometió que nos levantaría de los muertos, y que si nos conducimos dignamente de Él, "también reinaremos con Él" (2ª Ti. 2:12) si en verdad tenemos fe.

De la misma manera también los jóvenes deben ser intachables en todas las cosas, cuidando de la pureza ante todo y apartándose de toda clase de mal. Porque es bueno refrenarse de las concupiscencias del mundo, porque toda concupiscencia batalla contra el Espíritu (Gá. 5:17), y ni los fornicarios, ni los afeminados, ni los que se contaminan entre sí con hombres heredarán el reino de Dios, ni los que hacen cosas impropias (1ª Co. 6:9, 10). Por lo tanto es justo abstenerse de todas estas cosas, sometiéndoos a los presbíteros y diáconos como a Dios y a Cristo. Las vírgenes deben andar en una conciencia inmaculada y pura.

Los ancianos o presbíteros

6. Y los presbíteros también deben ser compasivos, misericordiosos hacia los hombres, haciendo volver a las ovejas extraviadas, visitando a todos los enfermos, sin

Abandonemos las acciones vanas de muchos y sus falsas enseñanzas, y volvamos a la Palabra que nos ha sido entregada desde el principio.

descuidar una viuda o un huérfano o un pobre: "sino procurando hacer siempre lo que es honroso a la vista de Dios y de los hombres" (Pr. 3:4; 2ª Co. 8:21; Ro. 12:17), absteniéndose de toda ira, acepción de personas, juicios injustos, apartándose de todo amor al dinero, no prontos a creer nada en contra de un hombre, sin enjuiciar precipitadamente, sabiendo que todos somos deudores de pecado.

Si, pues, rogamos al Señor que nos perdone, nosotros deberíamos también perdonar: porque estamos delante de los ojos de nuestros Señor y Dios, y todos hemos de presentarnos "ante el trono del juicio de Cristo" (Ro. 14:10; 2ª Co. 5:10), y cada uno tendrá que dar cuenta de sí. Por tanto, sirvámosle de tal modo con temor y toda reverencia, como Él mismo dio mandamiento y los apóstoles que os predicaron el Evangelio y los profetas que proclamaron con antelación la venida de nuestro Señor; siendo celosos en cuanto a lo que es bueno, absteniéndoos de ofensas y de los falsos hermanos y de los que llevan el nombre del Señor hipócritamente, que hacen descarriar a los necios.

Falsas enseñanzas

7. "Porque todo el que no confiesa que Jesucristo ha venido en la carne, es anticristo" (1ª Jn. 4:2-3; 2ª Jn. 6); y todo el que no confiesa el testimonio de la cruz, es del diablo; y todo el que tergiversa las palabras del Señor para sus propios deseos carnales y dice que no hay resurrección ni juicio, este hombre es el primogénito de Satanás. Por lo tanto, abandonemos las acciones vanas de muchos y sus falsas enseñanzas, y volvamos a la Palabra que nos ha sido entregada desde el principio, siendo sobrios en la oración y constantes en los ayunos, rogando al Dios omnisciente, con suplicaciones, que no nos deje caer en la tentación, según dijo el Señor: "El espíritu a la verdad está dispuesto, pero la carne es débil" (Mt. 26:41; Mr. 14:28).

Imitadores de Cristo

8. Por tanto, mantengámonos sin cesar firmes en nuestra esperanza y en las arras de nuestra justicia, que es Jesucristo, el cual "tomó nuestros pecados en su propio

cuerpo sobre el madero, y no pecó, ni fue hallado engaño en su boca" (1ª P. 2:24), sino que por amor a nosotros sufrió todas las cosas, para que pudiéramos vivir en Él. Por tanto seamos imitadores de su resistencia en los sufrimientos; y si sufrimos por amor a su nombre, glorifiquémosle. Porque Él nos dio este ejemplo en su propia persona, y nosotros lo hemos creído.

Seamos imitadores de su resistencia en los sufrimientos; y si sufrimos por amor a su nombre, glorifiquémosle. Porque Él nos dio este ejemplo en su propia persona.

El ejemplo de los mártires

9. Por tanto, os exhorto a todos a ser obedientes a la palabra de justicia y a soportarlo todo, según visteis con vuestros propios ojos en los bienaventurados Ignacio, Zósimo y Rufo, sí, y en los otros también que han venido a vosotros, así como en el mismo Pablo y en el resto de los apóstoles; estando persuadidos de que todos éstos no corrieron en vano, sino en fe y justicia, y que están en su lugar debido en la presencia del Señor, con el cual han sufrido también. Porque no amaron al mundo presente, sino a Aquel que murió por amor a nosotros y fue resucitado por Dios para nosotros.

Comportamiento cristiano

10. Estad firmes, pues, en estas cosas y seguid el ejemplo del Señor, manteniéndoos "firmes en la fe e inconmovibles" (Col. 1:23; 1ª Co. 15:58), "amad la fraternidad, y tened afecto los unos a los otros" (1ª P. 3:8), adheridos a la verdad, previniéndoos los unos a los otros en la mansedumbre del Señor, sin despreciar a nadie. Cuando podáis hacer bien, no lo demoréis, "porque la limosna (*compasión*) libra de la muerte" (Tobías 4:10; 12:9).[18]

Estad sometidos los unos a los otros, y que vuestros tratos con los gentiles sean intachables, para que de vuestras buenas obras podáis recibir alabanza y a la vez que el Señor no sea blasfemado en vosotros (1 Pd. 2:12). Porque ¡ay de aquel a causa del cual es blasfemado el nombre del Señor! (Is. 52:5). Por tanto, enseñad sobriedad a todos los hombres, y andad vosotros en ella.

---

[18] Véase lo que dijimos acerca de la limosna en nota a *2 Clemente*, 16.

Que el Dios
y Padre os
edifique
en fe y en
verdad,
y en toda
mansedumbre
y a evitar
todo enojo,
y en
resistencia,
en soportar
con paciencia
y en pureza.

La caída de Valente

11. Sentí gran pena a causa de Valente, el cual en otro tiempo era presbítero entre vosotros, a causa de su ignorancia respecto al cargo que le fue conferido. Os advierto, pues, que os abstengáis de la codicia y que seáis puros y fieles. Absteneos de todo mal. Pero el que no puede gobernarse en estas cosas, ¿cómo puede hacerlas cumplir a otros? Si un hombre no se abstiene de la codicia será corrompido por la idolatría y será juzgado como uno de los gentiles que no conocen el juicio del Señor. ¡Cómo! ¿No sabéis que los santos juzgarán al mundo, según enseña Pablo? (1ª Co. 6:2).

Pero no he hallado cosa semejante en vosotros, ni la he oído, entre aquellos con quienes trabajó el bienaventurado Pablo, que fuisteis sus cartas al principio. alabados al comienzo de su carta (2ª Ts. 1:4). Porque él se gloriaba de vosotros en todas las iglesias que eran las únicas que en aquel tiempo conocían a Dios; porque nosotros no le conocíamos todavía. Por tanto, tengo muchísima pena a causa de él y de su esposa, a los cuales el Señor quiera conceder verdadero arrepentimiento. Por lo tanto, sed vosotros también sobrios, y "no los tengáis como enemigos, sino restauradles como miembros débiles y descarriados" (2ª Ts. 3:15), para que pueda ser salvo todo el cuerpo de vosotros. Porque al hacerlo os edificáis los unos a los otros.

Mansedumbre frente al enojo

12. Porque estoy persuadido de que estáis bien versados en los escritos santos, y nada está escondido de vosotros. Pero a mí esto no me ha sido concedido. Sólo que, según dicen estas Escrituras: "Enojaos y no pequéis, y que el sol no se ponga sobre vuestro enojo" (Ef. 4:26). Bienaventurado es el que recuerda esto; y confío que es así con vosotros. Ahora bien, que el Dios y Padre de nuestro Señor Jesucristo, y el mismo Sumo Sacerdote eterno, el [Hijo] de Dios Jesucristo, os edifique en fe y en verdad, y en toda mansedumbre y a evitar todo enojo, y en resistencia, y en longanimidad, y en soportar con paciencia y en pureza; y que Él os conceda la suerte y parte de sus santos, y a nosotros con vosotros, y todos los que están bajo el cielo, que creerán en nuestro Señor y Dios Jesucristo y en

su Padre que lo levantó de los muertos. Orad en favor de todos los santos. Orad también por los reyes y potentados y príncipes, y por los que os persiguen y aborrecen, y por los enemigos de la cruz, que vuestro fruto pueda ser manifiesto entre todos los hombres, a fin de que podáis ser perfeccionados en Él (Ef. 6:18; 1ª Ti. 2:1, 2; Mt. 5:44; Lc. 6:27).

El encargo de Ignacio

13. Me escribisteis, y también Ignacio, pidiéndome que si alguno fuera a Siria llevara consigo las cartas vuestras. Y esto es lo que haré si tengo una buena oportunidad, sea yo mismo o aquel a quien enviaré como embajador en vuestro nombre también. Las cartas de Ignacio que él me envió, y tantas otras cartas como hay en posesión nuestra, os las enviamos, según nos encargasteis; y van incluidas con esta carta; de ellas vais a recibir gran beneficio. Porque hay en ellas fe y resistencia y toda clase de edificación, que pertenece a nuestro Señor. Además, respecto al mismo Ignacio y a los que estaban con él, si es que tenéis noticias fidedignas, dádnoslas a conocer.

Despedida

14. Os escribo estas cosas por medio de Crescente, a quien os encomendé recientemente y ahora os encomiendo; porque ha andado de modo intachable entre nosotros; y creemos que también ha hecho lo mismo con respecto a vosotros. Pasadlo bien en el Señor Jesucristo en gracia, vosotros y todos los vuestros. Amén.

Orad también por los reyes y potentados y príncipes, y por los que os persiguen y aborrecen, y por los enemigos de la cruz, que vuestro fruto pueda ser manifiesto entre todos los hombres.

Martirio
de Policarpo,
obispo de Esmirna

Saludos de la Iglesia de Esmirna

La iglesia de Dios que reside en Esmirna a la iglesia de Dios que reside en Filomelio, y a todas las comunidades, peregrinas en todo lugar, de la santa y universal Iglesia; misericordia y paz y amor de Dios el Padre y nuestro Señor Jesucristo os sean multiplicados.

El sello del martirio

1. Os escribimos, hermanos, un relato de lo que sucedió a los que sufrieron martirio, y en especial al bienaventurado Policarpo, que puso fin a la persecución, habiendo puesto sobre ella, por así decirlo, el sello de su martirio. Porque casi todos los sucesos antes mencionados acaecieron para que el Señor pudiera mostrarnos una vez más un ejemplo de martirio que es conforme al Evangelio. Porque fue demorándolo para que pudiera ser entregado, como hizo el Señor, con miras a que nosotros también pudiéramos ser imitadores suyos, "no mirando sólo a lo que nos afecta a nosotros, sino también al interés de nuestros prójimos" (Fil. 2:4). Porque incumbe al amor verdadero y firme no sólo desear ser uno salvado, sino también que lo sean los hermanos.

Casi todos los sucesos mencionados acaecieron para que el Señor pudiera mostrarnos una vez más un ejemplo de martirio que es conforme al Evangelio.

El sufrimiento gozoso de los mártires

2. Benditos y nobles son, pues, todos los martirios que tienen lugar según la voluntad de Dios, porque nos corresponde ser muy escrupulosos y asignar a Dios el poder sobre todas las cosas. Porque, ¿quién podría dejar de admirar su nobleza y resistencia paciente y lealtad al Señor, siendo así que cuando eran desgarrados por los azotes, de modo que el interior de su carne quedaba visible incluso hasta las venas y arterias de dentro, lo soportaban con paciencia, de modo que los mismos que lo contemplaban tenían compasión y lloraban; en tanto que ellos mismos alcanzaban un grado tal de valor que ninguno de ellos lanzó un grito o un gemido, mostrándonos con ello a todos que en aquella hora los mártires de Cristo que eran torturados estaban ausentes de la carne, o, mejor dicho, que el Señor estaba presente y en comunión con ellos?

Los que
fueron
condenados
a las fieras
soportaron
castigos
espantosos,
ya que les
hicieron
tumbarse
sobre
conchas
aguzadas y
sufrir otras
formas de
torturas
diversas.

Y prestando atención a la gracia de Cristo, despreciaban las torturas del mundo, comprando al coste de una hora el ser librados de un castigo eterno. Y hallaron que el fuego de sus inhumanos verdugos era frío: porque tenían puestos los ojos en el hecho de ser librados del fuego eterno que nunca se apaga; en tanto que los ojos de sus corazones contemplaban las buenas cosas que están reservadas para aquellos que soportan con paciencia "cosas que no oyó ningún oído o ha visto ojo alguno, y que nunca han entrado en el corazón del hombre" (1ª Co. 2:9), pero que les fueron mostradas a ellos porque ya no eran hombres, sino ángeles.

Y de la misma manera también los que fueron condenados a las fieras soportaron castigos espantosos, ya que les hicieron tumbarse sobre conchas aguzadas y sufrir otras formas de torturas diversas, para que el diablo pudiera conseguir que se retractaran, de ser posible, por la persistencia del castigo; pues el diablo intentó muchas artificios contra ellos.

Valor de Germánico

3. Pero, gracias a Dios, Él prevaleció contra todo. Porque el noble Germánico animó la pusilanimidad de ellos por medio de la constancia que había en él; y luchó con las fieras en una forma destacada. Porque cuando el procónsul deseaba prevalecer sobre él y le mandó que tuviera compasión de su juventud, él, haciendo uso de violencia, arrastró a la fiera hacia él, deseando conseguir más rápidamente ser librado de su vida injusta y arbitraria. De modo que después de esto la multitud, asombrada del valor de los cristianos amados de Dios y temerosos de Dios, levantó un clamor:

"Fuera los ateos; que vayan a buscar a Policarpo".

No hay que entregarse a uno mismo

4. Pero un hombre, que se llamaba Quinto, un frigio llegado recientemente de Frigia, cuando vio las fieras se acobardó. Fue él que se había forzado a sí mismo y a otros a presentarse por su propia y libre voluntad. De éste el procónsul, con muchos ruegos, consiguió que hiciera el juramento y ofreciera incienso. Por esta causa, pues, her-

manos, no alabamos a los que se entregan ellos mismos, puesto que el Evangelio no nos enseña esto.

La visión de Policarpo

5. Ahora bien, el glorioso Policarpo, al principio, cuando lo oyó, lejos de desanimarse, tenía deseos de permanecer en la ciudad; pero la mayoría le persuadieron a que se retirara. Así que se retiró a una casa de campo no lejos de la ciudad; y allí se quedó con unos pocos compañeros, no haciendo otra cosa noche y día que orar por todos los hombres y por las iglesias por todo el mundo; porque ésta era su costumbre constante. Y mientras estaba orando tuvo una visión tres días antes de su captura; y vio que su almohada estaba ardiendo. Y se volvió y dijo a los que estaban con él: «Es necesario que sea quemado vivo».

El glorioso Policarpo tenía deseos de permanecer en la ciudad; pero la mayoría le persuadieron a que se retirara. Cuando oyó que venían, se dirigió hacia ellos.

El arresto

6. Y como los que le estaban buscando persistían, él se fue a otra casa de campo; y al poco llegaron allí los que le buscaban, y al no hallarlo, echaron mano de dos muchachos esclavos, uno de los cuales confesó bajo tortura.

Era ya imposible permanecer escondido cuando las mismas personas que le habían delatado eran gente de su propia casa. Y el capitán de los policías, que resultó precisamente llamarse Herodes, tenía muchos deseos de llevarle al estadio. Esto sucedió para que pudiera cumplir su suerte designada, o sea, el ser hecho participante con Cristo, en tanto que ellos –los que le traicionaban– sufrían el mismo castigo de Judas.

7. Así que llevándose al muchacho con ellos, en viernes, hacia la hora de la cena, los policías y jinetes se dirigieron con sus armas acostumbradas, apresurándose "como contra un ladrón" (Mt. 26:55). Y llegando todos ellos tarde al anochecer, le hallaron echado en cama en un aposento alto de cierta cabaña; y aunque él podría haberse ido a otro lugar, no quiso, diciendo: "Sea hecha la voluntad de Dios" (Hch. 21:14; Mt. 6:10).

Así que cuando oyó que venían, se dirigió hacia abajo y conversó con ellos, en tanto que los presentes se maravillaban de su edad y de su constancia, preguntándose cómo podía haber tanta ansia para aprehender a un an-

Procuraron diciéndole: "¿Qué mal hay en decir César es Señor, y en ofrecerle incienso?". Él les dijo: "No voy a hacer lo que me aconsejáis".

ciano como él. Con lo cual, inmediatamente dio orden de que se dispusiera una mesa para ellos, para que comieran y bebieran en aquella hora tanto como desearan. Y les persuadió a concederle una hora para que pudiera orar sin ser molestado; y cuando ellos consintieron, él se levantó y oró, estando tan lleno de la gracia de Dios, que durante dos horas no pudo callar, y todos los que le oían estaban asombrados, y muchos se arrepentían de haber acudido contra un anciano tan venerable.

Camino del martirio

8. Pero cuando finalmente puso fin a su oración, después de recordar a todos los que en un momento u otro habían estado en contacto con él, pequeños y grandes, ilustres y humildes, y a toda la Iglesia católica por todo el mundo, llegó la hora de partir, y le sentaron sobre un asno y le llevaron a la ciudad, y era un gran sábado.

Y fue recibido por Herodes, el capitán de la policía y por su padre Nicetas, los cuales le hicieron bajar de su montura y subir a su carruaje, y procuraron convencerle, sentándose ellos a su lado y diciéndole: "¿Qué mal hay en decir César es Señor, y en ofrecerle incienso", añadiendo a esto "y con ello salvarte?".

Pero él al principio no les dio respuesta. Sin embargo, cuando ellos persistieron, les dijo: "No voy a hacer lo que me aconsejáis".

Entonces ellos, viendo que no podían persuadirle, hicieron uso de amenazas y le hicieron bajar rápidamente, de modo que se hirió en la espinilla cuando bajaba del carruaje. Y sin volverse tan sólo, siguió su camino al punto y rápidamente, como si nada le hubiera sucedido, y fue llevado al estadio; y había en el estadio un tumulto tal que no era posible oír la voz de ninguno al hablar.

Testimonio ante el procónsul

9. Pero cuando Policarpo entró en el estadio le llegó una voz del cielo: «Mantente firme, Policarpo, y sé un hombre». Y nadie vio al que hablaba, pero los que son de los nuestros que estaban presentes oyeron la voz. Y al final, cuando fue traído, hubo un gran tumulto, porque oyeron que habían capturado a Policarpo.

Así pues, cuando lo presentaron delante del procónsul, éste inquirió si él era Policarpo. Y al confesar que lo era, intentó persuadirle a que se retractara, diciendo: "Ten respeto a tu edad", y otras cosas apropiadas, como acostumbran decir: "Jura por el genio[19] de César; y retráctate y di: Fuera los ateos".

Entonces Policarpo, con mirada solemne, contempló toda la multitud de paganos impíos que había en el estadio, y les hizo señas con la mano; y gimiendo y mirando al cielo, dijo: "Fuera los ateos".

Pero cuando el magistrado insistió y le dijo: "Jura, y te soltaré; insulta a Cristo", Policarpo contestó: "Durante ochenta y seis años he sido su siervo, y no me ha hecho mal alguno. ¿Cómo puedo ahora blasfemar de mi Rey que me ha salvado?".

El procónsul insistió diciendo: "Jura por el genio del César"; él contestó: "Haces ver que no sabes quién soy, te lo diré claramente: soy cristiano".

Defensa de la fe

10. Pero cuando el procónsul insistió diciendo: "Jura por el genio del César", él contestó: "Si supones, en vano, que voy a jurar por el genio del César, como dices, y haces ver que no sabes quién soy, te lo diré claramente: soy cristiano. Pero si quieres aprender la doctrina del cristianismo, señala un día y escúchame".

El procónsul dijo: "Convence al pueblo".

Pero Policarpo contestó: "En cuanto a ti, he considerado que eres digno de hablarte; porque se nos ha enseñado a rendir honor como es debido a los príncipes y autoridades designadas por Dios, salvo que no sea en nuestro perjuicio; pero en cuanto a éstos, no los considero dignos de que tenga que defenderme delante de ellos".

Conminado a retractarse

11. Ante lo cual el procónsul dijo: "Tengo fieras aquí y te echaré a ellas como no te retractes". Pero él dijo: "Que las traigan; porque el arrepentirse de lo mejor a lo peor es un cambio que no nos es permitido; pero es noble el cambiar de lo perverso a lo justo".

---

[19] La *Tyché* o Fortuna era la diosa protectora del emperador, que se identificaba con el *genius* del mismo. Jurar equivalía a reconocer la divinidad del emperador.

El heraldo clamó: "Éste es el maestro de Asia, el padre de los cristianos, el que derriba nuestros dioses y enseña a muchos a no sacrificar ni adorar".

Entonces insistió el procónsul: "Haré que ardas con fuego si desprecias las fieras, como no te arrepientas". Pero Policarpo dijo: "Tú me amenazas con fuego que arde un rato y después se apaga; pero no sabes nada del fuego del juicio futuro y del castigo eterno, que está reservado a los impíos. ¿Por qué te demoras? Haz lo que quieras".

Enemistad de los paganos

12. Diciendo estas y otras cosas, iba llenándose de valor y gozo, y su rostro se henchía de gracia, de modo que no sólo no se desmayó ante las cosas que le decían, sino que, al contrario, el procónsul estaba asombrado y envió a su propio heraldo a proclamar tres veces en medio del estadio: "Policarpo ha confesado que es un cristiano".

Cuando el heraldo hubo proclamado esto, toda la multitud, tanto de gentiles como de judíos que vivían en Esmirna, clamó con ira incontenible y grandes gritos: "Éste es el maestro de Asia, el padre de los cristianos, el que derriba nuestros dioses y enseña a muchos a no sacrificar ni adorar".

Diciendo estas cosas, a grandes gritos pidieron al asiarca[20] Felipe que soltara un león a Policarpo. Pero él dijo que no podía hacerlo legalmente, puesto que ya había dado por terminados los juegos. Entonces ellos decidieron gritar unánimes que Policarpo debía ser quemado vivo. Porque era necesario que se cumpliera la visión que se le había mostrado sobre su almohada, cuando la vio ardiendo mientras oraba, y volviéndose dijo a los fieles que estaban con él: "Es necesario que sea quemado vivo".

En la hoguera

13. Estas cosas sucedieron rápidamente, más aprisa de lo que pueden contar las palabras, y la multitud empezó a recoger en obradores y baños leña y haces, y los judíos en especial ayudaron, según acostumbran. Pero cuando estuvo listo el montón de leña, Policarpo mismo se quitó las prendas externas y se soltó la faja, esforzán-

---

[20] El *asiarca* o sumo sacerdote del culto imperial, dirigía y en parte costeaba los espectáculos populares.

dose también en quitarse los zapatos, aunque no tenía la costumbre de hacerlo antes, porque todos los fieles en todo momento se esforzaban por quién tocaría antes su carne. Porque había sido tratado con todo honor toda su vida, incluso antes de que le salieran canas. Al punto, los instrumentos que estaban preparados para la hoguera fueron colocados a su alrededor; y como iban también a clavarle a la estaca, él dijo: "Dejadme como estoy; puesto que Él me ha concedido que pueda resistir el fuego, también me concederá que pueda permanecer inmóvil en la hoguera, sin tener que ser sujetado por los clavos".

Colocando las manos detrás y atado a la estaca como un noble cordero del gran rebaño para ser como una ofrenda aceptable a Dios.

Oración de Policarpo

14. Y ellos no le clavaron, pero le ataron. Entonces él, colocando las manos detrás y atado a la estaca como un noble cordero del gran rebaño para ser como una ofrenda, un holocausto preparado y aceptable a Dios, mirando al cielo dijo: "Oh Señor Dios Todopoderoso, Padre de tu amado y bendito Hijo Jesucristo, por medio del cual hemos recibido conocimiento de ti, Dios de ángeles y potestades, y de toda creación y de toda la raza de los justos, que viven en tu presencia; te bendigo porque me has concedido este día y hora para que pueda recibir una porción entre el número de los mártires en la copa de tu Cristo en la resurrección de vida eterna, tanto del alma como del cuerpo, en la incorruptibilidad del Espíritu Santo. Que pueda ser recibido con ellos en tu presencia este día, como un sacrificio rico y aceptable, que Tú has preparado y revelado de antemano, y has realizado, tú que eres el Dios fiel y verdadero. Por esta causa, sí, y por todas las cosas, te alabo, y bendigo, y glorifico, por medio del Sumo Sacerdote eterno y celestial, Jesucristo, tu Hijo amado, por medio del cual, con Él y el Espíritu Santo, sea gloria ahora y siempre y por todos los siglos. Amén".

Como oro y plata en el crisol

15. Cuando hubo ofrecido el Amén y terminado su oración, el verdugo encendió el fuego. Y cuando surgió la llama poderosa, todos los que pudimos verlo, contemplamos un portento, sí, y fuimos preservados para que pudiéramos referir al resto lo que había sucedido. El fuego,

Los impíos, viendo que su cuerpo no podía ser consumido por el fuego, ordenaron que fuera y le apuñalara con una daga.

formando la apariencia de una bóveda, como la vela de un navío llenada por el viento, formó una pared alrededor del cuerpo del mártir; y estaba allí en medio, no como carne quemándose, sino como [un pan en el horno o como] oro y plata refinados en un horno. Porque percibimos un olor fragante, como si desprendiera olor de incienso o de algún bálsamo precioso.

La muerte de un maestro apostólico y profético

16. Así que, finalmente, los impíos, viendo que su cuerpo no podía ser consumido por el fuego, ordenaron al confector[21] que fuera y le apuñalara con una daga. Y cuando lo hubo hecho, salió [una paloma y] una cantidad de sangre tal que extinguió el fuego; y toda la multitud se maravilló de que hubiera una diferencia tan grande entre la muerte de los incrédulos y de los elegidos. Al número de éstos pertenece este hombre, el glorioso mártir Policarpo, que fue un maestro apostólico y profético en nuestros propios días, un obispo de la santa Iglesia que está en Esmirna. Porque cada palabra que pronunció su boca se cumplió o bien se cumplirá.

Diferencia entre los mártires y Cristo

17. Pero el maligno, celoso y envidioso, el adversario de la familia de los justos, habiendo visto la grandeza de su martirio y lo intachable de su vida desde el principio, y cómo fue coronado con la corona de la inmortalidad, y hubo ganado un premio que nadie puede desmentir, se las arregló para que ni aun su pobre cuerpo fuera sacado y llevado por nosotros, aunque muchos deseaban hacerlo y tocar su carne santa. Así que hizo salir a Nicetas, padre de Herodes y hermano de Alce, para rogar al magistrado que no entregara su cuerpo, según se dijo: "para que no abandonen al crucificado y empiecen a adorar a este hombre"; lo cual fue hecho por instigación y ruego apremiante de los judíos, que también vigilaban cuando iban a sacarle del fuego, no sabiendo que será imposible que nosotros

---

[21] Encargado de matar a los heridos que sobrevivían al combate.

abandonemos en este tiempo al Cristo que sufrió por la salvación de todo el mundo de los que son salvos –sufriendo por los pecadores siendo Él inocente–, ni adorar a otro. Porque a Él, siendo el Hijo de Dios, le adoramos, pero a los mártires, como discípulos e imitadores del Señor, los respetamos y queremos como merecen, por su afecto incomparable hacia su propio Rey y Maestro. Que nuestra suerte sea también ser hallados copartícipes y condiscípulos de ellos.

Los huesos de Policarpo

18. El centurión, pues, viendo la oposición levantada por parte de los judíos, le puso en medio y lo quemó según su costumbre. Y así nosotros, después, recogimos sus huesos, que son mucho más valiosos que piedras preciosas y que oro refinado, y los pusimos en un lugar apropiado; donde el Señor nos permitirá congregarnos, según podamos, en gozo y alegría, y celebrar el aniversario de su martirio para la conmemoración de todos los que ya han luchado en la contienda y para la enseñanza y preparación de los que han de hacerlo más adelante.

La gloria de Policarpo

19. Así ha sucedido que el bienaventurado Policarpo, habiendo recibido el martirio en Esmirna con los de Filadelfia –doce en conjunto–, es recordado de modo especial más que los otros por todos, de manera que se habla de él incluso entre los paganos en todas partes; porque mostró no sólo que era un maestro notable, sino también un mártir distinguido, cuyo martirio todos desean imitar, viendo que fue según el modelo del Evangelio de Cristo. Habiendo vencido con su sufrimiento al gobernante injusto en el conflicto y recibido la corona de la inmortalidad, se regocija en la compañía de los apóstoles y de los justos, y glorifica al Dios y Padre Todopoderoso, y bendice a nuestro Señor Jesucristo, el salvador de nuestras almas y piloto de nuestros cuerpos y pastor de la Iglesia universal que se halla por todo el mundo.

Policarpo no sólo que era un maestro notable, sino también un mártir distinguido. Habiendo vencido con su sufrimiento se regocija en la compañía de los apóstoles.

Cuando
os hayáis
enterado de
estas cosas,
enviad la
carta también
a otros
hermanos
que están
más lejos,
para que
también
puedan
glorificar
al Señor,
que elige
entre sus
propios
siervos.

Despedida

20. En verdad pedisteis que se os mostraran en gran detalle todas las cosas que han sucedido; pero nosotros, hasta aquí, hemos tenido que limitarnos a un resumen de lo principal, que os mandamos por obra de nuestro hermano Marción. Cuando os hayáis enterado de estas cosas, enviad la carta también a otros hermanos que están más lejos, para que ellos también puedan glorificar al Señor, que elige entre sus propios siervos.

Ahora, al que es poderoso para traernos a todos por su gracia y bondad a su reino eterno, por medio de su Hijo unigénito Jesucristo, sea gloria, honor, poder y grandeza para siempre. Saludad a todos los santos. Los que están con nosotros os saludan, y Evaresto, que escribió esta carta, con toda su casa.

Fecha del martirio

21. El bienaventurado Policarpo sufrió el martirio el segundo día de la primera parte del mes Jántico, el séptimo día antes de las calendas de marzo, día gran sábado, a la hora octava. Fue capturado por Herodes, cuando Felipe de Trales era sumo sacerdote, en el proconsulado de Estacio Quadrato, pero en el reino del Rey eterno Jesucristo. Al cual sea la gloria, honor, grandeza y trono eterno, de generación en generación. Amén.

Apéndice

22. Que Dios os sea propicio, hermanos, en tanto que andáis en la palabra de Jesucristo que es según el Evangelio; con quien sea la gloria de Dios para salvación de sus santos elegidos; así como el bienaventurado Policarpo sufrió el martirio, en cuyas pisadas sea nuestra suerte para ser hallados en el reino de Jesucristo.

Este relato lo copió Gayo de los papeles de Ireneo, un discípulo de Policarpo. Este mismo vivió también con Ireneo. Y yo Sócrates los escribí en Corinto de la copia de Gayo. La gracia sea con todos los hombres.

Y yo Pionio lo escribí de nuevo de la copia antes mencionada, habiéndola buscado (según el bienaventurado Policarpo me mostró en una revelación, como declararé en lo que sigue), recogiéndola y juntándola cuando ya estaba casi desgastada por la edad, para que el Señor Jesucristo pueda recogerme también a mí con sus elegidos en su reino celestial; al cual sea la gloria con el Padre y el Espíritu Santo, por los siglos de los siglos. Amén.

Otro epílogo al *Martyrium*, del códice de Moscú

1. Este relato lo copió Gayo de los papeles de Ireneo. Este vivió con Ireneo, que había sido un discípulo del santo Policarpo. Porque este Ireneo, estando en Roma al tiempo del martirio del obispo Policarpo, instruyó a muchos; y hay en circulación muchos tratados ortodoxos y muy excelentes que son suyos. En éstos hace mención de Policarpo, diciendo que le había enseñado a él. Y fue capaz de refutar toda herejía y entregar la regla católica de la Iglesia tal como la había recibido del santo.

Menciona este hecho también: que cuando Marción, según el cual son llamados los marcionitas, se encontró con el santo Policarpo en una ocasión, y dijo: "Te reconozco, Policarpo", él respondió a Marción: "Ciertamente, te reconozco como el primogénito de Satanás". La afirmación siguiente se hace también en los escritos de Ireneo: que en el mismo día y hora en que Policarpo era martirizado en Esmirna, Ireneo, estando en la ciudad de Roma, oyó una voz como de una trompeta que decía: "Policarpo ha sufrido el martirio".

2. De estos papeles de Ireneo, pues, como ya se ha afirmado, Gayo hizo una copia, y de la copia de Gayo, Isócrates hizo otra en Corinto.

3. Y yo Pionio de nuevo escribo la copia de Isócrates, habiéndola buscado en obediencia a una revelación del santo Policarpo, juntándola, cuando ya estaba casi desgastada por los años, para que el Señor Jesucristo pueda recogerme también a mí con sus elegidos en su reino celestial; a quien sea la gloria con el Padre, y el Hijo, y el Espíritu Santo para siempre jamás. Amén.

En el mismo día y hora en que Policarpo era martirizado en Esmirna, Ireneo, estando en la ciudad de Roma, oyó una voz como de una trompeta que decía: "Policarpo ha sufrido el martirio".

CARTA
DE
BERNABÉ

1

El conocimiento perfecto

Saludos, hermanos y hermanas, en el nombre del Señor que nos amó, en paz.

Siendo así que las ordenanzas de Dios son grandes y ricas para vosotros, me regocijo con gozo sobremanera grande y abundante en vuestros espíritus bienaventurados y gloriosos; tan innata es la gracia del don espiritual que habéis recibido. Por lo cual yo también me felicito esperando ser salvo, porque veo el Espíritu derramado entre vosotros de las riquezas procedentes del Señor. Tanto me asombró el veros, algo que había deseado tanto.

Estando, pues, persuadido de esto, y siendo consciente de que habiendo dicho mucho entre vosotros, sé que el Señor anduvo conmigo en el camino de la justicia, y me veo totalmente constreñido también yo mismo a esto, a amaros más que a mi propia alma, porque gran fe y amor residen en vosotros por medio de la esperanza de la vida que está en Él (Tit. 1:2; 3:7); considerando esto, pues, que si procuro comunicaros la misma porción que yo he recibido, resultará en mi recompensa, por haber ministrado a tales espíritus, tenía deseos de enviaros un breve escrito, para que junto con vuestra fe vuestro conocimiento sea también perfecto.

Bien, pues, hay tres ordenanzas del Señor: la esperanza de vida, que es el comienzo y fin de nuestra fe; y la justicia, que es el comienzo y fin del juicio; el amor que se muestra en la alegría y exultación, el testimonio de las obras de justicia. Porque el Señor nos dio a conocer por medio de sus profetas cosas pasadas y presentes, dándonos, igualmente, las primicias del sabor de las cosas futuras. Y viendo que cada una de estas cosas se ha realizado una por una, según Él dijo, deberíamos ofrecerle una ofrenda más rica y alta de temor. Pero yo, sin embargo, no como si fuera un maestro, os mostraré unas pocas cosas por las cuales podáis alegraros en las circunstancias presentes.

Hay tres ordenanzas del Señor: la esperanza de vida, que es el comienzo y fin de nuestra fe; la justicia, que es el comienzo y fin del juicio; el amor que se muestra en la alegría.

2

Sacrificios espirituales

Los que ayudan a nuestra fe son el temor y la paciencia, y nuestros aliados son la longanimidad y el dominio de nosotros mismos.

Siendo así que los días son malos, y que el Activo mismo (Satán) tiene la autoridad, deberíamos estar más atentos hacia nosotros mismos y buscar las ordenanzas del Señor.

Los que ayudan a nuestra fe son, pues, el temor y la paciencia, y nuestros aliados son la longanimidad y el dominio de nosotros mismos. Si éstos permanecen en un espíritu puro en cuestiones referentes al Señor, la sabiduría, el entendimiento, la ciencia y el conocimiento se regocijan con ellos.

Porque Él nos ha manifestado, por medio de todos los profetas, que el Señor no quiere sacrificios, ni holocaustos, ni oblaciones, y dice en una ocasión: "¿Qué son para mí la multitud de vuestros sacrificios?, dice el Señor. Estoy harto de vuestros holocaustos, de sebo de los carneros, y no deseo la sangre de los bueyes y ovejas, aunque os presentéis delante de mí. Porque ¿quién ha requerido estas cosas de vuestras manos? No holléis más mis atrios. Si traéis harina fina, es vano; el incienso me es abominación; vuestras lunas nuevas y sábados no puedo soportarlos" (Is. 1:11-13).

Estas cosas, pues, el Señor las anuló para que la nueva ley de nuestro Señor Jesucristo, siendo libre del yugo de la obligación, pueda tener su ofrenda no hecha de manos.

Y dice también a ellos: "¿Mandé a vuestros padres que salieran de la tierra de Egipto para que me trajeran holocaustos y sacrificios? ¿O no fue esto lo que les mandé: Que ninguno de vosotros piense mal en su corazón contra su prójimo, ni ame el juramento falso?" (Jer. 7:22, 23; Zac. 8:17; 7:10).

Así que deberíamos advertir, a menos que seamos sin entendimiento, la mente bondadosa de nuestro Padre; porque Él nos habla, deseando no nos extraviemos, sino que procuremos acercarnos a Él. Así, nos habla: "El sacrificio a Dios es un corazón quebrantado, el olor suave al Señor es un corazón que glorifica a su hacedor" (Sal. 51:17-19).

Por tanto, hermanos, deberíamos aprender con exactitud con respecto a nuestra salvación, para que el maligno no consiga entrar por medio del error en nosotros, y nos arroje lejos de nuestra vida, como la piedra de una honda.

3

El ayuno agradable al Señor

Él les dice de nuevo con respecto a estas cosas: "¿Por qué, pues, ayunáis por mí, dice el Señor, de modo que vuestra voz sea oída hoy clamando? Éste no es el ayuno que yo he escogido, dice el Señor; no que un hombre aflija su alma; no que incline el cuello como un junco, y se ponga saco y haga su cama en ceniza, ni aun así será este ayuno aceptable" (Is. 58:4, 5). Sino que nos dice: "Éste es el ayuno que he escogido, dice el Señor: soltad toda atadura de maldad, desatad las cuerdas atadas de los contratos forzados, enviad aliviados a los quebrantados y haced pedazos de todo yugo injusto. Partid vuestro pan con el hambriento, y si ves a uno desnudo vístele; traed al errante a vuestra casa, y si ves a un humilde, no le desprecies, ni tampoco lo hará ninguno de tu casa ni de tu propia simiente. Entonces la luz brotará en el alba, y tu sanidad se verá rápidamente, y la justicia irá delante de tu faz, y la gloria de Dios te rodeará. Entonces clamarás, y Dios te oirá; aún estarás hablando, y Él dirá: "Heme aquí"; si quitas de ti el yugo y el dedo que amenaza y la palabra de murmuración, y das tu pan al hambriento de buena gana y tienes piedad del alma afligida" (Is. 58:6-10).

A este fin, pues, hermanos míos, Él, que es paciente, previendo que el pueblo a quien Él había preparado en su amado creería con simplicidad, nos advirtió de antemano con respecto a todas las cosas, para que no naufragáramos en la ley como prosélitos.

Previendo que el pueblo a quien Él había preparado en su amado creería con simplicidad, nos advirtió de antemano para que no naufragáramos en la ley como prosélitos.

4

El fin de los tiempos y el Nuevo Pacto

Apartémonos de todas las obras de libertinaje, y aborrezcamos el error del tiempo presente, para que podamos ser amados por lo que ha de venir.

Por lo tanto, os corresponde investigar con más ahínco respecto al presente y averiguar las cosas que tienen poder para salvarnos. Apartémonos, pues, de todas las obras de libertinaje, para que las obras de libertinaje no nos dominen; y aborrezcamos el error del tiempo presente, para que podamos ser amados por lo que ha de venir.

No demos descanso a nuestra alma para que no tenga libertad de tener tratos con los pecadores e impíos, no sea que se vuelva como uno de ellos. El escándalo final está a punto, con respecto al cual habla la Escritura, como dice Enoc. "Porque para este fin el Señor ha abreviado los tiempos y los días, para que sus amados puedan apresurarse y llegar a su herencia" (*Henoch* 86:61, 64).[22] Y el profeta también ha hablado de esta manera: "Habrá diez reinos sobre la tierra, después de los cuales se levantará un rey pequeño, el cual abatirá a tres de los reyes bajo uno" (Dn. 7:24).

De la misma manera Daniel habla con respecto al mismo: "Y vi la cuarta bestia que era mala y fuerte y más intratable que todas las demás bestias de la tierra, y que salieron de ella diez cuernos, y de éstos, un cuerno pequeño, una excrecencia, y que fueron abatidos bajo uno tres de los grandes cuernos" (Dn. 7:7, 8). Por tanto, nuestra obligación es comprender.

Además, os pido esto como siendo uno de vosotros y amándoos a todos en particular más que a mi propia alma: que prestéis atención a vosotros mismos ahora, y no seáis semejantes a ciertas personas que amontonan pecado sobre pecado, diciendo que nuestro pacto permanece para ellos también.

Es nuestro, sí; pero ellos lo perdieron en esta forma para siempre, cuando Moisés lo acababa de recibir. Porque la Escritura dice: "Y Moisés estuvo en el monte ayunando cuarenta días y cuarenta noches; y recibió el pacto del

---

[22] Apócrifo judío, de estilo apocalíptico, probablemente de la época de los Macabeos, año 160 a.C.

Señor, a saber, tablas de piedra escritas con el dedo de la mano del Señor" (Éx. 31:18; 34:28). Pero ellos lo perdieron por haberse vuelto a los ídolos. Por esto dice el Señor: "Moisés, Moisés, baja al momento; porque tu pueblo al cual sacaste de Egipto ha obrado injustamente" (Éx. 32:7). Y Moisés comprendió, y arrojó las dos tablas de sus manos; y su pacto quedó hecho pedazos, para que el pacto del amado Jesús pudiera ser sellado en nuestros corazones en la esperanza que brota de la fe de Él.

Vigilemos en estos últimos días. Porque todo el tiempo de nuestra fe no nos beneficiará de nada, a menos que ahora ofrezcamos resistencia.

Pero aunque quisiera escribir muchas cosas, no como maestro, sino como corresponde a uno que desea que no os quedéis cortos de lo que poseéis, estoy ansioso de escribiros, siendo vuestro devoto servidor. Por lo cual vigilemos en estos últimos días. Porque todo el tiempo de nuestra fe no nos beneficiará de nada, a menos que ahora, en el período del libertinaje y de los escándalos que habrá, como corresponde a hijos de Dios, ofrezcamos resistencia, para que el Negro no pueda conseguir entrar.

Huyamos de toda vanidad, aborrezcamos enteramente las obras del mal camino. No os retiréis aparte, viviendo separadamente, solos, como si ya estuviéramos justificados, sino congregándonos y consultando acerca del bienestar común.[23] Porque la Escritura dice: "Ay de aquellos que se creen sabios, y entendidos en su propia opinión" (Is. 5:21). Seamos espirituales, seamos un templo perfecto para Dios.

En cuanto concierne a nosotros, ejercitémonos en el temor de Dios y esforcémonos por guardar sus mandamientos, para que podamos regocijarnos en sus enseñanzas. El Señor juzga al mundo sin hacer acepción de personas (Hch. 10:34; Ro. 2:11; Ef. 6:9; Stg. 2:1; 1ª P. 1:17); cada uno recibirá conforme a sus hechos (Mt. 16:27; Ro. 2:6). Si es bueno, su justicia irá delante de él en el camino; si es malo, la recompensa de su mal obrar está delante de él; para que no nos ocurra que, aflojando, al considerar que hemos sido llamados, nos adormilemos en nuestros pecados, y el principio del mal reciba poder contra nosotros y nos eche del reino del Señor.

---

[23] Cf. Hebreos 10:25 "No dejando nuestra congregación, como algunos tienen por costumbre, mas exhortándonos; y tanto más, cuanto veis que aquel día se acerca".

Además, entended esto también, hermanos míos. Cuando veis que después de tantas señales y portentos obrados en Israel, incluso así fueron abandonados, estemos alerta, para que nosotros no seamos hallados, como dice la Escritura, "muchos llamados, pero pocos escogidos" (Mt. 22:14).

5

Redención por la sangre de Cristo

Porque para este fin el Señor soportó el entregar su carne a la destrucción, para que por la remisión de pecados podamos ser limpiados, lavamiento que tiene lugar por medio de la sangre de su rociamiento (1ª P. 1:2). Porque la Escritura respecto a Él contiene algunas cosas referidas a Israel, y algunas referidas a nosotros. Y dice así: "'Él fue herido por nuestras transgresiones, y molido por nuestros pecados; y por sus llagas nosotros fuimos curados. Como una oveja fue llevado al matadero, y como un cordero no abrió su boca ante el trasquilador" (Is. 53:5-7).

Él sufrió para poder destruir la muerte y mostrar la resurrección de los muertos, y preparar al nuevo pueblo para sí mismo.

Por tanto deberíamos estar agradecidos al Señor, porque Él nos dio revelación en el pasado, y nos hizo conocedores en el presente, y por lo que se refiere al futuro no estamos sin entendimiento. Ahora bien, la Escritura dice: "No se tenderá injustamente la red ante los pájaros" (Pr. 1:17). El significado de esto es que un hombre perecerá justamente si, teniendo el conocimiento del camino de justicia, se precipita a sí mismo por el camino de la oscuridad.

Hay también esto, hermanos míos; si el Señor soportó el sufrimiento por nuestras almas, aunque era el Señor de todo el mundo, a quien Dios dijo desde la fundación del mundo: "Hagamos al hombre según nuestra imagen y semejanza" (Gn. 1:26), ¿cómo, pues, soportó el sufrir de la mano de los hombres? Aprendedlo.

Los profetas, recibiendo gracia de Él, profetizaron respecto a Él (Lc. 24:27). Pero Él mismo sufrió para poder destruir la muerte y mostrar la resurrección de los muertos, para lo cual era menester que fuera manifestado en la carne; para que al mismo tiempo pudiera redimir la promesa hecha a los padres y, al preparar al nuevo pueblo para sí mismo, pudiera mostrar, en tanto que estaba en la tierra, que cuando haya realizado la resurrección de los hombres, Él mismo ejecutará juicio sobre ellos. Sí, y además Él predicó enseñando a Israel y realizando muchos prodigios y milagros, y le amó sobremanera.

Y cuando escogió a sus propios apóstoles que habían de proclamar su Evangelio, los cuales, para que Él pudiera mostrar que "no había venido a llamar a los justos, sino

El Hijo de Dios vino en la carne para que llegara a su colmo la consumación de los pecados de los que persiguieron y mataron a sus profetas.

a los pecadores" (Mt. 9:13), eran pecadores en cada pecado, entonces Él se manifestó a sí mismo como siendo el Hijo de Dios. Porque si Él no hubiera venido en la carne, los hombres no le habrían mirado y sido salvos, del mismo modo que cuando miran al sol que dejará de ser, que es la obra de sus manos, no pueden resistir sus rayos. Por tanto, el Hijo de Dios vino en la carne con este fin, para que llegara a su colmo la consumación de los pecados de los que persiguieron y mataron a sus profetas. Para este fin, pues, sufrió Él. Porque Dios dijo de las heridas de su carne que venían de ellos: "Cuando golpearán a su propio pastor, entonces las ovejas del rebaño se desparramarán" (Zac. 13:6-7; Mt. 26:31).

Pero Él mismo quiso sufrir así; porque era menester que Él sufriera en el madero. Porque el que profetizó dijo respecto a Él: "Libra mi alma de la espada" (Sal. 22:20); y: "Atravesad mi carne con clavos, porque la multitud de malhechores se ha levantado contra mí" (Sal. 20:16; 27:12). Y también dijo: "He aquí he dado mi espalda a los azotes, mis mejillas a los golpes, y he puesto mi rostro tan duro como el pedernal" (Is. 50:6).

6

Cristo, roca de salvación

Cuando Él dio el mandamiento, ¿qué dijo?: "¿Quién es el que disputa conmigo? Que se me oponga. ¿O quién es el que se me opone? ¿O quién es el adversario de mi causa? Que se acerque al siervo del Señor. ¡Ay de vosotros!, porque os volvéis viejos como un vestido y la polilla os consumirá" (Is. 50:8, 9).

Y de nuevo dice el profeta, viendo que Él fue ordenado para ser molido como una piedra dura: "He aquí pondré los fundamentos de Sion, una piedra muy preciosa, elegida, una piedra de ángulo, honrosa" (Is. 28:16). Luego dice también: "Y todo el que ponga su esperanza en Él, vivirá para siempre" (Ro. 9:33). ¿Está puesta nuestra esperanza, pues, sobre una piedra? En modo alguno. Sino que el Señor ha puesto su carne como fundamento con firmeza. Porque Él dice: "Me puso como una roca dura" (Is. 50:7). Y el profeta dice de nuevo: "La piedra que rechazaron los edificadores, ésta ha pasado a ser cabeza de ángulo" (Sal. 118:22). Y luego dice: "Éste es el día grande y maravilloso que ha hecho el Señor" (v. 24).

Os escribo del modo más simple para que podáis entenderlo, yo que soy un desecho para vuestro amor. ¿Qué dijo, pues, el profeta?: "La asamblea de los malhechores se reunió alrededor de mí, y me rodearon como las abejas rodean el panal"; y: "Sobre mi vestido echaron suertes" (Sal. 22:17, 18).

Por cuanto Él había de ser manifestado en la carne y sufrir, su sufrimiento fue manifestado con antelación. Porque el profeta dijo con respecto a Israel: "Ay de su alma, porque hicieron consejo perverso contra ellos mismos, diciendo: Atemos al justo, porque no tenemos beneficio alguno de él" (Is. 3:9, 10, LXX).

¿Qué les dice el otro profeta Moisés?: "He aquí, estas cosas dice el Señor Dios; entrad en la buena tierra que el Señor juró a Abraham, Isaac y Jacob, y heredadla, una tierra que fluye leche y miel" (Éx. 33:1-3; Dt. 1:25; Lv. 20:24).

¿Qué dice el conocimiento? Entended. Poned vuestra esperanza en Aquel que está a punto de manifestárseos en la carne, a saber, Jesús. Porque el hombre es tierra que

Por cuanto Él había de ser manifestado en la carne y sufrir, su sufrimiento fue manifestado con antelación.

El recinto de nuestro corazón es un templo santo al Señor. Nosotros somos aquellos a quienes Él llevó a la buena tierra.

sufre; porque de la faz de la tierra vino la creación de Adán. ¿Qué dijo, pues, Él? A una buena tierra, una tierra que fluye leche y miel. Bienaventurado es nuestro Señor, hermanos, que estableció entre nosotros sabiduría y entendimiento de estas cosas secretas. Porque el profeta dice una parábola referente al Señor. ¿Quién entenderá, excepto el que es sabio y prudente y que ama a su Señor? Por cuanto Él, pues, nos renovó en la remisión de pecados, Él nos hizo un nuevo tipo, de modo que pudiéramos tener el alma de hijos, como si hubiéramos sido creados de nuevo.

Porque la Escritura dice con respecto a nosotros, como Él dijo al Hijo: "Hagamos al hombre a nuestra imagen y semejanza, y que gobierne las bestias de la tierra y las aves de los cielos y los peces del mar" (Gn. 1:26). Y el Señor dijo cuando vio la hermosa figura nuestra: "Creced y multiplicaos y llenad la tierra" (Gn. 1:28). Todo eso a su Hijo.

De nuevo te mostraré en qué forma habla el Señor respecto a nosotros. Él hizo una segunda creación al final; y el Señor dijo: "He aquí hago las últimas cosas como las primeras" (Is. 42:9). Con referencia a esto, entonces el profeta predicó: "Entrad en una tierra que fluye leche y miel, y enseñoreaos de ella" (Éx. 33:1-3). He aquí, pues, hemos sido creados de nuevo, como Él dijo otra vez en otro profeta: "He aquí, dice el Señor, quitaré de ellos, esto es, de aquellos a quienes había previsto el Espíritu del Señor, sus corazones de piedra, y les pondré corazones de carne" (Ez. 11:19; 36:26); porque Él mismo había de ser manifestado en la carne y habitar entre nosotros.

En efecto, hermanos míos, el recinto de nuestro corazón es un templo santo al Señor. Porque el Señor dice otra vez: "Porque, ¿cuándo apareceré ante el Señor mi Dios y seré glorificado? Te confesaré en la asamblea de mis hermanos, y cantaré a ti en medio de la asamblea de los santos" (Sal. 42:2; 22:22). Nosotros, pues, somos aquellos a quienes Él llevó a la buena tierra.

¿Qué es, pues, la leche y la miel? Porque el niño es alimentado primero con miel y luego con leche. Así, de igual manera, nosotros también, siendo mantenidos vivos por nuestra fe en la promesa y por la Palabra, viviremos y seremos señores de la tierra. Ahora bien, ya hemos dicho antes: "Creced y multiplicaos y regid sobre los peces".

Pero, ¿quién es el que puede ahora regir sobre las bestias y peces y aves del cielo?; porque deberíamos percibir que el regir implica poder, de modo que uno debe dar órdenes y tener dominio. Si esto no sucede ahora, pues, con toda seguridad nos habla de lo que viene después, cuando nosotros seamos hechos perfectos, de modo que lleguemos a ser herederos del pacto del Señor.

7

Tipos de Jesús en las leyes de sacrificios

Si el Hijo de Dios permitió que su herida nos diera vida, creamos que el Hijo de Dios no podía sufrir como no fuera por amor a nosotros.

Entended, pues, hijos de la alegría, que el buen Señor nos manifestó todas las cosas de antemano, para que pudiéramos saber a quién debíamos rendir acción de gracias y alabanza en todas las cosas. Si, pues, el Hijo de Dios, siendo Señor y Juez futuro de los vivos y los muertos (2ª Ti. 4:1), permitió que su herida nos diera vida, creamos que el Hijo de Dios no podía sufrir como no fuera por amor a nosotros. Pero, además, cuando estaba crucificado le dieron vinagre y hiel para beber (Mt. 27:34).

Oíd ahora lo que sobre este asunto han revelado los sacerdotes del templo. Siendo así que hay un mandamiento en la Escritura: "Todo el que no observe el ayuno, ciertamente morirá" (Lv. 23:29), la razón de mandarlo el Señor fue porque Él estaba en su propia persona a punto de ofrecer el vaso de su Espíritu como sacrificio por nuestros pecados, que debía ser cumplido también el tipo que fue dado en Isaac que fue ofrecido sobre el altar. ¿Qué dice, pues, Él en el profeta?: "Y que coman del macho cabrío que es ofrecido en el ayuno por sus pecados" (Nm. 29:11; Éx. 29:32, 33).

Fijaos cuidadosamente: "Y que todos los sacerdotes solamente coman las entrañas sin limpiar con vinagre". ¿Por qué? "Como habéis de entregarme a mí, ofreciendo yo mi carne por los pecados de mi nuevo pueblo, hiel con vinagre para beber, comed vosotros sólo, en tanto que el pueblo ayuna y gime en saco y ceniza"; dijo esto para mostrar que es necesario que Él sufra de sus manos.

Observad el mandamiento que Él dio: "Tomad dos machos cabríos, de buen parecer y semejantes, y ofrecedlos, y que el sacerdote tome uno para holocausto por los pecados" (Lv. 16:7-10). Pero el otro: ¿qué hay que hacer con él? "Maldito", dice Él, es éste. Observad cómo es revelado el tipo de Jesús. Y escupid todos sobre él, y hostigadle, y atad lana escarlata sobre su cabeza, y empujadle hacia el desierto (Lv. 16:21, 22). Y cuando esto se ha hecho, el que lleva al macho cabrío al desierto, y quita la lana, y la pone sobre el arbusto que es llamado zarza, el mismo del cual acostumbramos comer los brotes cuando los hallamos en el campo.

De esta zarza sólo el fruto es dulce. ¿Qué significa esto? Fijaos bien. El uno para el altar, y el otro maldito. Y, además, el maldito es coronado. Porque le verán en aquel día llevando el largo manto escarlata sobre su carne y dirán: "¿No es éste Aquel a quien un día vimos crucificado y tuvimos en nada y le escupimos?"; verdaderamente era Él, que entonces dijo que era el Hijo de Dios. Porque, ¿en qué es igual al macho cabrío? Por esta razón, dice, los machos cabríos serán de buen parecer y semejantes, que cuando le verán que viene, entonces se asombrarán de la semejanza del macho cabrío.

Por tanto, contemplad el tipo de Jesús que había de sufrir. Pero, ¿qué significa que ellos colocaran la lana en medio de las espinas? Es el tipo de Jesús presentado para la Iglesia, puesto que a todo el que desea quitar la lana escarlata le corresponde sufrir muchas cosas debido a la terrible naturaleza de las espinas, y por medio de la aflicción conseguir dominio sobre ellas. Así, dice Él, los que desean verme y alcanzar mi reino, deben echar mano de mí a través de la tribulación y la aflicción.

Contemplad el tipo de Jesús que había de sufrir.

8

El simbolismo de la novilla bermeja

En su reino habrá días malos y terribles, en los cuales nosotros seremos salvados; porque el que sufre dolor en la carne es curado por medio del hisopo.

Pero, ¿qué pensáis que significa el tipo acerca del mandamiento a Israel de que aquellos cuyos pecados son completos y maduros ofrezcan una becerra y la sacrifiquen y la quemen, y luego que los siervos tomen las cenizas y las pongan en vasos, y aten la lana escarlata en una rama (ved aquí de nuevo el tipo de la cruz y la lana escarlata) con hisopo y hecho esto, los siervos han de rociar al pueblo uno por uno, para que puedan ser purificados de sus pecados? Entended cómo se os dice con toda claridad: el becerro es Jesús; los hombres que lo ofrecen, que son pecadores, son los que le ofrecen para la matanza. Después de esto ya no son hombres; la gloria ya no es para los pecadores. Los siervos que rocían son los que nos predicaron el perdón de los pecados y la purificación de nuestro corazón, a los cuales, siendo su número doce para testimonio a las tribus (porque hay doce tribus en Israel), Él les dio la autoridad del Evangelio, para que pudieran predicarlo. Pero, ¿por qué son tres los siervos que rociaban? Para testimonio de Abraham, Isaac y Jacob, porque éstos son poderosos delante de Dios.

Luego hay el atar la lana en la rama. Esto significa que el reino de Jesús está en la cruz, y que los que ponen su esperanza en Él vivirán para siempre. ¿Y por qué hay la lana y el hisopo al mismo tiempo? Porque en su reino habrá días malos y terribles, en los cuales nosotros seremos salvados; porque el que sufre dolor en la carne es curado por medio de la inmundicia del hisopo. Ahora verdaderamente nos es manifestado que estas cosas ocurrieron por esta razón, pero para ellos eran oscuras, porque ellos no escucharon la voz del Señor.

9

La verdadera circuncisión

Además Él dice con respecto a los oídos, que se trata de nuestro corazón, que es circuncidado. El Señor dice en el profeta: "Al oírme me escucharon" (Sal. 18:44). Y de nuevo: "Los que están lejos oirán con sus oídos, y advertirán lo que he hecho" (Is. 33:13). Y: "Circuncidad vuestros corazones, dice el Señor" (Jer. 7:2, 3). Y también dice: "Oye, Israel, porque así dice el Señor tu Dios: El que desee vivir para siempre, que escuche con sus oídos la voz de mi siervo". Y de nuevo dice: "Escucha, oh cielo, y presta oído, oh tierra, porque el Señor ha hablado estas cosas para testimonio". Y de nuevo dice: "Oíd la palabra del Señor, gobernantes de este pueblo". Y dice también: "Oíd, hijos míos, la voz de uno que clama en el desierto". Por tanto, Él circuncidó nuestros oídos, para que oyendo la Palabra podamos creer. Pero, además, la circuncisión, en la cual ellos tienen confianza, está abolida; porque Él dijo que debe practicarse una circuncisión que no es de la carne. Pero ellos transgredieron, porque un mal ángel les enseñó astucia. Les dijo: "Así dice el Señor vuestro Dios: No sembréis en espinos, circuncidaos para vuestro Señor". ¿Y qué dice Él? "Circuncidad la dureza de vuestro corazón; y no endurezcáis vuestra cerviz" (Jer. 4:3, 4).

Él circuncidó nuestros oídos, para que oyendo la Palabra podamos creer. Pero, además, la circuncisión está abolida; porque Él dijo que debe practicarse una circuncisión que no es de la carne.

Ved esto también: "He aquí, dice el Señor, todos los gentiles son incircuncisos en su prepucio, pero este pueblo es incircunciso en su corazón" (Dt. 10:16). Pero tú dices: Ciertamente el pueblo ha sido circuncidado como un "sello". No, puesto que también lo es todo sirio y árabe y todos los sacerdotes de los ídolos. ¿Pertenecen éstos, pues, también al pacto? Además, los egipcios se hallan entre los circuncisos.

Aprended, pues, hijos de amor, con referencia a todas las cosas en abundancia, que Abraham, que primero ordenó la circuncisión, miraba hacia adelante en el espíritu a Jesús, cuando circuncidaba habiendo recibido los símbolos de tres letras. Porque la Escritura dice: "Y Abraham circuncidó de su casa dieciocho y trescientos varones" (Gn. 17:23-27).

Él reveló a Jesús en dos letras, y en la restante la cruz.

¿Cuál era, pues, el conocimiento que se le había dado? Entended que dijo *dieciocho* primero, y después de un intervalo *trescientos*. En el dieciocho se halla "I" para diez, "H" para ocho. Aquí tienes las iniciales de Jesús (IH YO).   Y como la cruz en la "T" había de expresar la gracia, dice también trescientos.[24] Así Él reveló a Jesús en las dos letras, y en la restante la cruz. El que puso dentro de nosotros el don ingénito de su pacto sabe; nadie ha oído de mí palabras más ciertas y genuinas; pero yo sé que sois dignos.

---

[24] IH = 18, + T = 300 = 318.

10

Simbolismo de los animales impuros

Porque al decir Moisés: "No comeréis cerdo, ni águila, ni halcón, ni cuervo, ni ningún pez que no tenga escamas" (Lv. 11; Dt. 14), abarcaba en su entendimiento tres ordenanzas. Sí, y además Él les dijo en Deuteronomio: "Yo pondré como pacto sobre este pueblo mis ordenanzas" (Dt. 4:5). Así que no se trata de un mandamiento de Dios de que no hinquen en ellos el diente, sino que Moisés lo dijo en el espíritu. En consecuencia, citó a los cerdos con esta intención. No te juntarás, dijo, a los hombres que sean como cerdos; esto es, cuando en su lujuria se olvidan del Señor, pero cuando están en necesidad reconocen al Señor, tal como el cerdo cuando come no conoce a su señor, pero cuando está hambriento gruñe, y cuando ha recibido comida de nuevo está silencioso. Ni tampoco comerás águila ni halcón ni milano ni cuervo. No te juntarás, dice, o serás semejante a hombres que no saben cómo proveerse alimento para sí mismos con su esfuerzo y sudor, sino que en su libertinaje se apoderan de lo que es de otros, y, como si anduvieran inocentemente, miran y buscan a quien robar en su rapacidad, tal como estos pájaros no se procuran alimento para sí mismos, sino que están ociosos y buscan a quien puedan comer la carne que pertenece a otros, siendo perniciosos en sus maldades.

Y no comerás, dice Dios, *lamprea ni pulpo ni sepia*. No serás, significa, como los hombres que son desesperadamente malvados, y ya son condenados a muerte, tal como estos peces son malditos y nadan en las profundidades, y no nadan en la superficie como el resto, sino que permanecen en el fondo debajo del mar profundo.

Además, *no comerás liebre*. ¿Por qué? No serás corruptor de muchachos ni serás como estas personas; porque la liebre obtiene un nuevo pasaje (lugar de concepción) en el cuerpo cada año; porque según el número de años que vive es el número de orificios que tiene.[25]

Al decir Moisés: "No comeréis cerdo", lo dijo en el espíritu. En consecuencia, citó a los cerdos con esta intención. No te juntarás, dijo, a los hombres que sean como cerdos.

---

[25] Este mismo argumento, y prejuicio ignorante de la verdadera naturaleza de la liebre, debido a su fecundidad, aparece en Clemente de Alejandría, *El pedagog*, II, 10 (CLIE, 2001).

Uníos con aquellos que temen al Señor, que meditan en su corazón sobre la distinción de la Palabra que han recibido, con los que hablan las ordenanzas del Señor y las guardan.

Además, no comerás la hiena; no serás, dice Él, un adúltero o un fornicario, ni te asemejarás a estas personas. ¿Por qué? Porque este animal cambia su naturaleza año tras año, y se vuelve ahora macho y luego hembra. Además, Él odia a la comadreja también, y por buenas razones. No serás, dice Él, como los hombres de quienes oímos que obran iniquidad con su boca para inmundicia, ni te juntarás con mujeres impuras que cometen iniquidad con su boca. Porque este animal concibe por la boca.

Con respecto a las carnes, pues, Moisés recibió tres decretos a este efecto y los pronunció en un sentido espiritual; pero ellos los aceptaron según los deseos de la carne, como si se refirieran a comida. Y David también recibió conocimiento de los mismos tres decretos, y dijo: "Bienaventurado el hombre que no ha andado en el consejo de los impíos –a saber, los peces que van por la oscuridad en las profundidades–; y no ha andado por el camino de los pecadores –tal como los que hacen ver que temen al Señor y pecan como cerdos–; y no se ha sentado en asiento de destruidores –como las aves que se posan para acechar su presa–" (Sal. 1:1). Ahora tenéis la lección completa respecto a comer.

También dijo Moisés: "Comeréis todo lo que tiene la pezuña dividida y rumia". ¿Qué significa? El que recibe el alimento conoce a Aquel que se lo da, y siendo alimentado se regocija en él. Bien dijo, en consideración al mandamiento. ¿Qué significa? Uníos con aquellos que temen al Señor, que meditan en su corazón sobre la distinción de la Palabra que han recibido, con los que hablan las ordenanzas del Señor y las guardan, con los que saben que la meditación es una obra de gozo y que rumian la Palabra del Señor. Pero, ¿por qué el que divide la pezuña? Porque el justo anda en este mundo, y al mismo tiempo espera el mundo santo venidero. Veis, pues, qué prudente legislador era Moisés. Pero, ¿de dónde habían de percibir o entender estas cosas? Sea como sea, nosotros, habiendo percibido justamente los mandamientos, los decimos tal como el Señor quiere. A este fin Él circuncidó nuestros oídos y corazones, para que podamos entender estas cosas.

11

Símbolos del bautismo

Pero inquiramos si el Señor tuvo cuidado en dar a entender de antemano respecto al agua y la cruz. Respecto al agua, está escrito con referencia a Israel que ellos no querían recibir el bautismo que traía remisión de pecados, sino que querían edificar por su cuenta. Porque el profeta dijo: "Asómbrate, oh cielo, y tiembla más aún, tierra, ante esto, porque este pueblo ha hecho dos cosas malas; me ha abandonado a mí, la fuente de vida, y se han cavado para sí cisternas de muerte" (Jer. 2:12, 13). "¿Es mi santa montaña Sinaí una roca del desierto?; porque seréis como la cría de un ave, que revolotea privada de su nido" (Is. 16:1, 2).

Bienaventurados son los que ponen su esperanza en la cruz, y descienden al agua; porque Él habla de la recompensa a su sazón debida.

Y de nuevo dice el profeta: "Yo iré delante de ti, y nivelaré las montañas y quebrantaré puertas de bronce y haré pedazos de los cerrojos de hierro, y te daré tesoros oscuros, escondidos, no vistos, para que sepas que yo soy el Señor Dios" (Is. 45:2, 3). Y: "Habitarás en la cueva elevada de una peña" (Is. 33:16). Y: "Su agua estará asegurada; veréis al Rey de gloria, y vuestra alma meditará en el temor del Señor" (vv. 17, 18). Y de nuevo dice en otro profeta: "Y el que hace estas cosas será como el árbol que es plantado entre corrientes de agua, que da su fruto en sazón, y su hoja no cae, y todas las cosas que haga prosperarán. No así los impíos, sino que son como el polvo que esparce el viento por la faz de la tierra. Por lo tanto los impíos no estarán de pie en el juicio, ni los pecadores en el consejo de los justos; porque el Señor conoce el camino de los justos, y el camino de los impíos perecerá" (Sal. 1:2-6).

Percibís cómo señala el agua y la cruz al mismo tiempo. Porque éste es el significado: Bienaventurados son los que ponen su esperanza en la cruz, y descienden al agua; porque Él habla de la recompensa a su sazón debida; entonces, dice, yo pagaré. Pero, ¿qué es lo que dice ahora? Sus hojas no caerán; quiere decir con esto que toda palabra que sale de vosotros, a través de vuestra boca en fe y amor, será para la conversión y esperanza de muchos.

Y de nuevo dice otro profeta: "Y el país de Israel alabado por encima de toda la tierra" (Ez. 20:6; cf. Sab.

Descendemos al agua cargados con nuestros pecados y nos levantamos de ella dando fruto en el corazón.

3:19). Quiere decir esto: Él glorifica el vaso de su Espíritu. Luego, ¿qué dice? "Y había un río que salía de la derecha, y árboles hermosos se levantaban de él; y todo el que coma de ellos vivirá para siempre" (Ez. 47:1, 12). Esto dijo, porque descendemos al agua cargados con nuestros pecados e inmundicia y nos levantamos de ella dando fruto en el corazón, reposando nuestro temor y esperanza en Jesús en el espíritu. Y todo el que coma de ellos vivirá para siempre; significa esto: todo el que oye estas cosas dichas, dice Él, y las cree, vivirá para siempre.

12

Tipos de la cruz

De la misma manera, de nuevo define la cruz en otro profeta, que dice: "¿Y cuándo se realizarán estas cosas?, dice el Señor. Cuando un árbol sea doblado y se ponga otra vez derecho, y cuando mane sangre del madero" (4 Esdras 4:33; 5:5). De nuevo se te enseña aquí con referencia a la cruz y a Aquel que había de ser crucificado.

Moisés, que debía hacer un tipo de la cruz y de Aquel que había de sufrir.

Y Él dijo de nuevo en Moisés, cuando los hombres de otra nación hacían guerra contra Israel, y para que Él pudiera recordarles que la guerra se hacía contra aquellos que por sus pecados eran entregados a la muerte; el Espíritu dijo al corazón de Moisés, que debía hacer un tipo de la cruz y de Aquel que había de sufrir, que a menos, dijo, que ellos pusieran su esperanza en Él, la guerra seguiría contra ellos para siempre. Moisés, pues, amontona armas en un punto, en medio del encuentro, y puesto de pie en un sitio más alto que todos los demás, extiende las manos e Israel es otra vez victorioso. Luego, siempre que los bajaba, los israelitas morían a espada (Éx. 17:8 ss.). ¿Por qué? Para que aprendieran que ellos no podían salvarse, a menos que pusieran en Él su esperanza.

Y de nuevo en otro profeta dice: "Todo el día he extendido mis manos a un pueblo desobediente y que contradice mi recto camino" (Is. 65:2). De nuevo Moisés hace un tipo de Jesús, indicando que Él tiene que sufrir, y que Él mismo, a quien ellos pensaban haber destruido en un signo, les dará vida cuando Israel estaba cayendo. Porque el Señor hizo que los mordieran toda clase de serpientes, y ellos morían (por cuanto la transgresión fue obrada en Eva por medio de la serpiente), para que Él pudiera convencerles de que por razón de su transgresión habían de ser entregados a la aflicción de la muerte. Y además, aunque Moisés dio la orden: "No os haréis imagen de escultura o de fundición de vuestro Dios" (Éx. 20:4; Dt. 27:15), con todo, él mismo hizo una para que pudiera mostrarles un tipo de Jesús. Así Moisés hizo una serpiente de metal, y la levantó conspicuamente, e hizo presentar al pueblo mediante una proclamación. Así pues, cuando estuvieron congregados, rogaron a Moisés que ofreciera una

Siendo que
los hombres
habían de
decir que
Cristo es
el hijo de
David,
el mismo
David
profetizó,
teniendo
temor,
y
comprendiendo
el error
de los
pecadores.

intercesión en favor suyo para que pudieran ser sanados. Y Moisés les dijo: "Siempre que uno de vosotros sea mordido, y venga a la serpiente que está colocada en el madero, y crea y confíe que la serpiente estando muerta puede dar vida, inmediatamente será salvo" (Nm. 21:6-9). Y ellos lo hicieron. Aquí también ves en estas cosas la gloria de Jesús, cómo en Él y para Él son todas las cosas.

¿Qué, pues, le dijo Moisés a Jesús (Josué) el hijo de Nun, al darle este nombre, como profeta, para que todo el pueblo le preste atención a él sólo, porque el Padre le revela todas estas cosas referentes a su Hijo Jesús? Moisés, pues, dijo a Josué el hijo de Nun, dándole este nombre, cuando le envió a espiar la tierra: "Toma un libro en tus manos y escribe lo que dice el Señor, que el Hijo de Dios va a raer las raíces de toda la casa de Amalec en los últimos días". Ved, pues, que es Jesús, no un hijo de hombre, sino el Hijo de Dios, y que Él fue revelado en la carne y en una figura.

Siendo así, pues, que los hombres habían de decir que Cristo es el hijo de David, el mismo David profetizó, teniendo temor, y comprendiendo el error de los pecadores: "El Señor dijo a mí Señor: Siéntate a mi diestra hasta que ponga a tus enemigos por estrado de tus pies" (Sal. 110:1). Y de nuevo dice Isaías: "El Señor dijo a mi Cristo el Señor, cuya mano derecha Él había tomado, que las naciones habían de obedecerle, y yo quebrantaré la fuerza de los reyes" (Is. 45:1). Ved cómo David le llama Señor y no le llama hijo.

13

El pueblo cristiano, heredero del pacto

Ahora veamos si este pueblo o el primer pueblo tenía la heredad, y si el pacto hacía referencia a nosotros o a ellos. Oíd, pues, lo que dice la Escritura con respecto al pueblo: "E Isaac oró con respecto a Rebeca su mujer, porque era estéril. Y Rebeca concibió. Luego Rebeca fue a consultar al Señor. Y el Señor le dijo: En tu seno hay dos naciones, y dos pueblos en tus entrañas, y un pueblo vencerá al otro pueblo, y el mayor servirá al menor" (Gn. 25:20-23; cf. Ro. 9:10-12).

Tenéis que entender quién es Isaac, y quién es Rebeca, y en qué caso ha mostrado Él que un pueblo es mayor que el otro. Y en otra profecía Jacob habla más claramente a José su hijo, diciendo: "He aquí el Señor no me ha privado de tu rostro; tráeme a tus hijos para que los bendiga. Y él trajo a Efraín y a Manasés, deseando que Manasés recibiera la bendición, porque era el mayor; por lo que José le puso a la mano derecha de su padre Jacob. Pero Jacob vio en el espíritu un tipo del pueblo que había de venir más adelante". Y ¿qué dijo? "Y Jacob cruzó las manos, y colocó su mano derecha sobre la cabeza de Efraín, el segundo y más joven, y le bendijo. Y José dijo a Jacob: Cambia tu mano derecha a la cabeza de Manasés, porque es mi primogénito. Y Jacob dijo a José: Ya lo sé, hijo mío, ya lo sé; pero el mayor servirá al menor. Con todo, a éste también le bendeciré" (Gn. 48:13-19). Nota en qué casos Él ordenó que este pueblo fuera primero y heredero del pacto.

Si además de esto, pues, Él lo dijo por medio de Abraham, llegamos a completar nuestro conocimiento. ¿Qué, pues, le dijo a Abraham cuando sólo creyó, y le fue imputado a justicia? (Gn. 17:4, 5; Ro. 4:10-12). "He aquí te he hecho, Abraham, padre de naciones que creen en Dios en la incircuncisión".

Veamos si el pacto hacía referencia a nosotros o a ellos. Él dijo por medio de Abraham, "He aquí te he hecho, Abraham, padre de naciones que creen en Dios en la incircuncisión".

14

La Nueva Alianza en Jesús

Las dos tablas Moisés las recibió, pero ellos no fueron hallados dignos. Pero Él declaró, a fin de que al mismo tiempo ellos llegasen al colmo de sus pecados, y nosotros pudiéramos recibir alianza.

Sí, verdaderamente, pero por lo que se refiere al pacto que Él juró a los padres que le daría al pueblo, veamos si Él lo había dado realmente. Él lo había dado, pero ellos no fueron hallados dignos de recibirlo a causa de sus pecados. Porque dijo el profeta: "Y Moisés estuvo ayunando en el monte Sinaí cuarenta días y cuarenta noches, para poder recibir el pacto del Señor para darlo al pueblo. Y [Moisés] recibió del Señor las dos tablas que estaban escritas por el dedo de la mano del Señor en el espíritu. Y Moisés las tomó, y bajó con ellas al pueblo. Y el Señor dijo a Moisés: Moisés, Moisés, baja pronto; porque tu pueblo, a quien sacaste de la tierra de Egipto, ha obrado de modo perverso. Y Moisés vio que se habían hecho otra vez imágenes fundidas, y arrojó las tablas de sus manos y las tablas del pacto del Señor quedaron hechas pedazos" (Éx. 32:7-19; Dt. 9:12-17).

Moisés las recibió, pero ellos no fueron hallados dignos. Pero, ¿cómo las recibieron? Nota esto. Moisés las recibió siendo un siervo, pero el Señor mismo nos las dio para que fuéramos el pueblo de su heredad, habiendo esperado pacientemente por amor a nosotros. Pero Él declaró, a fin de que al mismo tiempo ellos llegasen al colmo de sus pecados, y nosotros pudiéramos recibir la alianza por medio de Aquel que la heredó, a saber, el Señor Jesús, que había sido preparado de antemano para ello, que apareció en persona para poder redimir de las tinieblas nuestros corazones que ya habían sido entregados a la muerte y a la iniquidad del error, y de este modo establecer la alianza en nosotros a través de su Palabra.

Porque está escrito en qué forma el Padre le encargó que nos librara de las tinieblas y preparara un pueblo santo para Él. Por tanto, dice el profeta: "Yo el Señor tu Dios te he llamado en justicia, y sostendré tu mano, y te fortaleceré, y te daré como pacto a las naciones, luz para los gentiles, para abrir los ojos del ciego, y para que saques de la cárcel a los encadenados, y a los que yacen en oscuridad de su prisión" (Is. 42:6-7). Nos damos cuenta, pues, de dónde fuimos rescatados.

Dice de nuevo el profeta: "He aquí te he puesto para ser una luz a los gentiles, para que seas salvación hasta los extremos de la tierra; así dice el Señor Dios que te ha rescatado" (Is. 49:6, 7). De nuevo el profeta dice: "El Espíritu del Señor es sobre mí, por lo cual me ungió para predicar buenas nuevas a los humildes; me envió para sanar a los quebrantados de corazón, para proclamar libertad a los cautivos y recuperación de la vista a los ciegos, a proclamar el año de la buena voluntad del Señor, y el día de recompensa y consuelo para los que lloran" (Is. 61:1, 2; Lc. 4:18, 19).

Dice el profeta: "te he puesto para ser una luz a los gentiles, para que seas salvación hasta los extremos de la tierra".

15

La verdadera santificación del sábado

Cuando la iniquidad ya no exista y todas las cosas sean hechas nuevas por el Señor, entonces podremos santificarlo, porque nosotros mismos habremos sido santificados.

Respecto al sábado, del mismo modo está escrito en las Diez Palabras (Decálogo), en que Él habló a Moisés frente a frente en el monte Sinaí: "Y santificaréis el sábado del Señor con manos puras y con puro corazón" (Éx. 20:8). Y en otro lugar dice: "Si mis hijos observan el sábado, entonces yo tendré misericordia de ellos" (Dt. 5:12). Del sábado Él habla en el principio de la creación: "Y Dios hizo las obras de sus manos en seis días, y terminó el séptimo día, y reposó, y lo santificó" (Gn. 2:2, 3).

Observad, hijos, lo que significa esto: *Terminó en seis días.* Quiere decir esto, que en seis mil años el Señor dará fin a todas las cosas; porque para Él un día significa mil años; y de esto Él mismo da testimonio, diciendo: "He aquí el día del Señor será como mil años" (Sal. 90:4; 2ª P. 2:8). Por tanto, hijos, en seis días, esto es, dentro de seis mil años, todo tendrá fin.[26]

Y *reposó el séptimo día.* Esto significa: cuando su Hijo venga, y ponga fin al período del Inicuo, y juzgue a los impíos, y cambie el sol y la luna y las estrellas, entonces Él reposará verdaderamente el séptimo día.

Sí, y además dijo: *Lo santificarás con manos puras y con corazón puro.* Por tanto, si pensamos que nadie pueda santificar, sin ser puro de corazón, el día que Dios santificó, nos equivocamos en gran manera. Por tanto, podemos reposar y santificarlo (y no antes de entonces) cuando podamos hacerlo después de ser justificados y recibir la promesa, cuando la iniquidad ya no exista y todas las cosas sean hechas nuevas por el Señor, entonces podremos santificarlo, porque nosotros mismos habremos sido santificados primero.

Finalmente les dice: "Vuestras lunas nuevas y vuestros sábados no puedo tolerarlos" (Is. 1:13). Ved lo que significa: no son vuestros sábados presentes los que son aceptables [para mí], sino el sábado que yo he hecho, en

---

[26] Esta creencia es seguida, entre otros, por Ireneo de Lyon, *Contra las herejías,* V, 28,3, publicado en esta misma colección.

el cual, cuando todas las cosas estén en reposo, yo haré el comienzo del octavo día que es el comienzo de otro mundo.

Por esto, también nosotros guardamos el día octavo[27] para gozarnos, en que también Jesús se levantó de los muertos, y habiendo sido manifestado, ascendió a los cielos.

Nosotros guardamos el día octavo en que también Jesús se levantó de los muertos.

_____

[27] Es decir, el domingo, realmente séptimo día para el cristiano. Por este texto se ve claramente, en línea de continuidad con la práctica de los primeros cristianos, que la aceptación del domingo como día de reposo cristiano no se debió a factores externos; la conversión de Constantino y su imposición por ley, sino a motivos de creencias propias: la resurrección de Cristo, acontecimiento central de la nueva fe, a partir de la cual se manifiesta el poder de Dios en todo el mundo.

16

El verdadero templo de Dios

Averigüemos
si hay algún
templo
de Dios.
Lo hay;
en el lugar
en que
Él mismo
emprende su
construcción
y
terminación.

Además os diré también, con respecto al templo, en qué forma estos desdichados, habiéndose extraviado, ponen su esperanza en el edificio y no en el Dios que los creó, como si aquel fuera la casa de Dios. Porque como los gentiles casi, ellos le consagraron en el templo. Pero, ¿qué dice el Señor sobre el templo aboliéndolo? Mirad: "¿Quién ha medido el cielo con la palma de su mano, y ha medido la tierra con su palmo? ¿No soy yo?, dice el Señor. El cielo es mi trono y la tierra el estrado de mis pies. ¿Qué clase de casa vais a edificarme? O ¿cuál será el lugar de mi reposo?" (Is. 40:12; 66:1; cf. Hch. 7:40). Os dais cuenta que vuestra esperanza es vana.

Además dice: "He aquí que los que derriban este templo, los mismos lo edificarán" (Is. 49:17). Así sucedió; por haber ido a la guerra, el templo fue derribado por sus enemigos. Ahora bien, los mismos siervos de sus enemigos lo volverán a edificar.[28] Además, fue revelado cómo la ciudad y el templo y el pueblo de Israel habían de ser traicionados. Porque la Escritura dice: "Y ocurrirá en los últimos días que el Señor entregará las ovejas del prado y el aprisco y la torre para destrucción" (*Henoch* 89:56; 66:67). Y sucedió tal como el Señor había dicho.

Pero averigüemos si hay algún templo de Dios. Lo hay; en el lugar en que Él mismo emprende su construcción y terminación. Porque está escrito: "Y será cuando haya terminado la semana que el templo de Dios será construido gloriosamente en el nombre del Señor" (Dn. 9:24-27; cf *Henoch* 91:13; *Tobías* 14:5).

Veo, pues, que hay un templo. ¿Cómo será, pues, construido en el nombre del Señor? Entended. Antes que creyéramos en Dios, la morada de nuestro corazón era corrupta y débil, un templo verdaderamente edificado con las manos; porque estaba lleno de idolatría y era una casa

---

[28] Esto es considerado por los intérpretes, en general, como refiriéndose al templo de Jerusalén, destruido por Tito en el año 70, y lo explican en relación con las expectativas de los judíos, en una época u otra, que los romanos reedificarían el templo.

de demonios, porque hacíamos todo lo que era contrario a Dios. *Pero será edificado en el nombre del Señor.* Observad, pues, que el templo del Señor puede ser edificado gloriosamente. ¿Cómo? Entended. Recibiendo la remisión de nuestros pecados y esperando en el Nombre fuimos hechos nuevos, creados otra vez desde el principio. Por tanto, Dios reside verdaderamente en nuestra morada, dentro de nosotros.

Recibiendo la remisión de nuestros pecados y esperando en el Nombre fuimos hechos nuevos, creados otra vez desde el principio. Por tanto, Dios reside verdaderamente en nuestra morada, dentro de nosotros.

¿Cómo? La palabra de su fe, la llamada de su promesa, la sabiduría de las ordenanzas, los mandamientos de la enseñanza, Él mismo profetizando en nosotros, Él mismo residiendo en nosotros, abriendo para nosotros, que estábamos en servidumbre para muerte, la puerta del templo, que es la boca, y dándonos arrepentimiento que nos lleva al templo incorruptible. Porque el que desea ser salvo no mira al hombre, sino a Aquel que reside y habla en él, asombrándose de esto, que nunca ha escuchado estas palabras de la boca del que habla, ni él mismo las ha deseado oír. Este es el templo espiritual edificado al Señor.

Recapitulación

Hasta aquí ha sido posible declararos esto con toda sencillez, mi alma confía que no haya omitido nada de las cosas pertenecientes a la salvación, y, así, fallado en mi deseo. Porque si os escribiera con referencia a las cosas inmediatas o futuras, no las comprenderíais, porque están puestas en parábolas. Así que basta de esto.

Pero pasemos a otra lección y enseñanza.

17

El camino de la luz

Amarás a Aquel que te hizo. No te ensalzarás, sino que serás humilde en todas las cosas. No asumirás gloria para ti mismo. No albergarás designio perverso contra tu prójimo.

Hay dos caminos de conocimiento y de doctrina, el uno de luz y el otro de oscuridad; y hay una gran diferencia entre los dos caminos. Porque en el uno están estacionados los ángeles dadores de luz de Dios, y en el otro los ángeles de Satanás. Y el uno es Señor desde la eternidad y hasta la eternidad, en tanto que el otro es el príncipe del presente siglo de iniquidad.[29]

Este es, pues, el camino de luz si alguno, deseando andar por este camino a su lugar designado, quiere ser celoso en sus obras. El conocimiento que nos es dado, pues, por el cual podemos andar en él es como sigue. Amarás a Aquel que te hizo, temerás a Aquel que te creó, glorificarás a Aquel que te redimió de la muerte; serás simple en el corazón y rico en el espíritu; no te unirás a los que andan en el camino de muerte; aborrecerás todo lo que no es agradable a Dios; aborrecerás la hipocresía; nunca abandonarás los mandamientos del Señor.

No te ensalzarás, sino que serás humilde en todas las cosas. No asumirás gloria para ti mismo. No albergarás designio perverso contra tu prójimo; no admitirás la audacia en tu alma.

No fornicarás, no cometerás adulterio, no corromperás a los jóvenes. Cuando hables la palabra de Dios, que no salga de labios inmundos. No harás acepción de personas cuando reprendas a uno por una transgresión. Serás manso, serás apacible, temerás las palabras que has oído. No guardarás rencor contra tu hermano.

No estarás indeciso sobre si una cosa es o no es. No tomarás el nombre del Señor en vano. Amarás a tu prójimo más que a tu propia alma. No matarás a un niño en un aborto, ni tampoco lo matarás cuando haya nacido. No rehusarás poner tu mano sobre tu hijo o tu hija, sino desde su juventud les enseñarás el temor de Dios.

No serás hallado codiciando los bienes de tu prójimo; no serás hallado ávido de ganancia. No unirás tu alma a

---

[29] Esta enseñanza sobre los "dos caminos" aparece también en la *Didaché*, 1-6.

los altivos, sino que andarás con los humildes y justos. Los accidentes que te suceden serán recibidos como buenos, sabiendo que no sucede nada sin Dios.

No tendrás doble ánimo ni doble lengua. Estarás sometido a tus amos, como un tipo de Dios, con modestia y temor. No darás órdenes en ira o rencor a tu siervo o a tu criada que ha puesto su esperanza en el mismo Dios que tú, para que no suceda que deje de temer a Dios que está sobre vosotros dos; porque Él no vino para llamar haciendo acepción de personas, sino para llamar a aquellos a quienes había preparado el Espíritu.

Harás que tu prójimo participe en todas las cosas, y no dirás que nada es tuyo propio. Porque si somos copartícipes de lo que es imperecedero, ¿cuánto más lo seréis en las cosas que son perecederas? No te apresurarás con la lengua, porque la boca es un lazo de muerte. En cuanto puedas, serás puro por amor de tu alma.

No seas hallado tendiendo las manos a fin de recibir, pero retrayéndolas a fin de no dar. Amarás como a "la niña de tus ojos" (Dt. 32:10; Sal. 17:8) a todo aquel que habla la Palabra del Señor.

Recordarás el día del juicio noche y día, y buscarás día tras día las personas de los santos, sea esforzándote de palabra y exhortándolos y meditando la forma en que puedas salvar almas con tu palabra, o trabajando con tus manos para el rescate de tus pecados.

No vacilarás en dar, ni tampoco murmurarás cuando des, y sabrás quién es el buen pagador de tu recompensa. Mantendrás las cosas que has recibido, sin añadir a ellas y sin quitar de ellas. Aborrecerás en extremo al maligno. Juzgarás justamente.

No harás cismas, sino que apaciguarás a los que contienden, poniéndolos de acuerdo. Confesarás tus pecados. No te dirigirás a orar con una mala conciencia. Este es el camino de la luz.

Harás que tu prójimo participe en todas las cosas, y no dirás que nada es tuyo propio. Recordarás el día del juicio noche y día, y buscarás las personas de los santos.

18

El camino de las tinieblas

No te dirigirás a orar con una mala conciencia. Este es el camino de la luz. Pero el camino del "Negro" es torcido y lleno de maldición.

Pero el camino del «Negro» es torcido y lleno de maldición. Porque es un camino de muerte eterna con castigo, en el cual se hallan las cosas que destruyen las almas de los hombres: idolatría, audacia, arrogancia de poder, hipocresía, doblez de ánimo, adulterio, homicidio, saqueos, orgullo, transgresión, traición, malicia, tozudez, hechicería, magia, codicia, ausencia del temor de Dios.

Perseguidores de los hombres buenos, aborrecedores de la verdad, amadores de mentiras, que no perciben el premio de la justicia, ni se adhieren a lo bueno ni al juicio justo, y no prestan atención a la viuda ni al huérfano, no atentos al temor de Dios, sino a lo que es malo; hombres muy distantes de la mansedumbre y la tolerancia; amantes de la vanidad, en pos de recompensas, que no compadecen al pobre, no ayudan al que es oprimido por el trabajo, dispuestos a la calumnia y que no reconocen al que los ha hecho, homicidas de niños, corruptores de las criaturas de Dios, que se apartan del que está en necesidad, oprimen al afligido, defienden al rico, juzgan injustamente al pobre, pecadores en todas las cosas.

19

Las ordenanzas del Señor

Es bueno, pues, aprender las ordenanzas del Señor, todas las que se han mencionado antes, y andar en ellas. Porque el que hace estas cosas será glorificado en el reino de Dios; en tanto que el que escoge lo opuesto perecerá junto con sus obras. Por esta causa existe la resurrección, por ella la recompensa.

Ruego a los que de vosotros estéis en posición encumbrada, si queréis recibir algún consejo mío bueno, que tengáis entre vosotros a aquellos a quienes podáis hacer bien. No dejéis de hacerlo. Se está acercando el día en que todo será destruido junto con el maligno. "El Señor esta cerca" (Fil. 4:5) y también su recompensa.

Una y otra vez os ruego: sed buenos legisladores los unos para con los otros; seguid siendo fieles consejeros para vosotros mismos; quitad de en medio de vosotros toda hipocresía. Y que Dios, que es el Señor de todo el mundo, os dé sabiduría, discernimiento, entendimiento, conocimiento de sus enseñanzas, y paciencia. Y sed "enseñados por Dios" (Is. 54:13), buscando diligentemente lo que el Señor requiere de vosotros, y obrad de forma que podáis ser hallados fieles en el día del juicio.

Y si tenéis algún recuerdo de lo bueno, recordadme cuando practicáis estas cosas, que tanto mi deseo como mi vigilancia puedan servir para algún buen resultado. Os lo ruego, pidiéndolo como un favor. En tanto que el buen vaso (del cuerpo) está con vosotros, no dejéis de hacer ninguna de estas cosas, sino procuradlas con diligencia, cumpliendo todo mandamiento; porque son dignos de cumplirse.

Por esta razón tenía mayores deseos de escribiros, en cuanto me fuera posible, para poder daros gozo. Pasadlo bien, hijos del amor y de la paz. El Señor de la gloria y de toda gracia sea con vuestro espíritu.

Y sed "enseñados por Dios", buscando lo que el Señor requiere de vosotros, y obrad de forma que podáis ser hallados fieles en el día del juicio.

CARTA
A
DIOGNETO

1

Propósito del escrito

Como veo, muy excelente Diogneto, que tienes gran interés en comprender la religión de los cristianos, y que tus preguntas respecto a los mismos son hechas de modo preciso y cuidadoso, sobre el Dios en quien confían y cómo le adoran, y que no tienen en consideración el mundo y desprecian la muerte, y no hacen el menor caso de los que son tenidos por dioses por los griegos, ni observan la superstición de los judíos, y en cuanto a la naturaleza del afecto que se tienen los unos por los otros, y de este nuevo desarrollo o interés, que ha entrado en las vidas de los hombres ahora, y no antes; te alabo por este celo, y pido a Dios, que nos proporciona tanto el hablar como el oír, que a mí me sea concedido el hablar de tal forma que tú puedas ser hecho mejor por el oír, y a ti que puedas escuchar de modo que el que habla no se vea decepcionado.

Como veo que tienes gran interés en comprender la religión de los cristianos, pido a Dios, que nos proporciona tanto el hablar como el oír.

2

Refutación de la idolatría, defensa del cristianismo

¿No son todos ellos sordos y ciegos, no son sin alma, sin sentido, sin movimiento? A estas cosas llamáis dioses, de ellas sois esclavos, y las adoráis.

Así pues, despréndete de todas las opiniones preconcebidas que ocupan tu mente, y descarta el hábito que te extravía, y pasa a ser un nuevo hombre, por así decirlo, desde el principio, como uno que escucha una historia nueva, tal como tú has dicho de ti mismo. Mira no sólo con tus ojos, sino con tu intelecto también, de qué sustancia o de qué forma resultan ser estos a quienes llamáis dioses y a los que consideráis como tales. ¿No es uno de ellos de piedra, como la que hollamos bajo los pies, y otro de bronce, no mejor que las vasijas que se forjan para ser usadas, y otro de madera, que ya empieza a ser presa de la carcoma, y otro de plata, que necesita que alguien lo guarde para que no lo roben, y otro de hierro, corroído por la herrumbre, y otro de arcilla, material no mejor que el que se utiliza para cubrir los servicios menos honrosos? ¿No son de materia perecedera? ¿No están forjados con hierro y fuego? ¿No hizo uno el escultor, y otro el fundidor de bronce, y otro el platero, y el alfarero otro? Antes de darles esta forma la destreza de estos varios artesanos, ¿no le habría sido posible a cada uno de ellos cambiarles la forma y hacer que resultaran utensilios diversos? ¿No sería posible que las que ahora son vasijas hechas del mismo material, puestas en las manos de los mismos artífices, llegaran a ser como ellos? ¿No podrían estas cosas que ahora tú adoras ser hechas de nuevo vasijas como las demás por medio de manos de hombre? ¿No son todos ellos sordos y ciegos, no son sin alma, sin sentido, sin movimiento? ¿No se corroen y pudren todos ellos?

A estas cosas llamáis dioses, de ellas sois esclavos, y las adoráis; y acabáis siendo lo mismo que ellos. Y por ello aborrecéis a los cristianos, porque no consideran que éstos sean dioses. Porque, ¿no los despreciáis mucho más vosotros, que en un momento dado les tenéis respeto y los adoráis? ¿No os mofáis de ellos y los insultáis en realidad, adorando a los que son de piedra y arcilla sin protegerlos, pero encerrando a los que son de plata y oro durante la noche, y poniendo guardas sobre ellos de día, para impedir que os los roben?

Y, por lo que se refiere a los honores que creéis que les ofrecéis, si son sensibles a ellos, más bien los castigáis con ello, en tanto que si son insensibles les reprocháis al propiciarles con la sangre y sebo de las víctimas. Que se someta uno de vosotros a este tratamiento, y que sufra las cosas que se le hacen a él. Sí, ni un solo individuo se someterá de buen grado a un castigo así, puesto que tiene sensibilidad y razón; pero una piedra se somete, porque es insensible. Por tanto, desmentís su sensibilidad. Bien; podría decir mucho más respecto a que los cristianos no son esclavos de dioses así; pero aunque alguno crea que lo que ya he dicho no es suficiente, me parece que es superfluo decir más.

Por lo que se refiere a los honores, si son sensibles a ellos, más bien los castigáis con ello, en tanto que si son insensibles les reprocháis al propiciarles.

3

Refutación del culto judío

Los griegos, al ofrecer estas cosas a imágenes insensibles y sordas, hacen una ostentación de necedad; los judíos deberían, en razón, considerarlo locura y no adoración religiosa.

Luego, me imagino que estás principalmente deseoso de oír acerca del hecho de que no practican su religión de la misma manera que los judíos. Los judíos, pues, en cuanto se abstienen del modo de culto antes descrito, hacen bien exigiendo reverencia a un Dios del universo y al considerarle como Señor, pero en cuanto le ofrecen este culto con métodos similares a los ya descritos, están por completo en el error. Porque en tanto que los griegos, al ofrecer estas cosas a imágenes insensibles y sordas, hacen una ostentación de necedad, los judíos, considerando que están ofreciéndolas a Dios, como si Él estuviera en necesidad de ellas, deberían en razón considerarlo locura y no adoración religiosa. Porque el que hizo los cielos y la tierra y todas las cosas que hay en ellos, y nos proporciona todo lo que necesitamos, no puede Él mismo necesitar ninguna de estas cosas que Él mismo proporciona a aquellos que se imaginan que están dándoselas a Él (Éx. 20:11; Sal. 146:6; Hch. 14:15).

Pero los que creen que le ofrecen sacrificios con sangre y sebo y holocaustos, y le honran con estos honores, me parece a mí que no son en nada distintos de los que muestran el mismo respeto hacia las imágenes sordas; porque los de una clase creen apropiado hacer ofrendas a cosas incapaces de participar en el honor, la otra clase a uno que no tiene necesidad de nada.

4

Rechazo de las prácticas judías

Pero, además, sus escrúpulos con respecto a las carnes, y su superstición con referencia al sábado y el orgullo de su circuncisión y el disimulo de sus ayunos y lunas nuevas, yo no creo que sea necesario que tú aprendas a través de mí que son ridículas e indignas de consideración alguna. Porque, ¿no es impío el aceptar algunas de las cosas creadas por Dios para el uso del hombre como bien creadas, pero rehusar otras como inútiles y superfluas?

Además, el mentir contra Dios, como si Él nos prohibiera hacer ningún bien en el día de sábado, ¿no es esto blasfemo? Además, el alabarse de la mutilación de la carne como una muestra de elección, como si por esta razón fueran particularmente amados por Dios, ¿no es esto ridículo? Y en cuanto a observar las estrellas y la luna, y guardar la observancia de meses y de días, y distinguir la ordenación de Dios y los cambios de las estaciones según sus propios impulsos, haciendo algunas festivas y otras períodos de luto y lamentación, ¿quién podría considerar esto como una exhibición de piedad y no mucho más de necedad?

El que los cristianos tengan razón, por tanto, manteniéndose al margen de la insensatez y error común de los judíos, y de su excesiva meticulosidad y orgullo, considero que es algo en que ya estás suficientemente instruido; pero, en lo que respecta al misterio de su propia religión, no espero que puedas ser instruido por ningún hombre.

Sus escrúpulos con respecto a las carnes, y su superstición con referencia al sábado y el orgullo de su circuncisión son ridículas e indignas de consideración alguna.

5

Descripción de los cristianos

Los cristianos no se distinguen del resto de la humanidad ni en la localidad, ni en el habla. Todo país extranjero les es patria, y toda patria les es extranjera.

Los cristianos no se distinguen del resto de la humanidad ni en la localidad, ni en el habla, ni en las costumbres. Porque no residen en alguna parte en ciudades suyas propias, ni usan una lengua distinta, ni practican alguna clase de vida extraordinaria. Ni tampoco poseen ninguna invención descubierta por la inteligencia o estudio de hombres ingeniosos, ni son maestros de algún dogma humano como son algunos.

Pero si bien residen en ciudades de griegos y bárbaros, según ha dispuesto la suerte de cada uno, y siguen las costumbres nativas en cuanto a alimento, vestido y otros arreglos de la vida, pese a todo, la constitución de su propia ciudadanía, que ellos nos muestran, es asombrosa (paradójica), y evidentemente desmiente lo que podría esperarse.

Residen en sus propios países, pero sólo como transeúntes; comparten lo que les corresponde en todas las cosas como ciudadanos, y soportan todas las opresiones como los forasteros. Todo país extranjero les es patria, y toda patria les es extranjera.[30]

Se casan como todos los demás hombres y engendran hijos; pero no se desembarazan de su descendencia. Celebran las comidas en común, pero cada uno tiene su esposa. Se hallan en la carne, y, con todo, no viven según la carne.

---

[30] Este cosmopolitismo era compartido por los filósofos estoicos, al que el autor sin duda se refiere para establecer un punto de contacto. Séneca profesa que "el hombre debe considerar el mundo como la morada común del género humano". Marco Aurelio proclama: "Mi patria es el mundo". El galo Rutilio Namaciano agradecerá a Roma el haber dado una sola patria a todos los pueblos y el haber extendido la ciudad hasta los límites del universo. El cristianismo, como el imperio romano, tiene ambiciones universales y las legitima más todavía, por eso se llama católico o universal. Gracias al Evangelio, como dirá Pablo, ya no hay judío ni griego, romano ni escita, fronteras ni vallas de separación. Siguen las distinciones de razas y culturas, pero en Cristo todos los pueblos forman por la fe un solo cuerpo, que es la Iglesia.

Su existencia es en la tierra, pero su ciudadanía es en el cielo. Obedecen las leyes establecidas, y sobrepasan las leyes en sus propias vidas. Aman a todos los hombres, y son perseguidos por todos.

Se les desconoce, y, pese a todo, se les condena. Se les da muerte, y aun así están revestidos de vida.

Son pobres, y, con todo, "enriquecen a muchos" (2ª Co. 6:10). Se les deshonra, y, pese a todo, son glorificados en su deshonor. Se habla mal de ellos, y aún así son reivindicados.

Son escarnecidos, y ellos bendicen (1ª Co. 4:22); son insultados, y ellos respetan. Al hacer lo bueno son castigados como malhechores; siendo castigados se regocijan, como si con ello se les diera vida.

Los judíos hacen guerra contra ellos como extraños, y los griegos los persiguen y, pese a todo, los que los aborrecen no pueden dar la razón de su hostilidad.

Los judíos hacen guerra contra ellos como extraños, y los griegos los persiguen y, pese a todo, los que los aborrecen no pueden dar la razón de su hostilidad.

6

Los cristianos, alma del mundo

El alma, aunque en sí inmortal, reside en un tabernáculo mortal; así los cristianos residen en medio de cosas perecederas, en tanto que esperan lo imperecedero que está en los cielos.

En una palabra, lo que el alma es en un cuerpo, esto son los cristianos en el mundo. El alma se desparrama por todos los miembros del cuerpo, y los cristianos por las diferentes ciudades del mundo. El alma tiene su morada en el cuerpo, y, con todo, no es del cuerpo. Así que los cristianos tienen su morada en el mundo, y aun así no son del mundo.

El alma que es invisible es guardada en el cuerpo que es visible; así los cristianos son reconocidos como parte del mundo y, pese a ello, su religión permanece invisible.

La carne aborrece al alma y está en guerra con ella, aunque no recibe ningún daño, porque le es prohibido permitirse placeres; así el mundo aborrece a los cristianos, aunque no recibe ningún daño de ellos, porque están en contra de sus placeres.

El alma ama la carne, que le aborrece y ama también a sus miembros; así los cristianos aman a los que les aborrecen.

El alma está aprisionada en el cuerpo y, con todo, es la que mantiene unido al cuerpo; así los cristianos son guardados en el mundo como en una casa de prisión y, pese a todo, ellos mismos preservan el mundo.

El alma, aunque en sí inmortal, reside en un tabernáculo mortal; así los cristianos residen en medio de cosas perecederas, en tanto que esperan lo imperecedero que está en los cielos.

El alma, cuando es tratada duramente en la cuestión de carnes y bebidas, es mejorada; y lo mismo los cristianos cuando son castigados aumentan en número cada día.[31] Tan grande es el cargo al que Dios los ha nombrado, y que no les es legítimo declinar.

---

[31] Cf. Tertuliano, *Apología* 50,13: "Semilla es la sangre de los cristianos".

7

Origen divino del cristianismo

Porque no fue una invención terrenal, como dije, lo que les fue encomendado, ni se preocupan de guardar tan cuidadosamente ningún sistema de opinión mortal, ni se les ha confiado la dispensación de misterios humanos. Sino que, verdaderamente, el Creador todopoderoso del universo, el Dios invisible mismo de los cielos plantó entre los hombres la verdad y la santa enseñanza que sobrepasa la imaginación de los hombres, y la fijó firmemente en sus corazones, no como alguien podría pensar, enviando a la humanidad a un subalterno, o a un ángel, o un gobernante, o uno de los que dirigen los asuntos de la tierra, o uno de aquellos a los que están confiadas las dispensaciones del cielo, sino al mismo Artífice y Creador del universo, por quien Él hizo los cielos, y por quien Él retuvo el mar en sus propios límites, cuyos misterios observan todos los elementos fielmente, de quien el sol ha recibido incluso la medida de su curso diario para guardarlo, a quien la luna obedece cuando Él le manda que brille de noche, a quien las estrellas obedecen siguiendo el curso de la luna, por el cual fueron ordenadas todas las cosas y establecidos y puestos en sujeción, los cielos y las cosas que hay en los cielos, la tierra y las cosas que hay en la tierra, el mar y las cosas que hay en el mar, fuego, aire, abismo, las cosas que hay en las alturas, las cosas que hay en lo profundo, las cosas que hay entre los dos.

Dios le envió como enviando a Dios; le envió como hombre a los hombres; le envió como Salvador, usando persuasión, no fuerza.

A éste les envió Dios. ¿Creerás, como supondrá todo hombre, que fue enviado para establecer su soberanía, para inspirar temor y terror? En modo alguno. Sino en mansedumbre y humildad fue enviado. Como un rey podría enviar a su hijo que es rey; Él le envió como enviando a Dios; le envió como hombre a los hombres; le envió como Salvador, usando persuasión, no fuerza; porque la violencia no es atributo de Dios. Le envió para llamar, no para castigar; le envió para amar, no para juzgar. Es cierto que le enviará un día en juicio, y ¿quién podrá resistir entonces su presencia?

**¿No ves que
cuanto más
los castigan,
tanto más
abundan?**

¿No ves que los echan a las fieras para que nieguen al Señor y, con todo, no lo consiguen? ¿No ves que cuanto más los castigan, tanto más abundan? Éstas no son las obras del hombre; son el poder de Dios; son pruebas de su presencia.

8

La revelación de Dios

Porque, ¿qué hombre tenía algún conocimiento de lo que Dios es, antes de que Él viniera? ¿O aceptas tú las afirmaciones vacías y sin sentido de los filósofos presuntuosos, de los cuales, algunos dijeron que Dios era fuego (invocan como Dios a aquello a lo cual irán ellos mismos), y otros agua, y otros algún otro de los elementos que fueron creados por Dios? Y, pese a todo, si alguna de estas afirmaciones es digna de aceptación, cualquier otra cosa creada podría lo mismo ser hecha Dios.

Sí, todo esto es charlatanería y engaño de los magos; y ningún hombre ha visto o reconocido a Dios, sino que Él se ha revelado a sí mismo. Y se reveló por fe, sólo por la cual es dado el ver a Dios. Porque Dios, el Señor y Creador del universo, que hizo todas las cosas y las puso en orden, demostró no sólo que era propicio al hombre, sino también paciente. Y así lo ha sido siempre, y lo es, y lo será, bondadoso y bueno y justo y verdadero, y Él solo es bueno.

Y habiendo concebido un plan grande e inefable, lo comunicó sólo a su Hijo. Porque en tanto que Él había mantenido y guardado este plan sabio como un misterio, parecía descuidarnos y no tener interés en nosotros. Pero cuando Él lo reveló por medio de su amado Hijo, y manifestó el propósito que había preparado desde el principio, Él nos dio todos estos dones a la vez, participación en sus beneficios y vista y entendimiento de misterios que ninguno de nosotros habría podido esperar.

Ningún hombre ha visto o reconocido a Dios, sino que Él se ha revelado a sí mismo. Y se reveló por fe, sólo por la cual es dado el ver a Dios.

9

El plan divino de redención

¿En quién era posible que nosotros, impíos y libertinos, fuéramos justificados, salvo en el Hijo de Dios? ¡Oh dulce intercambio!

Habiéndolo, pues, planeado ya todo en su mente con su Hijo, permitió durante el tiempo antiguo que fuéramos arrastrados por impulsos desordenados según deseábamos, descarriados por placeres y concupiscencias, no porque Él se deleitara en nuestros pecados en absoluto, sino porque tenía paciencia con nosotros; no porque aprobara este período pasado de iniquidad, sino porque estaba creando el presente tiempo de justicia, para que, redargüidos del tiempo pasado por nuestros propios actos como indignos de vida, pudiéramos ahora ser hechos merecedores de la bondad de Dios, y habiendo dejado establecida nuestra incapacidad para entrar en el reino de Dios por nuestra cuenta, hacerlo posible por la capacidad de Dios.

Y cuando nuestra maldad había sido colmada plenamente, y se había hecho perfectamente manifiesto que el castigo y la muerte eran de esperar como su recompensa, y hubo llegado el tiempo que Dios había ordenado, cuando a partir de entonces Él manifestaría su bondad y poder (oh, bondad y amor de Dios sobremanera grande), Él no nos aborreció, ni nos rechazó, ni nos guardó rencor, sino que fue longánimo y paciente, y por compasión hacia nosotros tomó sobre sí nuestros pecados, y Él mismo se separó de su propio Hijo como rescate por nosotros (Ro. 8:32), el santo por el transgresor, el inocente por el malo, "el justo por los injustos" (1ª P. 3:18), lo incorruptible por lo corruptible, lo inmortal por lo mortal.

Porque, ¿qué otra cosa aparte de su justicia podía cubrir nuestros pecados? ¿En quién era posible que nosotros, impíos y libertinos, fuéramos justificados, salvo en el Hijo de Dios? ¡Oh dulce intercambio, oh creación inescrutable, oh beneficios inesperados; que la iniquidad de muchos fuera escondida en un Justo, y la justicia de uno justificara a muchos inicuos!

Habiéndose, pues, en el tiempo antiguo demostrado la incapacidad de nuestra naturaleza para obtener vida, y habiéndose ahora revelado un Salvador poderoso para salvar incluso a las criaturas que no tienen capacidad para ello, Él quiso que, por las dos razones, nosotros creyéramos en su bondad y le consideráramos como cuidador, padre, maestro, consejero, médico, mente, luz, honor, gloria, fuerza y vida.

Salvador poderso para salvar incluso a las criaturas que no tienen capacidad para ello.

10

Salvos por Dios para servir al prójimo

Y no te maravilles de que un hombre pueda ser un imitador de Dios. Puede serlo si Dios quiere.

Si deseas alcanzar esta fe, has de adquirir primero un conocimiento pleno del Padre. Porque Dios amó a los hombres, por amor a los cuales había hecho el mundo, a los cuales sometió todas las cosas que hay en la tierra, a los cuales dio razón y mente, a los cuales solamente permitió que levantaran los ojos al cielo, a quienes creó según su propia imagen, a quienes envió a su Hijo unigénito, a quienes Él prometió el reino que hay en el cielo, y lo dará a los que le hayan amado (Jn. 3:16; 1ª Jn. 4:9, 10).

Cuando hayas conseguido este pleno conocimiento, ¿de qué gozo piensas que serás llenado, o cómo amarás a Aquel que te amó antes a ti (1ª Jn. 4:19)? Y amándole serás un imitador de su bondad. Y no te maravilles de que un hombre pueda ser un imitador de Dios. Puede serlo si Dios quiere. Porque la felicidad no consiste en enseñorearse del prójimo, ni en desear tener más que el débil, ni en poseer riqueza y usar fuerza sobre los inferiores; ni puede nadie imitar a Dios haciendo estas cosas; todas estas cosas se hallan fuera de su majestad.

Pero todo el que toma sobre sí la carga de su prójimo, todo el que desea beneficiar a uno que es peor en algo en lo cual él es superior, todo el que provee a los que tienen necesidad las posesiones que ha recibido de Dios, pasa a ser un dios para aquellos que lo reciben de él, es un imitador de Dios. Luego, aunque tú estás colocado en la tierra, verás que Dios reside en el cielo; entonces empezarás a declarar los misterios de Dios; entonces amarás y admirarás a los que son castigados porque no quieren negar a Dios; entonces condenarás el engaño y el error en el mundo; cuando te des cuenta de que la vida verdadera está en el cielo, cuando desprecies la muerte aparente que hay en la tierra, cuando temas la muerte real, que está reservada para aquellos que serán condenados al fuego eterno que castigará hasta el fin a los que sean entregados al mismo. Entonces admirarás a los que soportan, por amor a la justicia, el fuego temporal, y los tendrás por bienaventurados.

11

La enseñanza y la gracia del Verbo

Mis discursos no son extraños ni son perversas elucubraciones, sino que habiendo sido un discípulo de los apóstoles, me ofrecí como maestro de los gentiles, ministrando dignamente a aquellos que se presentan como discípulos de la verdad, las lecciones que han sido transmitidas. Porque el que ha sido enseñado rectamente y ha entrado en amistad con el Verbo, ¿no busca aprender claramente las lecciones reveladas abiertamente por el Verbo a los discípulos; a quienes el Verbo se apareció y se las declaró, hablando con ellos de modo sencillo, no percibidas por los que no son creyentes, pero sí referidas por Él a los discípulos a quienes consideró fieles y les enseñó los misterios del Padre?[32]

> Este Verbo que es eterno, es el que hoy es contado como Hijo, a través del cual la Iglesia es enriquecida y la gracia es desplegada y multiplicada entre los santos.

Por cuya causa Él envió al Verbo, para que Él pudiera aparecer al mundo, el cual, siendo despreciado por el pueblo, y predicado por los apóstoles, fue creído por los gentiles. Este Verbo, que era desde el principio (Jn. 1:1), apareció ahora y, con todo, se probó que era antiguo, y es engendrado siempre de nuevo en los corazones de los santos.

Este Verbo, digo, que es eterno, es el que hoy es contado como Hijo, a través del cual la Iglesia es enriquecida y la gracia es desplegada y multiplicada entre los santos; gracia que confiere entendimiento, que revela misterios, que anuncia los tiempos, que se regocija sobre los fieles, que es concedida a los que la buscan, a aquellos por los cuales no son quebrantadas las promesas de la fe, ni son sobrepasados los límites de los padres. Con lo que es cantado el temor de la ley, y la gracia de los profetas es reconocida, y la fe de los evangelios es establecida, y es preservada la tradición de los apóstoles, y exulta el gozo de la Iglesia.

Si tú no contristas esta gracia, entenderás los discursos que el Verbo pone en la boca de aquellos que desea

---

[32] Cf. Marcos 4:11: "A vosotros es dado saber el misterio del reino de Dios; mas a los que están fuera, por parábolas todas las cosas".

cuando Él quiere. Porque de todas las cosas que por la voluntad imperativa del Verbo fuimos impulsados a expresar con muchos dolores, de ellas os hicimos partícipes, por amor a las cosas que nos han sido reveladas.

12

El árbol de la vida y del conocimiento

Confrontados con estas verdades y escuchándolas con atención, sabréis cuánto concede Dios a aquellos que le aman rectamente, que pasan a ser un paraíso de deleite, un árbol que lleva toda clase de frutos y que florece, creciendo en sí mismos y adornados con varios frutos. Porque en este jardín han sido plantados un árbol de ciencia y un árbol de vida; con todo, el árbol de ciencia no mata, pero la desobediencia mata; porque las Escrituras dicen claramente que Dios desde el comienzo plantó un árbol de ciencia y un árbol de vida en medio del paraíso (Gn. 2:9), revelando vida por medio de la ciencia; y como nuestros primeros padres no lo usaron de modo genuino, fueron despojados por el engaño de la serpiente.

Porque no hay vida sin ciencia, ni ciencia segura sin vida verdadera; por tanto, los árboles están plantados el uno junto al otro. Comprendiendo este sentido y culpando a la ciencia que se ejerce aparte de la verdad en orden a la vida, el apóstol dice: "La ciencia engríe, pero la caridad edifica" (1ª Co. 8:1). Porque el hombre que supone que sabe algo sin el verdadero conocimiento que es testificado por la vida, es ignorante, es engañado por la serpiente, porque no amó la vida; en tanto que el que con temor reconoce y desea la vida, planta en esperanza, esperando fruto.

Sea para ti la ciencia corazón y la vida el Verbo debidamente comprendido. Por lo que si te allegas al árbol y tomas el fruto, recogerás la cosecha que Dios espera, que ninguna serpiente toca, ni engaño infecta, ni Eva es entonces corrompida, sino que es creída como una virgen, y la salvación es establecida, y los apóstoles se vuelven sabios, y la pascua del Señor prospera, y las congregaciones son juntadas, y [todas las cosas] son puestas en orden, y como Él enseña a los santos el Verbo se alegra, por medio del cual el Padre es glorificado, a quien sea la gloria para siempre jamás. Amén.

En este jardín han sido plantados un árbol de ciencia y un árbol de vida; con todo, el árbol de ciencia no mata, pero la desobediencia mata.

FRAGMENTOS
DE
PAPÍAS

1

Papías, discípulo de los apóstoles

Ireneo y otros registraron que Juan el teólogo y apóstol sobrevivió hasta los tiempos de Trajano; después de
aquel tiempo, Papías de Hierápolis y Policarpo, obispo de
Esmirna, que fueron oyentes suyos, llegaron a ser bien
conocidos.

(Eusebio, *Cronicón* –Syncell 655, 14– por Olymp. 220.)

2

En este tiempo floreció en Asia Policarpo, un discípulo de los apóstoles, que había recibido el obispado de la iglesia de Esmirna de manos de testigos y ministros del Señor. En este tiempo se distinguió Papías, que era él mismo también obispo de la diócesis de Hierápolis.
(Eusebio, *Hist. Ecl.* III, 36, 1.2.)

3

La obra de Papías según Eusebio

Existen cinco libros de Papías, que tienen el título de *Exposiciones de los Discursos del Señor*. De éstos Ireneo hace también mención como los únicos libros que escribió, con las siguientes palabras: "Estas cosas testificó Papías, que fue oidor de Juan y compañero de Policarpo, un hombre digno antiguo, al escribir en el cuarto de sus libros. Porque hay cinco libros compuestos por él".

Hasta aquí Ireneo.

Con todo, Papías mismo, en el prefacio de sus discursos, no declara, por cierto, que él mismo fuera oyente y testigo de vista de los santos apóstoles, pero muestra, por el lenguaje que usa, que recibió las materias de la fe de los que fueron amigos de ellos:

"Pero yo no tendré inconveniente en ofrecerte, junto con mis interpretaciones, todo lo que he aprendido cuidadosamente y recordado cuidadosamente en el pasado de los ancianos, garantizándoos su verdad. Porque, al revés de muchos, no tuve placer en los que tienen mucho que decir, sino en los que enseñan la verdad; no en los que refieren mandamientos extraños, sino en aquellos que dan testimonio de los que dio el Señor para la fe, y se derivan de la misma verdad. Y también, siempre que venía una persona cerca de mí que había sido seguidor de los ancianos, inquiría de él sobre los discursos de los ancianos: lo que había dicho Andrés, o Pedro, o Felipe, o Tomás, o Jacobo, o Juan, o Mateo, o algún otro de los discípulos del Señor, o lo que dicen Aristión y el anciano (*presbítero*) Juan, discípulos del Señor. Porque no creía poder sacar tanto provecho del contenido de libros como de las expresiones de una voz viva y permanente".

Papías mismo no declara que él fuera oyente y testigo de vista de los santos apóstoles, pero muestra, por el lenguaje que usa, que recibió las materias de la fe de los que fueron amigos de ellos.

Los dos Juanes

Aquí vale la pena observar que él enumera dos veces el nombre de Juan. Primero lo menciona en conexión con Pedro y Santiago y Mateo y el resto de los apóstoles, evidentemente indicando al Evangelista, pero el otro Juan lo menciona después de un intervalo y lo pone con otros

Es verdadera la afirmación de los que dicen que había dos personas de este nombre en Asia, y que había dos tumbas en Éfeso, cada una de las cuales hasta el día de hoy es llamada la tumba de Juan.

fuera del número de los apóstoles, colocando a Aristión delante de él, y llamándole de modo bien claro un "anciano". Así que por ello resulta bien evidente que es verdadera la afirmación de los que dicen que había dos personas de este nombre en Asia, y que había dos tumbas en Éfeso, cada una de las cuales hasta el día de hoy es llamada la tumba de Juan. Y es importante notar esto; porque es probable que fuera el segundo, si uno no quiere admitir que fuera el primero, que vio la *Revelación* (Apocalipsis) que es atribuida al nombre de Juan. Y Papías, del cual estamos hablando ahora, confiesa que él ha recibido las palabras de los apóstoles de aquellos que los habían seguido, pero dice que él mismo era un oyente de Aristión y el anciano Juan. En todo caso, los menciona frecuentemente por su nombre, y además registra sus tradiciones en sus escritos. Basta de estos puntos que espero no han sido aducidos sin provecho.

Vale la pena, no obstante, añadir a las palabras de Papías que se dan en los otros párrafos suyos transcritos antes, en que él da testimonio de algunos otros sucesos maravillosos semejantes, que le habrían llegado por tradición. Ya se ha dicho que Felipe el apóstol residía en Hierápolis con sus hijas, y debe ser notado aquí que Papías, su contemporáneo, refiere que él había oído una historia maravillosa de las hijas de Felipe. Porque él refiere que en su tiempo se levantó un hombre de los muertos, y también da otra historia maravillosa sobre Justo, que tenía por sobrenombre Barsabás, y que éste había bebido un veneno mortal, y, con todo, por la gracia del Señor, no sufrió daño alguno. De este Justo, el libro de Hechos consigna que después de la ascensión del Salvador los santos apóstoles le designaron con Matías, y oraron pidiendo una elección recta, en lugar del traidor Judas, que completara su número. El pasaje es más o menos como sigue: "Y presentaron a dos, José, llamado Barsabás, por sobrenombre Justo, y Matías; y oraron y dijeron" (Hch. 1:23, 24). Este mismo escrito ha registrado otras noticias que le habrían llegado por tradición oral, ciertas parábolas extrañas del Salvador y enseñanzas suyas, y algunas otras afirmaciones de un carácter más bien mítico.

El reino milenario de Cristo

Entre estas fábulas hay que contar la que dice que habrá un período de unos mil años después de la resurrección, y que el reino de Cristo será establecido en forma material sobre esta tierra. Estas ideas supongo él las obtuvo por un malentendido de los relatos apostólicos, no dándose cuenta de que las cosas registradas allí en figuras se decían místicamente. Porque, evidentemente, era un hombre de capacidad muy humilde, como se puede juzgar de sus propias afirmaciones; pese a todo, se debe a él el que tantos padres de la Iglesia después de él hayan adoptado una opinión semejante, instando en apoyo de la misma la antigüedad del hombre, como por ejemplo Ireneo y todos los que han declarado que sostenían ideas semejantes. Papías también da en su propia obra otros relatos de las palabras del Señor sobre la autoridad de Aristión, que ha sido mencionado antes, y tradiciones del anciano Juan. A ellas remitimos a los que tengan interés en conocerlas.

Entre estas fábulas hay que contar la que dice que habrá un período de unos mil años después de la resurrección, y que el reino de Cristo será establecido en forma material sobre esta tierra.

Los dos primeros Evangelios

Para nuestro propósito actual añadiremos meramente a sus palabras, que han sido citadas antes, una tradición que él refiere en las siguientes palabras, respecto a Marcos, el que escribió el Evangelio:

"Y el anciano dijo esto también: Marcos, habiendo pasado a ser el intérprete de Pedro, escribió exactamente todo lo que recordaba, sin embargo no registrándolo en el orden que había sido hecho por Cristo. Porque él ni oyó al Señor ni le siguió; pero después, como he dicho, ayudó a Pedro, el cual adaptó sus instrucciones a las necesidades de sus oyentes, pero no tenía intención de dar un relato conexo de las palabras del Señor. Así que Marcos no hizo distinción cuando escribió algunas cosas tal como las recordaba; porque en lo que tenía interés, era en no omitir nada de lo que había oído, y en no consignar ninguna afirmación falsa en ello".

Éste es, por lo tanto, el relato que da Papías respecto a Marcos. Pero, con respecto a Mateo, hace la siguiente afirmación:

"Mateo compuso las palabras en lengua hebrea, y cada uno las interpretó conforme a su capacidad".

"Así que entonces Mateo compuso las palabras en lengua hebrea, y cada uno las interpretó conforme a su capacidad".

El mismo escritor empleó testimonios procedentes de la primera epístola de Juan, y también de la de Pedro. Y ha referido otra historia sobre una mujer acusada de muchos pecados delante del Señor, que se halla en el *Evangelio según los Hebreo*s.

También esto, aparte lo ya expuesto, nos ha parecido necesario conservarlo (Eusebio, *Hist. Ecl.* III, 39).

4

La mujer sorprendida en adulterio

Y se fueron cada uno a su propia casa; pero Jesús se fue al monte de los Olivos. Y temprano por la mañana Él volvió al templo [y todo el pueblo se allegó a Él; y Él se sentó, y les enseñaba]. Y los escribas y los fariseos traen una mujer sorprendida en adulterio; y habiéndola puesto en medio, le dicen: Maestro, esta mujer ha sido sorprendida en adulterio, en el mismo acto. Ahora bien, en la ley de Moisés [se nos] manda que apedreemos a las tales; tú, pues, ¿qué dices? [Y esto lo decían para tentarle, para tener de qué acusarle]. Pero Jesús se inclinó, y con el dedo escribía en el suelo. Pero cuando ellos siguieron preguntando, Él se levantó y les dijo: El que esté sin pecado entre vosotros, le tire la primera piedra. Y de nuevo se inclinó, y escribía en el suelo. Y ellos, cuando lo oyeron, se fueron uno a uno, empezando por los más ancianos; y Él se quedó solo, y la mujer allí donde estaba, en medio. Y Jesús se levantó, y le dijo: Mujer, ¿dónde están? ¿Ninguno te condena? Y ella dijo: Ninguno, Señor. Y Jesús le dijo: Ni yo te condeno; sigue tu camino; a partir de ahora no peques más.

Pericope adulterae; ver Westcott y Hort, *The New Teslament in the Original Greek*, I. p. 241, II. pp. 82ss. 91; Lightfoot, *Essays on Supernatural Religion*, pp. 203ss.

Pero cuando ellos siguieron preguntando, Él se levantó y les dijo: El que esté sin pecado entre vosotros, le tire la primera piedra.

5

Testimonio de Felipe Sidetes

Papías, obispo de Hierápolis, que fue un discípulo de Juan el Teólogo y un compañero de Policarpo, escribió cinco libros de Palabras del Señor.

Papías, obispo de Hierápolis, que fue un discípulo de Juan el Teólogo y un compañero de Policarpo, escribió cinco libros de Palabras del Señor, en los cuales da una lista de los apóstoles, y, después de Pedro y Juan, Felipe y Tomás y Mateo, incluye entre los discípulos del Señor a Aristión y a un segundo Juan, a quien llamaba también "el anciano". [Dice] que algunos creen que este Juan es el autor de las dos epístolas cortas y católicas, que son publicadas en el nombre de Juan; y da como razón el que los padres primitivos sólo aceptaran la primera epístola. Algunos también han considerado equivocadamente al *Apocalipsis* como suyo (esto es, del anciano Juan). Papías también está equivocado sobre el Milenio, y a partir de él Ireneo también.

Papías, en su segundo libro, dice que los judíos dieron muerte a Juan el Teólogo y a Santiago su hermano. El mencionado Papías afirmó, bajo la autoridad de las hijas de Felipe, que Barsabás, que es también llamado el Justo, cuando le desafiaron a hacerlo algunos no creyentes, bebió veneno de serpiente en el nombre del Señor, y fue protegido de todo mal. Hace también otras afirmaciones maravillosas, y en particular sobre la madre de Manaím que resucitó de los muertos. En cuanto a los que fueron levantados de los muertos por Cristo, afirma que ellos sobrevivieron hasta el tiempo de Adriano.

(Felipe de Side, *Historia de Cristo.*)

6

El martirio de Juan

Después de Domiciano reinó Nerva un año, el cual mandó llamar a Juan de la isla de Patmos y le permitió que residiera en Éfeso. En este tiempo él era el único superviviente de los doce apóstoles, y después de escribir su Evangelio recibió el honor del martirio. Porque Papías, obispo de Hierápolis, que fue un testigo presencial suyo, en el segundo libro de *Las Sentencias del Señor* dice que fue muerto por los judíos, y con ello, evidentemente, cumplió, junto con su hermano, la profecía de Cristo con respecto a ellos, y su propia confesión y empeño respecto a él. Porque cuando el Señor les dijo: "¿Podéis beber de la copa que yo bebo?, y ellos asintieron al punto, Él dijo: Mi copa beberéis, y del bautismo que soy bautizado seréis bautizados" (Mr. 10:38, 39). Y es natural que sea así, porque es imposible que Dios mienta.

Esto también afirma el sabio Orígenes en su interpretación del Evangelio de san Mateo, que Juan fue martirizado, declarando que él había sabido el hecho por los sucesores de los apóstoles. Y verdaderamente el bien informado Eusebio también, en su *Historia Eclesiástica*, dice: «A Tomás le tocó por suerte Partia, pero Juan, Asia, donde fijó su residencia, y murió en Éfeso».

(Georgius Hamartolus, *Cronicón*.)

Nerva mandó llamar a Juan de la isla de Patmos y le permitió que residiera en Éfeso. Después de escribir su Evangelio recibió el honor del martirio.

7

El testimonio de Jerónimo

Se ve claro que en su lista de nombres hay un Juan que es contado entre los apóstoles, y otro, el anciano Juan, a quien enumera después de Aristión.

Papías, un oyente de Juan, y obispo de Hierápolis en Asia, escribió sólo cinco libros, que él tituló *Exposición de los Discursos del Señor*. En los cuales, cuando afirma en su prefacio que no está siguiendo afirmaciones vagas, sino que tiene a los apóstoles como sus autoridades, dice:

«Yo acostumbraba inquirir lo que habían dicho Andrés, o Felipe, o Tomás, o Santiago, o Juan, o Mateo, o cualquier otro de los discípulos del Señor, y lo que están diciendo Aristión y el anciano Juan, los discípulos del Señor. Porque los libros para leer no me aprovechan tanto como la viva voz resonando claramente en el día de hoy en la persona de sus autores».

De lo cual se ve claro que en su lista de nombres hay un Juan que es contado entre los apóstoles, y otro, el anciano Juan, a quien enumera después de Aristión. Hemos mencionado este hecho a causa de la afirmación que hicimos antes, que hemos registrado bajo la autoridad de muchos, que las dos últimas epístolas de Juan no son la obra del apóstol, sino del anciano. Este Papías se dice que propagó la tradición judía de un Milenio, y que fue seguido por Ireneo, Apolinar y los otros, que dicen que después de la resurrección el Señor reinará en la carne con los santos.

(Jerónimo, *Vidas ilustres*, 18.)

8

Además, me ha llegado un falso rumor según el cual los libros de Josefo y los escritos de Papías y Policarpo han sido traducidos por mí; pero yo no tengo tiempo libre ni fuerza para traducir obras así a otra lengua con la elegancia correspondiente.

(Jerónimo, *Epístola a Lucinio*, 71.)

9

Ireneo, un discípulo de Papías que fue oyente de Juan el Evangelista, refiere.

(Jerónimo, *Epístola a Teodoro*, 75.)

10

El Apocalipsis

Sin embargo, con respecto a la inspiración del libro (esto es, el *Apocalipsis*), consideramos superfluo escribir de modo extenso; puesto que el bienaventurado Gregorio (quiero decir el Teólogo) y Cirilo, y hombres de una generación pasada, así como Papías, Ireneo, Metodio e Hipólito, dan testimonio de su autenticidad.

(Andrés de Cesarea, *Prefacio al Apocalipsis.*)

11

A los ángeles
que eran
santos al
principio,
Él les dio
dominio
también
sobre la
ordenación
del
universo.

Pero Papías dice, palabra por palabra (le cito):

"A algunos de ellos, claramente a los ángeles que eran santos al principio, Él les dio dominio también sobre la ordenación del universo, y Él los comisionó a que ejercieran su dominio bien".

Y dice luego:

"Pero sucedió que su ordenación no sirvió de nada; porque el gran dragón, la antigua serpiente, que es llamada también Satanás y el diablo, fue echado, sí, fue echado a la tierra, él y sus ángeles".

(Andrés de Cesarea, *Interpretación del Apocalipsis*, cap. 34, serm. 12.)

12

Teniendo su comienzo en Papías de Hierápolis, ilustre discípulo del apóstol que reclinó su cabeza sobre el pecho de Cristo, y de Clemente, Panteno el sacerdote de los alejandrinos, y Amonio el gran erudito, estos antiguos y primeros expositores que están de acuerdo entre sí en entender toda la obra de los seis días (como refiriéndose) a Cristo y a su Iglesia.

(Anastasio de Sinaí, *Contempl. anagog. in Hexaëm*, I.)

Están de acuerdo entre sí en entender toda la obra de los seis días (como refiriéndose) a Cristo y a su Iglesia.

13

Interpretaron los dichos sobre el Paraíso espiritualmente, y los refirieron a la Iglesia de Cristo.

Así pues, los expositores más antiguos de las iglesias, quiero decir Filón el filósofo, y contemporáneo de los apóstoles, y el famoso Papías de Hierápolis, el discípulo de Juan el Evangelista... y sus asociados, interpretaron los dichos sobre el Paraíso espiritualmente, y los refirieron a la Iglesia de Cristo.

(Anastasio de Sinaí, *Contempl. anagog. in Hexaëm*, VIII.)

14

Productividad de la tierra durante el Milenio

La bendición así predicha pertenece indudablemente a los tiempos del Reino, cuando los justos se levantarán de los muertos y reinarán, cuando también la creación renovada y liberada de servidumbre producirá una gran abundancia de alimento de todas clases, del rocío del cielo y la grosura de la tierra; como los ancianos, que vieron a Juan el discípulo del Señor, refieren que oyeron de él que el Señor acostumbraba enseñar respecto a aquellos tiempos y decir:

> La creación renovada y liberada de servidumbre producirá una gran abundancia de alimento de todas clases.

"Vendrán días en que crecerán vides, cada una de las cuales tendrá diez mil brotes, y cada brote diez mil sarmientos, y cada sarmiento diez mil ramas, y en cada rama diez mil racimos, y en cada racimo diez mil granos, y cada grano, una vez prensado, producirá veinticinco medidas de vino. Y cuando alguno de los santos habrá tomado en la mano uno de estos racimos, otro gritará: Yo soy un racimo mejor; tómame, bendice al Señor a través de mí.

"Del mismo modo, un grano de trigo producirá diez mil espigas, y cada espiga tendrá diez mil granos, y cada grano diez libras de harina fina, brillante y limpia, y los otros frutos, semillas y hierbas producirán proporciones similares, y todos los animales, usando estos frutos que son productos del suelo, se volverán pacíficos y armoniosos, obedientes al hombre en toda sujeción".

De estas cosas Papías, que fue un oyente de Juan y un compañero de Policarpo, hombre respetado, dio testimonio por escrito en el cuarto de sus libros, porque compuso cinco. Y añadió, diciendo:

"Pero estas cosas son creíbles a los que creen. Y cuando Judas el traidor no creyó, y preguntó: ¿Cómo van a ser realizadas estas cosas por el Señor?, refiere que el Señor le dijo: Lo verán los que lleguen a estos tiempos".

(Ireneo, *Contra las herejías*, V, 33,3-4.)

15

Los que practican la inocencia y sinceridad hacia Dios acostumbraban ser llamados niños.

Los que practican la inocencia y sinceridad hacia Dios acostumbraban ser llamados niños, como también muestra Papías en el primer libro de las *Exposiciones del Señor*, y Clemente de Alejandría en *El Pedagogo*.

(Máximo el Confesor, *Comentario al libro de Dionisio Areopagita*, 2.)

16

Placeres de comida
después de la resurrección

Dice esto, él, indicando veladamente, supongo, a Papías de Hierápolis en Asia, el cual fue un obispo en aquel tiempo y floreció en los días del santo Evangelista Juan. Porque este Papías, en el cuarto libro de sus *Exposiciones del Señor*, menciona viandas como fuentes de deleites en la resurrección... E Ireneo de Lyon dice lo mismo en su quinto libro contra las herejías, y presenta en apoyo de sus afirmaciones al antes mencionado Papías.

(Máximo el Confesor, *Comentario al libro de Dionisio Areopagita*, 7.)

Menciona viandas como fuentes de deleites en la resurrección...

17

Ni tampoco (sigue Stefanus) a Papías, el obispo y mártir de Hierápolis, ni a Ireneo, el santo obispo de Lyon, cuando dicen que el reino del cielo consistirá en el disfrutar de ciertos alimentos materiales.

(Focio, *Bibliotheca*, cod. 232, *Sobre Stefanus Gobarus.*)

18

Muerte y castigo de Judas

Apolinar. «Judas no murió ahorcado, sino que vivió, pues fue cortada la cuerda antes que quedara asfixiado. Y los Hechos de los Apóstoles muestran esto, que cayó de cabeza y se abrió por la mitad, y salieron todas sus entrañas. Este hecho lo refiere más claramente Papías, el discípulo de Juan, en el cuarto libro de su *Exposición de las Palabras del Señor*, como sigue:

"Judas anduvo por este mundo como un ejemplo terrible de impiedad; su carne hinchada hasta tal extremo que, donde un carro podía pasar sin estrechez, él no podía pasar, ni aun la masa de su cabeza meramente. Dicen que sus párpados se hincharon hasta el punto de que no podía ver la luz en absoluto, en tanto que sus ojos no eran visibles ni aun para un médico que mirara con un instrumento; tanto se habían hundido en la superficie. Sus partes vergonzosas dicen que aparecían más repugnantes y mayores que cuanto hay de indecoroso y que echaba por ellas de todo su cuerpo pus y gusanos. Y después de muchos tormentos y castigos, murió, dicen, en un lugar de su propiedad, que quedó desierto y despoblado hasta el presente a causa del mal olor. Es más, hasta el día de hoy no puede nadie pasar cerca de aquel lugar si no se tapa las narices con las manos. Tan enorme fue la putrefacción que se derramó de su carne sobre la tierra".

(Compilado de Cramer, *Catena ad Acta SS. Apost.* (1838), pp. 12ss., y otras fuentes.)

> "Judas anduvo por este mundo como un ejemplo terrible de impiedad. Después de muchos tormentos y castigos, murió en un lugar de su propiedad."

19

El Evangelio de Juan

El Evangelio de Juan fue dado a conocer y entregado a las iglesias por Juan, en tanto que permaneció en el cuerpo.

Aquí comienza el argumento del Evangelio según Juan. El Evangelio de Juan fue dado a conocer y entregado a las iglesias por Juan, en tanto que permaneció en el cuerpo; como ha referido un tal Papías por nombre, de Hierápolis, un discípulo amado de Juan, en sus cinco libros *Exotéricos*; pero él escribió correctamente el Evangelio que le dictó Juan. Pero Marción, hereje, habiendo sido reprobado por él, por sentir de modo contrario, fue rechazado por Juan. Aquél, sin embargo, le había traído escritos o cartas de los hermanos que estaban en el Ponto.

(*Códice Vaticano Alex.* 14, siglo IX.)

20

Porque el último de éstos, Juan, por sobrenombre el Hijo del Trueno, cuando llegó a una edad muy avanzada, como nos han dicho Ireneo y Eusebio y una sucesión de historiadores dignos de confianza, hacia el tiempo en que surgían terribles herejías, dictó el Evangelio a su propio discípulo, el virtuoso Papías de Hierápolis, para rellenar lo que faltaba en los que antes que él habían proclamado la Palabra a las naciones por toda la tierra.

(*Catena, Patr. Graec. in S. Joan*, publicada por B. Corder.)

Juan dictó el Evangelio a su propio discípulo, el virtuoso Papías de Hierápolis.

El Pastor

de

Hermas

VISIONES

1

Pecado de pensamiento

1. El amo que me crió me vendió a una señora de nombre Roda en Roma. Al cabo de muchos años la encontré de nuevo, y empecé a amarla como a una hermana. Después de cierto tiempo la vi bañándose en el río Tíber; y le di la mano, y la saqué del río. Y, al ver su hermosura, razoné en mi corazón, diciendo: "Cuán feliz sería si tuviera una esposa así, en hermosura y en carácter". Y reflexioné meramente sobre esto, y nada más.

Después de cierto tiempo, cuando estaba dirigiéndome a Cumæ, y glorificando las criaturas de Dios por su grandeza y esplendor y poder, mientras andaba me quedé dormido. Y el Espíritu cayó sobre mí y se me llevó por un terreno sin caminos, por el cual no podía pasar nadie: porque el lugar era muy abrupto, y quebrado por hendiduras a causa de las aguas. Así pues, cuando hube cruzado el río, llegué a un país llano, y me arrodillé, y empecé a orar al Señor y a confesar mis pecados. Entonces, mientras oraba, se abrió el cielo y vi a la señora, a quien había deseado, saludándome desde el cielo, diciendo:

"Buenos días, Hermas".

Y, mirándola, le dije: "Señora, ¿qué haces aquí?" Entonces ella me contestó: "Se me ha traído aquí para que te redarguyera de tus pecados delante del Señor".

Le dije: "¿Es acerca de ti que me acusas?" "No", dijo ella, "pero oye estas palabras que te diré. Dios, que reside en los cielos, y creó de la nada las cosas que son, y aun las aumentó y multiplicó por amor a su santa Iglesia, está enojado contigo, porque pecaste contra mí".

Yo le contesté y dije: "¿Pequé contra ti? ¿En qué forma? ¿Te dije alguna vez alguna palabra inconveniente? ¿No te consideré siempre como si fueras una diosa? ¿No te respeté siempre como una hermana? ¿Cómo pudiste acusarme falsamente, señora, de tal villanía e impureza?"

Riendo, ella me dijo: "El deseo hacia el mal entró en tu corazón. Es más, ¿no crees que es un acto malo para un justo si el mal deseo entra en su corazón? Es verdadera-

Después de cierto tiempo, me quedé dormido. Y el Espíritu cayó sobre mí y me llevó por un terreno sin caminos.

Es un propósito malo e insano, en un espíritu devoto que ya ha sido aprobado, el desear algo malo.

mente un pecado, y un pecado grande", dijo ella; "porque el justo tiene sólo propósitos justos. En tanto que sus propósitos son rectos, pues, su reputación se mantiene firme en el cielo, y halla al Señor fácilmente propicio en todo lo que hace. Pero los que albergan malos propósitos en sus corazones, se acarrean la muerte y la cautividad, especialmente los que reclaman para sí mismos este mundo presente, y se jactan de sus riquezas, y no se adhieren a las cosas buenas que han de venir. Sus almas lo lamentarán, siendo así que no tienen esperanza, sino que se han abandonado a sí mismos y su vida. Pero ora a Dios, y Él sanará tus pecados, y los de toda tu casa, y de todos los santos".

Tristeza de Hermas

2. Tan pronto como hubo dicho estas palabras se cerraron los cielos; y yo fui presa de horror y de pena. Entonces dije dentro de mí: "Si este pecado es consignado contra mí, ¿cómo puedo ser salvo? ¿O cómo voy a propiciar a Dios por mis pecados que son patentes y burdos? ¿O con qué palabras voy a rogar al Señor que me sea propicio?" En tanto que consideraba y ponderaba estas cosas en mi corazón, vi delante de mí una gran silla blanca de lana como la nieve; y allí vino una señora anciana, en vestido resplandeciente, con un libro en las manos, y se sentó sola, y me saludó: "Buenos días, Hermas".

Entonces yo, apenado y llorando, dije: "Buenos días, señora".

Y ella me dijo: "¿Por qué estás tan abatido, Hermas, tú que eres paciente y bien templado, y siempre estás sonriendo? ¿Por qué estás tan caído en tu mirada y distante de la alegría?"

Y le dije: "A causa de una de las palabras de una dama excelente contra la cual he pecado".

Entonces ella dijo: "¡En modo alguno sea así en un siervo de Dios! Sin embargo, el pensamiento entró en tu corazón respecto a ella. En los siervos de Dios una intención así acarrea pecado. Porque es un propósito malo e insano, en un espíritu devoto que ya ha sido aprobado, el desear algo malo, y especialmente si es Hermas el templado, que se abstiene de todo mal deseo y está lleno de toda simplicidad y de gran inocencia".

3. "Con todo, no es por esto que Dios está enojado contigo, sino con miras a que puedas convertir a tu familia, que ha obrado mal contra el Señor y contra vosotros sus padres. Pero por apego a tus hijos tú no les amonestaste, sino que toleraste que se corrompieran de un modo espantoso. Por tanto, el Señor está enojado contigo. Pero Él quiere curar todos tus pecados pasados, que han sido cometidos en tu familia; porque a causa de sus pecados e iniquidades tú has sido corrompido por las cosas de este mundo. Pero la gran misericordia del Señor tuvo piedad de ti y de tu familia, y te corroborará, y te afianzará en su gloria. Sólo que no seas descuidado, sino que cobres ánimo y robustezcas a tu familia. Porque como el herrero trabajando a martillazos triunfa en la tarea que quiere, así también el recto discurso repetido diariamente vence todo mal. No dejes, pues, de reprender a tus hijos; porque sé que si se arrepienten de todo corazón, serán inscritos en los libros de vida con los santos".

Por apego a tus hijos tú no les amonestaste, sino que toleraste que se corrompieran de un modo espantoso. Por tanto, el Señor está enojado contigo.

Después que hubieron cesado estas palabras suyas, me dijo: "¿Quieres escucharme mientras leo?"

Entonces le dije: "Sí, señora".

Ella me dijo: "Está atento, y escucha las glorias de Dios".

Yo escuché con atención y con asombro lo que no tuve poder de recordar; porque todas las palabras eran terribles, que ningún hombre puede resistir. Sin embargo, recordé las últimas palabras, porque eran apropiadas para nosotros y suaves.

"He aquí, el Dios de los ejércitos, que con su poder grande e invisible y con su gran sabiduría creó el mundo, y con su glorioso propósito revistió su creación de hermosura, y con su palabra estableció los cielos, y fundó la tierra sobre las aguas, y con su propia sabiduría y providencia formó su santa Iglesia, a la cual Él también bendijo; he aquí, quita los cielos y los montes y las colinas y los mares, y todas las cosas serán allanadas para sus elegidos, para que Él pueda cumplirles la promesa que había hecho con gran gloria y regocijo, siempre y cuando ellos guarden las ordenanzas de Dios, que han recibido con gran fe."

4. Cuando hubo acabado de leer y se levantó de su silla, se acercaron cuatro jóvenes, y se llevaron la silla, y partieron hacia Oriente. Entonces ella me dijo que me acercara y me tocó el pecho, y me dijo:

"Estas
últimas
palabras
son para
los justos,
pero las
primeras
eran para
los paganos
y rebeldes."

"¿Te gustó lo que te leí?"

Y yo le dije: "Señora, estas últimas palabras me agradaron, pero las primeras eran difíciles y duras".

Entonces ella me habló y me dijo: "Estas últimas palabras son para los justos, pero las primeras eran para los paganos y rebeldes". En tanto que ella me estaba hablando, aparecieron dos hombres y se la llevaron, tomándola por los brazos, y partieron hacia el punto adonde había ido la silla, hacia Oriente. Y ella sonrió al partir y, mientras se marchaba, me dijo: "Pórtate como un hombre, Hermas".

2

Pecados de los hijos
y llamada al arrepentimiento

1. Yo iba camino a Cumas, en la misma estación como el año anterior, y recordaba mi Visión del año anterior mientras andaba; y de nuevo me tomó un Espíritu, y se me llevó al mismo lugar del año anterior. Cuando llegué al lugar, caí de rodillas y empecé a orar al Señor, y a glorificar su nombre, porque me había tenido por digno, y me había dado a conocer mis pecados anteriores. Pero después que me hube levantado de orar, vi delante de mí a la señora anciana, a quien había visto el año anterior, andando y leyendo un librito. Y ella me dijo: "¿Puedes transmitir estas cosas a los elegidos de Dios?"

Y yo le contesté: "Señora, no puedo recordar tanto; pero dame el librito, para que lo copie".

"Tómalo", me dijo, "y asegúrate de devolvérmelo".

Yo lo tomé, y me retiré a cierto lugar en el campo y lo copié letra por letra; porque no podía descifrar las sílabas. Cuando hube terminado las letras del libro, súbitamente me arrancaron el libro de la mano; pero no pude ver quién lo había hecho.

2. Y después de quince días, cuando hube ayunado y rogado al Señor fervientemente, me fue revelado el conocimiento del escrito. Y esto es lo que estaba escrito:

"Hermas, tu simiente ha pecado contra Dios, y han blasfemado del Señor, y han traicionado a sus padres a causa de sus grandes maldades, sí, han conseguido el nombre de traidores de los padres, y, con todo, no sacaron provecho de su traición; y aun añadieron a sus pecados actos inexcusables y maldades excesivas; así que la medida de sus transgresiones fue colmada.

"Pero da a conocer estas palabras a todos tus hijos, y tu esposa será como tu hermana; porque ella tampoco se ha refrenado en el uso de la lengua, con la cual obra mal.

"Después que tú les hayas dado a conocer todas estas palabras, que el Señor me mandó que te revelara, entonces todos los pecados que ellos han cometido con anterioridad les serán perdonados; sí, y también a todos los santos que

De nuevo me tomó un Espíritu, y se me llevó al mismo lugar del año anterior. Vi delante de mí a la señora anciana, andando y leyendo un librito.

Hermas, no guardes ya rencor contra tus hijos, ni permitas que tu hermana haga lo que quiera, para que puedan ser purificados de sus pecados anteriores.

han pecado hasta el día de hoy, si se arrepienten de todo corazón, y quitan la doblez de ánimo de su corazón. Porque el Señor juró por su propia gloria, con respecto a sus elegidos: que si, ahora que se ha puesto este día como límite, se comete pecado, después no habrá para ellos salvación; porque el arrepentimiento para los justos tiene un fin; los días del arrepentimiento se han cumplido para todos los santos; en tanto que para los gentiles hay arrepentimiento hasta el último día.

"Por consiguiente, tú dirás a los gobernantes de la Iglesia, que enderecen sus caminos en justicia, para que puedan recibir en pleno las promesas con gloria abundante. Los que obráis justicia, pues, estad firmes, y no seáis de doble ánimo, para que podáis ser admitidos con los santos ángeles. Bienaventurados seáis, pues, cuantos sufráis con paciencia la gran tribulación que viene, y cuantos no nieguen su vida. Porque el Señor juró con respecto a su Hijo, que todos los que nieguen a su Señor serán rechazados de su vida, incluso los que ahora están a punto de negarle en los días venideros; pero a los que le negaron antes de ahora, a ellos les fue concedida misericordia por causa de su gran bondad.

Consejos a Hermas

3. "Pero, Hermas, no guardes ya rencor contra tus hijos, ni permitas que tu hermana haga lo que quiera, para que puedan ser purificados de sus pecados anteriores. Porque ellos serán castigados con castigo justo, a menos que les guardes rencor tú mismo. El guardar un rencor es causa de muerte. Pero tú, Hermas, has pasado por grandes tribulaciones tú mismo, por causa de las transgresiones de tu familia, debido a que no te cuidaste de ellos. Porque tú les descuidaste, y te mezclaste a ellos con tus propias actividades malas. Pero en esto consiste tu salvación: en que no te apartes del Dios vivo, y en tu sencillez y tu gran continencia. Éstas te han salvado si permaneces en ellas; y salvan a todos los que hacen tales cosas, y andan en inocencia y simplicidad. Éstas prevalecen sobre toda maldad y persisten hasta la vida eterna. Bienaventurados todos los que obran justicia. Nunca serán destruidos.

"Pero tú dirás a Máximo: 'He aquí viene tribulación sobre ti si tú crees apropiado negarme por segunda vez.

El Señor está cerca de todos los que se vuelven a Él, como está escrito en Eldad y Meldad, que profetizaron al pueblo en el desierto´".

Revelación sobre la Iglesia

4. Luego, hermanos, un joven de extraordinaria hermosura en su forma me hizo una revelación en mi sueño, y me dijo: "¿Quién crees que es la señora anciana, de la cual recibiste el libro?"

Y yo dije: "La Sibila".

"Te equivocas", me dijo, "no lo es".

"¿Quién es, pues?", le dije.

"La Iglesia", dijo él. Yo le dije:

"¿Por qué, pues, es de avanzada edad?"

"Porque", me contestó, "ella fue creada antes que todas las cosas; ésta es la causa de su edad; y por amor a ella fue formado el mundo".

Y después vi una Visión en mi casa. Vino la anciana y me preguntó si ya había dado el libro a los ancianos. Yo le dije que no se lo había dado.

"Has hecho bien", me contestó, "porque tengo algunas palabras que añadir. Cuando hubiere terminado todas las palabras, será dado a conocer, mediante ti, a todos los elegidos. Por tanto, tú escribirás dos copias, y enviarás una a Clemente, y otra a Grapta. Y Clemente lo enviará a las ciudades extranjeras, porque éste es su deber; en tanto que Grapta lo enseñará a las viudas y huérfanos. Pero tú leerás el libro a esta ciudad junto con los ancianos que presiden sobre la iglesia".

"La Iglesia fue creada antes que todas las cosas; ésta es la causa de su edad; y por amor a ella fue formado el mundo."

3

La gloria de los mártires

Hermas, termina ya de rogar constantemente por tus pecados; ruega también pidiendo justicia, para que puedas dar parte de ella a tu familia.

1. La tercera Visión que vi, hermanos, fue como sigue: Después de ayunar con frecuencia, y rogar al Señor que me declarara la revelación que Él había prometido mostrarme por boca de la señora anciana, aquella misma noche vi a la señora anciana, y ella me dijo: "Siendo así que eres tan insistente y estás ansioso de conocer todas las cosas, ven al campo donde resides, y hacia la hora quinta apareceré ante ti, y te mostraré lo que debes ver".

Yo le pregunté, diciendo: "Señora, ¿a qué parte del campo?"

"Adonde quieras", me dijo.

Yo seleccioné un lugar retirado y hermoso; pero, antes de hablarle y mencionarle el lugar, ella me dijo: "Iré allí donde tú quieras".

Fui, pues, hermanos, al campo, y conté las horas, y llegué al lugar que yo había designado para que ella viniera, y vi un sofá de marfil colocado allí, y sobre el sofá había un cojín de lino, y sobre el cojín una cobertura de lino fino.

Cuando vi estas cosas tan ordenadas, y que no había nadie allí, me asombré, y me puse a temblar, y se me erizó el pelo; y un acceso de temor cayó sobre mí, porque estaba solo. Cuando me recobré, y recordé la gloria de Dios, y me animé, me arrodillé y confesé mis pecados al Señor una vez más, como había hecho en la ocasión anterior.

Entonces vinieron seis jóvenes, los mismos que había visto antes, y se quedaron de pie junto a mí, y me escucharon atentamente mientras oraba y confesaba mis pecados al Señor. Y ella me tocó y me dijo:

"Hermas, termina ya de rogar constantemente por tus pecados; ruega también pidiendo justicia, para que puedas dar parte de ella a tu familia".

Entonces me levantó con la mano y me llevó al sofá, y dijo a los jóvenes:

"Id, y edificad".

Y después que los jóvenes se hubieron retirado y nos quedamos solos, ella me dijo: "Siéntate aquí".

Y yo le dije: "Señora, que se sienten los ancianos primero".

"Haz lo que te mando", dijo ella, "siéntate".

Entonces, cuando yo quería sentarme en el lado derecho, ella no me lo permitió, sino que me hizo una seña con la mano de que me sentara en el lado izquierdo. Como yo estaba entonces pensando en ello y estaba triste, porque ella no me había permitido sentarme en el lado derecho, me dijo ella:

"¿Estás triste, Hermas? El lugar de la derecha es para otros, los que han agradado ya a Dios y han sufrido por su Nombre. Pero a ti te falta mucho para poder sentarte con ellos; pero así como permaneces en tu sencillez, continúa en ella, y te sentarás con ellos, tú y todos aquellos que han hecho sus obras y han sufrido lo que ellos sufrieron".

2. "¿Qué es lo que sufrieron?", pregunté yo.

"Escucha", dijo ella: "Azotes, cárceles, grandes tribulaciones, cruces, fieras, por amor al Nombre. Por tanto, a ellos pertenece el lado derecho de la Santidad –a ellos, y a los que sufrirán por el Nombre–. Pero para el resto hay el lado izquierdo. No obstante, para unos y otros, para los que se sientan a la derecha como para los que se sientan a la izquierda, hay los mismos dones, y las mismas promesas, sólo que ellos se sientan a la derecha y tienen cierta gloria. Tú, verdaderamente, deseas sentarte a la derecha con ellos, pero tienes muchos defectos; con todo, serás purificado de estos defectos tuyos; sí, y todos los que no son de ánimo indeciso, serán purificados de todos sus pecados en este día".

Para los que se sientan a la derecha como para los que se sientan a la izquierda, hay los mismos dones, y las mismas promesas, sólo que ellos se sientan a la derecha y tienen cierta gloria.

La construcción de la torre

Cuando hubo dicho esto, ella deseaba partir; pero, cayendo a sus pies, yo le rogué por el Señor que me mostrara la Visión que me había prometido. Entonces ella me tomó de nuevo por la mano, y me levantó, y me hizo sentar en el sofá en el lado izquierdo, en tanto que ella se sentaba en el derecho. Y levantando una especie de vara reluciente, me dijo:

"¿Ves algo muy grande?"

Y yo le dije: "Señora, no veo nada".

Ella me dijo: "Mira, ¿no ves enfrente de ti una gran torre que es edificada sobre las aguas, de piedras cuadradas relucientes?"

"La torre, que ves que se está edificando, soy yo misma, la Iglesia, a quien viste antes y ves ahora."

Y la torre era edificada cuadrada por los seis jóvenes que habían venido con ella. Y muchísimos otros traían piedras, y algunos de ellos de lo profundo del mar y otros de la tierra, y las iban entregando a los seis jóvenes. Y éstos las tomaban y edificaban. Las piedras que eran arrastradas del abismo las colocaban, en cada caso, tal como eran, en el edificio, porque ya se les había dado forma; y encajaban en sus junturas con las otras piedras; y se adherían tan juntas la una a la otra que no se podía ver la juntura; y el edificio de la torre daba la impresión como si fuera edificado de una sola piedra. Pero, en cuanto a las otras piedras que eran traídas de tierra firme, algunas las echaban a un lado, otras las ponían en el edificio, y otras las hacían pedazos y las lanzaban lejos de la torre. Había también muchas piedras echadas alrededor de la torre, y no las usaban para el edificio; porque algunas tenían moho, otras estaban resquebrajadas, otras eran demasiado pequeñas, y otras eran blancas y redondas y no encajaban en el edificio. Y vi otras piedras echadas a distancia de la torre, y caían en el camino y, con todo, no se quedaban en el camino, sino que iban a parar a un lugar donde no había camino; y otras caían en el fuego y ardían allí; y otras caían cerca de las aguas y, pese a todo, no podían rodar dentro del agua, aunque deseaban rodar y llegar al agua.

3. Cuando ella me hubo mostrado estas cosas, quería irse con prisa. Yo le dije: "Señora, ¿qué ventaja tengo en haber visto estas cosas, si no sé lo que significan?"

Ella me contestó y me dijo: "Tú eres muy curioso, al desear conocer todo lo que se refiere a la torre".

"Sí, señora", le dije, "para que pueda anunciarlo a mis hermanos, y que ellos puedan gozarse más y cuando oigan estas cosas puedan conocer al Señor en gran gloria".

Entonces me dijo: "Muchos las oirán; pero cuando oigan, algunos estarán contentos y otros llorarán. Sin embargo, incluso estos últimos, si oyen y se arrepienten, también estarán contentos. Oye, pues, las parábolas de la torre; porque te revelaré todas estas cosas. Y no me molestes más sobre la revelación; porque estas revelaciones tienen un término, siendo así que ya han sido completadas. No obstante, no cesarás de pedirme revelaciones; porque eres muy atrevido.

"La torre, que ves que se está edificando, soy yo misma, la Iglesia, a quien viste antes y ves ahora. Pregunta, pues, lo que quieras respecto a la torre, y te lo revelaré, para que puedas gozarte con los santos."

Yo le digo: "Señora, como me consideraste digno, una vez por todas, de revelarme todas estas cosas, revélamelas".

Entonces ella me dijo: "Todo lo que se te pueda revelar, se te revelará. Sólo que tu corazón esté con Dios, y no haya dudas en tu mente sobre las cosas que veas".

Le pregunté: "¿Por qué es edificada la torre sobre las aguas, señora?" "Ya te lo dije antes", dijo ella, "y verdaderamente tú inquieres diligentemente. Así que por tus preguntas descubrirás la verdad. Oye, pues, por qué la torre es edificada sobre las aguas: es porque vuestra vida es salvada y será salvada por el agua. Pero la torre ha sido fundada por la palabra del Todopoderoso y el Nombre glorioso, y es fortalecida por el poder invisible del Señor".

4. Yo le contesté y le dije: "Señora, esto es grande y maravilloso. Pero los seis jóvenes que edifican, ¿quiénes son, señora?"

"Estos son los santos ángeles de Dios, que fueron creados antes que cosa alguna; a ellos el Señor entregó toda su creación para que la aumentaran y edificarán, y para ser señores de toda la creación. Por sus manos, pues, es realizada la edificación de la torre."

"Y ¿quiénes son los otros que acarrean las piedras?"

"Son también ángeles de Dios; pero estos seis son superiores a ellos. El edificio de la torre, pues, será terminado, y todos juntos se regocijarán en el corazón cuando estén alrededor de la torre, y glorificarán a Dios que la edificación de la torre haya sido realizada."

Simbolismo de las piedras

Yo inquirí de ella, diciendo: "Señora, me gustaría saber con respecto al fin de las piedras y su poder, de qué clase son".

Ella me contestó y dijo: "No es que tú entre todos los hombres seas especialmente digno de que te sea revelado; porque hay otros antes que tú, y mejores que tú, a los cuales deberían haber sido reveladas estas visiones. Pero para que sea glorificado el nombre de Dios, se te ha revelado y se te revelará, por causa de los de ánimo indeciso, que preguntan en sus corazones si estas cosas son así o no.

Por qué la torre es edificada sobre las aguas: es porque vuestra vida es salvada y será salvada por el agua.

Las piedras que son cuadradas y blancas, y que encajan en sus junturas, éstas son los apóstoles y obispos y maestros y diáconos que andan según la santidad de Dios.

Diles, pues, que estas cosas son verdaderas, y que no hay nada aparte de la verdad, sino que todas son firmes, y válidas, y establecidas sobre un fundamento seguro.

5. "Oye ahora respecto a las piedras que entran en el edificio. Las piedras que son cuadradas y blancas, y que encajan en sus junturas, éstas son los apóstoles y obispos y maestros y diáconos que andan según la santidad de Dios, y ejercen su oficio de obispo, de maestro y diácono en pureza y santidad para los elegidos de Dios, algunos de los cuales ya duermen y otros están vivos todavía. Y, debido a que siempre están de acuerdo entre sí, tuvieron paz entre sí y se escucharon el uno al otro. Por tanto, sus junturas encajan en el edificio de la torre".

"Pero hay las que son sacadas de la profundidad del mar, y colocadas en el edificio y que encajan en sus junturas con las otras piedras que ya estaban colocadas; éstos, ¿quiénes son?"

"Éstos son los que han sufrido por el nombre del Señor."

"Pero las otras piedras que son traídas de tierra seca, me gustaría saber quiénes son éstos, señora."

Ella contestó: "Los que entran en el edificio, y todavía no están labrados, a éstos el Señor ha aprobado porque anduvieron en la rectitud del Señor y ejecutaron rectamente sus mandamientos".

"Pero los que van siendo traídos y colocados en el edificio, ¿quiénes son?"

"Son jóvenes en la fe, y fieles; pero fueron advertidos por los ángeles que obren bien, porque en ellos fue hallada maldad."

"Pero los que fueron desechados y puestos a un lado, ¿quiénes son?"

"Éstos han pecado, y desean arrepentirse, por tanto no son lanzados a gran distancia de la torre, porque serán útiles para la edificación si se arrepienten. Los que se arrepienten, pues, si lo hacen, serán fuertes en la fe si se arrepienten ahora en tanto que se construye la torre. Este privilegio lo tienen solamente los que se hallan cerca de la torre."

6. "Pero, ¿quisieras saber acerca de los que son hechos pedazos y lanzados fuera de la torre? Éstos son los hijos del libertinaje. Éstos recibieron la fe hipócritamente, y no hubo maldad que no se hallara en ellos. Por tanto, no

tienen salvación, porque no son útiles para edificar, por razón de su maldad. Por tanto son desmenuzados y tirados por causa de la ira del Señor, porque le provocaron a ira. En cuanto al resto de las piedras que tú has visto echadas en gran número y que no entran en el edificio, de ellas, las que son mohosas son las que conocieron la verdad, pero no permanecieron en ella ni se mantuvieron adheridos a los santos. Por lo tanto, son inservibles."

"Pero las que están resquebrajadas, ¿quiénes son?"

"Éstos son los que tienen discordia en su corazón el uno respecto al otro, y no hay paz entre ellos; tienen una apariencia de paz, pero cuando se separan el uno del otro, los malos pensamientos permanecen en sus corazones. Éstas son las rajas que tienen las piedras. Pero las que están cortadas y son más pequeñas, éstos han creído, y tienen su mayor parte en justicia, pero hay en ellos partes de iniquidad; por tanto, son demasiado pequeñas, y no son perfectas."

"Pero, ¿quiénes son, señora, las piedras blancas y redondas que no encajaron en el edificio?"

Ella me contestó: "¿Hasta cuándo vas a seguir siendo necio y obtuso, y lo preguntarás todo, y no entenderás nada? Éstos son los que tienen fe, pero también tienen las riquezas de este mundo. Cuando viene la tribulación, niegan a su Señor por razón de sus riquezas y sus negocios". Y yo contesté y le dije:

"¿Cuándo serán, pues, útiles en el edificio?"

Ella me contestó: "Cuando les sean quitadas las riquezas que hacen descarriar sus almas, entonces serán útiles a Dios. Porque tal como la piedra redonda, a menos que sea cortada y pierda alguna parte de sí misma, no puede ser cuadrada, del mismo modo los que son ricos en este mundo, a menos que sus riquezas les sean quitadas, no pueden ser útiles al Señor. Aprende primero de ti mismo. Cuando tenías riquezas no eras útil; pero ahora eres útil y provechoso para vida. Sé útil a Dios, porque tú mismo también eres sacado de las mismas piedras.

7. "Pero las otras piedras que viste echadas lejos de la torre y que caen en el camino y van a parar fuera del camino a las regiones en que no hay camino, éstos son los que han creído, pero por razón de su corazón indeciso han abandonado el verdadero camino. De esta manera, ellos, pensando que pueden hallar un camino mejor, se

En cuanto al resto de las piedras que no entran en el edificio, son las que conocieron la verdad, pero no permanecieron en ella.

Los que caen cerca de las aguas y, con todo, no pueden rodar al agua, son los que han oído la Palabra y quisieran ser bautizados pero cambian de opinión.

extravían y son gravemente afligidos, cuando andan por las regiones en que no hay camino. Pero los que caen en el fuego y son quemados, éstos son los que finalmente se rebelaron contra el Dios vivo, y ya no entró más en sus corazones el arrepentirse, por causa de sus deseos atrevidos y de las maldades que han obrado. Pero los otros, que caen cerca de las aguas y, con todo, no pueden rodar al agua, ¿quieres saber cuáles son? Éstos son los que han oído la Palabra y quisieran ser bautizados en el nombre del Señor. Luego, cuando recapacitan sobre la pureza requerida por la verdad, cambian de opinión y vuelven a sus malos deseos".

Así terminó ella la explicación de la torre. Siendo yo importuno, le pregunté aún si para todas aquellas piedras que fueron rechazadas y no encajaban en el edificio de la torre había arrepentimiento y un lugar en esta torre.

"Pueden arrepentirse", me dijo, "pero no pueden encajar en esta torre. Serán encajados en otro lugar mucho más humilde, pero no hasta que hayan sufrido tormentos por esta razón y hayan cumplido los días de sus pecados. Y serán sacados por esta razón, porque participaron en la Palabra justa; y entonces serán aliviados de sus tormentos si se arrepienten de los actos malos que han cometido; pero si éstos no les llegan al corazón, no son salvos a causa de la dureza de sus corazones".

Las siete virtudes

8. Cuando cesé de preguntarle sobre todas estas cosas, pues, ella me dijo: "¿Quisieras ver otra cosa?"

Teniendo deseos de contemplarla, me gocé en gran manera de poder verla. Ella me miró, y sonrió, y me dijo: "¿Ves a siete mujeres alrededor de la torre?"

"Las veo, señora", le dije.

"Esta torre es sostenida por ellas, según orden del Señor. Oye ahora sus ocupaciones. La primera, la mujer de las manos fuertes, se llama Fe, por medio de la cual son salvados los elegidos de Dios. Y la segunda, la que está ceñida y tiene el aspecto enérgico de un hombre, se llama Continencia; es la hija de la Fe. Todo el que la sigue, pues, será feliz en su vida, porque se abstendrá de todo acto malo, creyendo que, si se abstiene de todo mal deseo, heredará la vida eterna."

"Y las otras, señora, ¿quiénes son?"

"Son hijas la una de la otra. El nombre de la primera es Sencillez; el de la siguiente, Ciencia; la próxima es Inocencia; la otra, Modestia; la siguiente, Caridad. Cuando tú, pues, hagas todas las obras de su madre, podrás vivir".

"Me gustaría saber, señora", le dije, "qué poder tiene cada una de ellas".

"Escucha, pues", dijo ella, "los poderes que tienen. Sus poderes son dominados cada una por la otra, y se siguen una a otra en el orden en que nacieron. De Fe nace Continencia; de Continencia, Simplicidad; de Simplicidad, Inocencia; de Inocencia, Modestia; de Modestia, Ciencia; de Ciencia, Caridad. Sus obras, pues, son puras y reverentes y divinas. Todo aquel que sirva a estas mujeres, y tenga poder para dominar sus obras, tendrá su morada en la torre con los santos de Dios".

Entonces le pregunté, con respecto a los tiempos, si la consumación es ya ahora. Pero ella gritó en alta voz:

"Necio, ¿no ves que la torre se está edificando todavía? Cuando la torre haya sido edificada, habrá llegado el fin; pero será edificada rápidamente. No me hagas más preguntas: este recordatorio es suficiente para ti y para los santos, y es la renovación de vuestros espíritus. Pero no te fue revelado sólo a ti, sino para que puedas mostrar estas cosas a todos. Después de tres días –porque tú has de entender primero, y te encargo, Hermas, con las palabras que voy a decirte– di todas estas cosas a los oídos de los santos, para que las oigan y las hagan y puedan ser purificados de sus maldades, y tú mismo con ellos:

Tened consideración el uno al otro, y ayudaos el uno al otro, y no participéis de lo creado por Dios a solas en la abundancia, sino también compartid con los que están en necesidad.

Llamamiento a los hijos de la Iglesia

9. "Oídme, hijos míos. Os crié en mucha simplicidad e inocencia y reverencia, por medio de la misericordia del Señor, que destiló justicia en vosotros, para que pudierais ser justificados y santificados de toda maldad y perversidad. Ahora pues, oídme y haya paz entre vosotros, y tened consideración el uno al otro, y ayudaos el uno al otro, y no participéis de lo creado por Dios a solas en la abundancia, sino también compartid con los que están en necesidad. Porque algunos, a causa de sus excesos en la comida, acarrean debilidad a la carne, y dañan su carne, mientras que la carne de los que no tienen nada que comer es

Instruíos unos a otros, y tened paz entre vosotros, que yo también pueda estar contenta delante del Padre, y dar cuenta de todos vosotros a vuestro Señor.

dañada por no tener suficiente nutrición, y su cuerpo es echado a perder. Este exclusivismo, pues, es perjudicial para vosotros los que tenéis y no compartís con los que tienen necesidad. Advertid el juicio que viene. Así pues, los que tenéis más que suficiente, buscad a los hambrientos, en tanto que la torre no está terminada; porque una vez que la torre haya sido terminada, desearéis hacer bien y no hallaréis oportunidad de hacerlo. Mirad, pues, los que os alegráis en vuestra riqueza, que los que están en necesidad no giman, y su gemido se eleve al Señor, y vosotros con vuestra abundancia de cosas buenas halléis cerrada la puerta de la torre. Ahora, pues, os digo a vosotros los que gobernáis la Iglesia y que ocupáis sus asientos principales, no seáis como los charlatanes. Los charlatanes, verdaderamente, llevan sus drogas en cajas, pero vosotros lleváis vuestra droga y vuestro veneno en el corazón. Estáis endurecidos, y no queréis limpiar vuestros corazones, y mezclar vuestra sabiduría en un corazón limpio, para que podáis conseguir misericordia del Gran Rey. Mirad, pues, hijos, que estas divisiones no os priven de vuestra vida. ¿Cómo es posible que queráis instruir a los elegidos del Señor, en tanto que vosotros no tenéis instrucción? Instruíos unos a otros, pues, y tened paz entre vosotros, que yo también pueda estar contenta delante del Padre, y dar cuenta de todos vosotros a vuestro Señor".

10. Así pues, cuando ella hubo cesado de hablarme, los seis jóvenes que edificaban vinieron y se la llevaron a la torre, y otros cuatro levantaron el sofá y se lo llevaron también a la torre. No les vi la cara a éstos, porque la tenían vuelta al otro lado.

Las tres formas de la anciana

Y cuando ella se iba, yo le pedí que me revelara qué significaban las tres formas en que ella se me había aparecido. Ella me contestó y dijo:

"Con respecto a estas cosas has de preguntar a otro, para que puedan serte reveladas".

Pues yo la vi, hermanos, en mi primera Visión del año pasado, como una mujer muy anciana y sentada en una silla. En la segunda Visión su rostro era juvenil, pero su carne y su cabello eran añosos, y me hablaba estando de pie; y ella estaba más contenta que antes. Pero en la tercera Visión era del todo joven y de extraordinaria hermosura, y sólo su cabello se veía de edad; y estaba contenta en gran manera y sentada sobre un sofá. Y yo estaba muy deseoso de saber la revelación de estas cosas. Y veo a la anciana en una Visión de la noche, diciéndome:

"Toda pregunta requiere humildad. Ayuna, pues, y recibirás del Señor lo que has pedido".

Así que ayuné un día; y aquella noche se me apareció un joven y me dijo:

"Siendo así que insistes pidiendo revelaciones, vigila que con tu mucho preguntar no dañes tu carne. Bástente estas revelaciones. ¿No puedes ver otras revelaciones más poderosas que las que has visto?"

Y yo le dije en respuesta: "Señor, sólo pregunto una cosa, con respecto a las tres formas de la anciana: que me sea concedida una revelación completa".

Él me dijo como respuesta: "¿Hasta cuándo serás sin entendimiento? Es tu ánimo indeciso que hace que no tengas entendimiento, y que tu corazón no esté puesto hacia el Señor".

Yo le contesté y le dije de nuevo: "De ti, Señor, sabré las cosas con más precisión".

11. "Escucha", me dijo, "con referencia a las tres formas sobre las cuales preguntas. En la primera Visión, ¿por qué no se te apareció como una anciana y sentada en una silla? Porque tu espíritu era viejo, y ya decaído, y no tenía poder por razón de tus debilidades y actos de indecisión. Porque como un anciano, no teniendo ya esperanza de renovar su juventud, no espera nada, sino caer dormido, así vosotros también, siendo debilitados con las cosas de este mundo, os entregáis a lamentaciones, y no echáis vuestros cuidados sobre el Señor, sino que vuestro espíritu está quebrantado, y sois achacosos con vuestras aflicciones".

"¿Por qué, pues, estaba sentada en una silla, quisiera saber, Señor?"

"Porque toda persona débil se sienta en una silla por causa de su debilidad, para que sea sostenida la debilidad de su cuerpo. Así que tú tienes el simbolismo de la primera Visión.

12. "Pero en la segunda Visión la viste de pie, y con el rostro más juvenil y más alegre que antes; pero su carne

Vosotros debilitados con las cosas de este mundo, os entregáis a lamentaciones, y no echáis vuestros cuidados sobre el Señor, sino que vuestro espíritu está quebrantado.

Los que se han arrepentido plenamente serán jóvenes de nuevo, y afianzados firmemente, siendo así que se han arrepentido de todo su corazón.

y su cabello eran añosos. Escucha esta parábola también", me dijo. "Imagínate a un anciano que ha perdido toda esperanza de sí mismo, por razón de su debilidad y su pobreza, y no espera nada más que su último día en la vida. De repente le dejan una herencia. Oye las noticias, se levanta y, lleno de gozo, se viste con energía, y ya no está echado, sino de pie, y su espíritu, que estaba quebrantado hace un momento por razón de sus circunstancias anteriores, es renovado otra vez, y ya no está sentado, sino que se siente animoso; así también era contigo, cuando oíste la revelación que el Señor te reveló. Porque Él tuvo compasión de ti, y renovó tus ánimos, y puso a un lado tus dolencias, y te vino fuerza, y fuiste hecho poderoso en la fe, y el Señor se regocijó en verte fortalecido. Y, por tanto, Él te mostró la edificación de la torre; sí, y también otras cosas te mostrará si de todo corazón tenéis paz entre vosotros.

13. "Pero en la tercera Visión la viste más joven y hermosa y alegre, y su forma hermosa. Porque tal como uno que está lamentándose, al recibir buenas noticias, inmediatamente olvida sus penas anteriores y no admite nada sino las noticias que ha oído, y es fortalecido por ellas en lo que es bueno, y su espíritu es renovado por razón del gozo que ha recibido, del mismo modo también vosotros habéis recibido una renovación de vuestros espíritus al ver estas cosas buenas. Y si la viste sentada en un sofá, la posición es firme; porque el sofá tiene cuatro patas y se mantiene firme; porque el mundo también es sostenido por medio de cuatro elementos. Así pues, los que se han arrepentido plenamente serán jóvenes de nuevo, y afianzados firmemente, siendo así que se han arrepentido de todo su corazón. Ahí tienes la revelación entera y completa. No pidas más revelaciones; pero si aún te falta algo, te será revelado."

4

La gran bestia de cuatro colores

1. La cuarta visión la vi, hermanos, veinte días después de la anterior que había tenido, y era un tipo de la tribulación inminente. Yo andaba por la Vía de la Campania, hacia el campo. Desde la carretera al lugar adonde iba hay unos diez estadios; el terreno es fácil de andar. Iba solo, y rogaba al Señor que completara las revelaciones y las visiones que me había mostrado por medio de su santa Iglesia, para que Él me fortaleciera a mí mismo y diera arrepentimiento a sus siervos que han tropezado, para que su Nombre grande y glorioso pueda ser glorificado, pues me había considerado digno de mostrarme sus maravillas. Y mientras le daba gloria y acción de gracias, me contestó como si fuera el sonido de una voz: "No dudes en tu mente, Hermas".

He aquí, vi una gran bestia como un monstruo marino, y de su boca salían langostas de fuego. Y la bestia tenía unos cien pies de longitud.

Empecé a preguntarme y decirme: "¿Cómo puedo dudar en mi mente siendo así que he sido tan firmemente afianzado por el Señor y he visto cosas gloriosas?"

Y seguí un poco adelante, hermanos, y he aquí, vi una nube de polvo que se levantaba hacia el cielo, y empecé a decirme: "¿Es posible que sea ganado que se acerca, y levanten una nube de polvo?", porque estaba a un estadio de distancia. Cuando la nube de polvo se fue haciendo cada vez mayor, sospeché que se trataba de algo sobrenatural. Entonces el sol brilló un poco, y he aquí, vi una gran bestia como un monstruo marino, y de su boca salían langostas de fuego. Y la bestia tenía unos cien pies de longitud, y su cabeza era como si fuese de arcilla. Y empecé a llorar y a rogar al Señor que me rescatara de ella. Y recordé la palabra que había oído: "No tengas dudas en tu mente, Hermas".

Así que, hermanos, habiéndome revestido de la fe del Señor y recordado las obras poderosas que Él me había enseñado, cobré ánimos y me dirigí hacia la bestia. Ahora bien, la bestia se acercaba con tal furia que podría haber dejado en ruinas una ciudad. Llegué cerca de ella, y aunque el monstruo era enorme, se tendió en el suelo, y meramente sacó la lengua y no se movió en lo más mínimo hasta que yo hube pasado por su lado. Y la bestia tenía

Esta bestia es un tipo de la gran tribulación que ha de venir. Por tanto, si os preparáis de antemano, podréis escapar de ella si vuestro corazón es hecho puro y sin mácula.

en su cabeza cuatro colores: negro, luego color de fuego y sangre, luego oro, luego blanco.

Significado de la visión

2. Así pues, una vez hube pasado la bestia y avanzado unos treinta pasos, he aquí, vino hacia mí una virgen ataviada como si saliera de la cámara nupcial, toda blanca y con sandalias blancas, velada hasta la frente, y la cobertura de su cabeza era un turbante, y su cabello era blanco. Sabía por visiones anteriores que era la Iglesia, y me alegré algo. Ella me saludó y me dijo: "Buenos días, buen hombre"; yo la saludé a mi vez: "Buenos días, señora".

Ella me contestó y me dijo: "¿No has encontrado nada?"

Yo le dije: "Señora, una bestia enorme, que podría haber destruido pueblos enteros; pero, por el poder del Señor y por su gran misericordia, escapé de ella".

"Tú escapaste de ella, cierto", dijo ella, "porque pusiste en Dios todos tus cuidados, y abriste tu corazón al Señor, creyendo que puedes ser salvado sólo por medio de su Nombre grande y glorioso. Por tanto, el Señor envió a su ángel, que está sobre las bestias, cuyo nombre es Segri, y le cerró la boca para que no pudiera causarte daño. Tú has escapado de una gran tribulación por causa de tu fe, y porque, aunque viste una bestia tan inmensa, no dudaste en tu mente. Ve, pues, y declara a los elegidos del Señor sus obras poderosas, y diles que esta bestia es un tipo de la gran tribulación que ha de venir. Por tanto, si os preparáis de antemano, y os arrepentís y os volvéis al Señor de todo corazón, podréis escapar de ella si vuestro corazón es hecho puro y sin mácula y si durante el resto de los días de vuestra vida servís al Señor de modo intachable. Echa tus cuidados sobre el Señor y Él se hará cargo de ellos. Confiad en el Señor, hombres de poco ánimo, porque Él puede hacer todas las cosas, sí, puede apartar su ira de vosotros, y también enviar sus plagas sobre vosotros los que sois de ánimo indeciso. ¡Ay de aquellos que oyen estas palabras y son desobedientes!, sería mejor para ellos que no hubieran nacido."

3. Le pregunté con respecto a los cuatro colores que la bestia tenía sobre la cabeza. Entonces ella me contestó y me dijo:

"Otra vez eres curioso sobre estas cosas".

"Sí, señora", le dije, "hazme saber qué son estas cosas".

"Escucha", me dijo; "el negro es este mundo en el cual vivís; y el fuego y el color del fuego y la sangre muestran que este mundo perecerá a sangre y fuego; y el dorado son los que han escapado de este mundo. Porque así como el oro es probado por el fuego y es hecho útil, así también vosotros [que habitáis en Él] sois probados. Los que permanecen y pasan por el fuego serán purificados por él. Porque como el oro pierde su escoria, así vosotros también vais a desprenderos de toda aflicción y tribulación, y seréis purificados, y seréis útiles para la edificación de la torre. Pero la parte blanca es la edad venidera, en la cual residirán los elegidos de Dios; porque los elegidos de Dios serán sin mancha y puros para la vida eterna. Por lo tanto, no ceses de hablar a los oídos de los santos. Ahora tenéis el simbolismo también de la tribulación que se avecina potente. Pero si estáis dispuestos, no será nada. Recordad las cosas que han sido escritas de antemano."

Con estas palabras partió, y no vi en qué dirección había partido; porque se hizo un ruido; y me volví atemorizado, pensando que la bestia venía hacia mí.

Ahora tenéis el simbolismo de la tribulación que se avecina potente. Pero si estáis dispuestos, no será nada.

5

Aparición del Pastor

Mientras oraba en la casa y estaba sentado en el sofá, entró un hombre de rostro glorioso, vestido como un pastor, envuelto en una piel blanca, y con su zurrón al hombro y un cayado en la mano. Y me saludó, y yo le devolví el saludo. E inmediatamente se sentó a mi lado y me dijo:

"Me ha enviado el ángel más santo, para que viva contigo el resto de los días de tu vida".

Yo pensé que había venido a tentarme y le dije: "¿Por qué?, ¿quién eres? Porque sé a quién he sido confiado".

Él me dijo: "¿No me reconoces?"

"No", le contesté.

"Yo", me dijo, "soy el Pastor a quien has sido confiado".

En tanto que me estaba hablando, su forma cambió, y le reconocí como el mismo a quien había sido confiado; e inmediatamente quedé confundido, y el temor se apoderó de mí, y quedé anonadado por la aflicción de haberle contestado de modo tan malvado e insensato. Pero él me contestó y dijo: "No te quedes azorado, sino sé confirmado en los mandamientos que estoy a punto de darte. Porque yo he sido enviado", dijo, "para mostrarte de nuevo las cosas que viste antes, en especial las que sean convenientes para ti. Ante todo, escribe mis mandamientos y mis parábolas; y las otras cosas las escribirás según te mostraré".

Y añadió: "La razón por la que te mando que escribas primero los mandamientos y las parábolas es que puedas leerlas sobre la marcha, y así puedas guardarlas".

Así que escribí los mandamientos y las parábolas, tal como me mandó. Por tanto, si, cuando las oís, las guardáis y andáis en ellas, y las hacéis con el corazón puro, recibiréis del Señor todas las cosas que Él ha prometido; pero si, cuando las oís, no os arrepentís, sino que añadís todavía a vuestros pecados, recibiréis del Señor lo opuesto.

Todas estas cosas me mandó que escribiera el Pastor, el ángel del arrepentimiento.

MANDAMIENTOS

1

Fe y temor de Dios

"Ante todo, cree que Dios es uno, y que Él creó todas las cosas y las puso en orden, y trajo todas las cosas de la no existencia al ser, que comprende todas las cosas siendo Él solo incomprensible. Cree en Él, pues, y témele, y en este temor ejerce dominio sobre ti mismo. Guarda estas cosas, y te verás libre de toda maldad, y serás revestido de toda excelencia y justicia, y vivirás para Dios si guardas este mandamiento."

Ante todo, cree que Dios es uno, y que Él creó todas las cosas y las puso en orden, y trajo todas las cosas de la no existencia al ser.

2

Contra la calumnia

No digas mal
de ningún
hombre,
ni tengas
placer en
escuchar
a un
calumniador.
De otro
modo,
tú que
escuchas
serás
también
responsable
del pecado
de aquel que
habla mal.

Y me dijo: "Mantén la sencillez y la inocencia, y serás como un niño pequeño, que no conoce la maldad que destruye la vida de los hombres. Ante todo, no digas mal de ningún hombre, ni tengas placer en escuchar a un calumniador. De otro modo, tú que escuchas serás también responsable del pecado de aquel que habla mal, si crees la calumnia que oyes; porque, al creerla, tú también tendrás algo que decir contra tu hermano. Así que serás responsable del pecado del que dice el mal. La calumnia es mala; es un demonio inquieto, que nunca está en paz, sino que siempre se halla entre divisiones. Abstente, pues, de ella, y tendrás paz en todo tiempo con todos los hombres. Pero revístete de reverencia, en la cual no hay tropiezo, sino que todas las cosas son suaves y alegres.

Generosidad

"Haz lo que es bueno, y de todas tus labores, que Dios te da, da a todos los que están en necesidad generosamente, sin hacer preguntas sobre a quién has de dar y a quién no has de dar. Da a todos, porque Dios desea que todos reciban de su abundancia. Los que reciben, pues, tendrán que dar cuenta a Dios de por qué lo han recibido y a qué fin; porque los que reciben en necesidad no serán juzgados, pero los que reciben con pretextos simulados recibirán el castigo. Así pues, el que da es inocente; porque como recibe del Señor el servicio a ejecutar, lo ha ejecutado en sinceridad, sin hacer distinción entre a quién da y a quién no da. Esta ministración, pues, cuando es cumplida sinceramente, pasa a ser gloriosa a la vista de Dios. El que ministra así sinceramente, pues, vivirá para Dios. Por tanto, guarda este mandamiento que te he dado: que tu propio arrepentimiento y el de tu casa puedan ser hallados sinceros, y tu corazón puro y sin mancha".

3

Contra la mentira

De nuevo dijo: "Ama la verdad, y que no salga de tu boca otra cosa que la verdad, que el espíritu que Dios hizo residir en esta tu carne pueda ser hallado veraz a la vista de todos los hombres; y así el Señor, que reside en ti, será glorificado; porque el Señor es fiel en toda palabra, y en Él no hay falsedad. Por tanto, los que dicen mentiras niegan al Señor, y pasan a ser ladrones del Señor, porque no le entregan a Él el depósito que han recibido. Porque ellos recibieron de Él un espíritu libre de mentiras. Si devuelven un espíritu mentiroso, han faltado al mandamiento del Señor y han pasado a ser ladrones".

Cuando oí estas cosas, lloré amargamente. Pero, viéndome llorar, dijo: "¿Por qué lloras?"

"Señor", contesté, "porque no sé si puedo ser salvo".

"¿Por qué?", me dijo.

"Señor", contesté, "porque nunca en mi vida he dicho una palabra de verdad, sino que siempre he vivido engañosamente con todos los hombres y he cubierto mi falsedad como verdad delante de todos los hombres; y nadie me ha contradicho nunca, sino que se ha puesto confianza en mi palabra. Señor, ¿cómo, pues, puedo vivir siendo así que he hecho estas cosas?"

Él me contestó: "Tu suposición es cierta y verdadera, porque te corresponde como siervo de Dios andar en la verdad, y el Espíritu de verdad no puede tener complicidad con el mal, ni afligir al Espíritu que es santo y verdadero". Y le dije: "Nunca, Señor, oí claramente palabras semejantes". Y me contestó: "Ahora, pues, las oyes. Guárdalas, para que las falsedades anteriores que dijiste en tus asuntos y negocios puedan por sí mismas pasar a ser creíbles, ahora que éstas son halladas verdaderas; porque también pueden pasar aquellas a ser dignas de confianza. Si guardas estas cosas y, en adelante, no dices otra cosa que la verdad, podrás alcanzar la vida para ti mismo. Y todo el que oiga este mandamiento y se abstenga de falsedad –este hábito tan pernicioso– vivirá para Dios".

Los que dicen mentiras niegan al Señor, y pasan a ser ladrones del Señor, porque no le entregan a Él el depósito que han recibido.

358 El Pastor de Hermas

4

La castidad

Abstente de este deseo; porque allí donde reside la santidad, la licencia no debe entrar en el corazón de un hombre justo.

1. "Te encargo", me dijo, "que guardes la castidad, y no permitas que entre en tu corazón ningún pensamiento con referencia a la mujer de otro, o referente a fornicación, u otros actos malos semejantes; porque al hacerlo cometes un gran pecado. Pero recuerda siempre a tu propia esposa, y no irás descaminado nunca. Porque si este deseo entra en tu corazón, irás descaminado, y si entra otro alguno tan malo como éste, cometes pecado. Porque este deseo en un siervo de Dios es un gran pecado; y si un hombre hace esta maldad, obra muerte para sí mismo. Mira bien, pues. Abstente de este deseo; porque allí donde reside la santidad, la licencia no debe entrar en el corazón de un hombre justo".

Y le dije: "Señor, ¿me permites hacer algunas preguntas más?"

"Pregunta", me contestó.

Y yo le dije: "Señor, si un hombre que tiene una esposa que confía en el Señor la descubre en adulterio, ¿comete pecado el marido que vive con ella?"

"En tanto que esté en la ignorancia", me dijo, "no peca; pero si el marido sabe que ella peca, y la esposa no se arrepiente, sino que continúa en la fornicación, y el marido vive con ella, él se hace responsable del pecado de ella y es un cómplice en su adulterio".

Y le dije: "¿Qué es, pues, lo que ha de hacer el marido si la esposa sigue en este caso?"

"Que se divorcie de ella", dijo él, "y que el marido viva solo; pero si después de divorciarse de su esposa se casa con otra, él también comete adulterio".

"Así pues, Señor", le dije, "si después que la esposa es divorciada se arrepiente y desea regresar a su propio marido, ¿no ha de ser recibida?"

"Sin duda ha de serlo", me dijo; "si el marido no la recibe, peca y acarrea gran pecado sobre sí; es más, el que ha pecado y se arrepiente debe ser recibido, pero no varias veces, porque sólo hay un arrepentimiento para los siervos de Dios. Por amor a su arrepentimiento, pues, el marido no debe casarse con otra. Ésta es la manera de obrar que se manda al esposo y a la esposa. No sólo", dijo él, "es adulterio si un hombre contamina su carne, sino que todo el que hace cosas como los paganos comete adulterio. Por consiguiente, si hechos así los sigue haciendo un hombre y no se arrepiente, mantente aparte de él y no vivas con él. De otro modo, tú también eres partícipe de su pecado. Por esta causa, se os manda que permanezcáis solos, sea el marido o la esposa; porque en estos casos es posible el arrepentimiento. Yo", me dijo, "no doy oportunidad para que la cosa se quede así, sino con miras a que el pecador no peque más. Pero, con respecto al pecado anterior, hay Uno que puede dar curación: Él es el que tiene autoridad sobre todas las cosas".

Arrepentirse es una gran comprensión. Porque el hombre que ha pecado comprende que ha hecho lo malo delante del Señor.

El arrepentimiento

2. Y le pregunté de nuevo, y dije:

"Siendo así que el Señor me tuvo por digno de que permanecieras siempre conmigo, permíteme todavía decir unas pocas palabras, puesto que no entiendo nada, y mi corazón se ha vuelto más denso por mis actos anteriores. Hazme comprender, porque soy muy necio, y no capto absolutamente nada".

Él me contestó, diciéndome: "Yo presido sobre el arrepentimiento y doy comprensión a todos los que se arrepienten. Es más, ¿no crees", me dijo, "que este mismo acto es comprensión? El arrepentirse es una gran comprensión. Porque el hombre que ha pecado comprende que ha hecho lo malo delante del Señor, y el hecho que ha cometido entra en su corazón y se arrepiente y ya no obra mal, sino que hace bien en abundancia, y humilla su propia alma, y la atormenta porque ha pecado. Ves, pues, que el arrepentimiento es una gran comprensión".

"Es por esto, por tanto, Señor", le dije, "que lo pregunto todo minuciosamente de ti; primero, porque soy un pecador; segundo, porque no sé qué obras he de hacer para poder vivir, porque mis pecados son muchos y varios".

"Tú vivirás", me dijo, "si guardas mis mandamientos y andas en ellos; y todo el que oye estos mandamientos y los guarda, vivirá ante Dios".

El pecado después del bautismo

El que ha recibido el perdón de sus pecados ya no debe pecar más, sino vivir en pureza. Pero te declararé también otro aspecto.

3. Y le dije: "Aún voy a hacer otra pregunta, Señor". "Di", me contestó.

"He oído, Señor", le dije, "de ciertos maestros, que no hay otro arrepentimiento aparte del que tuvo lugar cuando descendimos al agua y obtuvimos remisión de nuestros pecados anteriores".[1]

Él me contestó: "Has oído bien; pues es así. Porque el que ha recibido el perdón de sus pecados ya no debe pecar más, sino vivir en pureza. Pero como tú inquieres sobre todas las cosas con exactitud, te declararé también otro aspecto, sin que con ello quiera dar pretexto de pecar a los que en lo futuro han de creer o a los que ya hayan creído. Pues los que ya han creído, o han de creer en el futuro, no tienen arrepentimiento para los pecados, sino que tienen sólo remisión de sus pecados anteriores. A los que Dios llamó, pues, antes de estos días, el Señor les designó arrepentimiento; porque el Señor, discerniendo los corazones y sabiendo de antemano todas las cosas, conoció la debilidad de los hombres y las múltiples astucias del diablo con las que procurará engañar a los siervos de Dios, y ensañarse con ellos. El Señor, pues, siendo compasivo, tuvo piedad de la obra de sus manos y designó esta oportunidad para arrepentirse, y a mí me dio la autoridad sobre este arrepentimiento".[2]

---

[1] Cf. Hebreos 6:4-6: "Es imposible que los que una vez fueron iluminados y gustaron el don celestial, y fueron hechos partícipes del Espíritu Santo, y asimismo gustaron la buena palabra de Dios, y las virtudes del siglo venidero, y recayeron, sean otra vez renovados para arrepentimiento, crucificando de nuevo para sí mismos al Hijo de Dios, y exponiéndole a vituperio". Hebreos 10:26, 27: "Porque si pecáremos voluntariamente después de haber recibido el conocimiento de la verdad, ya no queda sacrificio por el pecado, sino una horrenda esperanza de juicio, y hervor de fuego que ha de devorar a los adversarios".

[2] Hermas introduce aquí una importante novedad frente al rigorismo que negaba la posibilidad de perdón después del bautismo de quien hubiera pecado gravemente. Hermas enseña que se puede recibir el perdón, al menos una vez después del bautismo, si uno se arrepiente sinceramente (cf. *Visiones*, 2,2). Para dar autoridad a su opinión, la presenta como un anuncio especial del Pastor enviado por Dios.

Hasta el s. V se practicó la penitencia pública en el caso de los pecados graves, hecha posible sólo una vez después del bautismo. A partir del s. V se dejó sentir la influencia de los monjes irlandeses que misionaban en el continente, que enseñaban una penitencia privada y repetida de modo ilimitado; práctica que progresará en la Iglesia latina.

"Pero te digo", me añadió, "si después de este llamamiento grande y santo, alguno, siendo tentado por el diablo, comete pecado, sólo tiene una oportunidad de arrepentirse. Pero si continuamente peca y se arrepiente, el arrepentimiento no le aprovechará para nada; porque difícilmente alcanzará la vida".

Yo le dije: "He sido vivificado cuando he oído estas cosas de modo tan preciso. Porque sé que, si no añado a mis pecados, seré salvo".

"Serás salvo", me dijo, "tú y todos cuantos hagan todas estas cosas".

Segundas nupcias

4. Y le pregunté de nuevo, diciendo: "Señor, como has tenido paciencia conmigo hasta aquí, declárame esta otra cuestión también".

"Di", me contestó.

"Si una esposa", le dije, "o supongamos un marido, muere, y el otro se casa, ¿comete pecado el que se casa?"

"No peca", me dijo; "pero si se queda sin casar, se reviste de un honor mucho mayor y de gran gloria delante del Señor; con todo, si se casa, no peca[3]. Preserva, pues, la castidad y la santidad, y vivirás ante Dios. Todas estas cosas, pues, que te digo ahora y te diré después, guárdalas desde ahora en adelante, desde el día en que me fuiste encomendado, y yo viviré en tu casa. Pero, para tus transgresiones anteriores habrá remisión si guardas mis mandamientos Si, y todos tendrán remisión si guardan estos mandamientos y andan en esta pureza".

> **Sólo tiene una oportunidad de arrepentirse. Pero si continuamente peca y se arrepiente, el arrepentimiento no le aprovechará para nada.**

---

[3] El partido rigorista de los novacianos y montanistas condenaban las segundas nupcias como un pecado, en apoyo de lo cual Tertuliano escribió su célebre tratado *De Monogamia*, pero esta posición nunca tuvo aceptación por la Iglesia antigua, como vemos por este temprano escrito de Hermas y, siglos después, Cirilo de Jerusalén, *Catequesis*, IV, 28 (publicado en esta misma colección), entre otros.

5

La paciencia

Sé paciente y entendido y tendrás dominio sobre todo lo malo, y obrarás toda justicia. El Señor mora en la paciencia, el diablo en la impaciencia.

1. "Sé paciente y entendido", dijo, "y tendrás dominio sobre todo lo malo, y obrarás toda justicia. Porque si eres sufrido, el Espíritu Santo que habita en ti será puro, no siendo oscurecido por ningún espíritu malo, sino que residiendo en un gran aposento se regocijará y alegrará con el vaso en que reside, y servirá a Dios con mucha alegría, teniendo prosperidad. Pero si sobreviene irascibilidad, al punto el Espíritu Santo, siendo delicado, es puesto en estrechez, no teniendo el lugar despejado, y procura retirarse del lugar, porque es ahogado por el mal espíritu, y no tiene espacio para ministrar para el Señor como desea, ya que es contaminado por el temperamento irascible. Porque el Señor mora en la paciencia, pero el diablo en la impaciencia.

"Así pues, que los dos espíritus habiten juntos es inconveniente, y malo para el hombre en el cual residen. Porque si tomas un poco de ajenjo y lo viertes en un tarro de miel, ¿no se echa a perder toda la miel, y esto por una cantidad muy pequeña de ajenjo? Porque destruye la dulzura de la miel, y ya no tiene el mismo atractivo para el que lo posee, porque se ha vuelto amarga y ya es inservible. Pero si no se pone el ajenjo en la miel, la miel es dulce y es útil para su dueño.

"Ves, pues, que la paciencia es muy dulce, más aún que la dulzura de la miel, y es útil al Señor, y Él reside en ella. Pero la impaciencia es amarga e inútil. Si el temperamento irascible se mezcla, pues, con la paciencia, la paciencia es contaminada y la intercesión del hombre ya no es útil a Dios".

"Quisiera conocer, Señor", le dije, "la obra del temperamento impaciente, para que pueda guardarme de él".

"Sí, verdaderamente", me contestó; "si tú no te guardas de él —tú y tu familia— has perdido toda esperanza. Pero guárdate de él; porque yo estoy contigo. Sí, y todos los hombres deben mantenerse alejados de él, todos los que de todo corazón se han arrepentido. Porque yo estoy con ellos y los preservaré; porque todos fueron justificados por el ángel santísimo".

2. "Oye ahora", me dijo, "cuán mala es la obra de la impaciencia, y en qué forma subvierte a los siervos de Dios por sí misma, y cómo les lleva a extraviarse de la justicia. Pero no descarría a aquellos que están plenamente en la fe, ni puede obrar sobre ellos, porque el poder del Señor está con ellos; pero a los que están vacíos y son de ánimo indeciso les hace descarriar. Porque cuando ve a estos hombres en prosperidad se insinúa en el corazón del hombre, y sin ningún otro motivo, el hombre o la mujer es agraviada a causa de las cosas seculares, sea sobre comidas o alguna cosa trivial, o algún amigo, o sobre dar o recibir, o sobre cuestiones de este estilo. Porque todas estas cosas son necias y vanas y sin sentido e inconvenientes para los siervos de Dios.

> La paciencia es grande y fuerte, y tiene un poder vigoroso y grande. La impaciencia es en primer lugar necia, voluble e insensata.

"La paciencia es grande y fuerte, y tiene un poder vigoroso y grande, y es próspera en gran crecimiento, alegre, gozosa y libre de cuidado, glorificando al Señor en toda sazón, no teniendo amargura en sí, permaneciendo siempre tranquila y dulce. Esta paciencia, pues, reside en aquellos cuya fe es perfecta.

"Pero la impaciencia es en primer lugar necia, voluble e insensata; luego, de la necedad se engendra rencor, del rencor, enojo; del enojo, ira; de la ira, despecho; entonces el despecho es un compuesto de todos estos elementos viles y pasa a ser un pecado grande e incurable. Porque cuando todos estos espíritus residen en un vaso en que reside también el Espíritu Santo, este vaso no puede contenerlos, sino que rebosa.

"El espíritu delicado, pues, no estando acostumbrado a residir con un espíritu malo, ni con aspereza, se aparta del hombre de esta clase, y procura residir en tranquilidad y calma. Entonces, cuando se ha apartado de aquel hombre en el cual reside, este hombre se queda vacío del espíritu justo, y a partir de entonces, siendo lleno de malos espíritus, es inestable en todas sus acciones, siendo arrastrado de acá para allá por los espíritus malos, y se ve del todo cegado y privado de sus buenas intenciones. Esto, pues, ha sucedido a todas las personas de temperamento irascible.

"Abstente, así, del temperamento irascible, el peor de los espíritus malos. Pero revístete de paciencia, y resiste la impaciencia y la aspereza, y te hallarás en compañía de la santidad que es amada por el Señor.

Procura no descuidar nunca este mandamiento.

Procura, por lo tanto, no descuidar nunca este mandamiento; porque si dominas este mandamiento, podrás asimismo guardar los restantes mandamientos que estoy a punto de darte. Mantente firme en ellos dotado de poder; y que todos estén dotados de poder, todos cuantos deseen andar en ellos".

6

Confianza en el camino llano

1. "Te encargué", me dijo, "en mi primer mandamiento que guardes la fe y el temor y la templanza".

"Sí, Señor", le dije.

"Pero ahora", insistió, "quiero mostrarte sus poderes también, para que puedas comprender cuál es el poder y efecto de cada una de ellas. Porque sus efectos son dobles y hacen referencia tanto a lo justo como a lo injusto. Por consiguiente, tú confía en la justicia, pero no confíes en la injusticia; porque el camino de la justicia es estrecho, pero el camino de la injusticia es torcido. Pero anda en el camino estrecho y llano y deja el torcido. Porque el camino torcido no tiene veredas claras, sino lugares sin camino marcado, tiene piedras en que tropezar, y es áspero y lleno de espinos. Así pues, es perjudicial para los que andan en él. Pero los que andan en el camino recto, andan en terreno llano y sin tropezar: porque no es ni áspero ni tiene espinos. Ves, pues, que es más conveniente andar en este camino".

"Estoy contento, Señor", le dije, "de andar en este camino".

"Tú andarás, sí", dijo, "y todo el que se vuelva al Señor de todo corazón andará en él".

Los que andan en el camino recto, andan en terreno llano y sin tropezar: porque no es ni áspero ni tiene espinos.

Los dos ángeles del hombre

2. "Oye ahora", me dijo, "con respecto a la fe. Hay dos ángeles en cada hombre: uno de justicia y otro de maldad".

"Señor", le dije, "¿cómo voy, pues, a conocer sus actividades si los ángeles moran en mí?"

"Escucha", me contestó, "y entiende sus obras. El ángel de justicia es delicado y tímido, manso y sosegado. Por lo tanto, cuando éste entra en tu corazón, inmediatamente habla contigo de justicia, de pureza, santidad, contento, de todo acto justo y toda virtud gloriosa. Cuando todas estas cosas entran en tu corazón, sabe que el ángel de justicia está contigo. Éstas, pues, son las obras del ángel de justicia. Confía en él, pues, y en sus obras.

Aquí tienes
las obras de
los dos
ángeles.
Entiéndelas,
y confía en
el ángel
de justicia.
Pero del
ángel de
maldad
mantente
apartado.

"Ahora, ve las obras del ángel de maldad también. Ante todo, es iracundo y rencoroso e insensato, y sus obras son malas y nocivas para los siervos de Dios. Siempre que éste entra en tu corazón, conócele por las palabras".

"No sé cómo voy a discernirle, Señor", le contesté.

"Escucha", dijo él. "Cuando te viene un acceso de irascibilidad o rencor, sabe que él está en ti. Luego, cuando te acucia el deseo de muchos negocios y el de muchas y costosas comilonas y borracheras y de varias lujurias que son impropias, y el deseo de mujeres, y la codicia y la altanería y la jactancia, y de todas las cosas semejantes a éstas; cuando estas cosas, pues, entran en tu corazón, sabe que el ángel de maldad está contigo. Tú, pues, reconociendo sus obras, mantente apartado de él, y no confíes en él en nada, porque sus obras son malas e impropias de los siervos de Dios.

"Aquí, pues, tienes las obras de los dos ángeles. Entiéndelas, y confía en el ángel de justicia. Pero del ángel de maldad mantente apartado, porque su enseñanza es mala en todo sentido; porque aunque uno sea un hombre de fe, si el deseo de este ángel entra en su corazón, este hombre, o esta mujer, ha de cometer algún pecado. Y si además un hombre o una mujer es en extremo malo, y las obras del ángel de justicia entran en el corazón de este hombre, por necesidad ha de hacer algo bueno."

"Ves, pues", dijo, "que es bueno seguir al ángel de justicia y despedirse del ángel de maldad. Este mandamiento declara lo que hace referencia a la fe, para que puedas confiar en las obras del ángel de justicia y, haciéndolas, puedas vivir para Dios. Pero cree que las obras del ángel de maldad son difíciles; así que, al no hacerlas, vivirás ante Dios".

7

Temor de Dios

"Teme al Señor", me dijo, "y guarda sus mandamientos. Así que guardando los mandamientos de Dios serás poderoso en toda obra, y tus actos serán incomparables. Porque en tanto que temas al Señor, harás todas las cosas bien. Éste es el temor con el cual deberías temer y ser salvo.

"Pero no temas al diablo; pues si temes al Señor, te enseñorearás del diablo, porque no hay poder en él. Porque de aquel en quien no hay poder, tampoco hay temor, pero a aquel cuyo poder es glorioso, a éste hay que temer. Porque todo aquel que tiene poder es temido, en tanto que el que no tiene poder es despreciado por todos. Pero teme las obras del diablo, porque son malas. Cuando tú temas al Señor, temerás las obras del diablo y no las harás, sino que te abstendrás de ellas.

"El temor es, pues, de dos clases. Si deseas hacer lo malo, teme al Señor, y no lo hagas. Pero si deseas hacer lo bueno, teme al Señor y hazlo. Por tanto, el temor del Señor es poderoso y grande y glorioso. Teme al Señor, pues, y vivirás para Él; sí, y todos los que guardan sus mandamientos y le temen, vivirán para Dios".

"¿Por qué, Señor", le pregunté, "has dicho con respecto a los que guardan sus mandamientos: ´Vivirán para Dios´?"

"Porque", me dijo, "toda criatura teme al Señor, pero no todos guardan sus mandamientos. Así pues, los que le temen y guardan sus mandamientos, tienen vida ante Dios; pero los que no guardan sus mandamientos no tienen vida en sí".

El temor es de dos clases. Si deseas hacer lo malo, teme al Señor, y no lo hagas. Pero si deseas hacer lo bueno, teme al Señor y hazlo.

8

La templanza

Sé templado respecto a lo que es malo, y no lo hagas; pero no seas templado respecto a lo que es bueno, sino hazlo.

"Te dije", prosiguió, "que las criaturas de Dios tienen dos aspectos; porque la templanza también los tiene. Porque en algunas cosas es justo ser templado, pero en otras no lo es".

"Dame a conocer, Señor", le dije, "en qué cosas es recto ser templado y en qué cosas no lo es".

"Escucha", me dijo: "Sé templado respecto a lo que es malo, y no lo hagas; pero no seas templado respecto a lo que es bueno, sino hazlo. Porque si eres templado para lo que es bueno, de modo que no lo haces, cometes un gran pecado; pero si eres templado respecto a lo que es malo, de modo que no lo ejecutas, haces una gran justicia. Sé templado, por consiguiente, absteniéndote de toda maldad, y haz lo que es bueno".

"¿Qué clases de maldad, Señor", le dije, "son aquellas de que hemos de abstenernos siendo templados?"

"Oye", me dijo; "del adulterio y la fornicación, del libertinaje y la embriaguez, de la lujuria perversa, de las muchas viandas y lujos de los ricos, del jactarse y la altivez y el orgullo, de la falsedad y hablar mal y la hipocresía, la malicia y toda blasfemia. Estas obras son las más perversas de todas en la vida de los hombres. De estas obras, pues, el siervo de Dios debe abstenerse, siendo templado; porque el que no es templado de modo que no se abstiene de ellas, tampoco vive para Dios. Escucha, pues, lo que ocurre a éstos".

"¡Cómo!", dije, "¿hay otros actos malos todavía, Señor?"

"Sí", me dijo, "hay muchos ante los cuales el siervo de Dios ha de ser templado y abstenerse: hurtos, falsedades, privaciones, falsos testimonios, avaricia, malos deseos, engaño, vanagloria, jactancia, y todas las cosas que son semejantes. ¿No crees que estas cosas son malas, sí, muy malas para los siervos de Dios? En todas estas cosas el que sirve a Dios debe ejercer templanza y abstenerse de ellas. Sé, pues, templado, y abstente de todas estas cosas, para que puedas vivir para Dios y ser contado entre los que ejercen dominio propio en ellas. Estas son, por tanto, las cosas de las cuales debes abstenerte".

"Ahora escucha", dijo, "las cosas en que no deberías ejercer abstención, sino hacerlas. No ejerzas abstención en lo que es bueno, sino hazlo".

"Señor", le dije, "muéstrame el poder de las cosas buenas también, para que pueda andar en ellas, y servirlas, para que haciéndolas me sea posible ser salvo".

"Oye también", me dijo, "las cosas buenas que debes hacer, de las cuales no tienes que abstenerte. Primero están la fe, el temor del Señor, el amor, la concordia, las palabras de justicia, verdad, paciencia; no hay nada mejor que estas cosas en la vida de los hombres. Si un hombre las guarda, y no se abstiene de ellas, es bienaventurado en esta vida. Oye ahora las otras que se sigue de ellas: ministrar a las viudas, visitar a los huérfanos y necesitados, rescatar a los siervos de Dios en sus aflicciones, ser hospitalario (porque en la hospitalidad se ejerce la benevolencia una y otra vez), no resistir a otros, ser tranquilo, mostrarse más sumiso que todos los demás, reverenciar a los ancianos, practicar la justicia, observar el sentimiento fraternal, soportar las ofensas, ser paciente, no guardar rencor, exhortar a los que están enfermos del alma, no echar a los que han tropezado en la fe, sino convertirlos y darles ánimo, reprender a los pecadores, no oprimir a los deudores e indigentes, y otras acciones semejantes".

"¿Te parecen buenas?", me preguntó.

"¡Cómo, Señor! ¿Puede haberlas mejores", le contesté.

"Entonces anda con ellas", me dijo, "y no te abstengas de ellas, y vivirás para Dios. Guarda este mandamiento, pues. Si obras bien y no te abstienes de hacerlo, vivirás para Dios; sí, y todos los que obren así vivirán para Dios. Y de nuevo, si no obras mal, sino que te abstienes de él, vivirás para Dios; sí, y vivirán para Dios todos los que guardan estos mandamientos y andan en ellos".

Oye las cosas buenas que debes hacer, de las cuales no tienes que abstenerte. Primero están la fe, el temor del Señor, el amor, la concordia, las palabras de justicia.

9

Contra la indecisión

Los que vacilan respecto a Dios son los de ánimo indeciso, y éstos nunca obtienen sus peticiones. Pero los que están llenos en la fe, hacen todas sus peticiones confiando en el Señor.

Y él me dijo: "Aparta de ti todo ánimo indeciso y no dudes en absoluto de si has de hacer súplicas a Dios, diciéndote a ti mismo: '¿Cómo puedo pedir una cosa del Señor y recibirla siendo así que he cometido tantos pecados contra Él?'

"No razones de esta manera, sino vuélvete al Señor de todo corazón, y no le pidas nada vacilando, y conocerás su gran compasión, pues Él, sin duda, no te abandonará, sino que cumplirá la petición de tu alma. Porque Dios no es como los hombres que guardan rencores, sino que Él mismo es sin malicia y tiene compasión de sus criaturas. Limpia, pues, tu corazón de todas las vanidades de esta vida, y de las cosas mencionadas antes; y pide al Señor, para que recibas todas las cosas, y no se te negará ninguna de todas tus peticiones si no pides al Señor las cosas vacilando. Pero si fluctúas en tu corazón no recibirás ninguna de tus peticiones. Porque los que vacilan respecto a Dios son los de ánimo indeciso, y éstos nunca obtienen sus peticiones. Pero los que están llenos en la fe, hacen todas sus peticiones confiando en el Señor, y reciben porque piden sin vacilación, sin dudar; porque todo hombre de ánimo indeciso, si no se arrepiente, difícilmente se salvará.[4]

"Purifica, pues, tu corazón de toda duda en tu ánimo, y ten fe, porque es fuerte, y confía en Dios para que recibas todas las peticiones que haces; y si después de pedir algo al Señor recibes tu petición con alguna demora, no vaciles en tu ánimo porque no has recibido la petición de tu alma al instante. Porque es por razón de alguna tentación o alguna transgresión de la que tú no sabes nada que no recibes la petición, sino con demora. Por tanto, no ceses en hacer la petición de tu alma, y la recibirás. Pero si te cansas, y dudas cuando pides, cúlpate a ti mismo y no a Aquel

---

[4] Cf. Santiago 1:6: "Pero pida en fe, no dudando nada: porque el que duda es semejante a la onda de la mar, que es movida del viento, y echada de una parte a otra".

que te lo da. Resuelve esta indecisión; porque es mala y sin sentido, y desarraiga a muchos de la fe, sí, incluso a hombres fieles y fuertes. Porque verdaderamente esta duda en el ánimo es hija del diablo y causa gran daño a los siervos de Dios.

"Por tanto, desprecia estas dudas del ánimo y domínalas en todo, revistiéndote de fe, que es fuerte y poderosa. Puesto que la fe promete todas las cosas, realiza todas las cosas; pero el ánimo indeciso, que no tiene confianza en sí mismo, falla en todas las obras que hace. Ves, pues", dijo, "que la fe viene de arriba, del Señor, y tiene gran poder; pero el ánimo vacilante es un espíritu terreno del diablo, y no tiene poder. Por tanto, sirve a la fe que tiene poder, y mantente lejos del ánimo vacilante, y vivirás para Dios; sí, y todos los que piensan igual vivirán para Dios".

La fe viene de arriba, del Señor, y tiene gran poder; pero el ánimo vacilante es un espíritu terreno del diablo, y no tiene poder.

10

Contra la tristeza

1. "Ahuyenta de ti la tristeza", me dijo, "porque es la hermana del ánimo indeciso y de la impaciencia".

"¿Cómo, Señor", le dije, "es hermana de éstos? Porque la impaciencia me parece una cosa; el ánimo vacilante, otra; la pena, otra".

"Eres un insensato", me contestó, "y no te das cuenta de que la tristeza es peor que todos los espíritus, y muy fatal para los siervos de Dios, y más que todos los espíritus destruye al hombre, y apaga al Espíritu Santo, y por otro lado lo salva".

"Yo, Señor", le dije, "no tengo entendimiento, y no comprendo estas parábolas. Porque ¿cómo puede destruir y salvar?, esto no lo comprendo".

"Escucha", me dijo: "Los que nunca han investigado respecto a la verdad, ni inquirido respecto a la divinidad, sino meramente creído, y se han mezclado en negocios y riquezas y amigos paganos y muchas otras cosas de este mundo; cuantos, digo, se dedican a estas cosas, no comprenden las parábolas de la deidad; porque han sido entenebrecidos por sus acciones, y se han corrompido y hecho infructuosos. Como las viñas buenas, que cuando se las abandona y descuida se vuelven infructuosas por las zarzas y hierbas de todas clases, lo mismo los hombres que, después de haber creído, caen en estas muchas ocupaciones que hemos mencionado antes, pierden su entendimiento y no comprenden nada en absoluto con respecto a la justicia; porque si oyen acerca de la deidad y la verdad, su mente está absorta en sus ocupaciones, y no perciben nada en absoluto. Pero si tienen el temor de Dios, e investigan con respecto a la deidad y a la verdad, y dirigen su corazón hacia el Señor, perciben y entienden todo lo que se les dice más rápidamente, porque el temor del Señor está en ellos; porque donde reside el Señor, allí también hay gran entendimiento. Adhiérete, pues, al Señor, y comprenderás y advertirás todas las cosas".

2. "Escucha ahora, hombre sin sentido", me dijo, "en qué forma la tristeza oprime al Espíritu Santo y le apaga, y en qué forma salva. Cuando el hombre de ánimo inde-

ciso emprende alguna acción, y fracasa en ella debido a su ánimo indeciso, la tristeza entra en el hombre, y contrista al Espíritu Santo y lo apaga. Luego, cuando el temple irascible se adhiere al hombre con respecto a algún asunto, y está muy contrariado, de nuevo la tristeza entra en el corazón del hombre que estaba contrariado y es compungido por el acto que ha cometido, y se arrepiente de haber obrado mal. Esta tristeza, pues, parece traer salvación, porque se arrepiente de haber hecho el mal. Así pues, las operaciones entristecen al Espíritu, primero, el ánimo indeciso entristece al Espíritu, porque no consigue el asunto que quiere, y la impaciencia también, puesto que hizo algo malo. Por consiguiente, los dos contristan al Espíritu: el ánimo indeciso y la impaciencia. Ahuyenta de ti, pues, tu tristeza, y no aflijas al Espíritu Santo que mora en ti, para que no suceda que interceda a Dios contra ti y se aparte de ti. Porque el Espíritu de Dios, que fue dado a esta carne, no soporta la tristeza ni el ser constreñido.

3. "Por tanto, revístete de alegría y buen ánimo, que siempre tiene favor delante de Dios, y le es aceptable, y regocíjate en ellos. Porque todo hombre animoso obra bien, y piensa bien, y desprecia la tristeza; pero el hombre triste está siempre cometiendo pecado. En primer lugar comete pecado, porque contrista al Espíritu Santo, que fue dado al hombre siendo un espíritu animoso; y en segundo lugar, al contristar al Espíritu Santo, pone por obra iniquidad, ya que ni intercede ante Dios ni le confiesa. Porque la intercesión de un hombre triste nunca tiene poder para ascender al altar de Dios".

"¿Por qué", pregunté yo, "la intercesión del que está triste no asciende al altar?".

Me contestó: "Porque la tristeza está situada en su corazón. Por ello, la tristeza mezclada con la intercesión no permite que la intercesión ascienda pura al altar. Porque como el vinagre cuando se mezcla con vino en el mismo vaso no tiene el mismo sabor agradable, del mismo modo la tristeza mezclada con el Espíritu Santo no produce la misma intercesión que produciría el Espíritu Santo solo. Por consiguiente, purifícate de tu malvada tristeza, y vivirás para Dios; sí, y todos viven para Dios, los que echan de sí la tristeza y se revisten de buen ánimo y alegría".

Todo hombre animoso obra bien, y piensa bien, y desprecia la tristeza; pero el hombre triste está siempre cometiendo pecado.

11

Contra los falsos profetas

El falso
profeta,
no teniendo
poder de
un espíritu
divino en sí,
habla con
ellos en
concordancia
con sus
preguntas,
y llena
sus almas
según ellos
desean
que sean
llenadas.

Y me mostró a unos hombres sentados en un banco, y a otro hombre sentado en una silla. Y me dijo:

"¿Ves a éstos que están sentados en el banco?"

"Los veo, Señor", le dije.

"Éstos", me contestó, "dan fruto, pero el que está sentado en la silla es un falso profeta que destruye la mente de los siervos de Dios –es decir, los de ánimo vacilante, no de los fieles–. Éstos de ánimo indeciso, por tanto, van a él como un adivinador e inquieren de él lo que les sucederá. Y él, el falso profeta, no teniendo poder de un espíritu divino en sí, habla con ellos en concordancia con sus preguntas [y en concordancia con las concupiscencias de su maldad], y llena sus almas según ellos desean que sean llenadas. Porque, siendo vacío él mismo, da respuestas vacías a los inquiridores vacíos; porque a toda pregunta que se le haga, responde en conformidad con lo vacío del hombre. Pero dice también algunas palabras de verdad; porque el diablo le llena de su propio espíritu, por si acaso le es posible abatir a algunos de los justos.

"Así pues, todos los que son fuertes en la fe del Señor, revestidos de la verdad, no se unen a estos espíritus, sino que se mantienen a distancia de ellos; pero cuantos son de ánimo vacilante y cambian su opinión con frecuencia, practican la adivinación como los gentiles y acarrean sobre sí mismos mayor pecado con sus idolatrías. Porque el que consulta a un profeta falso sobre alguna cosa, es un idólatra y está exento de la verdad y de sentido. Porque a ningún Espíritu dado por Dios hay necesidad de consultarle, sino que, teniendo el poder de la deidad, dice todas las cosas de sí mismo, porque es de arriba, a saber, del poder del Espíritu divino. Pero el espíritu que es consultado, y habla en conformidad con los deseos de los hombres, es terreno y voluble, no teniendo poder; y no habla en absoluto, a menos que sea consultado".

"¿Cómo, pues, Señor", le dije, "sabrá un hombre quién es un profeta y quién es un profeta falso?"

"Escucha", me contestó, "respecto a estos dos profetas; y, como te diré, así pondrás a prueba al profeta y al falso profeta. Por medio de su vida pon a prueba al hombre que tiene el Espíritu divino. En primer lugar, el que tiene el Espíritu divino, que es de arriba, es manso y tranquilo y humilde, y se abstiene de toda maldad y vano deseo de este mundo presente, y se considera inferior a todos los hombres, y no da respuesta a ningún hombre cuando inquiere de él, ni habla en secreto porque tampoco habla el Espíritu Santo cuando un hombre quiere que lo haga, sino que este hombre habla cuando Dios quiere que lo haga. Así pues, cuando el hombre que tiene el Espíritu divino acude a una asamblea de hombres justos, que tienen fe en el Espíritu divino, y se hace intercesión a Dios en favor de la congregación de estos hombres, entonces el ángel del espíritu profético que está con el hombre llena al hombre, y éste, siendo lleno del Espíritu Santo, habla a la multitud, según quiere el Señor. De esta manera, pues, el Espíritu de la deidad será manifestado. Ésta, por tanto, es la grandeza del poder que corresponde al Espíritu de la divinidad que es del Señor".

"Oye ahora", me dijo, "respecto al espíritu terreno y vano, que no tiene poder, sino que es necio. En primer lugar, este hombre que parece tener un espíritu, se exalta a sí mismo, y desea ocupar un lugar principal, e inmediatamente es imprudente y desvergonzado y charlatán y habla familiarizado en muchas cosas lujuriosas y muchos otros engaños, y recibe dinero por su actividad profética, y si no lo recibe, no profetiza. Ahora bien, ¿puede un Espíritu divino recibir dinero y profetizar? No es posible que un profeta de Dios haga esto, sino que el espíritu de estos profetas es terreno. En segundo lugar, nunca se acerca a una asamblea de justos; sino que los evita, y se junta con los de ánimo indeciso y vacíos, y profetiza para ellos en los rincones, y los engaña, diciéndoles toda clase de cosas en vaciedad, para gratificar sus deseos; porque también son vacíos aquellos a los que contesta. Porque el vaso vacío es colocado junto con el vacío, y no se rompe, sino que están de acuerdo el uno con el otro. Pero cuando este hombre entra en una asamblea llena de justos, que tienen un Espíritu de la divinidad, y ellos hacen intercesión, este hombre es vacío, y el espíritu terreno huye de él con temor, y el hombre se queda mudo y se queda desconcertado, sin poder decir una sola palabra. Porque si colocas vino o aceite en una alacena, y pones una vasija

El que tiene el Espíritu divino, que es de arriba, es manso y tranquilo y humilde, y se abstiene de toda maldad y vano deseo de este mundo presente.

Las cosas pequeñas de arriba caen sobre la tierra con gran poder. De la misma manera, el Espíritu divino, viniendo de arriba, es poderoso.

vacía entre ellos, y luego deseas vaciar la alacena, la vasija que habías colocado allí vacía la vas a sacar vacía. Del mismo modo, también, los profetas vacíos, siempre que se ponen en contacto con los espíritus de los justos, después quedan igual que antes.

"Te he mostrado la vida de las dos clases de profetas. Por lo tanto, pon a prueba, por su vida y sus obras, al hombre que dice que es movido por el Espíritu. Así pues, confía en el Espíritu que viene de Dios y tiene poder; pero en el espíritu terreno y vacío no pongas confianza alguna; porque en él no hay poder, puesto que viene del diablo. Escucha, pues, la parábola que te diré. Toma una piedra y échala hacia arriba al cielo, ve si puedes alcanzarlo; o también, lanza un chorro de agua hacia el cielo, y mira si puedes penetrar en el cielo".

Y le dije: "Señor, ¿cómo pueden hacerse estas cosas? Porque las dos cosas que has mencionado están más allá de nuestro poder".

"Bien, pues", me dijo, "del mismo modo que estas cosas están más allá de nuestro poder, igualmente los espíritus terrenos no tienen poder y son débiles. Ahora toma el poder que viene de arriba. El granizo es una piedrecita pequeña y, con todo, cuando cae sobre la cabeza de un hombre, cuánto dolor causa. O también, toma una gota que cae del tejado al suelo y hace un hueco en la piedra. Ves, por consiguiente, que las cosas pequeñas de arriba caen sobre la tierra con gran poder. De la misma manera, el Espíritu divino, viniendo de arriba, es poderoso. Confía, pues, en este Espíritu, pero mantente lejos del otro".

12

Contra el mal deseo

1. Y me dijo: "Aparta de ti todo mal deseo, y revístete del deseo que es bueno y santo; porque revestido de este deseo podrás aborrecer el mal deseo, y le pondrás brida y lo dirigirás según quieras. Porque el mal deseo es salvaje, y sólo se domestica con dificultad; porque es terrible, y por su tosquedad es muy costoso a los hombres; más especialmente, si un siervo de Dios se enmaraña en él y no tiene entendimiento, le es en extremo costoso. Además, es costoso a los hombres que no están revestidos del buen deseo, sino que están enzarzados en esta vida. A estos hombres, por tanto, los entrega a la muerte".

Todo lujo es necio y vano para los siervos de Dios. Estos deseos, pues, son malos, y causan la muerte a los siervos de Dios.

"Oh Señor", dije yo, "¿de qué clase son las obras del mal deseo, que entrega al hombre a la muerte? Dame a conocer estas obras para que pueda mantenerme alejado de ellas".

"Escucha", dijo él, "a través de qué obras el mal deseo acarrea muerte a los siervos de Dios.

2. "Ante todo, el deseo de la esposa o marido de otro, y de los extremos de riqueza, y de muchos lujos innecesarios, y de bebidas y otros excesos, muchos y necios. Porque todo lujo es necio y vano para los siervos de Dios. Estos deseos, pues, son malos, y causan la muerte a los siervos de Dios. Porque este mal deseo es un hijo del diablo. Por lo tanto, tenéis que absteneros de los malos deseos, para que, absteniéndoos, podáis vivir para Dios. Pero todos los que son dominados por ellos, y no los resisten, son puestos a muerte del todo; porque estos deseos son mortales. Pero tú revístete del deseo de justicia, y habiéndote armado con el temor del Señor, resístelos. Porque el temor de Dios reside en el buen deseo. Si el mal deseo te ve armado con el temor de Dios y resistiéndole, se irá lejos de ti y no le verás más, pues teme tus armas. Por tanto, tú, cuando seas recompensado con la corona de victoria sobre él, ven al deseo de justicia, y entrégale el premio del vencedor que has recibido, y sírvele, según ha deseado. Si tú sirves al buen deseo, y estás sometido a él, tendrás poder para dominar al mal deseo, y someterle, según quieras".

No sé
si estos
mandamientos
pueden ser
guardados.
Él me
contestó
y me dijo:
"Si te
propones
guardarlos,
los guardarás
fácilmente".

3. "Me gustaría saber, Señor", le dije, "en qué formas debería servir al buen deseo".

"Escucha", me dijo, "practica la justicia y la virtud, la verdad y el temor del Señor, la fe y la mansedumbre, y otros actos buenos así. Practicándolos, serás agradable como siervo de Dios, y vivirás para Él; sí, y todo el que sirve al buen deseo vivirá para Dios".

Poder para guardar los mandamientos

Así completó él los doce mandamientos, y me dijo: "Tú tienes estos mandamientos; anda en ellos, y exhorta a los que te escuchan a que se arrepientan y sean puros durante el resto de los días de su vida. Cumple este ministerio que te encargo, con toda diligencia, hasta el fin, y habrás hecho mucho. Porque hallarás favor entre aquellos que están a punto de arrepentirse, y obedecerán tus palabras. Porque estaré contigo, y yo les constreñiré a que te obedezcan".

Y yo le dije: "Señor, estos mandamientos son grandes y hermosos y gloriosos, y pueden alegrar el corazón del hombre que es capaz de observarlos. Pero no sé si estos mandamientos pueden ser guardados por un hombre, porque son muy difíciles".

Él me contestó y me dijo: "Si te propones guardarlos, los guardarás fácilmente, y no serán difíciles; pero si entran alguna vez en tu corazón que no pueden ser guardados por el hombre, no los guardarás. Pero ahora te digo: si no los guardas, sino que los descuidas, no tendrás salvación, ni tus hijos ni tu casa, puesto que ya has pronunciado juicio contra ti que estos mandamientos no pueden ser guardados por el hombre".

4. Y me dijo estas cosas muy enojado, de modo que yo estaba consternado, y en extremo espantado; porque su aspecto cambió, de modo que un hombre no podía soportar su ira. Y cuando vio que yo estaba perturbado y confundido, empezó a hablar de modo más amable y jovial, y me dijo:

"Insensato, vacío de entendimiento y de ánimo indeciso, ¿no te das cuenta de la gloria de Dios, lo grande y poderosa y maravillosa que es, que ha creado el mundo por amor al hombre, y le ha sometido su creación, y le ha dado toda autoridad para que se enseñoree de todas las cosas debajo del cielo? Si, pues, el hombre es señor de todas las criaturas de Dios y domina todas las cosas, ¿no puede también dominar estos mandamientos?"

"Sí", dijo él, "el hombre que tiene al Señor en su corazón puede dominar todas las cosas y todos estos mandamientos. Pero los que tienen al Señor en sus labios, en tanto que su corazón está endurecido y lejos del Señor, para ellos estos mandamientos son duros e inaccesibles. Por tanto, vosotros los que sois vacíos y volubles en la fe, poned a vuestro Señor en vuestro corazón, y os daréis cuenta de que no hay nada más fácil que estos mandamientos, ni más dulce ni más agradable. Convertíos los que andáis según los mandamientos del diablo, que son difíciles y amargos y extremosos y disolutos; y no temáis al diablo, porque no hay poder en él contra vosotros. Porque yo estaré con vosotros, yo, el ángel del arrepentimiento, que tiene dominio sobre él. El diablo sólo tiene temor, pero este temor no es fuerza. No le temáis, pues, y huirá de vosotros".

El diablo puede luchar con ellos, pero no puede vencerlos. Pero todos cuantos sean por completo vacíos, que teman al diablo como si tuviera poder.

Victoria sobre el diablo

5. Y yo le dije: "Señor, escúchame unas pocas palabras".

"Di lo que quieras", me contestó.

"Señor", le dije, "el hombre está ansioso de guardar los mandamientos de Dios, y no hay uno solo que no pida al Señor que le corrobore en sus mandamientos, y sea sometido a ellos; pero el diablo es duro y se enseñorea de ellos".

"No puede enseñorearse de los siervos de Dios", dijo él, "cuando ponen su esperanza en Él de todo su corazón. El diablo puede luchar con ellos, pero no puede vencerlos. Así pues, si le resistís, será vencido, y huirá de vosotros avergonzado.[5] Pero todos cuantos sean por completo vacíos, que teman al diablo como si tuviera poder. Cuando un hombre ha llenado suficiente número de jarras de buen vino, y entre estas jarras hay unas pocas que han quedado vacías, él se llega a las jarras, y no examina las llenas,

---

[5] Cf. Santiago 4:7: "Someteos, pues, a Dios; resistid al diablo, y huirá de vosotros".

Si os volvéis al Señor de todo corazón, y obráis justicia los días que os quedan de vida, tendréis poder para dominar las obras del diablo.

porque sabe que están llenas; sino que examina las vacías, temiendo que se hayan vuelto agrias. Porque las jarras vacías pronto se vuelven agrias, y echan a perder el sabor del vino. Así también el diablo viene a todos los siervos de Dios para tentarles. Todos los que tienen una fe completa, se le oponen con poder, y él los deja, no teniendo punto por el cual pueda entrar en ellos. Así que va a los otros que están vacíos y, hallando un lugar entra en ellos, además hace lo que quiere en ellos, y pasan a ser sus esclavos sumisos.

6. "Pero yo, el ángel del arrepentimiento, os digo: No temáis al diablo; porque yo fui enviado para estar con vosotros los que os arrepentís de todo corazón, y para confirmaros en la fe. Creed, pues, en Dios, vosotros los que por razón de vuestros pecados habéis desesperado de vuestra vida, y estáis añadiendo a vuestros pecados, y haciendo que se hunda vuestra vida; porque si os volvéis al Señor de todo corazón, y obráis justicia los días que os quedan de vida, y le servís rectamente según su voluntad, Él os sanará de vuestros pecados anteriores y tendréis poder para dominar las obras del diablo. Pero no hagáis ningún caso de las amenazas del diablo; porque sus tendones son impotentes, como los de un muerto. Oídme, pues, y temed a Aquel que puede hacer todas las cosas para salvar y para destruir, y observad estos mandamientos y viviréis para Dios".

Y yo le dije: "Señor, ahora me siento fortalecido en todas las ordenanzas del Señor, porque tú estás conmigo; y sé que tú vas a aplastar todo el poder del diablo, y nos enseñorearemos de él y prevaleceremos sobre todas sus obras. Y espero, Señor, que ahora seré capaz de guardar estos mandamientos que tú has mandado, capacitado por el Señor".

"Los guardarás", me dijo, "si tu corazón es puro ante el Señor, sí, y los guardarán todos cuantos purifiquen sus corazones de los deseos vanos de este mundo y vivan para Dios".

SIMILITUDES

1

La verdadera ciudad del cristiano

Me dijo: "Sabéis que vosotros los siervos de Dios estáis viviendo en un país extranjero; porque vuestra ciudad está muy lejos de esta ciudad. Así pues, si conocéis vuestra ciudad, en la cual viviréis, ¿por qué os procuráis campos aquí, y hacéis costosas preparaciones, y acumuláis edificios y habitaciones que son superfluos? Por tanto, el que prepara estas cosas para esta ciudad no tiene intención de regresar a su propia ciudad. ¡Oh hombre necio, de ánimo indeciso y desgraciado!, ¿no ves que todas estas cosas son extrañas, y están bajo el poder de otro? Porque el señor de esta ciudad dirá: ´No quiero que éste resida en mi ciudad; vete de esta ciudad, porque no te conformas a mis leyes´. Tú, pues, que tienes campos y moradas y muchas otras posesiones, cuando serás echado por él, ¿qué harás con tu campo y tu casa y todas las otras cosas que has preparado para ti? Porque el señor de este país te dice con justicia: ´O bien te conformas a mis leyes, o abandonas mi país´. ¿Qué harás, pues, tú que estás bajo la ley de tu propia ciudad? ¿Por amor a tus campos y el resto de tus posesiones repudiarás tu ley y andarás conforme a la de esta ciudad? Vigila que no te sea inconveniente el repudiar tu ley; porque si quieres regresar de nuevo a tu propia ciudad, con toda seguridad no serás recibido [porque has repudiado la ley de tu ciudad], y se te excluirá de ella.

"Vigila, pues; como residente en una tierra extraña no prepares más para ti, como no sea lo estrictamente necesario y suficiente, y está preparado para que, cuando el señor de esta ciudad desee echarte por tu oposición a su ley, puedas partir de esta ciudad e ir a tu propia ciudad, y usar tu propia ley gozosamente, libre de toda ofensa.

"Procura, pues, que sirvas a Dios y le tengas en tu corazón; haz las obras de Dios teniendo en cuenta sus mandamientos y las promesas que Él ha hecho, y cree en

"Vigila, pues; como residente en una tierra extraña no prepares más para ti, como no sea lo estrictamente necesario y suficiente."

No corrompas, ni toques lo que es de otro, ni lo desees; porque es malo desear las posesiones de otro.

Él que Él las realizará si guardas sus mandamientos. Por tanto, en vez de campos, compra almas que estén en tribulación, como puede cada cual, y visita a las viudas y los huérfanos, y no los descuides; y gasta tus riquezas y todos tus recursos, que has recibido de Dios, en campos y casas de esta clase. Porque para este fin os ha enriquecido el Señor, para que podáis ejecutar estos servicios suyos. Es mucho mejor comprar campos [y posesiones] y casas de esta clase, que hallarás en tu propia ciudad cuando vayas a residir a ella. Este dispendio abundante es hermoso y gozoso y no trae tristeza ni temor, sino gozo. El gasto del pagano, pues, no lo practiques; porque no es conveniente para los siervos de Dios; sino practica tu propio dispendio en el cual puedes gozarte; y no corrompas, ni toques lo que es de otro, ni lo desees; porque es malo desear las posesiones de otro. Pero ejecuta tu propia tarea y serás salvo".

2

El olmo y la vid

Mientras andaba por el campo noté un olmo y una vid, y estando distinguiéndolos a los dos y a sus frutos, el Pastor se me apareció y me dijo:

"¿Qué estás meditando dentro de ti?"

"Estoy pensando, señor", le dije, "sobre el olmo y la vid, que son en extremo apropiados el uno al otro".

"Estos dos árboles", me dijo, "son designados como un ejemplo para los siervos de Dios".

"Quisiera saber, Señor", le dije, "el ejemplo contenido en estos árboles de los cuales estás hablando".

"Mira", me dijo, "el olmo y la vid".

"Los veo, señor", le dije.

"Esta vid", dijo él, "da fruto, pero el olmo es de un tronco que no produce fruto. Con todo, esta vid, a menos que se encarame por el olmo, no puede llevar mucho fruto cuando se arrastra por el suelo; y el fruto que produce entonces es malo, porque no está suspendida del olmo. Cuando la vid se adhiere al olmo, pues, da fruto de sí y desde el olmo. Ves, pues, que el olmo también da [mucho] fruto, no menos que la vid, sino más aún".

"¿Cuánto más, Señor?", pregunté yo.

"Porque", dijo él, "la vid, cuando cuelga del olmo, da fruto en abundancia y en buena condición; pero cuando se arrastra por el suelo, da poco fruto y éste se pudre. Esta parábola, por lo tanto, es aplicable a los siervos de Dios, a los pobres y a los ricos por un igual".

"¿Cómo?, Señor", le pregunté; "dímelo".

"Escucha", contestó; "el rico tiene mucha riqueza pero en las cosas del Señor es pobre, pues las riquezas le distraen y su confesión e intercesión al Señor es muy escasa; y aun cuando da, es poco y débil, y no tiene poder de arriba. Así pues, cuando el rico va al pobre y le ayuda en sus necesidades, creyendo que por lo que hace al pobre recibirá recompensa de Dios —porque el pobre es rico en intercesión y confesión, y su intercesión tiene gran poder con Dios—, el rico, pues, suple todas las cosas al pobre sin titubear. Pero el pobre, siendo provisto por el rico, hace intercesión por él, dando gracias a Dios por el rico que le

El rico tiene mucha riqueza pero en las cosas del Señor es pobre, pues las riquezas le distraen y su confesión e intercesión al Señor es muy escasa.

El rico provee al pobre, sin vacilar, las riquezas que ha recibido del Señor. Y esta obra es grande porque el rico entiende el objeto de sus riquezas.

ha dado a él. Y el otro es todavía más celoso de ayudar al pobre, para que pueda seguir viviendo; porque sabe que la intercesión del pobre es aceptable y rica delante de Dios. Los dos, pues, cumplen su obra; el pobre haciendo intercesión, en que es rico [y que él recibe del Señor]; y la devuelve, otra vez, al Señor que se la proporciona. El rico, también, de igual manera provee al pobre, sin vacilar, las riquezas que ha recibido del Señor. Y esta obra es grande y aceptable a Dios, porque el rico entiende el objeto de sus riquezas, y provee para el pobre de los tesoros del Señor, y realiza el servicio del Señor rectamente.

"A la vista de los hombres, pues, el olmo parece no llevar fruto, y no saben ni perciben que si viene una sequía, el olmo, teniendo agua, nutrirá a la vid, y la vid, teniendo provisión constante de agua, dará doble cantidad de fruto, tanto para sí como para el olmo. De la misma manera el pobre, al interceder ante el Señor por el rico, afianza sus riquezas, y también el rico, supliendo las necesidades del pobre, afianza su alma. Así pues, los dos participan en la obra justa. Por tanto, el que hace estas cosas no será abandonado por Dios, sino que será inscrito en los libros de los vivos.

"Bienaventurados son los ricos que entienden también que son enriquecidos por el Señor. Porque los que piensan así podrán hacer una buena obra".

3

Los árboles secos

Y me mostró muchos árboles que no tenían hojas, sino que me parecía a mí como si estuvieran secos; porque todos parecían lo mismo. Y él me dijo:

"¿Ves estos árboles?"

"Los veo, Señor", le dije; "todos son iguales, y están secos".

Él me contestó y me dijo: "Estos árboles que ves son los que residen en este mundo".

"¿Por qué es así, Señor", le pregunté, "que es como si estuvieran secos, y todos igual?"

"Porque en este mundo, ni el justo es distinguible ni el pecador, todos son iguales. Porque este mundo es invierno para el justo, y no son distinguibles, pues residen con los pecadores. Porque así como en el invierno los árboles, habiendo perdido sus hojas, son semejantes, y no se puede distinguir cuáles están secos y cuáles están vivos, así también en este mundo, ni el justo ni los pecadores son distinguibles, sino que todos son iguales."

En este mundo, ni el justo es distinguible ni el pecador, todos son iguales. Porque este mundo es invierno para el justo.

4

Árboles en flor

Estos árboles
que están
brotando son
los justos,
que residirán
en el mundo
venidero;
porque
el mundo
venidero
es verano
para los
justos.

Y me volvió a mostrar muchos árboles, unos que estaban brotando, otros secos, y me dijo: "¿Ves estos árboles?"

"Los veo, Señor", le contesté; "algunos están brotando y otros están secos".

"Estos árboles", me contestó, "que están brotando son los justos, que residirán en el mundo venidero; porque el mundo venidero es verano para los justos, pero invierno para los pecadores. Así, cuando la misericordia del Señor resplandezca, entonces los que sirven a Dios serán manifestados; sí, y todos los hombres serán manifestados. Porque como en verano los frutos de cada árbol son manifestados, y son reconocidos y se distinguen de qué clase son, también los frutos de los justos serán manifestados, y todos, aun el más pequeño, se verá que florecen en el otro mundo.

"Pero los gentiles y los pecadores, tal como viste los árboles que estaban secos, así se hallarán también, secos y sin fruto, en el otro mundo, y serán quemados como combustible, y serán puestos de manifiesto, porque su conducta cuando vivían había sido mala. Porque los pecadores serán quemados, porque pecaron y no se arrepintieron; y los gentiles serán quemados, porque no conocieron al que les había creado. Da, pues, fruto, para que en el verano pueda ser conocido tu fruto. Pero abstente del exceso de negocios, y nunca caerás en pecado alguno. Porque los que están ocupados en exceso, pecan mucho también, siendo distraídos de sus ocupaciones, y en modo alguno sirven a su propio Señor".

"¿Cómo es posible", preguntó él, "que un hombre tal pueda pedir algo del Señor y recibirlo, siendo así que no sirve al Señor? Porque los que le sirven, éstos recibirán sus peticiones, pero los que no sirven al Señor, éstos no recibirán nada. Pero si alguno se ocupa de una sola acción, es capaz de servir al Señor; porque su mente no es desviada de seguir al Señor, sino que le sirve, porque guarda su mente pura.

"Por consiguiente, si haces estas cosas, podrás dar fruto para el mundo venidero; sí, y todo el que hace estas cosas dará fruto".

5

El ayuno agradable a Dios

1. Mientras estaba ayunando y sentado en cierta montaña, y dando gracias al Señor por todo lo que Él había hecho por mí, vi al Pastor sentado junto a mí, que me decía:

"¿Por qué vienes aquí tan temprano por la mañana?"

"Señor", le contesté, "porque estoy guardando una temporada".

Y me preguntó: "¿Qué es "una temporada"?"

"Estoy ayunando, Señor", le contesté.

"¿Y qué es este ayuno", dijo él, "que estás observando?"

"El que estoy acostumbrado a observar, Señor", dije yo; "así ayuno".

Y me contestó: "No sabes cómo ayunar ante el Señor, ni es ayuno este ayuno sin provecho ni valor que estás haciendo ante Él".

"¿Por qué, Señor", pregunté yo, "dices esto?"

"Te digo", me contestó, "que esto que observas no es un ayuno; pero yo te enseñaré qué es un ayuno completo y aceptable al Señor".

"Escucha", dijo; "Dios no desea un ayuno tan vano; porque al ayunar así ante Dios no haces nada por la justicia. Pero observa ante Dios un ayuno así: no hagas maldad en tu vida, y sirve al Señor de puro corazón; observa sus mandamientos y anda en sus ordenanzas, y que ningún mal deseo se levante en tu corazón; sino cree en Dios. Entonces, si haces estas cosas y le temes y te abstienes de todo mal, vivirás para Dios; y si haces estas cosas, guardarás un gran ayuno, un ayuno aceptable a Dios".

Observa ante Dios un ayuno así: no hagas maldad en tu vida, y sirve al Señor de puro corazón; observa sus mandamientos y que ningún mal deseo se levante en tu corazón.

Parábola del esclavo y la viña

2. "Escucha la parábola que te contaré con relación al ayuno. Cierto hombre tenía una hacienda, muchos esclavos, y una porción de su hacienda la había plantado de viñas; y escogiendo a cierto esclavo que era de confianza y agradable y tenido en honor, llamándole, le dijo: 'Toma esta viña que yo he plantado y ponle una valla alrededor

Yo prometí a este esclavo la libertad si él guardaba los mandamientos; pero él guardó mis mandamientos e hizo una buena obra, además.

hasta que yo venga, pero no hagas nada más a la viña. Ahora bien, guarda este mi mandamiento, y serás libre en mi casa'.

"Entonces el amo de los siervos se fue a viajar al extranjero. Cuando se hubo ido, el esclavo puso una valla alrededor de la viña; y habiendo terminado de poner el vallado a la viña notó que estaba llena de malas hierbas. Así que razonó dentro de sí: 'Esta orden de mi señor ya la he cumplido. Ahora voy a cavar esta viña, y estará más limpia cuando termine; y cuando no tenga malas hierbas rendirá más fruto, porque no será ahogada por las malas hierbas'. Así que cavó la viña, y todas las raíces que había en la viña fueron arrancadas. Y la viña se veía limpia y floreciente ya que no tenía raíces que la ahogaban.

"Después de cierto tiempo el amo del esclavo y de la finca regresó y fue a ver la viña. Y viendo la viña con su vallado alrededor, y todas las malas hierbas arrancadas, y las vides floreciendo, se regocijó muchísimo por lo que el esclavo había hecho. Así que llamó a su querido hijo, que era su heredero, y los amigos que eran sus consejeros, y les dijo lo que él había mandado a su esclavo, y cuánto había encontrado. Y ellos se regocijaron con el esclavo por el testimonio que su amo había dado de él.

"Y el amo les dijo: 'Yo prometí a este esclavo la libertad si él guardaba los mandamientos que le había mandado; pero él guardó mis mandamientos e hizo una buena obra, además, a la viña, y me agradó muchísimo. Por esta obra que ha hecho, pues, deseo hacerle coheredero con mi hijo, porque, cuando tuvo esta buena idea, no la descuidó, sino que la cumplió'.

"El hijo del amo estuvo de acuerdo con este propósito de su padre, que el esclavo debía ser hecho coheredero con el hijo. Después de algunos días, su amo hizo una fiesta, y le envió muchos manjares exquisitos de la fiesta. Pero cuando el esclavo recibió los manjares que le enviaba el amo, tomó lo que era suficiente para él y distribuyó el resto entre sus consiervos. Y sus consiervos, cuando hubieron recibido los manjares, se regocijaron, y empezaron a orar por él, para que pudiera hallar mayor favor ante el amo, porque los había tratado con generosidad.

"Su amo oyó todas estas cosas que tuvieron lugar, y de nuevo se regocijó sobremanera de su acto. Así, el amo llamó de nuevo a sus amigos y a su hijo, y les anunció lo que el siervo había hecho con respecto a los manjares que había recibido; y ellos aprobaron todavía más su decisión, que su siervo debía ser hecho coheredero con su hijo".

Interpretación de la parábola

3. Yo le dije: "Señor, no comprendo estas parábolas, ni puedo captarlas, a menos que me las expliques".

"Te lo explicaré todo", me dijo; "y te mostraré todas las cosas que te diga. Guarda los mandamientos del Señor, y serás agradable a Dios, y serás contado entre el número de los que guardan sus mandamientos. Pero si haces algo bueno aparte del mandamiento de Dios, ganarás para ti una gloria más excelente, y serás más glorioso a la vista de Dios que si no lo hubieras hecho. Así pues, si mientras guardas los mandamientos de Dios añades estos servicios también, te regocijarás si los observas en conformidad con mi mandamiento".

Yo le dije: "Señor, todo lo que me mandaste lo guardaré; porque sé que tú estás conmigo".

"Yo estaré contigo", me dijo él, "porque tú tienes tanto celo por hacer lo bueno; sí, y yo estaré con todos los que tienen un celo semejante".

"Este ayuno", dijo él, "si se guardan los mandamientos del Señor, es bueno. Ésta es, pues, la manera en que has de guardar este ayuno que estás a punto de observar. Ante todo, guárdate de toda mala palabra y de todo mal deseo, y purifica tu corazón de todas las vanidades de este mundo. Si guardas estas cosas, este ayuno será perfecto para ti. Y así harás. Habiendo cumplido lo que está escrito, en el día en que ayunes no probarás sino pan y agua; y contarás el importe de lo que habrías gastado en la comida aquel día, y lo darás a una viuda o a un huérfano, o a uno que tenga necesidad, y así pondrás en humildad tu alma, para que el que ha recibido de tu humildad pueda satisfacer su propia alma, y pueda orar por ti al Señor. Así pues, si cumples así tu ayuno, según te ha mandado, tu sacrificio será aceptable a la vista de Dios, y este ayuno será registrado; y el servicio realizado así es hermoso y gozoso y aceptable al Señor. Estas cosas observarás, tú y tus hijos y toda tu casa; y, observándolas, serás bendecido; sí, y todos los que lo oigan y lo vean serán bendecidos, y todas las cosas que pidan al Señor las recibirán".

En el día en que ayunes no probarás sino pan y agua; y contarás el importe de lo que habrías gastado en la comida aquel día, y lo darás a una viuda o a un huérfano.

La hacienda es este mundo, y el señor de la hacienda es el que creó todas las cosas, y el esclavo es el Hijo de Dios, y las vides son este pueblo a quien Él mismo plantó.

4. Le rogué mucho que me explicara la parábola de la hacienda y del amo, y de la viña, y del esclavo que puso vallado a la viña, y del vallado, y de las malas hierbas que había arrancado de la viña, y del hijo, y de los amigos los consejeros. Porque me di cuenta de que todas estas cosas eran una parábola. Pero él me contestó y dijo:

"Eres excesivamente importuno con tus preguntas. No deberías hacer ninguna pregunta en absoluto; porque si es justo que se te explique una cosa, se te explicará".

Y le dije: "Señor, todas las cosas que me muestres y no me las expliques las habré visto en vano".

Pero de nuevo me contestó, diciendo: "Todo el que es un siervo de Dios, y tiene a su Señor en su corazón, pide entendimiento de Él y lo recibe, e interpreta cada parábola, y las palabras que el Señor dice en parábola le son dadas a conocer. Pero todos aquellos que son lentos y débiles en la intercesión, éstos vacilan en preguntar al Señor. Pero el Señor es abundante en compasión, y da a los que le piden sin cesar. Pero tú, que has sido vigorizado por el santo ángel, y has recibido estos (poderes de) intercesión, y no eres descuidado, ¿por qué, pues, no pides entendimiento al Señor, y lo obtienes de Él?"

Yo le dije: "Señor, yo que te tengo a ti conmigo sólo tengo que preguntarte a ti e inquirir de ti; porque tú me muestras todas las cosas, y me hablas; pero si yo las hubiera de ver u oír aparte de ti, habría pedido al Señor que me fueran mostradas".

5. "Ya te dije hace un momento", continuó, "que tú eres poco escrupuloso e importuno al inquirir sobre las interpretaciones de las parábolas. Pero como eres tan obstinado, voy a interpretarte la parábola de la hacienda y todo lo que la acompaña, para que puedas darla a conocer a todos. Oye, ahora, y entiende. La hacienda es este mundo, y el señor de la hacienda es el que creó todas las cosas, y las ordenó, y las dotó de su poder, y el esclavo es el Hijo de Dios, y las vides son este pueblo a quien Él mismo plantó; y las vallas son los santos ángeles del Señor que guardan juntos a su pueblo; y las malas hierbas, que son arrancadas de la viña, son las transgresiones de los siervos de Dios; y los manjares que Él envió de la fiesta son los mandamientos que Él dio a su pueblo por medio de su Hijo; y los amigos y consejeros son los santos ángeles que fueron creados primero; y la ausencia del amo es el tiempo que queda hasta su venida".

Yo le dije: "Señor, grandes y maravillosas son todas las cosas, y todas las cosas son gloriosas; ¿había alguna probabilidad, pues, de que yo pudiera haberlas captado?"

"No, ni ningún otro hombre, aunque estuviera lleno de entendimiento, podría haberlas captado".

"Con todo, Señor", insistí, "explícame lo que estoy a punto de inquirir de ti".

"Sigue", me dijo, "si deseas algo".

El Hijo de Dios, siervo y Señor

"¿Por qué, Señor", dije yo, "es el Hijo de Dios representado en esta parábola en la forma de un esclavo?"

6. "Escucha", me contestó; "el Hijo de Dios no está representado en la forma de un esclavo, sino que está representado en gran poder y señorío".

"¿Cómo, Señor?", dije yo; "no lo comprendo". "Porque", dijo él, "Dios plantó la viña, esto es, creó al pueblo y lo entregó a su Hijo. Y el Hijo colocó a los ángeles a cargo de ellos, para que velaran sobre ellos; y el Hijo mismo limpió sus pecados, trabajando mucho y soportando muchas labores; porque nadie puede cavar sin trabajar o esforzarse. Habiendo, pues, Él limpiado a su pueblo, les mostró los caminos de vida, dándoles la ley que Él recibió de su Padre".

"Ves, pues", me dijo, "que Él es el mismo Señor del pueblo, habiendo recibido todo el poder de su Padre. Pero escucha en qué forma el Señor tomó a su Hijo y sus gloriosos ángeles como consejeros respecto a la herencia del siervo. Dios hizo que el Espíritu Santo preexistente, que creó toda la creación, morara en carne que Él deseó. Esta carne, pues, en que reside el Espíritu Santo, fue sometida al Espíritu, andando honorablemente en santidad y pureza, sin contaminar en modo alguno al Espíritu. Cuando hubo vivido, pues, honorablemente en castidad, y trabajado con el Espíritu, y hubo cooperado con Él en todo, comportándose él mismo osada y valerosamente, Él lo escogió como colaborador con el Espíritu Santo; porque el curso de esta carne agradó al Señor, siendo así que, poseyendo el Espíritu Santo, no fue contaminado en la tierra. Por tanto, tomó a su Hijo como consejero y a los gloriosos ángeles también, para que esta carne, además, habiendo servido al Espíritu intachablemente, pudiera tener algún

Dios hizo que el Espíritu Santo preexistente, que creó toda la creación, morara en carne que Él deseó. Esta carne en que reside el Espíritu Santo, fue sometida al Espíritu.

Si contaminas tu carne, contaminarás al Espíritu Santo también; pero si contaminas la carne, no vivirás.

lugar de residencia, y no pareciera que había perdido la recompensa por su servicio; porque toda carne que es hallada sin contaminación ni mancha, en que reside el Espíritu Santo, recibirá una recompensa. Ahora tienes la interpretación de esta parábola también".

Pureza de la carne por el Espíritu

7. "Estoy muy contento, Señor", le dije, "de oír esta interpretación".

"Escucha ahora", dijo él. "Guarda esta tu carne pura e incontaminada, para que el Espíritu que reside en ella pueda dar testimonio de ella, y tu carne pueda ser justificada. Procura que nunca entre en tu corazón que esta carne tuya es perecedera, y con ello abuses de ella en alguna contaminación. Porque si tú contaminas tu carne, contaminarás al Espíritu Santo también; pero si contaminas la carne, no vivirás."

"Pero, Señor", dije yo, "si ha habido alguna ignorancia en tiempos pasados, antes de haber oído estas palabras, ¿cómo será salvado un hombre que ha contaminado su carne?"

"Sólo Dios tiene poder de sanar los antiguos hechos de ignorancia", dijo él, "porque toda autoridad es suya. Pero ahora guárdate, y el Señor todopoderoso, que está lleno de compasión, dará curación para los antiguos hechos de ignorancia si a partir de ahora no contaminas tu carne ni el Espíritu; porque ambos comparten en común, y el uno no puede ser contaminado sin el otro. Por tanto, mantente puro, y vivirás para Dios".

6

Los dos pastores

1. Estando sentado en mi casa, y glorificando a Dios por todas las cosas que había visto; y considerando, respecto a los mandamientos, que eran hermosos y poderosos y gozosos y gloriosos y capaces de salvar el alma de un hombre, dije para mí: "Bienaventurado seré si ando en estos mandamientos; sí, y todo el que ande en ellos será bienaventurado". Mientras decía estas cosas dentro de mí, súbitamente vi que él estaba sentado junto a mí, y me decía lo siguiente:

"¿Por qué eres de ánimo indeciso con respecto a los mandamientos que yo te he mandado? Son hermosos. No dudes en absoluto; pero revístete de la fe del Señor, y andarás en ellos. Porque yo voy a corroborarte en ellos. Estos mandamientos son apropiados para los que intentan arrepentirse; porque si no andan en ellos, su arrepentimiento es vano. Los que os arrepentís, pues, arrojad de vosotros las maldades de este mundo que os oprimen; y, revistiéndoos de toda excelencia de justicia, podréis observar estos mandamientos y no añadir más a vuestros pecados. Si no añadís, pues, ningún otro pecado, os apartaréis de vuestros pecados anteriores. Andad, pues, en estos mandamientos míos, y viviréis para Dios. Estas cosas ya te las he dicho todas".

Y después que él me hubo dicho estas cosas, me dijo: "Vayamos al campo, y te mostraré los pastores de las ovejas".

"Vayamos, Señor", le contesté.

Y fuimos a cierta llanura, y él me mostró a un joven, un pastor, vestido con un leve manto de color de azafrán; y estaba apacentando un gran número de ovejas, y estas ovejas se veía que estaban bien alimentadas y eran muy retozonas, y estaban contentas y daban saltos de un lado a otro; y el mismo pastor estaba muy contento acerca de su rebaño; y la misma mirada del pastor era alegre en extremo; y corría por entre las ovejas.

Los que os arrepentís, arrojad de vosotros las maldades de este mundo que os oprimen; y, revistiéndoos de toda excelencia de justicia, podréis observar estos mandamientos.

La
corrupción
tiene
esperanza
de una
renovación
posible,
pero la
muerte tiene
destrucción
eterna.

La indulgencia y el engaño

2. Y me dijo: "¿Ves este pastor?"

"Le veo, señor", le contesté.

"Este es el ángel de la indulgencia propia y del engaño", me dijo. "Destruye las almas de los siervos de Dios, y las pervierte de la verdad, descarriándolas con malos deseos, en los cuales perecen. Porque se olvidan de los mandamientos del Dios vivo, y andan en engaños vanos y actos de complacencia propia, y son destruidos por este ángel, algunos de ellos a muerte, y otros a corrupción."

Y yo le dije: "Señor, no comprendo lo que esto significa: *a muerte* y *a corrupción*".

"Escucha", me dijo; "las ovejas que viste contentas y juguetonas, son las que se han apartado de Dios por completo, y se han entregado a sus propios deleites y deseos de este mundo. En ellas, pues, no hay arrepentimiento para vida. Porque el Nombre de Dios es blasfemado entre ellas. La vida de estas personas es muerte. Pero las ovejas que viste que no están dando saltos, sino que están paciendo en un lugar, éstas son las que se han entregado a actos de autoindulgencia y engaño, pero no han pronunciado ninguna blasfemia contra el Señor. Éstas, pues, han sido corrompidas de la verdad. En éstas hay esperanza de arrepentimiento, por el cual pueden vivir. La corrupción, por tanto, tiene esperanza de una renovación posible, pero la muerte tiene destrucción eterna".

Y seguimos un poco más adelante, y me mostró un gran pastor, como un hombre tosco en apariencia, con una gran piel de cabra, blanca, echada sobre su cuerpo; y tenía una especie de zurrón sobre los hombros, un cayado muy duro, con nudos en él, y un gran látigo. Y su mirada era muy agria, de modo que tuve miedo de él a causa de su mirada. Este pastor, entonces, fue recibiendo del pastor joven aquellas ovejas juguetonas y bien alimentadas, pero que no saltaban, y las ponía en cierto lugar que era muy abrupto y cubierto de espinos y zarzas, de modo que las ovejas no podían desenredarse de los espinos y zarzas, sino que se enmarañaban entre los espinos y zarzas. Y así estas ovejas pacían enmarañadas en los espinos y zarzas, y su estado era en extremo desgraciado, pues él las azotaba; y las hacía avanzar de un lado a otro, sin darles descanso, y en conjunto aquellas ovejas lo pasaban muy mal.

El ángel del castigo

3. Cuando las vi tan maltratadas por el látigo y desgraciadas, me dio pena su situación, porque eran atormentadas y no tenían reposo alguno. Y dije al Pastor que estaba hablando conmigo:

"Señor, ¿quién es este pastor, que es tan cruel y severo, y no tiene la menor compasión de estas ovejas?"

"Éste", me dijo, "es el ángel del castigo, y es uno de los ángeles justos, y preside sobre el castigo. Así que recibe a los que se apartan de Dios y van en pos de sus concupiscencias y engaños en esta vida, y los castiga, según merecen, con castigos espantosos y variados".

"Me gustaría saber de qué clase son estos castigos diversos, Señor", le dije.

"Escucha", me respondió; "los diversos tormentos y castigos son tormentos que pertenecen a la vida presente; porque algunos son castigados con pérdidas, y otros con necesidades, y otros con enfermedades variadas, y otros con toda clase de turbaciones, y otros con insultos de personas dignas y con sufrimiento en muchos otros aspectos. Porque muchos, viéndose perturbados en sus planes, ponen mano en muchas cosas, y nada les prospera. Y entonces ellos dicen que no prosperan en sus actos, y no entra en sus corazones que han cometido malas acciones, sino que echan la culpa al Señor. Cuando son afligidos, pues, con toda clase de aflicción, entonces me los entregan a mí para recibir buena instrucción, y son corroborados en la fe del Señor, y sirven al Señor con un corazón puro el resto de los días de su vida. Y cuando se arrepienten, las malas obras que han hecho se levantan en sus corazones, y entonces glorifican a Dios, diciendo que Él es un Juez justo, y que sufren justamente cada uno según sus actos. Y sirven al Señor a partir de entonces con un corazón puro, y prosperan en sus actos, recibiendo del Señor todas las cosas que piden; y entonces glorifican al Señor porque les ha entregado a mí y ya no sufren ningún mal".

Autoindulgencia y tormento

4. Y yo le digo: "Señor, declárame más sobre esta cuestión".

El que vive en la autoindulgencia y es engañado durante un día, y hace lo que quiere, está revestido de mucha locura y no comprende lo que está haciendo.

"¿Qué es lo que quieres saber?", me preguntó.

"Señor, dime si los que viven en la autoindulgencia y son engañados sufren tormentos durante el mismo período de tiempo en que han vivido en la autoindulgencia y son engañados."

Él me contestó: "Sufren tormentos durante el mismo período de tiempo".

Y le dije yo: "Entonces, señor, sufren tormentos muy leves; porque los que viven así en autoindulgencia y se olvidan de Dios deberían ser atormentados a razón de siete por uno".

Él me dijo: "Tú eres un insensato, y no comprendes el poder del tormento".

"Es verdad", le respondí, "porque si lo hubiera comprendido, no te habría pedido que me lo declararas".

"Escucha", me dijo: "el poder de los dos [la autoindulgencia y el tormento]. El tiempo de la autoindulgencia y el engaño es una hora. Pero una hora de tormento tiene el poder de treinta días. Si uno vive en la autoindulgencia y es engañado durante un día, y es atormentado un día, el día de tormento es equivalente a todo un año. Porque un hombre es atormentado durante tantos años como días ha vivido en la autoindulgencia".

"Ves, pues", me dijo "que el tiempo de la autoindulgencia y el engaño es muy corto, pero el tiempo del castigo y el tormento es largo".

5. "Señor", le dije, "como no comprendo del todo lo que hace referencia al tiempo del engaño y la autoindulgencia y tormento, muéstramelo más claramente".

Él me respondió y me dijo: "La necedad está pegada a ti; porque no quieres limpiar tu corazón y servir a Dios. Vigila que el tiempo no se cumpla y seas hallado en tu necedad. Escucha, pues, según quieres, para poder comprender esto. El que vive en la autoindulgencia y es engañado durante un día, y hace lo que quiere, está revestido de mucha locura y no comprende lo que está haciendo; porque el día de mañana olvida lo que hizo el día anterior. Porque la autoindulgencia y el engaño, por razón de su locura, no tienen recuerdos con los cuales revestirse; pero cuando el castigo y el tormento están unidos al hombre durante un solo día, este hombre es castigado y atormentado durante todo un año; porque el castigo y el tormento tienen recuerdos prolongados. Así que, siendo atormentado y castigado durante todo un año, el hombre recuerda largo tiempo su autoindulgencia y engaño, y se da cuenta de que es a causa de ellas que está sufriendo estos males. Todo hombre que vive en la autoindulgencia y es engañado, pues, es atormentado de esta manera porque, aunque posee la vida, se ha entregado a sí mismo a la muerte". **Estos hábitos de autoindulgencia son perjudiciales para los siervos de Dios;**

"¿Qué clase de autoindulgencia es perjudicial, Señor?"

"Toda acción que se hace con placer es autoindulgencia para el hombre", me contestó; "para el hombre irascible, cuando da rienda suelta a su pasión, es autoindulgencia; y el adúltero y el borracho y el calumniador y el mentiroso y el avaro y el defraudador y el que hace cosas semejantes a éstas, da las riendas a su pasión peculiar, por lo que es autoindulgente en su acción. Todos estos hábitos de autoindulgencia son perjudiciales para los siervos de Dios; a causa de estos engaños sufren, pues, los que son castigados y atormentados. **a causa de estos engaños sufren, pues, los que son castigados y atormentados.**

"Pero hay hábitos de autoindulgencia, también, que salvan a los hombres; porque muchos son autoindulgentes en hacer bien, siendo arrastrados por el placer que les produce. Esta autoindulgencia, por consiguiente, es conveniente para los siervos de Dios, y trae vida a un hombre de esta disposición; pero las autoindulgencias perjudiciales antes mencionadas producen a los hombres tormentos y castigos; y si continúan en ellas y no se arrepienten, les acarrean la muerte".

7

La aflicción en la casa de Hermas

**La persona
que se
arrepiente
ha de
atormentar
su propia
alma,
y ha de ser
del todo
humilde en
cada una de
sus acciones,
y afligido
con toda
clase de
aflicción.**

Después de unos días le vi en la misma llanura donde había visto también a los pastores, y me dijo: "¿Qué buscas?"

"Señor", le contesté, "estoy aquí para que mandes al pastor que castiga que salga de mi casa; porque me aflige mucho".

"Te es necesario", me dijo, "ser afligido; porque así lo ha ordenado respecto a ti el ángel glorioso, porque quiere que seas probado".

"¿Por qué?, ¿qué he hecho que sea tan malo, Señor", le dije, "que deba ser entregado a este ángel?"

"Escucha", me dijo: "Tus pecados son muchos; con todo, no son tantos que hayas de ser entregado a este ángel; pero tu casa ha cometido grandes iniquidades y pecados, y el ángel glorioso está enojado por estos actos, y por esta causa ha mandado que seas afligido durante cierto tiempo, para que ellos puedan también arrepentirse y ser limpiados de todo deseo de este mundo. Por consiguiente, cuando ellos se arrepientan y sean limpiados, entonces el ángel del castigo partirá".

Y yo le dije: "Señor, si ellos han perpetrado estos actos por los que el ángel glorioso está enojado, ¿qué he hecho yo?"

"Ellos no pueden ser afligidos de otra manera", dijo él, "a menos que tú, la cabeza de toda la casa, seas afligido; porque si tú eres afligido, ellos también por necesidad serán afligidos; pero si tú eres próspero, ellos no pueden sufrir aflicción alguna".

"Pero, mira, Señor", le dije, "ellos se han arrepentido de todo corazón".

"Me doy perfecta cuenta", contestó él, "que ellos se han arrepentido de todo corazón; ahora bien, ¿crees tú que los pecados de los que se arrepienten son perdonados inmediatamente? No lo son en modo alguno; sino que la persona que se arrepiente ha de atormentar su propia alma, y ha de ser del todo humilde en cada una de sus acciones, y afligido con toda clase de aflicción; y si soporta las aflicciones que le vienen, sin duda el que creó

todas las cosas y las dotó de poder será movido a compasión y concederá algún remedio. Y esto hará Dios si en
alguna forma ve el corazón del penitente puro de todo
mal. Pero es conveniente que tú y toda tu casa seáis afligidos ahora. Pero, ¿por qué platicar tanto contigo? Tú has
de ser afligido como ordena el ángel del Señor, el que te
entrega a mí; y por esto da gracias al Señor, que te ha
considerado digno de que yo te revele de antemano la
aflicción, para que sabiéndolo con antelación la soportes
con entereza".

Yo le dije: "Señor, sé tú conmigo, y podré soportar
toda aflicción fácilmente".

"Yo estaré contigo", me dijo; "y pediré al ángel que
castiga que te aflija más levemente; pero tú serás afligido
durante un tiempo corto, y serás restaurado de nuevo a
tu casa. Sólo sigue siendo humilde y sirve al Señor con el
corazón puro, tú y tus hijos y tu casa, y anda en mis
mandamientos que te ordeno, y de este modo será posible
que tu arrepentimiento sea fuerte y puro. Y si guardas
estos mandamientos con tu casa, será apartada de ti toda
aflicción; sí, y la aflicción será apartada de todo aquel que
anda en estos mis mandamientos".

Sigue siendo humilde y sirve al Señor con el corazón puro, y de este modo será posible que tu arrepentimiento sea fuerte.

8

El gran sauce

Me mostró
un gran
sauce.
Y un ángel
del Señor,
cortando
ramas del
sauce,
y dándolas
a la gente
que se
resguardaba
debajo del
sauce;
y el árbol
estaba sano.

1. Y me mostró un gran sauce, que hacía sombra a llanuras y montañas, y bajo la sombra del sauce se habían congregado los que son llamados por el nombre del Señor. Y junto al sauce había de pie un ángel del Señor, glorioso y muy alto, que tenía una gran hoz, y estaba cortando ramas del sauce, y dándolas a la gente que se resguardaba debajo del sauce; y les daba varas pequeñas de un codo de longitud. Y después que todos hubieron tomado las varas, el ángel puso a un lado la hoz, y el árbol estaba sano, tal como yo lo había visto al principio. Entonces me maravillé dentro de mí y dije: "¿Cómo es posible que el árbol esté sano, después que le han cortado tantas ramas".

El Pastor me dijo: "No te asombres que el árbol permanezca sano después que se le han cortado tantas ramas?, sino espera hasta que veas todas las cosas, y se te mostrará lo que es".

Las varas secas y las verdes

El ángel que dio las varas a la gente les mandó que se las devolvieran; y tal como cada uno de ellos las había recibido, así también fue citándolos, y cada uno le devolvió la vara. Pero el ángel del Señor las tomaba y las examinaba. De algunos recibía varas secas y como comidas por larvas; el ángel les ordenaba a los que entregaban varas así que se pusieran a un lado. Y otros las entregaban medio marchitas; éstos también eran puestos aparte. Y otros entregaban varas medio secas y con grietas; éstos eran puestos también aparte. Y otros entregaban sus varas verdes y con grietas; éstos también se quedaban aparte. Y otros entregaban sus varas medio secas y medio verdes; éstos también quedaban aparte. Y otros entregaban las varas dos tercios verdes y la otra tercera parte seca; éstos se quedaban aparte. Y otros entregaban varas con dos partes secas y la tercera verde; éstos también se quedaban aparte. Y otros entregaban sus varas casi todas verdes, pero una pequeña porción seca en el extremo; pero había grietas en ellas; éstos también se quedaban aparte. Y en las de otros había una pequeña parte verde, pero el resto de la vara estaba seca; éstos también estaban aparte. Y otros venían trayendo sus varas verdes, tal como las habían recibido del ángel; y la mayor parte de la multitud entregaba sus varas en este estado; y el ángel se regocijaba en gran manera en éstos; éstos también estaban aparte. Y otros entregaban sus varas verdes y con retoños; éstos también eran puestos aparte; y ante éstos también el ángel se regocijaba grandemente. Y otros entregaban sus varas verdes y con retoños; y los retoños tenían lo que parecía una especie de fruto. Y éstos estaban contentos en extremo de que sus varas estuvieran en este estado Y sobre éstos el ángel se gozaba, y el Pastor estaba muy contento con ellos.

Las coronas

2. Y el ángel del Señor ordenó que trajeran coronas. Y trajeron coronas, hechas como si fuera de ramas de palmera; y coronaba a los hombres que habían entregado las varas que tenían retoños y algo de fruto, y los enviaba a la torre. Y los otros eran también enviados a la torre, a saber, los que habían traído las varas verdes y con retoños, pero los retoños no tenían fruto; y ponía un sello sobre ellos. Y todos los que iban a la torre tenían el mismo vestido, blanco como la nieve. Y los que habían entregado sus varas verdes tal como las habían recibido fueron despedidos, y se les dio un vestido [blanco] y sellos. Después que el ángel hubo terminado estas cosas, dijo al Pastor:

"Me voy; pero a éstos los enviarás a sus lugares dentro de los muros, según lo que cada uno merezca; pero examina las varas cuidadosamente, y envíalos. Mas sé muy cuidadoso al examinarlas.

"Asegúrate que ninguno escape de ti", le dijo. "Con todo, si alguno se escapa, yo le probaré en el altar."

Cuando hubo dicho esto al Pastor se marchó. Y después que el ángel hubo partido, el Pastor me dijo:

"Tomemos las varas de todos y plantémoslas, para ver si algunas de ellas pueden vivir".

Y yo le dije: "Señor, estas cosas secas, ¿pueden vivir?"

Él me contestó y dijo: "Este árbol es un sauce, y esta clase de árboles se aferra a la vida. Si se plantan las varas

Y el ángel del Señor ordenó que trajeran coronas hechas como si fuera de ramas de palmera; y coronaba a los hombres que habían entregado las varas que tenían retoños y algo de fruto.

Este gran árbol que hace sombra sobre llanuras y montañas y toda la tierra es la ley de Dios, que fue dada a todo el mundo; y esta ley es el Hijo de Dios predicado a todos los extremos de la tierra.

y tienen un poco de humedad, muchas de ellas viven. Y después procuremos poner algo de agua sobre ellas. Si alguna de ellas puede vivir, yo me gozaré de ello; pero si no vive, por lo menos no habré sido negligente".

Así que el Pastor me mandó que los llamara, a cada uno según estaba colocado. Y ellos vinieron, fila tras fila, y entregaron sus varas al Pastor. Y el Pastor tomó las varas y las plantó en hileras, y después de haberlas plantado vertió mucha agua sobre ellas, de modo que no se podían ver las varas por el agua. Y después que hubo regado las varas, me dijo:

"Vayámonos ahora, y dentro de unos pocos días regresemos e inspeccionemos todas las varas; porque el que ha creado este árbol quiere que vivan todos los que han recibido varas de este árbol. Y yo mismo espero que estas pequeñas varas, después de haber recibido humedad y haber sido regadas, vivan la mayor parte de ellas".

3. Y yo le dije: "Señor, infórmame de qué es este árbol. Porque estoy perplejo por su causa, porque aunque se le cortaron tantas ramas, el árbol está sano, y no parece que se le haya cortado ninguna; por tanto, estoy perplejo por ello".

"Escucha", me dijo; "este gran árbol que hace sombra sobre llanuras y montañas y toda la tierra es la ley de Dios, que fue dada a todo el mundo; y esta ley es el Hijo de Dios predicado a todos los extremos de la tierra. Pero el pueblo que está bajo la sombra son los que han oído la predicación y han creído en Él; pero el ángel grande y glorioso es Miguel, que tiene poder sobre esta gente y es su capitán. Porque es él el que pone la ley en los corazones de los creyentes; por tanto, él mismo inspecciona a aquellos a quienes la ha dado, por ver si la han observado. Pero, tú ves las varas de cada uno; porque las varas son la ley. Tú ves muchas de estas varas por completo echadas a perder; y notarás a todos los que no han observado la ley, y verás el lugar (destino) de cada uno en particular".

Yo le dije: "Señor, ¿por qué envió a algunos a la torre y dejó a otros para ti?"

Él me dijo: "Todos los que transgredieron la ley que han recibido de él, a éstos los ha dejado bajo mi autoridad, para que se arrepientan; pero a cuantos ya han satisfecho la ley y la han observado, a éstos los tiene bajo su propia autoridad".

"¿Quiénes son, pues, Señor", le dije, "los que han sido coronados y entrado en la torre?"

"Todos los que han luchado con el diablo y le han vencido en la lucha", me dijo, "éstos son coronados: éstos son los que han sufrido por la ley. Pero los otros, que también entregaron sus varas verdes y con retoños, aunque no con fruto, son los que fueron perseguidos por la ley pero no sufrieron ni tampoco negaron la ley. Mas los que las entregaron verdes, tal como las habían recibido, son hombres sobrios y rectos, que anduvieron del todo en un corazón puro y han guardado los mandamientos del Señor. Pero todo lo demás lo sabrás cuando examine estas varas que he plantado y regado".

Todos los que han luchado con el diablo y le han vencido en la lucha, éstos son coronados: éstos son los que han sufrido por la ley.

El juicio de las varas

4. Y después de varios días llegamos al lugar, y el Pastor se sentó en el lugar del ángel, en tanto que yo estaba de pie a su lado.

Y él me dijo: "Cíñete con una ropa de lino crudo, y ayúdame".

Así que me ceñí con una ropa limpia de lino crudo hecha de material tosco. Y cuando me vio ceñido y dispuesto a servirle, me dijo:

"Llama a los hombres cuyas varas han sido plantadas, según la fila en que cada un presentó su vara".

Y yo salí a la llanura y los llamé a todos; y ellos estaban de pie según sus filas.

Y él les dijo: "Que cada uno arranque su propia vara, y me la traiga".

Y los primeros que la entregaron fueron los que habían tenido las varas secas y agrietadas, y seguían igual: secas y agrietadas. Él les ordenó que se quedaran aparte. Luego las entregaron los que las tenían secas pero no agrietadas; y algunos entregaron varas verdes, y otros secas y como roídas por larvas. A los que le dieron varas verdes él les ordenó que se quedaran aparte; pero a los que se las dieron secas y agrietadas les ordenó que se unieran a los primeros. Entonces las entregaron los que tenían las varas medio secas y con grietas; y muchos de ellos las entregaban verdes y sin grietas; y muchos las entregaban verdes y con retoños y fruto en los retoños, como los que habían ido a la torre coronados; y algunos de ellos las

Ya te dije que este árbol es tenaz en mantenerse vivo. ¿Ves cómo muchos se arrepintieron y fueron salvados? Es para que puedas ver la abundante compasión del Señor.

entregaban secas y roídas, y algunos secas y no roídas, y algunos tal como eran, medio secas y con grietas. Él les ordenó que se pusieran a un lado, algunos en sus propias filas y otros aparte de ellas.

5. Entonces las entregaron los que tenían sus varas verdes pero con grietas. Éstos las entregaron todos verdes, y se quedaron en su propia compañía. Y el Pastor se regocijó sobre éstos, porque estaban todos cambiados y habían eliminado las grietas. Y las entregaron también los que tenían la mitad verde y la otra mitad seca. Las varas de algunos fueron halladas verdes del todo, las de algunos medio secas, las de algunos secas y roídas, y las de algunos verdes y con retoños. Estos fueron todos enviados cada uno a su compañía. Luego las entregaron los que tenían dos partes verdes y la otra seca; muchos de ellos las entregaban verdes, y muchos medio secas, y otros secas y roídas. Todos éstos se quedaron en su propia compañía. Luego las entregaron los que tenían dos partes secas y la tercera parte verde. Muchos de ellos las entregaban medio secas, algunos secas y roídas, y otros medio secas y con grietas, y unos pocos verdes. Todos éstos se quedaron en su propia compañía. Luego las entregaron los que habían tenido sus varas verdes pero con una pequeña porción [seca] y con grietas. De éstos, algunos las entregaron verdes, otros verdes y con retoños. Éstos también fueron enviados a su propia compañía. Entonces las entregaron los que tenían una pequeña parte verde y las otras partes secas. Las varas de éstos fueron halladas en su mayor parte verdes y con retoños y fruto en los retoños, y otras del todo verdes. Ante estas varas el Pastor se regocijó [sobremanera] porque fueron halladas así. Y éstos fueron enviados a su propia compañía.

6. Cuando el Pastor hubo examinado las varas de todos, me dijo:

"Ya te dije que este árbol es tenaz en mantenerse vivo. ¿Ves", me dijo, "cómo muchos se arrepintieron y fueron salvados?"

"Lo veo, Señor", le contesté.

Y él me dijo: "Es para que tú puedas ver la abundante compasión del Señor, cuán grande es y gloriosa, y Él ha dado su Espíritu a los que eran dignos de arrepentimiento".

"¿Por qué, pues, Señor", le pregunté, "no se arrepintieron todos?"

"A aquellos cuyo corazón Él vio que estaba a punto de volverse puro y de servirle a Él de todo corazón, Él les dio arrepentimiento; pero a aquellos en los que vio astucia y maldad, que intentaban arrepentirse en hipocresía, a éstos no les dio arrepentimiento, para que no profanaran de nuevo su nombre".

Y yo le dije: "Señor, ahora muéstrame, con referencia a los que han entregado sus varas, qué clase de hombre era cada uno de ellos, y su morada, para que cuando oigan esto los que han creído y recibido el sello y lo han roto y no lo han guardado entero, puedan entender lo que están haciendo, y arrepentirse, recibiendo de ti un sello, y puedan glorificar al Señor, que tuvo compasión de ellos y te envió a ti para renovar su espíritu".

"Escucha", me dijo: "Aquellos cuyas varas fueron halladas secas y comidas de larvas, éstos son los renegados y traidores de la Iglesia, que han blasfemado al Señor en sus pecados, y todavía más, se avergonzaron del Nombre del Señor, que fue invocado sobre ellos. Éstos, pues, perecerán del todo para Dios. Pero tú ves también que ninguno de ellos se arrepintió, aunque oyeron las palabras que les dijiste, que yo te había mandado. De hombres de esta clase ha partido la vida. Pero los que entregaron (varas) verdes y sin marchitar, éstos están también cerca de ellos; porque eran hipócritas, y trajeron doctrinas extrañas, y pervirtieron a los siervos de Dios, especialmente a los que no habían pecado, no permitiéndoles que se arrepintieran, sino persuadiéndoles con sus doctrinas insensatas. Éstos, pues, tienen esperanza de arrepentirse. Pero ves que muchos de ellos verdaderamente se han arrepentido desde que tú les hablaste de mis mandamientos; sí, y (otros) todavía se arrepentirán. Y todos los que no se arrepientan, habrán perdido la vida; pero cuantos de ellos se arrepintieron se volvieron buenos; y su morada fue colocada dentro de los primeros muros, y alguno de ellos, incluso, ascendió dentro de la torre. Ves, pues, que el arrepentimiento de los pecados trae vida, pero el no arrepentirse trae muerte.

7. "Pero, en cuanto a los que entregaron varas medio secas y con grietas en ellas, oye respecto a los mismos. Aquellos cuyas varas estaban medio marchitas del todo, eran los indecisos; porque ni viven ni están muertos. Pero

Ves que el arrepentimiento de los pecados trae vida, pero el no arrepentirse trae muerte.

En los mandamientos no hay nada sobre los primeros lugares, ni sobre gloria de alguna clase, sino sobre paciencia y humildad en el hombre.

los que las tienen medio secas y con grietas, éstos son los indecisos y calumniadores, y nunca están en paz entre sí, sino que siempre causan disensiones. Con todo, incluso éstos, reciben arrepentimiento. Ves, que algunos de ellos se han arrepentido; y todavía hay esperanza de arrepentimiento entre ellos".

"Y todos los que de ellos", me dijo, "se han arrepentido, tienen su residencia dentro de la torre; pero todos los que se han arrepentido tardíamente morarán dentro de los muros; y los que no se arrepintieron, sino que continuaron en sus actos, morirán de muerte. Pero los que han entregado sus varas verdes y con grietas, éstos fueron hallados fieles y buenos en todo tiempo, pero tienen cierta emulación los unos de los otros para obtener el primer lugar y gloria de alguna clase; pero todos ellos son necios al mostrar (rivalidad) el uno del otro por los primeros lugares. Pese a todo, éstos también, cuando oyeron mis mandamientos, siendo buenos, se purificaron a sí mismos y se arrepintieron rápidamente. Tienen, por tanto, su habitación dentro de la torre. Pero si alguno vuelve otra vez a la disensión, será echado fuera de la torre y perderá su vida. La vida es para todos los que guardan los mandamientos del Señor. Pero en los mandamientos no hay nada sobre los primeros lugares, ni sobre gloria de alguna clase, sino sobre paciencia y humildad en el hombre. En estos hombres, pues, hay la vida del Señor, pero en el sedicioso y libertino hay muerte.

8. "Pero los que entregaron sus varas medio verdes y medio secas, éstos son los que están mezclados en negocios y no se unen a los santos. Por lo tanto, la mitad de ellos vive, pero la otra mitad está muerta. Muchos de ellos cuando oyeron mi mandamiento se arrepintieron. Todos los que se arrepintieron tienen su morada dentro de la torre. Pero algunos de ellos están puestos aparte. Éstos, pues, no tienen arrepentimiento; porque a causa de sus negocios blasfemaron al Señor y le negaron. Así que perdieron su vida por la maldad que cometieron. Pero muchos de ellos eran de ánimo indeciso. Éstos todavía tienen oportunidad para el arrepentimiento; si se arrepienten rápidamente, su morada será dentro de la torre; y si tardan en arrepentirse, morarán dentro de los muros; pero si no se arrepienten, ellos también habrán perdido la vida. Pero los que han entregado varas dos partes verdes y la tercera

seca, éstos son los que han negado con negaciones múltiples. Muchos de ellos se han arrepentido, pues, y han partido hacia el interior de la torre; pero muchos se rebelaron del todo contra Dios; éstos perdieron finalmente la vida. Y algunos de ellos eran de ánimo indeciso y causaban disensiones. Para éstos, por tanto, hay arrepentimiento si se arrepienten rápidamente y no siguen en sus placeres; pero si siguen en sus acciones, éstos también se procurarán ellos mismos la muerte.

9. "Pero los que han entregado sus varas dos tercios secas y un tercio verde, éstos son los que han sido creyentes, pero se hicieron ricos y tuvieron renombre entre los gentiles. **Se revistieron de gran orgullo y se volvieron arrogantes, y abandonaron la verdad y no se juntaron con los justos, sino que vivieron del todo a la manera de los gentiles,** y su camino les pareció más placentero a ellos; pese a todo no se apartaron de Dios, sino que continuaron en la fe, aunque no hicieron las obras de la fe. Muchos de ellos, por consiguiente, se arrepintieron y tuvieron su habitación dentro de la torre. Pero otros, al final, viviendo con los gentiles y siendo corrompidos por las opiniones vanas de los gentiles, se apartaron de Dios e hicieron las obras de los gentiles. Estos, pues, son nombrados con los gentiles. Pero otros entre ellos eran de ánimo indeciso, no esperando ser salvos por razón de algunos actos que habían cometido; y otros eran indecisos y hacían divisiones entre ellos. Para los que eran indecisos a causa de sus hechos hay todavía arrepentimiento; mas, su arrepentimiento debería ser rápido, para que su morada pueda ser dentro de la torre; pero para los que no se arrepienten, sino que siguen en sus pasiones, la muerte está cerca.

10. "Mas los que entregaron sus varas verdes, pero con el extremo seco y con grietas, son los que fueron hallados en todo tiempo buenos y fieles y gloriosos a la vista de Dios, pero pecaron en un grado leve por causa de deseos triviales y porque tenían algo los unos contra los otros. Pero, cuando oyeron mis palabras, la mayor parte se arrepintió rápidamente, y su morada fue asignada dentro de la torre. Pero algunos de ellos eran indecisos, y algunos, siendo indecisos, causaron una mayor disensión. En éstos, por lo tanto, hay todavía esperanza de arrepentimiento, porque fueron hallados buenos; y apenas habrá alguno de ellos que muera. Pero los que entregaron sus

Ve y di a todos los hombres que se arrepientan, y vivirán para Dios; porque el Señor en su compasión me envió a dar arrepentimiento a todos, aunque algunos no lo merecen por sus actos.

varas secas, pero con una pequeña porción verde, éstos son los que creyeron pero practicaron las obras de injusticia. Con todo, no se separaron nunca de Dios, sino que llevaron el nombre alegremente, y alegremente recibieron en sus casas a los siervos de Dios. Así que, al oír de este arrepentimiento, se arrepintieron sin vacilar, y practicaron toda excelencia y justicia. Y algunos de ellos, incluso, sufrieron persecución voluntariamente, sabiendo los hechos que hacían. Todos éstos, por tanto, tendrán su morada en la torre".

Arrepentimiento y salvación

11. Y después que hubo completado la interpretación de todas las varas, me dijo:

"Ve y di a todos los hombres que se arrepientan, y vivirán para Dios; porque el Señor en su compasión me envió a dar arrepentimiento a todos, aunque algunos no lo merecen por sus actos; pero, siendo el Señor paciente, quiere que sean llamados por medio de su Hijo para que sean salvos".

Y le dije: "Señor, espero que todos los que oigan estas palabras se arrepentirán; porque estoy persuadido de que cada uno, cuando conozca plenamente sus propios actos y tema a Dios, se arrepentirá".

Él me respondió diciéndome: "Todos cuantos se arrepientan de todo corazón y se limpien de todas las malas acciones antes mencionadas, y no añadan ningún pecado más a los anteriores, recibirán curación del Señor para sus pecados anteriores, a menos que sean de ánimo indeciso con respecto a estos mandamientos, y vivirán para Dios".

"Pero cuantos añadan a sus pecados", me dijo, "y anden en las concupiscencias de este mundo, se condenarán a sí mismos a muerte. Pero tú anda en mis mandamientos, y vive para Dios; sí, y cuantos anden en ellos y obren rectamente, vivirán para Dios."

Habiéndome mostrado todas estas cosas [y habiéndomelas dicho] me dijo: "Mira, te declararé el resto dentro de unos días".

9

Visión de los montes de Arcadia

1. Después de haber escrito los mandamientos y parábolas del Pastor, el ángel del arrepentimiento vino a mí y me dijo:

"Deseo mostrarte todas las cosas que el Espíritu Santo, que habló contigo en la forma de la Iglesia, te mostró. Porque este Espíritu es el Hijo de Dios. Porque cuando tú eras más débil en la carne, no te fue declarado a través de un ángel; pero cuando fuiste capacitado por el Espíritu, y te hiciste fuerte en tu fortaleza de modo que pudiste incluso ver un ángel, entonces te fue manifestada de modo claro, a través de la Iglesia, la edificación de la torre. En forma justa y apropiada has visto todas las cosas, instruido como si fuera por una virgen; pero ahora ves siendo instruido por un ángel, aunque es por el mismo Espíritu; pese a ello, has de aprenderlo todo con más exactitud de mí. Porque para esto también fui designado por el ángel glorioso para permanecer en tu casa, para que pudieras ver todas las cosas con poder, sin sentirte aterrado en nada, no como antes".

Y él me llevó a Arcadia, a cierta montaña redondeada, y me puso en la cumbre de la montaña, y me mostró una gran llanura, y alrededor de la llanura doce montañas, las cuales tenían cada una un aspecto diferente.

La primera era negra como hollín; la segunda, desnuda, sin vegetación; la tercera, llena de espinos y zarzas; la cuarta tenía la vegetación medio mustia, la parte superior de la hierba era verde, pero la parte cercana a las raíces, seca, y parte de la hierba se había marchitado, siempre que el sol la había quemado; la quinta montaña tenía hierba verde y era áspera; la sexta montaña estaba llena de barrancos por todas partes, algunos pequeños y otros grandes, y en las hendiduras había vegetación, pero la hierba no era muy lozana, sino más bien marchita; la séptima montaña tenía vegetación sonriente, y toda la montaña estaba en condición próspera, y había ganado y aves de todas clases que se alimentaban en esta montaña; y cuanto más ganado y aves alimentaba, más florecía la hierba de esta montaña. La octava montaña estaba llena de fuentes,

Me llevó a Arcadia, a cierta montaña redondeada, y me puso en la cumbre de la montaña, y me mostró una gran llanura, y alrededor de la llanura doce montañas.

En la mitad de la llanura me mostró una gran roca blanca, y tenía una puerta excavada en ella. Y alrededor había doce vírgenes.

y toda clase de criaturas del Señor bebían en las fuentes de esta montaña. La novena montaña no tenía agua alguna y era por completo un desierto; y tenía fieras y reptiles mortíferos, que destruían a la humanidad. La décima montaña tenía árboles muy grandes y mucha umbría, y bajo la sombra había ovejas echadas y paciendo y reposando. La montaña undécima tenía gran espesura de bosques por todas partes, y los árboles de la misma eran muy productivos, cubiertos de varias clases de frutos, de modo que uno al verlos deseaba comer estos frutos. La duodécima montaña era del todo blanca y su aspecto era alegre; y la montaña era en extremo hermosa de por sí.

Visión de la roca, la puerta y las vírgenes

2. Y en la mitad de la llanura me mostró una gran roca blanca, que se levantaba sobre la llanura. La roca era más elevada que las montañas, y tenía cuatro lados, de modo que podía contener a todo el mundo.

Ahora bien, esta roca era antigua y tenía una puerta excavada en ella; pero la puerta me pareció haber sido excavada muy recientemente. Y la puerta brillaba más que el resplandor del sol, de modo que me maravillé del brillo de la puerta.

Y alrededor de la puerta había doce vírgenes. Las cuatro que estaban en los extremos me parecieron más gloriosas (que el resto); pero las otras también eran gloriosas; y (las cuatro) estaban de pie en las cuatro partes de la puerta, y había vírgenes, en parejas, entre ellas. E iban vestidas de túnicas de lino y ceñidas de manera apropiada, teniendo el hombro derecho libre, como si intentaran llevar alguna carga. Así estaban preparadas, porque eran muy animosas y alegres.

Después que vi estas cosas, me maravillé de la grandeza y la gloria de lo que estaba viendo. Y de nuevo me quedé perplejo con respecto a las vírgenes, que, aunque fueran delicadas, estaban de pie como hombres, como si intentaran llevar todo el cielo. Y el Pastor me dijo:

"¿Por qué te haces preguntas y estás perplejo, y te pones triste? Porque las cosas que no puedes comprender no te las propongas, si eres prudente; pero ruega al Señor, para que puedas recibir entendimiento para comprenderlas. Lo que hay detrás de ti tú no puedes verlo, pero lo que hay delante de ti lo contemplas. Las cosas que no puedes ver, por tanto, déjalas, y no te preocupes de ellas; pero las cosas que puedes ver, éstas domínalas, y no tengas curiosidad sobre el resto; pero voy a explicarte todas las cosas que te mostraré. Observa, pues, lo que queda".

Visión de la construcción de la torre

3. Y vi seis hombres que venían, altos y gloriosos y de aspecto semejante, y éstos llamaron a una gran multitud de hombres. Y los otros que habían venido también eran altos y hermosos y poderosos. Y los seis hombres les ordenaron que edificaran una torre sobre la puerta. Y hacían un gran ruido estos hombres que habían venido para edificar la torre, cuando corrían de un lado a otro alrededor de la puerta. Porque las vírgenes que había junto a la puerta dijeron a los hombres que se apresuraran a edificar la torre. Y las vírgenes tendieron las manos como para recibir algo de los hombres. Y los seis hombres ordenaron que subieran piedras de cierto hoyo profundo, que habían de servir para la edificación de la torre. Y subieron diez piedras cuadradas y pulimentadas, [no] labradas de una cantera. Y los seis hombres llamaron a las vírgenes, y les ordenaron que llevaran todas las piedras que habían de entrar en la edificación de la torre, y que las pasaran por la puerta y las entregaran a los hombres que estaban a punto de edificar la torre. Y las vírgenes se cargaron las primeras diez piedras que habían aparecido de lo profundo del hoyo, y las transportaron entre todas, piedra por piedra.

4. Y tal como estaban juntas alrededor de la puerta, en este orden las llevaron; las que parecían ser bastante fuertes se habían inclinado a los ángulos de la piedra, en tanto que las otras se inclinaban a los lados de la piedra. Y así acarrearon todas las piedras. Y las trasladaron a través de la puerta, tal como se les había ordenado y las entregaron a los hombres para la torre; y éstos tomaron las piedras y edificaron.

Y la edificación de la torre era sobre la gran roca y sobre la puerta. Estas diez piedras fueron entonces juntadas, y cubrían toda la roca. Y éstas formaron un fundamento para el edificio de la torre. Y la roca y la puerta sostenían

Y vi seis hombres. Y los otros que habían venido también. Y les ordenaron que edificaran una torre sobre la puerta. Y las vírgenes tendieron las manos como para recibir algo.

Los seis hombres ordenaron a la multitud de gente que trajera piedras de las montañas para la edificación de la torre. Y el edificio quedó terminado en aquel día.

toda la torre y después de las diez piedras subieron de la profundidad otras veinticinco piedras, y éstas fueron encajadas en el edificio de la torre, siendo acarreadas por las vírgenes como las anteriores. Y después de éstas subieron treinta y cinco piedras. Y éstas, asimismo, fueron encajadas en la torre. Y después de éstas vinieron otras cuarenta piedras, y éstas fueron puestas todas en el edificio de la torre. Así que se pusieron cuatro hileras en los fundamentos de la torre. Y las piedras dejaron de subir de la profundidad, y los edificadores también cesaron un rato.

Y entonces los seis hombres ordenaron a la multitud de gente que trajera piedras de las montañas para la edificación de la torre. Fueron traídas, pues, de todas las montañas, de varios colores, labradas por los hombres, y entregadas a las vírgenes; y las vírgenes las acarreaban a través de la puerta y las entregaban para la edificación de la torre. Y cuando las distintas piedras fueron colocadas en el edificio, se hicieron semejantes todas y blancas, y perdieron sus muchos colores. Pero algunas piedras fueron entregadas por los hombres para el edificio, y éstas no se volvieron brillantes; sino que tal como eran colocadas, así permanecían; porque no eran entregadas por las vírgenes ni habían sido acarreadas a través de la puerta.

Estas piedras, pues, eran disformes y desagradables a la vista en el edificio de la torre. Entonces los seis hombres vieron que las piedras eran impropias en el edificio, y ordenaron que fueran quitadas y fueran llevadas abajo a su lugar propio, de donde habían sido traídas. Y dijeron a los hombres que estaban trayendo piedras: "Absteneos del todo de entregar piedras para la edificación; pero colocadlas junto a la torre, para que las vírgenes las acarreen a través de la puerta y las entreguen a los que edifican. Porque", dijeron ellos, "si no son acarreadas a través de la puerta por las manos de estas vírgenes no pueden cambiar su color. No trabajéis, pues", dijeron, "en vano".

5. Y el edificio quedó terminado en aquel día; con todo, la torre no quedó terminada por completo, porque había de ser elevada todavía un poco más; y hubo una interrupción en la edificación. Y los seis hombres ordenaron a los edificadores que se retiraran un rato todos ellos y descansaran; pero a las vírgenes no les ordenaron que se retiraran

de la torre. Y yo pensé que las vírgenes se habían quedado para guardar la torre. Y después que todos se hubieron retirado y descansado, yo le dije al Pastor:

"Señor, ¿por qué no ha sido completada la edificación de la torre?"

"La torre", me contestó, "no puede ser completamente terminada hasta que su Señor venga y ponga a prueba este edificio, con el fin de que, si hay algunas piedras que se desmenuzan, las pueda cambiar, porque la torre es edificada según su voluntad".

"Quisiera saber, Señor", le dije, "qué es el edificio de esta torre, y respecto a la roca y la puerta, y las montañas, y las vírgenes, y las piedras que vinieron de lo profundo y no fueron labradas, sino que fueron usadas tal como estaban en la edificación; y por qué fueron colocadas primero diez piedras en los fundamentos, luego veinticinco, luego treinta y cinco, luego cuarenta; y respecto a las piedras que han entrado en la edificación y fueron quitadas otra vez y devueltas a su lugar; con respecto a todas estas cosas da descanso a mi alma, señor, y explícamelas".

Y me dijo: "Si no eres dominado por una curiosidad vana, conocerás todas estas cosas. Porque después de unos pocos días vendremos aquí, y verás lo que a continuación ocurrirá a esta torre y entenderás todas las parábolas con exactitud".

Y después de unos días volvimos al lugar en que nos habíamos sentado, y él me dijo:

"Vayamos a la torre, porque el propietario de la torre viene para inspeccionarla".

Y fuimos a la torre y no había nadie allí cerca, excepto las vírgenes. Y el Pastor preguntó a las vírgenes si el amo de la torre había llegado. Y ellas le dijeron que llegaría pronto para inspeccionar el edificio.

El Señor inspecciona la obra

6. Y he aquí, después de poco vi un despliegue de muchos hombres que venían, y en medio un hombre de una estatura tal que sobrepujaba la torre. Y los seis hombres que habían dirigido la edificación andaban con él a su derecha y a su izquierda, y todos los que habían trabajado en la edificación estaban con él, y muchos otros gloriosos ayudantes alrededor. Y las vírgenes que vigila-

La torre no puede ser completamente terminada hasta que su Señor venga y ponga a prueba este edificio, con el fin de que, si hay algunas piedras que se desmenuzan, las pueda cambiar.

Este hombre inspeccionó el edificio tan cuidadosamente, que palpó cada una de las piedras. Y cuando golpeaba, algunas de las piedras se volvían negras como hollín.

ban la torre se adelantaron y le besaron, y empezaron a caminar a su lado alrededor de la torre.

Y este hombre inspeccionó el edificio tan cuidadosamente, que palpó cada una de las piedras, y empuñaba una vara en la mano, con la cual golpeaba cada una de las piedras que estaba colocada en el edificio. Y cuando golpeaba, algunas de las piedras se volvían negras como hollín, otras mohosas, otras se resquebrajaban, otras se rompían, otras no se volvían ni blancas ni negras, otras deformes y no encajaban con las otras piedras, y otras mostraban muchas manchas; éstos eran los aspectos diversos de las piedras que se veía eran impropias para el edificio.

Así que ordenó que todas ellas fueran quitadas de la torre, y fueran colocadas junto a la torre, y fueran traídas otras piedras y colocadas en lugar de aquellas. Y los edificadores le preguntaron de qué montaña deseaba que fueran traídas las piedras y puestas en su lugar. Y él no quiso que fueran traídas de las montañas, sino que mandó que fueran traídas de cierta llanura que había muy cerca. Y cavaron en la llanura, y se hallaron piedras allí brillantes y cuadradas, pero algunas de ellas eran demasiado redondeadas. Y todas las piedras que había por todas partes en aquella llanura fueron traídas, y fueron acarreadas a través de la puerta por las vírgenes. Y las piedras cuadradas fueron labradas y puestas en el lugar de las que habían sido quitadas; pero las redondeadas no fueron colocadas en el edificio, porque era difícil darles forma, y el trabajo en ellas era lento. Así que fueron colocadas al lado de la torre, como si se intentara darles forma y colocarlas en el edificio; porque eran muy brillantes.

7. Así que, habiendo realizado estas cosas, el hombre glorioso que era el señor de toda la torre llamó al Pastor hacia sí, y le entregó todas las piedras que había puestas al lado de la torre, y que fueron quitadas del edificio, y le dijo:

"Limpia estas piedras cuidadosamente, y ponlas en el edificio de esta torre; se entiende las que puedan encajar con el resto; pero las que no puedan encajar, échalas lejos de la torre".

Habiendo dado estas órdenes al Pastor, se marchó de la torre con todos los que habían venido con él. Y las vírgenes estaban alrededor de la torre observándole.

Yo le dije al Pastor: "¿Cómo pueden estas piedras entrar otra vez en el edificio de la torre, siendo así que han sido desaprobadas?"

Él me contestó: "¿Ves estas piedras?"

"Las veo, Señor", le dije.

"Yo mismo daré forma a la mayor parte de estas piedras y las pondré en el edificio, y encajarán con las piedras restantes."

"¿Cómo es posible", le dije, "cuando sean recortadas con el cincel, que encajen en el mismo espacio?"

Él me dijo como respuesta: "Todas las que sean halladas pequeñas, serán puestas en medio del edificio; pero las que sean mayores, serán colocadas cerca del exterior, y se enlazarán con las otras".

Con estas palabras me dijo: "Vayámonos, y después de dos días volvamos y limpiemos estas piedras y pongámoslas en el edificio; porque todas las cosas alrededor de la torre han de ser limpiadas, no sea que el Señor venga súbitamente y halle los alrededores de la torre sucios y se enoje, y resulte que estas piedras no entren en la edificación de la torre y yo sea tenido por descuidado a los ojos de mi Señor".

Y después de dos días fuimos a la torre, y él me dijo: "Inspeccionemos todas las piedras, y veamos cuáles pueden servir para la edificación".

Yo le dije: "Señor, inspeccionémoslas".

Volvamos y limpiemos estas piedras y pongámoslas en el edificio; porque todas las cosas alrededor de la torre han de ser limpiadas.

Remodelación de las piedras

8. Y así, empezando, primero inspeccionamos las piedras negras; y tal como habían sido descartadas del edificio, así las hallamos. Y el Pastor ordenó que fueran quitadas de la torre y fueran puestas a un lado. Luego inspeccionó las que eran mohosas, y las tomó y moldeó muchas de ellas, y ordenó a las vírgenes que las tomaran y las pusieran en el edificio. Y las vírgenes las tomaron y las colocaron en el edificio de la torre en una posición media. Pero para las restantes ordenó que fueran colocadas con las negras, porque éstas también eran negras.

Luego empezó a inspeccionar las que tenían rajas; y de éstas moldeó algunas, y ordenó que fueran llevadas por las manos de las vírgenes para el edificio. Y fueron colocadas hacia fuera, porque se vio que eran sanas. Pero el

Moldeó las restantes, les dio forma y fueron llevadas por las vírgenes, y fueron encajadas en medio del edificio de la torre, porque eran algo débiles.

resto no pudo ser moldeado debido al número de rajas. Por esta razón, pues, fueron echadas fuera del edificio de la torre.

Luego siguió inspeccionando las piedras de tamaño reducido, y muchas de ellas estaban negras, y algunas tenían grandes rajas; y ordenó que éstas también fueran colocadas con las que habían sido descartadas. Pero las que quedaban, él las limpió y les dio forma, y ordenó que fueran colocadas en el edificio. Así que las vírgenes las tomaron y las encajaron en medio del edificio de la torre; porque eran algo débiles. Luego empezó a inspeccionar las que eran medio blancas y medio negras, y muchas de ellas ahora eran del todo negras; y ordenó que éstas fueran llevadas con las que habían sido descartadas antes. Pero todas las restantes fueron halladas blancas, y fueron llevadas por las vírgenes; porque siendo blancas fueron encajadas por las mismas vírgenes en el edificio. Pero fueron colocadas hacia fuera, porque estaban sanas, de modo que podían unirse a las que habían sido colocadas en medio; porque ni una sola de ellas era demasiado pequeña.

Entonces empezó a inspeccionar las duras y deformes; y unas pocas fueron descartadas, debido a que no se podían moldear, porque eran demasiado duras. Pero moldeó las restantes, les dio forma y fueron llevadas por las vírgenes, y fueron encajadas en medio del edificio de la torre, porque eran algo débiles.

Luego siguió inspeccionando las que tenían manchas, y algunas de éstas se habían vuelto negras y fueron echadas con el resto; pero las restantes eran brillantes y sanas, y fueron encajadas por las vírgenes en el edificio; pero fueron colocadas hacia fuera debido a su fuerza.

9. Entonces fue a inspeccionar las piedras blancas y redondas, y me dijo:

"¿Qué haremos con estas piedras?"

"¿Cómo puedo saberlo yo, Señor?", le respondí.

Y él me dijo: "¿No te das cuenta de nada con respecto a las mismas?"

Y le dije: "Señor, no entiendo en este arte, ni soy cantero, ni puedo decir nada".

"¿No ves", me dijo, "que son muy redondas, y si quiero hacerlas cuadradas es necesario quitar de ellas mucho con el cincel? Con todo, algunas tienen que ser colocadas por necesidad en el edificio".

"Señor", dije, "si ha de ser así, ¿por qué te desazonas, y por qué no escoges para el edificio las que quieras y las encajas en él?"

Él escogió de entre las grandes y brillantes algunas y las picó; y las vírgenes las tomaron y las encajaron en las partes exteriores del edificio. Pero las restantes que habían quedado se las llevaron y las pusieron en la llanura de donde habían sido traídas; éstas no fueron echadas, sin embargo, "porque", dijo él, "queda todavía parte de la torre para ser construida. Y el señor de la torre desea muchísimo que estas piedras sean encajadas en el edificio, porque son muy brillantes".

Así que fueron llamadas doce mujeres, de muy hermosa figura, vestidas de negro, ceñidas y con los hombros desnudos, sueltos los cabellos. Y estas mujeres, pensé yo, tenían un aspecto arisco. Y el Pastor ordenó que tomaran las piedras que habían sido desechadas del edificio, y las llevaran a las mismas montanas de las cuales habían sido traídas; y ellas las tomaron con alegría, y se llevaron todas las piedras y las pusieron en el lugar de donde habían sido sacadas.

Y después que habían sido quitadas todas las piedras, y no quedaba una sola alrededor de la torre, el Pastor me dijo: "Demos la vuelta a la torre y veamos que no haya defecto en ella".

Y yo di la vuelta con él. Y cuando el Pastor vio que la torre era muy hermosa en la edificación, se puso en extremo contento; porque la torre estaba tan bien edificada que, cuando yo la vi, deseé con ansia la edificación de la misma; porque estaba edificada como si fuera de una sola piedra, encajada toda junta. Y la obra de piedra parecía como si hubiera sido excavada de la roca; porque me parecía como si fuera todo una sola piedra.

La torre estaba edificada como si fuera de una sola piedra, encajada toda junta. Y la obra de piedra parecía como si hubiera sido excavada de la roca.

Limpieza de la torre

10. Y cuando andaba con él yo estaba contento al ver una vista tan airosa. Y el Pastor me dijo:

"Ve y trae yeso y arcilla fina, para que pueda rellenar las formas de las piedras que han sido tomadas y puestas en el edificio; porque toda la torre alrededor ha de ser lisa".

E hice lo que me mandó, y se lo traje.

Yo quedé solo con las vírgenes; y ellas estaban muy alegres, y amablemente dispuestas hacia mí, especialmente las cuatro que eran más gloriosas en apariencia.

"Ayúdame", me dijo, "y la obra será realizada rápidamente".

Así que él llenó las formas de las piedras que habían entrado en el edificio, y ordenó que los alrededores de la torre fueran barridos y limpiados. Y las vírgenes tomaron escobas y barrieron, y quitaron todos los escombros alrededor de la torre, y rociaron con agua, y el terreno alrededor de la torre quedó alegre y muy hermoso. El Pastor me dijo:

"Todo ha quedado limpio ahora. Si el señor viene a inspeccionar la torre, no tiene nada de qué acusarnos".

Diciendo esto, quería marcharse. Pero yo eché mano de su zurrón y le conjuré por el Señor que me explicara todo lo que me había mostrado.

Él me dijo: "Estoy ocupado durante un rato; luego te lo explicaré todo. Espérame aquí hasta que vuelva".

Yo le dije: "Señor, cuando esté solo aquí, ¿qué es lo que tengo que hacer?"

"Tú no estás solo", me contestó, "porque estas vírgenes están aquí contigo".

"Encomiéndame, pues, a ellas", le dije.

El Pastor las llamó y les dijo: "Os encomiendo a este hombre hasta que vuelva", y se marchó.

Así que yo quedé solo con las vírgenes; y ellas estaban muy alegres, y amablemente dispuestas hacia mí, especialmente las cuatro que eran más gloriosas en apariencia.

La noche entre las vírgenes

11. Las vírgenes me dijeron: "Hoy el Pastor no viene aquí".

"¿Qué haré yo, pues?", dije. "Espérale", dijeron, "hasta el anochecer; y si viene, él hablará contigo; pero si no viene, te quedarás aquí con nosotras hasta que venga".

Yo les dije: "Le esperaré hasta el anochecer, y si no viene, me marcharé a casa y regresaré temprano por la mañana".

Pero ellas contestaron y me dijeron: "Él te encomendó a nosotras, y no puedes marcharte de nosotras".

"¿Dónde me quedaré, pues?"

"Tú pasarás la noche con nosotras", dijeron, "como un hermano, no como un marido; porque tú eres nuestro

hermano, y a partir de ahora nosotras habitaremos contigo; porque te amamos entrañablemente".

Pero yo tenía vergüenza de quedarme con ellas. Y la
que parecía ser la principal empezó a besarme y abrazar-
me; y las otras, viendo que ella me abrazaba, empezaron
también a besarme, y me llevaban alrededor de la torre y
jugaban conmigo. Y yo me había vuelto como si fuera un
joven, y comencé yo mismo a jugar con ellas. Porque algunas de ellas empezaron a danzar, otras a dar saltos, otras
a cantar. Pero yo me quedé en silencio y andaba con ellas
alrededor de la torre, y estaba contento con ellas.

No obstante, cuando llegó la noche, deseaba irme a
casa; pero ellas no me dejaron, sino que me detuvieron. Y
yo pasé la noche con ellas, y dormí al lado de la torre.
Porque las vírgenes esparcieron sus túnicas de lino sobre
el suelo, y me hicieron echar en medio de ellas, y ellas no
hacían otra cosa que orar; y yo oraba con ellas sin cesar,
y no menos que ellas. Y las vírgenes se regocijaban de que
yo orara. Y yo estuve con las vírgenes allí hasta la mañana
a la segunda hora.

Entonces vino el Pastor y dijo a las vírgenes: "¿Le
habéis hecho algún daño?"

"Pregúntaselo", dijeron.

Y yo le dije: "Señor, estuve contento de estar con
ellas".

"¿Qué comiste para cenar?", me preguntó. "Cené,
Señor, las palabras del Señor durante toda la noche", le
dije.

"¿Te trataron bien?", preguntó él.

"Sí, Señor", contesté.

"Ahora", dijo él, "¿qué es lo que quieres oír primero?"

"En el orden en que me lo has mostrado, Señor, desde
el principio", le dije; "te ruego, Señor, que me lo expliques
exactamente en el orden en que te lo preguntaré".

"Según tu deseo, así te lo interpretaré", me dijo, "y no
te esconderé nada a ti".

Significado de la roca

12. "Primero, Señor", le dije, "explícame esto. La roca
y la puerta, ¿qué son?"

"Esta roca", me contestó, "y la puerta, son el Hijo de
Dios".

**"Señor,
la roca y
la puerta,
¿qué son?"
"Esta roca",
me contestó,
"y la puerta,
son el Hijo
de Dios".**

La puerta es el Hijo de Dios; sólo hay esta entrada al Señor. Nadie puede entrar hasta Él de otra manera que por medio de su Hijo.

"Señor", le dije, "¿cómo es que la roca es antigua pero la puerta reciente?"

"Escucha", me dijo, "y entiende, hombre insensato. El Hijo de Dios es más antiguo que toda su creación, de modo que fue el consejero del Padre en la obra de su creación. Por tanto, también Él es antiguo".

"Pero la puerta, ¿por qué es reciente, Señor?", le pregunté.

"Porque", dijo él, "Él fue manifestado en los últimos días de la consumación; por tanto, la puerta es hecha recientemente, para que los que son salvos puedan entrar por ella en el reino de Dios (cf. Jn. 10:7-9). ¿Viste", me dijo, "que las piedras que pasaron por la puerta han entrado en la edificación de la torre, pero las que no pasaron por ella fueron echadas otra vez a su lugar?"

"Lo vi, Señor", dije yo. "Así, pues", dijo él, "nadie entrará en el reino de Dios a menos que haya recibido el nombre de su Hijo. Porque si tú quieres entrar en una ciudad, y esta ciudad está amurallada por completo y sólo tiene una puerta, ¿puedes entrar en esta ciudad como no sea por medio de la puerta que tiene?"

"Señor, ¿cómo sería posible hacerlo de otra manera", le pregunté yo.

"Así pues, si no puedes entrar en la ciudad excepto a través de la puerta que tiene, lo mismo", dijo él, "ninguno puede entrar en el reino de Dios excepto en el nombre de su Hijo que es amado por Él. ¿Viste", me dijo, "la multitud que está edificando la torre?"

"La vi, Señor", le contesté.

"Éstos", dijo él, "son todos ángeles gloriosos. De éstos, pues, está rodeado por todas partes el Señor. Pero la puerta es el Hijo de Dios; sólo hay esta entrada al Señor. Nadie puede entrar hasta Él de otra manera que por medio de su Hijo. ¿Viste", me dijo, "los seis hombres, y el hombre glorioso y poderoso en medio de ellos, que andaba alrededor de la torre y rechazaba las piedras del edificio?"

"Le vi, Señor", le dije.

"El hombre glorioso", dijo él, "es el Hijo de Dios, y los seis son los gloriosos ángeles que le guardan a su derecha y a su izquierda. De estos gloriosos ángeles ni uno entrará ante Dios aparte de Él; todo el que no recibe su nombre, no entrará en el reino de Dios".

La torre y las vírgenes

13. "Pero la torre", dije yo, "¿qué es?"
"La torre", contestó él, "¡cómo!, es la Iglesia".
"Y estas vírgenes, ¿quiénes son?" Y me dijo: "Son los espíritus santos; y ningún hombre puede hallarse en el reino de Dios a menos que éstos le revistan con su vestido; porque si tú recibes sólo el nombre, pero no recibes el vestido de ellos, no te sirve de nada. Porque estas vírgenes son virtudes del Hijo de Dios. Por lo tanto, si tú llevas el Nombre, y no llevas su virtud, llevarás el Nombre sin ningún resultado".

"Y las piedras", prosiguió, "que viste que eran echadas, éstas llevaban el Nombre, pero no estaban vestidas con el vestido de las vírgenes".

"¿De qué clase, Señor", pregunté yo, "es su vestido?"
"Los mismos nombres", dijo él, "son su vestido. Todo el que lleva el nombre del Hijo de Dios, debería llevar los nombres de éstos también; porque incluso el Hijo mismo lleva los nombres de estas vírgenes".

"Todas las piedras que viste que entraban en el edificio de la torre", me dijo, "siendo dadas por sus manos y esperando para la edificación, han sido revestidas del poder de estas vírgenes. Por esta causa tú ves la torre hecha de una sola piedra con la roca. Así también los que han creído en el Señor por medio de su Hijo y están revestidos de estos espíritus, pasarán a ser un espíritu y un cuerpo, y sus vestidos son todos de un color. Pero estas personas que llevan los nombres de las vírgenes tienen su morada en la torre".

"Las piedras que son echadas, pues", dije yo, "¿por qué fueron echadas? Porque pasaron por la puerta y fueron colocadas en el edificio de la torre por manos de las vírgenes".

"Como todas estas cosas te interesan", dijo él, "e inquieres con diligencia, escucha lo que se refiere a las piedras que han sido echadas. Todas éstas recibieron el nombre del Hijo de Dios, y recibieron también el poder de estas vírgenes. Cuando recibieron, pues, estos espíritus, fueron fortalecidas, y estaban con los siervos de Dios, y tenían un espíritu y un cuerpo y un vestido; porque eran de un mismo pensar, y obraban justicia. Después de cierto tiempo, pues, fueron persuadidas por las mujeres que viste

Él tuvo compasión de todos los que invocan su nombre, y nos envió al ángel del arrepentimiento a los que habíamos pecado contra Él, y reavivó nuestro espíritu.

vestidas en ropa negra, y tenían los hombros desnudos y el pelo suelto, y eran de hermosa figura. Cuando las vieron las desearon, y se revistieron de su poder, pero se despojaron del poder de las vírgenes. Éstos, por tanto, fueron echados de la casa de Dios y entregados a estas mujeres. Pero los que no fueron engañados por la hermosura de estas mujeres permanecieron en la casa de Dios. Aquí tienes la interpretación de las que fueron descartadas", dijo él.

Tiempo para arrepentirse

14. "¿Qué pasa, pues, Señor", dije yo, "si estos hombres, siendo lo que son, se arrepienten y se desprenden de su deseo hacia estas mujeres, y regresan a las vírgenes, y andan en su poder y en sus obras? ¿No entrarán en la casa de Dios?"

"Entrarán", dijo él, "si se desprenden de las obras de estas mujeres y vuelven a tomar el poder de las vírgenes y andan en sus obras. Porque ésta es la razón por la que hubo una interrupción en la edificación, para que si éstos se arrepienten, puedan entrar en el edificio de la torre; pero si no se arrepienten, entonces otros ocuparán su lugar, y ellos serán expulsados finalmente".[6]

Por todas estas cosas yo di gracias al Señor, porque Él tuvo compasión de todos los que invocan su nombre, y nos envió al ángel del arrepentimiento a los que habíamos pecado contra Él, y reavivó nuestro espíritu, y cuando ya estábamos echados a perder y no teníamos esperanza de vida, restauró nuestra vida.

"Ahora, Señor", dije yo, "muéstrame por qué la torre no está edificada sobre el suelo, sino sobre la roca y sobre la puerta".

"Porque careces de sentido", dijo él, "y eres sin entendimiento haces esta pregunta".

"Me veo obligado, Señor", dije yo, "a preguntarte todas las cosas a ti porque yo soy totalmente incapaz de comprender nada en absoluto; porque todas estas cosas

---

[6] Cf. 2ª Pedro 3:9: "El Señor no retarda su promesa, como algunos la tienen por tardanza; sino que es paciente para con nosotros, no queriendo que ninguno perezca, sino que todos procedan al arrepentimiento".

son grandes y gloriosas y difíciles de entender para los hombres".

"Escucha", continúo él. "El nombre del Hijo de Dios es grande e incomprensible, y sostiene a todo el mundo. Así pues, si toda la creación es sostenida por el Hijo de Dios, ¿qué piensas tú de los que son llamados por Él, y llevan el nombre del Hijo de Dios y andan conforme a sus mandamientos? ¿Ves tú en qué manera Él sostiene a los hombres? Los que llevan su nombre de todo corazón. Él mismo, pues, es su fundamento, y Él los sustenta alegremente, porque ellos no están avergonzados de llevar su nombre."

El nombre del Hijo de Dios es grande e incomprensible, y sostiene a todo el mundo. Los que llevan su nombre de todo corazón Él los sustenta alegremente.

El nombre de las vírgenes y las mujeres vestidas de negro

15. "Declárame, Señor", le dije, "los nombres de las vírgenes y de las mujeres vestidas de ropas negras".

"Escucha", respondió él, "los nombres de las vírgenes más poderosas, las que se hallaban situadas en los extremos. La primera es Fe; la segunda, Continencia; la tercera, Fortaleza; y la cuarta, Paciencia. Pero las otras estacionadas entre ellas tienen por nombres: Sencillez, Inocencia, Pureza, Alegría, Verdad, Entendimiento, Concordia, Amor. El que lleva estos nombres y el nombre del Hijo de Dios podrá entrar en el reino de Dios".

"Escucha", prosiguió, "también los nombres de las mujeres que llevan las ropas negras. De ellas hay también cuatro que son más poderosas que el resto: la primera es Incredulidad; la segunda, Intemperancia; la tercera, Desobediencia; la cuarta, Mentira; y las que siguen son llamadas Tristeza, Maldad, Lascivia, Impaciencia, Falsedad, Locura, Calumnia, Rencor. El siervo de Dios que lleva estos nombres verá el reino de Dios, pero no entrará en él".

"Pero las piedras, Señor," dije yo, "que vinieron de lo profundo y fueron encajadas en el edificio, ¿quiénes son?"

"Las primeras", dijo él, "a saber, las diez, que fueron colocadas en los fundamentos, son la primera generación; las veinticinco son la segunda generación de los justos; las treinta y cinco son los profetas de Dios y sus ministros; las cuarenta son los apóstoles y maestros de la predicación del Hijo de Dios".

Antes que un hombre lleve el nombre del Hijo de Dios, es muerto; pero cuando ha recibido el sello, deja a un lado la mortalidad y asume otra vez la vida.

"¿Por qué, pues, Señor", pregunté yo, "entregaron las vírgenes también estas piedras para la edificación de la torre y las llevaron a través de la puerta?"

"Porque estas primeras", contestó él, "llevaban estos espíritus, y nunca se separaron los unos de los otros, ni los espíritus de los hombres ni los hombres de los espíritus, sino que los espíritus permanecieron con ellos hasta que durmieron; y si ellos no hubieran tenido estos espíritus con ellos, no habrían sido hallados útiles para la edificación de esta torre".

16. "Muéstrame algo más aún, Señor", le dije.

"¿Qué deseas saber además", me dijo.

"¿Por qué, Señor", le pregunté "salieron las piedras de lo profundo, y por qué fueron colocadas en el edificio aunque traían estos espíritus?"

"Les era necesario que se levantaran a través del agua, para que pudieran recibir vida; porque de otro modo no habrían podido entrar en el reino de Dios, a menos que hubieran puesto a un lado lo mortal de su vida previa. Lo mismo, pues, los que durmieron recibieron el sello del Hijo de Dios y entraron en el reino de Dios. Porque antes que un hombre lleve el nombre del Hijo de Dios, es muerto; pero cuando ha recibido el sello, deja a un lado la mortalidad y asume otra vez la vida. El sello, pues, es el agua; así que descienden en el agua muertos y salen vivos.[7] Así que, también a ellos fue predicado este sello, y ellos se beneficiaron de él para poder entrar en el reino de Dios."

"¿Por qué, Señor", le pregunté, "salieron las cuarenta piedras también de lo profundo, aunque ya habían recibido el sello?"

"Porque éstas", dijo él, "los apóstoles y los maestros que predicaron el nombre del Hijo de Dios, después que hubieron dormido en el poder y la fe del Hijo de Dios, predicaron también a los que habían quedado dormidos antes que ellos, y ellos mismos les dieron el sello de la predicación. Por tanto, descendieron con ellos en el agua y salieron de nuevo. Pero éstos descendieron vivos y de nuevo salieron vivos; en tanto que los otros que habían dormido antes que ellos descendieron muertos y salieron

---

[7] Referencia al bautismo. Cf. Romanos 6:4; Colosenses 2:12.

vivos. Así que por medio de ellos fueron vivificados y llegaron al pleno conocimiento del nombre del Hijo de Dios. Por esta causa también subieron con ellos, y fueron encajados con ellos en el edificio de la torre y fueron edificados con ellos, sin que se les diera nueva forma; porque ellos durmieron en justicia y gran pureza. Sólo que no tenían este sello. Tú tienes, pues, la interpretación de estas cosas también".

"Las tengo, Señor", le dije.

Simbolismo de las montañas

17. "Ahora pues, Señor, explícame lo que se refiere a las montañas. ¿Por qué son sus formas distintas la una de la otra, y son varias?"

"Escucha", me dijo. "Estas doce montañas son doce tribus que habitan todo el mundo. A estas tribus, pues, fue predicado el Hijo de Dios por los apóstoles".

"Pero explícame, Señor, por qué son varias estas montañas y cada una tiene un aspecto diferente."

"Escucha", me respondió. "Estas doce tribus que habitan todo el mundo son doce naciones; y son diversas en entendimiento y en mente. Siendo diversas, pues, según viste, estas montañas, también lo son las variedades de la mente de estas naciones, y su entendimiento. Y yo te mostraré la conducta de cada una".

"Primero, Señor", le dije, "muéstrame esto: por qué las montañas, siendo tan distintas, pese a todo, cuando sus piedras fueron puestas en el edificio, se volvieron brillantes y de un color como el de las piedras que habían ascendido de lo profundo".

"Porque", me dijo, "todas las naciones que habitan bajo el cielo, cuando oyeron y creyeron, fueron llamadas por el nombre único del Hijo de Dios. Así que, habiendo recibido el sello, tenían un entendimiento y una mente, y pasó a ser suya una fe y un amor, y llevaron los espíritus de las vírgenes junto con el Nombre; por lo tanto, el edificio de la torre pasó a ser de un color brillante como el sol. Pero después que estuvieron juntas y se hicieron un cuerpo, algunas de ellas se contaminaron, y fueron echadas de la sociedad de los justos, y pasaron de nuevo a ser igual que eran antes, o aún peor".

Estas doce montañas son doce tribus que habitan todo el mundo. A estas tribus, pues, fue predicado el Hijo de Dios por los apóstoles.

**El que
no conoce
a Dios
y comete
maldad,
tiene cierto
castigo por
su maldad;
pero el
que conoce
a Dios
plenamente
ya no debería
cometer más
maldad,
sino hacer
lo bueno.**

18. "Señor", le pregunté, "¿cómo se hicieron peor después de haber conocido plenamente a Dios?"

"El que no conoce a Dios", respondió él, "y comete maldad, tiene cierto castigo por su maldad; pero el que conoce a Dios plenamente ya no debería cometer más maldad, sino hacer lo bueno. Así pues, si el que debería obrar bien comete maldad, ¿no parece cometer una maldad mayor que el que no conoce a Dios? Por tanto, los que no habían conocido a Dios y cometen maldad son condenados a muerte, pero los que han conocido a Dios y visto sus obras poderosas, y, con todo, cometen maldad, recibirán un castigo doble y morirán eternamente. De esta forma, pues, será purificada la Iglesia de Dios. Y así como tú viste las piedras quitadas de la torre y entregadas a los espíritus malos, ellos también serán echados fuera; y habrá un cuerpo de ellos que son purificados, tal como la torre, después de haber sido purificada, pasó a ser como si fuera una sola piedra. Así será la Iglesia de Dios también después de haber sido purificada, y los malvados e hipócritas y blasfemos e indecisos y los que cometen varias clases de maldad hayan sido echados fuera. Cuando éstos hayan sido echados fuera, la Iglesia de Dios será un cuerpo, un entendimiento, una mente, una fe, un amor. Y entonces el Hijo de Dios se regocijará y se gozará en ellos, porque Él ha vuelto a recibir a su pueblo puro".

"Grandes y gloriosas son, Señor, todas estas cosas. Una vez más, Señor", le dije, "muéstrame la fuerza y las acciones de cada una de las montañas, para que cada alma que confía en el Señor, cuando lo oiga, pueda glorificar su nombre grande, maravilloso y glorioso".

"Escucha", me dijo, "la variedad de las montañas y de las doce naciones.

19. "De la primera montaña, que era negra, los que han creído son como sigue: rebeldes y blasfemos contra el Señor, y traidores de los siervos de Dios. Para éstos no hay arrepentimiento, sino que hay muerte. Por esta causa son también negros; porque su raza es rebelde. Y de la segunda montaña, la desolada, los que han creído son así: hipócritas y maestros de maldad. Y éstos, pues, son como los primeros en no tener el fruto de la justicia. Porque, tal como su montaña es sin fruto, del mismo modo estos hombres tienen un nombre, verdaderamente, pero están vacíos de fe, y no hay fruto de verdad en ellos. A estos,

por tanto, se les ofrece arrepentimiento si se arrepienten pronto; pero si lo demoran, morirán con los anteriores".

"¿Por qué, Señor", pregunté yo, "es posible el arrepentimiento para ellos, pero no lo es para los anteriores? Porque sus actos son casi los mismos".

"Por esto", me dijo, "les es ofrecido arrepentimiento a éstos, porque no han blasfemado de su Señor ni han traicionado a los siervos de Dios; pese a todo, por afán de lucro actúan de modo hipócrita, y se enseñan el uno al otro según los deseos de los pecadores. No obstante, éstos recibirán cierto castigo; con todo, hay arrepentimiento ordenado para ellos, porque no han sido blasfemos o traidores.

20. "Y de la tercera montaña, la que tiene espinos y zarzas, los que han creído son así: algunos de ellos son ricos, y otros están enzarzados en muchos asuntos de negocios. Las zarzas son los ricos, y los espinos son los que están mezclados en varios asuntos de negocios. Éstos pues, que están mezclados en muchos y varios asuntos de negocios no se juntan con los siervos de Dios, sino que se descarnan, siendo ahogados por sus asuntos; por su parte, los ricos no están dispuestos a unirse a los siervos de Dios, no sea que se les pueda pedir algo. Estos hombres, pues, difícilmente entrarán en el reino de Dios. Porque tal como es difícil andar entre espinos con los pies descalzos, también es difícil que estos hombres entren en el reino de Dios. Pero para todos éstos es posible el arrepentimiento, aunque ha de ser rápido, para que lo que omitieron hacer en días pasados, puedan ahora compensarlo y hacer algo bueno. Si se arrepienten, pues, y hacen algo bueno, vivirán para Dios; pero si continúan en sus actos, serán entregados a aquellas mujeres, las cuales les darán muerte.

21. "Y con respecto a la cuarta montaña, la que tenía mucha vegetación, la parte superior de la hierba era verde y la parte hacia las raíces seca, y alguna había sido secada por el sol, los que han creído son así: los indecisos y los que tienen al Señor en sus labios pero no lo tienen en su corazón. Por tanto, sus fundamentos son secos y sin poder, y sólo viven sus palabras, pero sus obras son muertas. Estos hombres no son ni vivos ni muertos. Son, por consiguiente, como los indecisos; porque el indeciso no es ni verde ni seco; porque ellos no están vivos ni muertos. Porque como su hierba se secó cuando vio el sol, así tam-

Es posible el arrepentimiento, aunque ha de ser rápido, para que lo que omitieron hacer en días pasados, puedan ahora compensarlo y hacer algo bueno.

Los que se hallan en las grandes hendiduras persisten en sus murmuraciones y guardan rencores. Éstos fueron quitados inmediatamente de la torre.

bién el hombre indeciso, cuando oye que se acerca tribulación, por su cobardía adora a los ídolos y se avergüenza del nombre de su Señor. Éstos no están vivos ni muertos. Pese a todo, éstos también, si se arrepienten pronto podrán vivir; pero si no se arrepienten, han sido entregados ya a las mujeres que les quitan la vida.

22. "Y de la quinta montaña, la que tenía la hierba verde y era abrupta, los que han creído son así: son fieles, pero lentos para aprender y obstinados, y procuran agradarse a sí mismos, deseando saber todas las cosas y, con todo, no saben nada en absoluto. A causa de su obstinación, el entendimiento se mantuvo alejado de ellos, y entró en ellos una insensatez sin sentido; y se alaban a sí mismos como si tuvieran entendimiento, y desean ser maestros que se han nombrado a sí mismos, aunque carezcan de sentido. Debido, pues, a este orgullo del corazón de muchos, aunque se exaltan a sí mismos, han sido vaciados; porque la obstinación y la vana confianza son un demonio poderoso. De éstos, pues, muchos fueron echados, pero algunos se arrepintieron y creyeron y se sometieron a los que tenían entendimiento, habiéndose dado cuenta de su propia insensatez. Con todo, y para el resto que pertenece a esta clase, se les ofrece arrepentimiento; porque ellos no se hicieron malos, sino más bien insensatos y sin entendimiento. Si éstos, por tanto, se arrepienten, vivirán para Dios; pero si no se arrepienten, tendrán su morada con las mujeres que obran mal contra ellos.

23. "Pero los que han creído de la sexta montaña, que tiene barrancos grandes y pequeños, y en las hendiduras la hierba se ha secado, son así: los que se hallan en las hendiduras pequeñas, éstos son los que tienen algo el uno contra el otro, y por sus murmuraciones se han secado en la fe; pero muchos de éstos se arrepienten. Sí, y el resto de ellos se arrepentirá cuando oigan mis mandamientos; porque sus murmuraciones son pequeñas y se arrepentirán pronto. Pero los que se hallan en las grandes hendiduras, éstos persisten en sus murmuraciones y guardan rencores, manteniendo la ira el uno contra el otro. Éstos, pues, fueron quitados inmediatamente de la torre y rechazados de su edificación. Estas personas, pues, con dificultad vivirán. Si Dios y nuestro Señor, que gobierna sobre todas las cosas y tiene autoridad sobre toda su creación, no guarda rencor contra los que confiesan sus pecados,

sino que es misericordioso, ¿debe el hombre, que es mortal y lleno de pecado, guardar rencor contra otro hombre, como si pudiera destruirle o salvarle? Os digo yo el –ángel del arrepentimiento– a cuantos sostenéis esta herejía, apartadla de vosotros y arrepentíos, y el Señor curará vuestros pecados anteriores si os purificáis de este demonio; pero si no, seréis entregados a él para que os dé muerte.

24. "Y de la séptima montaña, en la cual había hierba verde y sonriente, y toda la montaña prosperaba, y había ganado de todas clases y las aves del cielo se alimentaban de la hierba de esta montaña, y la hierba verde de la cual se alimentaban crecía aún más lozana, los que creyeron son así: son simples e inocentes y benditos, no teniendo nada los unos contra los otros, sino regocijándose siempre en los siervos de Dios, y revestidos del santo Espíritu de estas vírgenes, y teniendo compasión siempre de todo hombre, y de sus propias labores suplen la necesidad de todos sin reproches y sin recelos. El Señor, pues, viendo su simplicidad y su humildad, hizo que abundaran en las labores de sus manos, y les ha concedido favor sobre ellos en todas sus acciones. Pero os digo a los que sois como los tales –yo, el ángel del arrepentimiento–, permaneced hasta el fin como sois, y vuestra simiente nunca será borrada. Porque el Señor os ha puesto a prueba, y os ha contado entre su número, y toda vuestra simiente morará con el Hijo de Dios; porque recibisteis de su Espíritu.

25. "Y de la octava montaña, la que tenía muchas fuentes, y todas las criaturas del Señor bebían de las fuentes, los que creyeron son así: apóstoles y maestros, que predican a todo el mundo, y que enseñan la Palabra del Señor en sobriedad y pureza, y no retienen parte alguna por mal deseo, sino que anduvieron siempre en rectitud y verdad, y también recibieron el Espíritu Santo. Éstos, por tanto, tendrán entrada con los ángeles.

26. "Y de la novena montaña, que estaba desierta, que tenía los reptiles y las fieras que destruyen a los hombres, los que creyeron son así: los que tienen las manchas son diáconos que ejercieron mal su oficio, y saquearon la sustancia de viudas y huérfanos, e hicieron ganancia para sí con las ministraciones que habían recibido para ejecutar. Éstos, pues, si permanecen en el mismo mal deseo, son muertos y no hay esperanza de vida para ellos; pero si se

El Señor os ha puesto a prueba, y os ha contado entre su número, y toda vuestra simiente morará con el Hijo de Dios; porque recibisteis de su Espíritu.

Los que creyeron son así: obispos, personas hospitalarias, que reciben alegremente en sus casas en todo tiempo a los siervos de Dios sin hipocresía.

vuelven y cumplen sus ministraciones con pureza les será posible vivir. Pero los que están mohosos, éstos son los que han negado al Señor y no se han vuelto a Él, sino que se han vuelto estériles y desérticos, porque no se juntan con los siervos de Dios, sino que viven en soledad, éstos destruyen sus propias almas. Porque como la vid dejada a solas en un seto, si se la descuida es destruida y echada a perder por las malas hierbas, y con el tiempo se vuelve silvestre y ya no es útil para su dueño, así también los hombres de esta clase se han entregado al abatimiento y se vuelven inútiles para su Señor, haciéndose silvestres. A éstos, pues, les llega el arrepentimiento, a menos que hayan negado en su corazón; y yo no sé si uno que ha negado en su corazón es posible que viva. Y esto no lo digo con referencia a estos días, que un hombre después de haber negado haya de recibir arrepentimiento; porque es imposible que sea salvo el que ahora intente negar a su Señor; pero para los que le han negado hace mucho tiempo, el arrepentimiento parece posible. Si un hombre se arrepiente, por tanto, que lo haga rápidamente antes que la torre sea completada; pues si no, será destruido por las mujeres y le darán muerte. Y las piedras de tamaño reducido, éstos son los traidores y los murmuradores; y las fieras que viste en la montaña son éstos. Porque como las fieras con su veneno envenenan y matan a un hombre, así también las palabras de estos hombres envenenan y matan a un hombre. Éstos, pues, están mutilados en su fe, a causa de lo que se han hecho a sí mismos; pero algunos de ellos se arrepintieron y fueron salvos; y el resto que son de esta clase pueden ser salvos si se arrepienten; pero si no se arrepienten, hallarán la muerte en las manos de aquellas mujeres, por cuyo poder son poseídos.

27. "Y de la décima montaña, en que había árboles que cobijaban a ciertas ovejas, los que creyeron son así: obispos, personas hospitalarias, que reciben alegremente en sus casas en todo tiempo a los siervos de Dios sin hipocresía. Estos obispos en todo tiempo sin cesar dieron albergue a los necesitados y a las viudas en sus ministraciones, y se condujeron con pureza en todo momento. A todos éstos, pues, les dará asilo el Señor para siempre. Los que han hecho estas cosas, por consiguiente, son gloriosos a la vista de Dios, y su lugar es ahora con los ángeles si siguen hasta el fin sirviendo al Señor.

28. "Y de la undécima montaña, en que había árboles llenos de fruto, adornados con varias clases de frutos, los que creyeron son así: sufrieron por el Nombre del Hijo de Dios, y también sufrieron dispuestos de todo corazón, y entregaron sus vidas".

"¿Por qué, pues, Señor", pregunté yo, "tienen todos los árboles frutos, pero algunos de estos frutos son más hermosos que otros?"

"Escucha", me dijo: "todos cuantos han sufrido por amor al Nombre son gloriosos a la vista de Dios, y los pecados de ellos fueron quitados porque sufrieron por el nombre del Hijo de Dios. Ahora escucha por qué sus frutos son diversos y algunos sobrepujan a otros. Todos cuantos fueron torturados y no negaron", dijo él, "cuando fueron puestos delante del magistrado, sino que sufrieron dispuestos, éstos son los más gloriosos a la vista del Señor; su fruto es el que sobrepasa. Pero todos los que se acobardaron, y se perdieron en la incertidumbre, y consideraron en sus corazones si debían negar o confesar, y pese a todo sufrieron, sus frutos son menores, porque este designio entró en su corazón; porque este designio es malo, que un siervo niegue a su propio Señor. Procurad, pues, los que albergáis esta idea, que este designio no permanezca en vuestros corazones y, con todo, muráis para el Señor. Pero, el que sufre por amor al Nombre debería glorificar a Dios, porque Dios te considera digno de que lleves este nombre, y que todos tus pecados sean sanados. Consideraos, pues, bienaventurados; sí, pensad, más bien, que habéis hecho una gran obra si alguno de vosotros sufre por amor a Dios. El Señor os concede vida, y no la echáis de ver; porque vuestros pecados os hunden, y si no hubierais sufrido por el Nombre del Señor habríais muerto para Dios por razón de vuestros pecados. Estas cosas os digo a los que vaciláis con respecto a la negación o la confesión. Confiesa que tienes al Señor, para que Él no te niegue, no sea que, denegándole, seas entregado a la cárcel. Si los gentiles castigan a sus esclavos, si uno de ellos niega a su señor, ¿qué pensáis que os hará el Señor que tiene autoridad sobre todas las cosas? ¡Fuera estos designios de vuestros corazones, para que podáis vivir para siempre en Dios!

29. "Y de la montaña duodécima, que era blanca, los que creyeron eran así: eran como verdaderos recién naci-

Cuantos fueron torturados y no negaron, cuando fueron puestos delante del magistrado, sino que sufrieron dispuestos, éstos son los más gloriosos a la vista del Señor.

Permanecen siendo niños. Éstos, en el reino de Dios, porque no contaminaron los mandamientos de Dios en nada, sino que siguen siendo niños todos los días de su vida en su mentalidad.

dos, en cuyo corazón no hay astucia alguna, ni han aprendido lo que es maldad, sino que permanecen siendo niños para siempre. Éstos, pues, moran, sin duda, en el reino de Dios, porque no contaminaron los mandamientos de Dios en nada, sino que siguen siendo niños todos los días de su vida en su mentalidad. Cuantos de vosotros, por tanto, continuéis así", dijo él, "siendo como niños que no tienen malicia, seréis más gloriosos [aún] que los que han sido mencionados antes; porque los niños son gloriosos a la vista de Dios, y se hallan primero ante su vista. Bienaventurados sois, pues, cuantos habéis ahuyentado la maldad de vosotros y os habéis revestido de inocencia; viviréis para Dios más que todos los demás".

Y después que hubo terminado las parábolas de las montañas, le dije:

"Señor, explícame ahora respecto a las piedras que fueron sacadas de la llanura y colocadas en el edificio en lugar de las piedras que habían sido quitadas de la torre, y respecto a las piedras redondas que fueron colocadas en el edificio, y respecto a las que son todavía redondas".

Simbolismo de las piedras

30. "Oye también", me dijo, "con respecto a todas estas cosas. Las piedras que fueron traídas de la llanura y colocadas en el edificio de la torre en lugar de las que fueron rechazadas, son las raíces de esta montaña blanca. Cuando los que creyeron de esta montaña fueron hallados todos sinceros, el señor de la torre ordenó que estos de la raíz de esta montaña fueran puestos en el edificio de la torre. Porque sabía que si estas piedras entraran en el edificio de la torre permanecerían brillantes y ni una de ellas se volvería negra. Pero si hubiera añadido piedras de otras montañas, se habría visto obligado a visitar la torre de nuevo y purificarla. Así pues, todos éstos han sido hallados blancos, que han creído y que creerán; porque son de la misma clase. ¡Bienaventurada es esta clase, porque es inocente!

"Oye ahora, asimismo, respecto a las piedras redondas y brillantes. Todas éstas son de esta montaña blanca. Ahora oye por qué fueron halladas redondas. Sus riquezas las han oscurecido y ofuscado un poco de la verdad; pese a todo, nunca se han apartado de Dios ni ha salido ningún mal de su boca, sino toda equidad y virtud que viene de la verdad. Por lo tanto, cuando el Señor percibió su mente, que ellos podían favorecer la verdad y al mismo tiempo permanecer buenos, Él mandó que les fuera quitada parte de sus posesiones, aunque no que se las quitaran del todo, de modo que pudieran hacer algún bien con lo que les había quedado, y pudieran vivir para Dios, porque vienen de una clase buena. Así pues, han sido recortadas un poco y colocadas en el edificio de esta torre.

31. "Pero las otras piedras, que han permanecido redondas y no han sido encajadas en el edificio porque no han recibido todavía el sello, han sido vueltas a su propio lugar, porque fueron halladas muy redondas. Porque hay que separarlas de este mundo y de las vanidades de sus posesiones, y entonces van a encajar en el reino de Dios. Porque es necesario que entren en el reino de Dios; porque el Señor ha bendecido a esta clase inocente. De esta clase, pues, ninguno perecerá. Sí, incluso si alguno de ellos, habiendo sido tentado por el demonio más malvado, haya cometido alguna falta, retornará rápidamente a su Señor. A todos os digo que sois bienaventurados –yo, el ángel del arrepentimiento–, que sois sinceros e inocentes como niños, porque vuestra parte es buena y honrosa a la vista de Dios. Además, os mando a todos, cualesquiera que recibáis este sello, manteneos sin doblez, no guardéis rencor, y no sigáis en vuestra maldad ni en el recuerdo de las ofensas de amargura; sino tened un solo espíritu, y sanad estas malas divisiones y quitadlas de entre vosotros, para que el dueño de los rebaños pueda regocijarse respecto a vosotros. Porque él se gozará si halla todas las cosas bien. Pero si halla alguna parte del rebaño desparramada, ¡ay de los pastores! Porque si resulta que los mismos pastores están esparcidos, ¿cómo van a responder de los rebaños? ¿Dirán que fueron hostigados por el rebaño? Nadie los creería. Porque es algo increíble que un pastor sea herido por su rebaño, y aún será castigado más a causa de su falsedad. Y yo soy el Pastor, y me corresponde estrictamente rendir cuentas de vosotros.

32. "Enmendaos, pues, en tanto que la torre está en curso de edificación. El Señor mora con los hombres que aman la paz; porque Él ama la paz; pero de los contenciosos y de los que son dados a la maldad, manteneos lejos. Restaurad, pues, a Él íntegro vuestro espíritu tal como lo

Manteneos sin doblez, no guardéis rencor, y no sigáis en vuestra maldad ni en el recuerdo de las ofensas de amargura; sino tened un solo espíritu, y sanad estas malas divisiones.

¿Qué crees que te hará el Señor a ti, Él, que te dio el espíritu entero, y tú lo has dejado absolutamente inútil, de modo que no puede servir para nada a su Señor?

recibisteis. Porque supongamos que has dado a un lavandero un vestido entero, y deseas recibirlo de nuevo entero, pero el lavandero te lo devuelve rasgado, ¿vas a aceptarlo? ¿No vas al punto a indignarte, y le llenarás de reproches, diciendo: 'El vestido que te di estaba entero; por qué lo has rasgado y lo has hecho inútil? Como ves, a causa del desgarro que has hecho en él ya no puede ser usado'. ¿No dirás, pues, todo esto a un lavandero a causa del desgarro que ha hecho en tu vestido? por tanto, si tú te enojas tanto a causa de tu vestido, y te quejas porque no lo recibiste entero, ¿qué crees que te hará el Señor a ti, Él, que te dio el espíritu entero, y tú lo has dejado absolutamente inútil, de modo que no puede servir para nada a su Señor? Porque su utilidad se volvió inutilidad cuando tú lo echaste a perder. ¿No va, pues, el Señor de este espíritu a castigarte a ti con la muerte por este hecho?"

"Ciertamente", le dije, "a todos aquellos a quienes Él halla persistiendo en la malicia, Él los castigará".

"No pisotees su misericordia", dijo él, "sino glorifícale, porque Él es tan paciente con tus pecados, y no es como tú. Practica, pues, el arrepentimiento que es apropiado para ti.

33. "Todas estas cosas que he escrito antes yo, el Pastor, el ángel del arrepentimiento, las he declarado y dicho a los siervos de Dios. Así pues, creeréis y escucharéis mis palabras, y andaréis en ellas, y enmendaréis vuestros caminos y podréis vivir. Pero si seguís en la maldad y en albergar malicia, ninguno de esta clase vivirá para Dios. Todas las cosas que yo había de decir ahora te las he dicho a ti".

El Pastor dijo: "¿Me has hecho todas tus preguntas?"

Y yo le contesté: "Sí, Señor".

"¿Por qué, pues, no me has preguntado respecto a la forma de las piedras colocadas en el edificio cuando llenamos sus formas?"

Y le dije: "Señor, me olvidé".

"Oye ahora", me dijo, "respecto a ellas. Éstas son los que han oído mis mandamientos e hicieron penitencia con todo su corazón. Por ello, cuando el Señor vio que su arrepentimiento era bueno y puro, y que podían continuar en Él, ordenó que sus pecados anteriores fueran borrados. Sus formas, pues, eran sus pecados anteriores, y han sido borrados con cincel para que no puedan aparecer más".

10

Exhortación
al testimonio del Evangelio

1. Después de haber escrito este libro por completo, el ángel que me había puesto en manos del Pastor vino a la casa en que yo estaba, y se sentó en mi cama, y el Pastor estaba de pie a su mano derecha. Entonces me llamó y me habló de esta manera:

"Te he puesto en las manos de este Pastor", me dijo, "a ti y a tu casa, para que puedas ser protegido por él".

"Cierto, Señor", le contesté.

Y él me dijo: "Así pues, si deseas ser protegido de toda molestia y toda crueldad, tener éxito también en toda buena obra y palabra, y todo el poder de la justicia, anda en sus mandamientos, que te he dado, y podrás dominar toda maldad. Porque si guardas sus mandamientos, se te someterá todo mal deseo y dulzura de este mundo; además, te acompañará el éxito en toda buena empresa. Abraza su seriedad y moderación, y proclama a todos los hombres que él es tenido en gran honor y dignidad por el Señor, y es un gobernante de gran autoridad y poderoso en su cargo. A él solo, en todo el mundo, se le ha asignado autoridad sobre el arrepentimiento. ¿Te parece, pues, que es poderoso? Con todo, tú desprecias la seriedad y moderación que él usa hacia ti".

2. Yo le dije: "Pregúntale, Señor, a él mismo, si desde el momento en que él llegó a mi casa he hecho algo impropio con lo cual le haya ofendido".

"Yo ya sé", me contestó él, "que no has hecho nada impropio ni estás a punto de hacerlo. Y por ello te digo estas cosas, para que perseveres. Porque él me ha presentado un buen informe acerca de ti. Tú, pues, dirás estas palabras a otros, para que aquellos que también practican o practicarán el arrepentimiento puedan ser del mismo sentir que tú; y él pueda darme un buen informe de ellos a mí y al Señor".

"Yo también, Señor", le dije, "declaro a todo hombre las poderosas obras del Señor; porque espero que todos los que han pecado en el pasado, si oyen estas cosas, se arrepentirán con gozo y recobrarán la vida".

Si guardas sus mandamientos, se te someterá todo mal deseo y dulzura de este mundo; además, te acompañará el éxito en toda buena empresa.

Todo el que anda en sus mandamientos, pues, vivirá y será feliz en su vida; pero todo el que los descuida, no vivirá y será desgraciado en su vida.

"Sigue, pues", me dijo él, "en tu ministerio, y complétalo hasta el fin. Porque todo el que cumple sus mandamientos tendrá vida; sí, este hombre (tendrá) gran honor ante el Señor. Pero todos los que no guardan sus mandamientos huyen de su propia vida, y se oponen a Él, y no siguen sus mandamientos, sino que se entregan ellos mismos a la muerte; y cada uno de ellos pasa a ser culpable de su propia sangre. Pero a ti te digo que obedezcas estos mandamientos, y tendrás remedio para tus pecados.

3. "Además, te he enviado a estas vírgenes para que puedan morar contigo; porque he visto que son propicias hacia ti. Tenlas, pues, como ayudadoras, para que seas más capaz de guardar sus mandamientos; porque es imposible guardar estos mandamientos sin la ayuda de estas vírgenes. Veo también que están contentas de estar contigo. Pero te encargo que no se aparten en absoluto de tu casa. Sólo que purifiques tu casa; porque en una casa limpia ellas residen contentas. Porque son limpias y castas y diligentes, y todas son favorecidas por el Señor. Por tanto, si hallan tu casa pura, permanecerán contigo; pero si ocurre la más leve contaminación, abandonarán tu casa al instante. Porque estas vírgenes no toleran la contaminación en forma alguna".

Y yo le dije: "Señor, espero que les seré agradable, de modo que puedan residir contentas en mi casa para siempre; y tal como aquel a quien tú me encomendaste reside en mi casa para siempre, del mismo modo ellas no se quejarán".

Y él dijo al Pastor: "Veo que desea vivir como siervo de Dios, y que guardará estos mandamientos y dará a estas vírgenes una habitación limpia".

Con estas palabras, una vez más me encomendó al Pastor, y llamó a las vírgenes, y les dijo:

"Por cuanto veo que estáis contentas de residir en la casa de este hombre, os lo encomiendo, a él y a su casa, para que no os apartéis en absoluto de su casa".

Y ellas escucharon estas palabras con alegría.

4. Entonces el ángel me dijo a mí:

"Pórtate como un hombre en este servicio; declara a todos las poderosas obras del Señor, y tendrás favor en este ministerio. Todo el que anda en sus mandamientos, pues, vivirá y será feliz en su vida; pero todo el que los descuida, no vivirá y será desgraciado en su vida. Encarga a todos los hombres que pueden obrar rectamente que no cesen en la práctica de las buenas obras; porque es útil para ellos. Digo, además, que todo hombre debe ser rescatado de la desgracia; porque el que tiene necesidad, y sufre desgracias en su vida diaria, está en gran tormento y necesidad. Así pues, todo el que rescata de la penuria una vida de esta clase, obtiene un gran gozo para sí mismo. Porque el que es hostigado por la desgracia de esta clase es afligido y torturado con igual tormento que el que está en cadenas. Porque muchos hombres, a causa de calamidades de esta clase, como ya no lo pueden resistir más, recurren a la violencia contra ellos mismos. Por tanto, el que conoce la calamidad de un hombre de esta clase y no lo rescata, comete un gran pecado, y se hace culpable de la sangre del mismo. Haced, pues, buenas obras todos los que hayáis recibido beneficios del Señor, no sea que, demorándoos en hacerlas, sea completada entretanto la edificación de la torre. Porque es a causa de vosotros que ha sido interrumpida la obra de edificación. A menos que os apresuréis a obrar bien, la torre será completada entretanto, y vosotros os quedaréis fuera".

Cuando hubo terminado de hablar conmigo, se levantó de la cama y se marchó, llevándose consigo al Pastor y a las vírgenes. Me dijo, sin embargo, que enviaría al Pastor y a las vírgenes de nuevo a mi casa.

Todo hombre debe ser rescatado de la desgracia; porque el que tiene necesidad, y sufre desgracias en su vida diaria, está en gran tormento y necesidad.

Índice de Conceptos Teológicos

Títulos de la colección Patrística

Obras escogidas de Agustín de Hipona Tomo I
La verdadera religión
La utilidad de creer
El Enquiridion

Obras escogidas de Agustín de Hipona Tomo II
Confesiones

Obras escogidas de Agustín de Hipona Tomo III
La ciudad de Dios

Obras escogidas de Clemente de Alejandría
El Pedagogo

Obras escogidas de Ireneo de Lyon
Contra las herejías
Demostración de la enseñanza apostólica

Obras escogidas de Juan Crisóstomo
La dignidad del ministerio
Sermón del Monte. Salmos de David

Obras escogidas de Justino Mártir
Apologías y su diálogo con el judío Trifón

Obras escogidas de los Padres Apostólicos
Didaché
Cartas de Clemente. Cartas de Ignacio Mártir. Carta y Martirio de Policarpo.
Carta de Bernabé. Carta a Diogneto. Fragmentos de Papías. Pastor de Hermas

Obras escogidas de Orígenes
Tratado de los principios

Obras escogidas de Tertuliano
Apología contra gentiles. Exhortación a los Mártires. Virtud de la Paciencia.
La oración cristiana. La respuesta a los judíos.

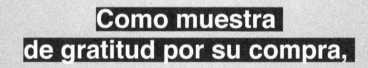

**Como muestra
de gratitud por su compra,**

visite www.editorialclie.info
y descargue gratis:

*"Los 7 nuevos descubrimientos sobre
Jesús que nadie te ha contado"*

Código:

DESCU24